湖北方言調查報告（六）

趙元任等　著

汪國勝　整理

荊楚文庫編纂出版委員會

華中科技大學出版社

卷 二

綜 合 報 告

甲. 综合材料

　　綜合材料共有四種：一. 總理遺囑，二. 狐假虎威故事，三. 特字表，四. 極常用詞表。

　　前兩種——總理遺囑跟狐假虎威故事——是調查時請各地發音人讀入音檔留聲片，我們整理時又從留聲片上聽寫下來的。音標都是用的寬式，詳細的音值可參看分地報告中的"聲韵調描寫"。如果遇到發音人把文字偶然讀錯的地方，我們爲對照方便計，在這表中能改正的就改正過來。例如有人把"喚起民衆"讀成"喚醒民衆"，假若照寫'醒'字的音，就跟別處的'起'字音不好對照，幸而在別的部分曾經調查過'起'字的讀音，在這表中就把'醒'字的音換成'起'字的音（'醒'字的音也是語料，就録入了同音字表）；又如許多人把"而敢不走乎"讀成"而不敢走乎"，在這表中就把"不敢"的次序仍轉爲"敢不"。假若遇到發音人讀錯了字，而又別無參考材料可借以改正的，如漢口發音人把"荆宣王"讀成"齊宣王"，而'荆'字的音我們在別處沒有問過，爲謹慎起見，只好就寫"齊"字的音，臨時加底注説明了。遇有字音讀得可疑的，就在音標右旁加一個問號(?)。

　　後兩種材料——特字表跟極常用詞表——是由調查筆記上録下來作成功的，當時沒有灌留聲片。特字表注重的是某一類特別的字在音韵上的地位，極常用詞表注重的是一部分最普通用語的説法。詳見這兩表起首的説明。

一. 總理遺囑

本文〕地名	余	致	力	國	民	革	命
武	y↘	tsï→	ni↘	kuɤ↘	min↘	kɤ↘	min↗
漢口	y↘	tsï→	ni↘	kuɤ↘	min↘	kɤ↘	min↗
漢陽	y↘	tsï→	ni↘	kuɤ↘	min↘	kɤ↘	min↗
漢川	y↗	tsï→	ni↗	kuæ↗	min↗	kæ↗	min→
沔	y↗	tsï→	ni↗	ko↗	min↗	kɤ↗	min→
天	y↘	tsï→	ni↗	kue↗	min↘	kɤ↗	min→
京	y↘	tsï→	ni↗	ko↘	min↗	kɤ↗	min→
荊	y↘	tʂï→	ni↗	ko↘	min↗	kɤ↗	min→
當	y↘	tʂï→	ni↘	ko↘	min↘	kɯ↘	min→
江	y↘	tsï→	ni↘	ko↗	min↗	kɤ↗	min→
枝	i↗	tsï→	ni↗	ko↗	min↗	kɤ↗	min→
宜都	i↗	tsï→	ni↗	ko↗	min↗	kɤ↗	min→
宜昌	y↗	tsï↗	ni↗	ko↗	min↗	kɤ↗	min→
長	y↗	tsï→	ni↗	ko↗	min↗	kɤ↗	min→
興	y↓	tsï→	ni↓	kuɤ↓	min↓	kɤ↓	min→
秭	y↓	tʂï→	ni↓	kuɤ↓	min↓	kɤ↓	min→
巴	y↓	tʂï→	ni↓	kue↓	min↓	ke↓	min→
恩	y↓	tʂï→	ni↓	kue↓	min↓	ke↓	min→
宣	y↓	tʂï→	ni↓	kue↓	min↓	ke↓	min→
來	y↓	tsï→	ni↓	kue↓	min↓	ke↓	min→
利	y↓	tsï→	ni↓	kue↓	min↓	ke↓	min→

一. 總理遺囑

本文 本地名	余	致	力	國	民	革	命
谿竹山	ʮˋ	tʂïˋ	liˋ	kueˋ	minˋ	keˋ	minˊ
郧西	yˋ	tʂïˋ	liˋ	kueˊ	minˋ	keˋ	minˊ
郧	yˋ	tsïˋ	liˋ	kuoˋ	minˋ	kɤˋ	minˊ
均	yˋ	tʂïˋ	niˋ	koˋ	minˋ	keˋ	minˊ
光	yˋ	tsïˋ	liˋ	koˋ	minˋ	kɤˋ	minˊ
房	yˋ	tsïˋ	niˋ	kueˋ	minˋ	keˋ	minˊ
保	yˋ	tsïˋ	niˋ	kueˋ	minˋ	keˋ	minˊ
南	yˋ	tʂïˋ	niˋ	kueˋ	minˋ	keˋ	minˊ
襄	yˉ	tsïˋ	niˋ	kueˋ	minˋ	keˋ	minˊ
鍾	yˋ	tʂïˋ	niˋ	kuəˋ	minˋ	kəˋ	minˊ
棗	yˋ	tʂïˋ	niˋ	kueˋ	minˋ	keˋ	minˊ
隨	yˋ	tʂïˋ	niˋ	kuaˋ	minˋ	kaˋ	minˊ
應山	ʮˊ	tʂïˊ	niˊ	kueˊ	minˋ	keˊ	minˉ
安	ʮˊ	tʂïˊ	niˊ	kuɛˊ	minˋ	kɛˊ	minˉ
應城	ʮˎ	tsïˊ	niˊ	kueˊ	minˎ	keˊ	minˉ
雲	ʮˎ	tʂïˊ	niˊ	kueˊ	minˎ	keˊ	minˉ
孝	ʮˊ	tʂïˊ	niˊ	kuɛˊ	minˋ	kɛˊ	minˉ
禮陵	ʮˊ	tʂïˊ	niˊ	kueˎ	minˋ	keˊ	minˉ
陂	ʮˎ	tsïˊ	niˊ	kuɛˊ	minˎ	kɛˊ	minˉ
黃安	ʮˋ	tʂïˊ	niˊ	kueˊ	minˋ	keˊ	minˉ

一. 總理遺囑

本文名 / 本地名	余	致	力	國	民	革	命
岡	y˩	tsï˥	ni˧	kue˧	min˩	ke˧	min˧
鄂	y˩	tsï˥	ni˧	kuæ˧	min˩	kæ˧	min˧
麻	ʮ˩	tʂï˥	ni˧	kue˧	min˩	ke˧	min˧
羅	ʮ˩	tʂï˥	ni˩	kue˩	min˩	ke˩	min˧
英	ʮ˩	tʂï˥	ni˩	kue˩	min˩	ke˩	min˧
浠	y˥	tsï˩	li˩	kuæ˩	min˩	kæ˩	min˧
梅	ʮ˩	tsï˥	lei˩	kue˩	min˩	ke˩	min˩
濟	ʮ˩	tʂï˩	ni˩	kuaʔ˩	min˩	kaʔ˩	min˧
蘄	ʮ˧	tsï˩	lai˩	kua˩	min˩	ka˩	min˧
冶	ʮ˧	tsï˩	ni˥	kue˥	min˩	ke˥	min˧
嘉	y˩	tsï˩	nei˥	kue˥	miən˩	ke˥	miən˧
咸	y˩	tsï˩	lei˥	kue˥	min˩	ke˥	min˧
陽	y˩	tsï˥	lai˧	kuœʔ˥	min˩	keʔ˥	min˧
通山	yi˩	tsï˥	tʻi˥	kye˥	min˩	ke˥	min˧
崇	y˧	tʂï˧	ɗiʔ˥	kueʔ˥	min˧	keʔ˥	min˧
蒲	y˧	tsï˧	ɗil˥	kueʔ˥	min˧	keʔ˥	min˧
通城	y˩	tsï˧	ni˧	kuɤ˥	min˩	kɤ˥	min˧
監	y˧	tsï˧	ni˧	ko˥	min˧	kɤ˥	min˧
石	y˧	tsï˧	ni˧	ko˥	min˧	kɤ˥	min˧
公	y˧	tsï˧	ni˥	ko˥	min˧	kɤ˥	min˧
松	y˩	tʂï˧	ni˧	kue˧	mĩ˩	ke˧	mĩ˧
鶴							

本地文名	凡	四	十	年	其	目	的
武	fan↘	sï↗	sï↘	nien↘	tɕʻi↘	moŋ↘	ti↘
漢口	fan↘	sï↗	sï↘	nien↘	tɕʻi↘	moŋ↘	ti↘
漢陽	fan↘	sï↗	sï↘	nien↘	tɕʻi↘	moŋ↘	ti↘
漢川	fan↗	sï┐	sï↗	nien↗	tɕʻi↗	moŋ↗	ti↗
沔	xuan↘	sï┐	sï↘	nien↘	tɕʻi↘	moŋ↗	ti↗
天	fan↘	sï┐	sï↘	nien↘	tɕʻi↘	moŋ↗	ti↗
京	fan↗	sï┐	sï↗	nien↗	tɕʻi↗	moŋ↗	ti↗
荊	fan↗	ʂï┐	ʂï↗	nien↗	tɕʻi↗	moŋ↗	ti↗
當	fan↘	ʂï┐	ʂï↘	nien↘	tɕʻi↘	mu↘	ti↘
江	fan↘	sï┐	sï↘	nin↘	tɕʻi↘	mu↘	ti↘
枝	fan↗	sï↗	sï↗	nien↗	tɕʻi↗	mu↗	ti↗
宜都	fan↗	sï↗	sï↗	nien↗	tɕʻi↗	mu↗	ti↗
宜昌	fan↗	sï↗	sï↗	nien↗	tɕʻi↗	mu↗	ti↗
長	fan↗	sï↗	sï↗	nien↗	tɕʻi↗	mu↗	ti↗
興	fan⌐	sï↗	sï⌐	nien⌐	tɕʻi⌐	mu⌐	ti⌐
秭	fan⌐	sï↗	ʂï⌐	nien⌐	tɕʻi⌐	mu⌐	ti⌐
巴	xuan⌐	sï↗	ʂï⌐	nien⌐	tɕʻi⌐	mu⌐	ti⌐
恩	fan⌐	sï↗	ʂï⌐	nien⌐	tɕʻi⌐	mu⌐	ti⌐
宣	xuan⌐	sï┐	ʂï⌐	nien⌐	tɕʻi⌐	mu⌐	ti⌐
來	fan⌐	sï↗	sï⌐	nien⌐	tɕʻi⌐	mu⌐	ti⌐
利	fan⌐	sï↗	sï⌐	nien⌐	tɕʻi⌐	mu⌐	ti⌐

地名＼文名	凡	四	十	年	其	目	的
谿	fan˅	sï˅	ṣï˅	ɳian˅	tɕ'i˅	mo˅	ti˅
竹山	fan˅	sï˅	ṣï˧	ɳian˅	tɕ'i˅	mo˧	ti˧
鄖西	fan˅	sï˅	ṣï˅	ɳien˅	tɕ'i˅	mu˅	ti˅
鄖	fan˅	sï˅	ṣï˅	ɳien˅	tɕ'i˅	mu˅	ti˅
均	fan˅	sï˅	ṣï˅	ɳien˅	tɕ'i˅	mu˅	ti˅
光	fan˅	sï˅	sï˅	ɳien˅	tɕ'i˅	mu˧	ti˅
房	fan˅	sï˅	sï˅	nien˅	tɕ'i˅	mu˧	ti˅
保	fan˅	sï˅	sï˅	nien˅	tɕ'i˅	mu˧	ti˅
南	fan˅	sï˅	ṣï˅	nien˅	tɕ'i˅	mu˅	ti˅
襄	fan˅	sï˅	sï˅	nien˅	tɕ'i˅	mu˅	ti˅
鍾	fan˅	ṣï˅	ṣï˅	nien˅	tɕ'i˅	moŋ˅	ti˅
棗	fan˅	sï˅	ṣï˅	nien˅	tɕ'i˅	mu˅	ti˅
隨	fan˅	sï˅	ṣï˅	nien˅	tɕ'i˅	mu˅	ti˅
應山	fan˅	sï˧	ṣï˅	ien˅	tɕ'i˅	moŋ˧	ti˧
安	fan˅	sï˧	ṣï˅	ien˅	tɕ'i˅	mu˧	ti˧
應城	fan˩	sï˧	sï˩	nien˩	tɕ'i˩	moŋ˧	ti˧
雲	fan˩	sï˧	ṣï˩	nien˩	tɕ'i˩	mu˧	ti˧
孝	fan˅	sï˧	ṣï˅	nien˅	tɕ'i˅	mu˧	ti˅
禮	fan˅	sï˧	ṣï˅	ien˅	tɕ'i˅	mu˅	ti˅
陂	fan˅	sï˧	sï˅	ɳien˅	tɕ'i˅	moŋ˧	ti˧
黃安	fan˅	sï˧	ṣï˧	ɳien˅	tɕ'i˅	moŋ˧	ti˧

本文\本地名	凡	四	十	年	其	目	的
岡	fan˨	sï˥	sï˧	ȵien˨	tɕ'i˨	moŋ˧	ti˨
鄂	fan˩	sï˥	sï˥	ȵien˩	tɕ'i˩	moŋ˧	ti˥
麻	fan˨	sï˥	ʂï˧	ȵian˨	tɕ'i˨	moŋ˧	ti˨
羅	fan˨	sï˥	ʂï˧	ȵian˨	tɕ'i˨	mo˨	ti˨
英	fan˨	sï˥	ʂï˧	ȵian˨	tɕ'i˨	mo˨	ti˨
浠	fan˨	sï˥	ʂï˧	ȵian˨	tɕ'i˨	mu˨	ti˨
梅	fan˨	sï˥	sï˧	ȵiɛn˨	tɕ'i˨	mo˨	ti˨
濟	fan˩	sï˥	sï˧	ȵiẽ˨	tɕ'i˨	mo˩	tei˥
蘄	fan˩	sï˥	ʂï˧	ȵian˨	tɕ'i˨	moŋ˩	ti˩
冶	fã˨	sï˥	sï˧	ȵieĩ˨	tɕ'i˨	mo˩	tai˥
嘉	fan˩	sï˥	sï˨	ien˩	tɕ'i˨	mu˥	ti˥
咸	fã˨	sï˨	sï˧	ȵiẽ˨	tɕ'i˨	mo˧	tei˥
陽	fæ̃˨	sï˥	sï˥	ȵiẽ˨	tɕ'i˨	mo˥	tei˥
通山	fã˨	sï˥	sï˧	ȵiẽ˨	tɕi˨	mu˧	tai²˥
崇	fã˨	sï˥	sɤ˥	ȵiẽ˨	zi˨	mo˥	ti˥
蒲	fan˥	sï˥	ʂï²˥	ȵien˥	dʑ'i˥	mu²˥	ti²˥
通城	fan˥	sï˥	sï²˥	ȵien˥	dʑ'i˥	mo²˥	ti²˥
監	fan˨	sï˥	sï˧	nien˨	tɕ'i˨	mu˥	ti˥
石	fan˥	sï˥	sï˧	nien˥	tɕ'i˥	mu˥	ti˥
公	fan˥	sï˥	sï˧	nien˥	tɕ'i˥	mɤ˥	ti˥
松	fan˥	sï˧	sï˥	nien˥	tɕ'i˥	mu˥	ti˥
鶴	xuan˨	sï˥	ʂï˧	nien˨	tɕ'i˥	mo˥	ti˥

地名＼本文	在	求	中	國	之	自	由
武	tsai˥	tɕʻiou˩	tsoŋ˥	kuɤ˩	tsï˥	tsï˥	iou˩
漢口	tsai˥	tɕʻiou˩	tsoŋ˥	kuɤ˩	tsï˥	tsï˥	iou˩
漢陽	tsai˥	tɕʻuoi˩	tsoŋ˥	kuɤ˩	tsï˥	tsï˥	uoi˩
漢川	tsai˥	tɕʻiəu˩	tsoŋ˥	kuæ˩	tsï˥	tsï˥	iəu˩
沔	tsai˥	tɕʻiəu˩	tsoŋ˥	ko˩	tsï˥	tsï˥	iəu˩
天	tsai˥	tɕʻiəu˩	tsuŋ˥	kue˩	tsï˥	tsï˥	iəu˩
京	tsai˥	tɕʻiou˩	tsoŋ˥	ko˩	tsï˥	tsï˥	iou˩
荆	tʂai˥	tɕʻiou˩	tʂoŋ˥	ko˩	tʂï˥	tʂï˥	iou˩
當	tʂai˥	tɕʻiəu˩	tʂuŋ˥	ko˩	tʂï˥	tʂï˥	iəu˩
江	tsai˥	tɕʻiəu˩	tsoŋ˥	ko˩	tsï˥	tsï˥	iəu˩
枝	tsai˥	tɕʻiou˩	tsoŋ˥	ko˩	tsï˥	tsï˥	iou˩
宜都	tsai˥	tɕʻiəu˩	tsuŋ˥	ko˩	tsï˥	tsï˥	iəu˩
宜昌	tsai˥	tɕʻiou˩	tsoŋ˥	ko˩	tsï˥	tsï˥	iəu˩
長	tsai˥	tɕʻiou˩	tsuŋ˥	ko˩	tsï˥	tsï˥	iou˩
興	tsai˥	tɕʻiou˩	tsuŋ˥	kuɤ˩	tsï˥	tsï˥	iou˩
秭	tsai˥	tɕʻiou˩	tʂoŋ˥	kuɤ˩	tʂï˥	tsï˥	iou˩
巴	tsai˥	tɕʻiou˩	tʂuŋ˥	kue˩	tʂï˥	tsï˥	iou˩
恩	tsai˥	tɕʻiəu˩	tʂoŋ˥	kue˩	tʂï˥	tsï˥	iəu˩
宣	tsai˥	tɕʻiou˩	tʂuŋ˥	kue˩	tʂï˥	tsï˥	iou˩
來	tsai˥	tɕʻuoi˩	tsoŋ˥	kue˩	tsï˥	tsï˥	iou˩
利	tsai˥	tɕʻiəu˩	tsuŋ˥	kue˩	tsï˥	tsï˥	iəu˩

本地名／文	在	求	中	國	之	自	由
谿（竹谿）	tsai↘	tɕʻiou↘	tʂoŋ˥	kue↘	tʂï↘	tsï↘	iou↘
竹山	tsai˦	tɕʻiou↘	tʂoŋ˥	kue˦	tʂï˦	tsï˦	iou↘
鄖西	tsai↘	tɕʻiou↘	tʂuʌŋ˥	kue˥	tʂï˦	tsï↘	iou↘
鄖	tsai↘	tɕʻiəu↘	tʂuʌŋ˥	kuo↘	tʂï˥	tsï↘	iəu↘
均	tsai↘	tɕʻiəu↘	tʂoŋ˦	ko˥	tʂï˥	tsï↘	iəu↘
光	tsai↘	tɕʻiəu↘	tsuʌŋ˦	ko˥	tsï˥	tsï↘	iəu↘
房	tsai↘	tɕʻiou↘	tsoŋ˦	kue↘	tsï˥	tsï↘	iou↘
保	tsai↘	tɕʻiəu↘	tsuʌŋ˦	kue˥	tsï˥	tsï↘	iəu↘
南	tsai↘	tɕʻiou↘	tʂuʌŋ˦	kue˥	tʂï˥	tsï↘	iou↘
襄	tsai↘	tɕʻiəu↘	tsuʌŋ˥	kue˥	tʂï˥	tsï↘	iəu↘
鍾	tʂai↘	tɕʻiəu↘	tʂuŋ˥	kuə˥	tʂï˥	tʂï↘	iəu↘
棗	tsai↘	tɕʻiou↘	tʂuŋ˦	kue↘	tʂï˥	tsï↘	iou↘
隨	tsai↘	tɕʻiəu↘	tʂuŋ˥	kua↘	tʂï˥	tsï↘	iəu↘
應山	tsai˥	tɕʻiəu↘	tʂoŋ˥	kue˥	tʂï˥	tsï˥	iəu↘
安	tsai˥	tɕʻiəu↘	tʂoŋ˥	kuɛ˥	tʂï˥	tsï˥	iəu↘
應城	tsai˥	tɕʻiəu˥	tsoŋ˥	kue˥	tsï˥	tsï˥	iəu˥
雲	tsai˦	tɕʻiəu˥	tʂoŋ˦	kue˥	tʂï˦	tsï˦	iəu˥
孝	tsai˥	tɕʻiəu↘	tʂoŋ˥	kuɛ↘	tʂï˥	tsï˥	iəu↘
禮陵	tsai˦	tɕʻiou↘	tsoŋ˦	kuɛ↘	tsï˦	tsï↘	iou↘
黃安	tsai˦	tɕʻiəu↘	tsoŋ˦	kue˥	tʂï˦	tsï˦	iəu↘

本文名 / 地名	在	求	中	國	之	自	由
岡	tsai˧	tɕʻiəu˨	tsoŋ˧	kue˧	tsï˧	tsï˧	iəu˨
鄂	tsai˧	tɕʻieu˨	tsoŋ˨	kuæ˧	tsï˧	tsï˧	ieu˨
麻	tsai˧	tɕʻiəu˨	tʂoŋ˨	kue˧	tʂï˨	tsï˧	iəu˨
羅	tsai˧	tɕʻiəu˨	tʂoŋ˨	kue˨	tʂï˨	tsï˧	iəu˨
英	tsai˧	tɕʻiəu˨	tʂoŋ˨	kue˨	tʂï˨	tsï˧	iəu˨
浠	tsai˧	tɕʻiou˨	tsoŋ˨	kue˨	tʂï˨	tsï˧	iou˨
梅	tsai˧	tɕʻieu˨	tsoŋ˨	kuæ˨	tsï˨	tsï˧	ieu˨
濟	tsai˨	tɕʻiu˨	tsʌŋ˧	kue˧	tsï˧	tsï˨	iu˨
蘄	tsai˧	tɕʻiəu˨	tʂoŋ˨	kuaʔ˨	tʂï˨	tsï˧	iəu˨
冶	tsʻa˧	tɕʻiau˨	tsaŋ˧	kua˧	tsï˧	tsï˧	iau˨
嘉	tsʻai˧	tɕʻiou˨	tsoŋ˧	kue˥	tsï˧	tsʻï˧	iou˨
咸	tsʻæ˧	tɕʻiau˨	tsəŋ˧	kue˥	tsï˧	tsʻï˧	iau˨
陽	tsʻæ˧	tɕʻiau˨	tsʌŋ˧	kue˥	tsï˧	tsʻï˧	iau˨
通山	tsa˧	tɕiu˨	tsaŋ˧	kuœʔ˥	tsï˧	tsï˧	iu˨
崇	zæ˧	ʑiəu˨	tsən˧	kye˧	tsï˧	zï˧	iəu˨
蒲	dzʻai˧	dzʻiou˨	tʂʌŋ˧	kueʔ˥	tʂï˧	dzʻï˧	iou˨
通城	dzʻai˧	dzʻiəu˨	tsəŋ˨	kueʔ˥	tsï˧	dzʻï˧	iəu˧
監	tsʻai˧	tɕʻiou˨	tsoŋ˧	kuɤ˧	tsï˧	tsï˧	iou˨
石	tsai˧	tɕʻiou˨	tsoŋ˥	ko˧	tsï˧	tsï˧	iou˨
公	tsai˧	tɕʻiou˨	tsoŋ˥	ko˧	tsï˧	tsï˧	iou˨
松	tsai˧	tɕʻiou˨	tsoŋ˧	ko˥	tsï˧	tsï˧	iou˨
鶴	tsai˧	tɕʻiou˨	tsoŋ˥	kue˧	tʂï˥	tsï˧	iou˨

本地名＼文	平	等	積	四	十	年	之
武	pʻin↙	tən↘	tɕi↙	sï↗	sï↙	nien↘	tsï⌐
漢口	pʻin↙	tən↘	tɕi↙	sï↗	sï↙	nien↘	tsï⌐
漢陽	pʻin↙	tən↘	tɕi↙	sï↗	sï↙	nien↘	tsï⌐
漢川	pʻin↗	tən↘	tɕi↗	sï¬	sï↗	nien↗	tsï⌐
沔	pʻin↗	tən↘	tɕi↗	sï¬	sï↗	nien↗	tsï⌐
天	pʻin↙	tən↘	tɕi↙	sï¬	sï↙	nien↘	tsï⌐
京	pʻin↗	tən↘	tɕi↗	sï¬	sï↗	nien↗	tsï⌐
荊	pʻin↙	tən↘	tɕi↙	ʂï↗	ʂï↙	nien↘	tʂï⌐
當	pʻin↙	tən↘	tɕi↙	ʂï↗	ʂï↙	nien↘	tʂï⌐
江	pʻin↙	tən↘	tɕi↙	sï¬	sï↙	nin↙	tsï⌐
枝	pʻin↗	tən↘	tɕi↗	sï↗	sï↗	nien↗	tsï⌐
宜都	pʻin↗	tən↘	tɕi↗	sï↗	sï↗	nien↗	tsï⌐
宜昌	pʻin↗	tən↘	tɕi↗	sï↗	sï↗	nien↗	tsï⌐
長	pʻin↗	tən↘	tɕi↗	sï↗	sï↗	nien↗	tsï⌐
興	pʻin⌐	tən↘	tɕi⌐	sï↗	sï⌐	nien⌐	tsï⌐
秭	pʻin⌐	tən↘	tɕi⌐	sï↗	ʂï↗	nien⌐	tʂï⌐
巴	pʻin⌐	tən↘	tɕi⌐	sï↗	ʂï↗	nien⌐	tʂï⌐
恩	pʻin⌐	tən↘	tɕi⌐	sï↗	ʂï↗	nien⌐	tʂï⌐
宣	pʻin⌐	tən↘	tɕi⌐	sï↗	ʂï↗	nien⌐	tʂï⌐
來	pʻin⌐	tən↘	tɕi⌐	sï↗	sï↗	nien⌐	tsï⌐
利	pʻin⌐	tən↘	tɕi⌐	sï↗	sï⌐	nien⌐	tsï⌐

本地名＼文名	平	等	積	四	十	年	之
谿 竹山	pʻin˩	tən˥	tɕi˩	sï˩	ʂï˩	ȵian˩	tʂï˨
竹山	pʻin˩	tən˥	tɕi˩	sï˩	ʂï˨	ȵian˩	tʂï˨
鄖西	pʻin˩	tən˥	tɕi˩	sï˩	ʂï˩	ȵien˩	tʂï˨
鄖	pʻin˩	tən˩	tɕi˩	sï˩	ʂï˩	ȵien˩	tʂï˥
均	pʻin˩	tən˥	tɕi˩	sï˩	ʂï˩	ȵien˩	tʂï˩
光	pʻin˩	tən˥	tɕi˩	sï˩	sï˩	ȵien˩	tsï˩
房	pʻin˩	tən˩	tɕi˩	sï˩	sï˩	nien˩	tsï˩
保	pʻin˩	tən˥	tɕi˩	sï˩	sï˩	nien˩	tsï˩
南	pʻin˩	tən˥	tɕi˩	sï˩	ʂï˩	nien˩	tʂï˩
襄	pʻin˩	tən˥	tɕi˩	sï˩	sï˩	nien˩	tsï˩
鍾	pʻin˩	tən˩	tɕi˩	ʂï˩	ʂï˩	nien˩	tʂï˩
棗	pʻin˩	tən˥	tɕi˩	sï˩	ʂï˩	nien˩	tʂï˩
隨	pʻin˩	tən˩	tɕi˩	sï˩	ʂï˩	nien˩	tʂï˥
應山	pʻin˩	tən˩	tɕi˩	sï˥	ʂï˩	ien˩	tʂï˨
安	pʻin˩	tən˩	tɕi˩	sï˥	ʂï˩	ien˩	tʂï˨
應城	pʻin˩	tən˩	tɕi˩	sï˥	sï˩	nien˩	tsï˨
雲	pʻin˩	tən˩	tɕi˩	sï˥	ʂï˩	nien˩	tʂï˩
孝	pʻin˩	tən˩	tɕi˩	sï˥	ʂï˩	nien˩	tʂï˩
禮	pʻin˩	tən˩	tɕi˩	sï˥	ʂï˩	ien˩	tʂï˨
陂	pʻin˩	tən˩	tɕi˩	sï˥	sï˩	ȵien˩	tsï˩
黃安	pʻin˩	tən˥	tɕi˩	sï˥	ʂï˨	ȵien˩	tʂï˨

本文\地名	平	等	積	四	十	年	之
岡	pʻin˩	tən˩	tɕi˦	sï˦	sï˧	ȵien˩	tsï˧
鄂	pʻin˩	tən˩	tɕi˦	sï˦	sï˦	ȵien˩	tsï˦
麻	pʻin˩	tən˥	tɕi˦	sï˦	ʂï˧	ȵian˩	tʂï˩
羅	pʻin˩	tən˥	tɕi˦	sï˦	ʂï˧	ȵian˩	tʂï˩
英	pʻin˩	tən˥	tɕi˩	sï˦	ʂï˧	ȵian˩	tʂï˩
浠	pʻin˩	tən˥	tɕi˩	sï˦	ʂï˧	ȵian˩	tʂï˩
梅	pʻin˩	tən˥	tɕi˩	sï˦	sï˧	ȵiɛn˩	tsï˩
濟	pʻin˩	tẽ˥	tsei˩	sï˦	sï˩	ȵiẽ˥	tsï˥
蘄	pʻin˩	tən˥	tɕi˩	sï˦	ʂï˥	ȵian˩	tʂï˥
冶	pʻin˩	teĩ˩	tsai˩	sï˦	sï˥	ȵieĩ˩	tsï˥
嘉	pʻin˩	tən˩	tɕi˥	sï˦	sï˩	ien˩	tsï˥
咸	pʻiən˩	tən˩	tsei˥	sï˩	sï˥	ȵiẽ˩	tsï˥
陽	pʻin˩	tən˩	tsei˥	sï˦	sï˥	ȵiẽ˩	tsï˦
通山	pin˩	tẽ˩	tsaiʔ˥	sï˥	sï˥	ȵiẽ˩	tsï˩
崇	pʻin˩	tẽ˩	tɕi˥	sï˥	sɤ˥	ȵiẽ˩	tsï˩
蒲	bʻin˩	tœn˩	tɕiʔ˥	sï˦	ʂïʔ˥	ȵien˩	tʂï˥
通城	bʻin˩	ten˩	tɕiʔ˥	sï˦	sïʔ˥	ȵien˩	tsï˩
監	pʻin˩	tən˩	tɕi˥	sï˦	sï˥	nien˩	tsï˥
石	pʻin˩	tən˩	tɕi˥	sï˩	sï˥	nien˩	tsï˥
公	pʻin˩	tən˩	tɕi˥	sï˥	sï˥	nien˩	tsï˥
松	pʻin˩	tən˩	tɕi˥	sï˥	sï˥	nien˩	tsï˥
鶴	pʻĩ˩	tẽ˩	tɕi˥	sï˩	ʂï˥	ȵiɛn˩	tʂï˥

文名 / 本地名	經	驗	深	知	欲	達	到
武	tɕin˥	nien˥	sən˥	tsï˥	iou˩	ta˩	tau˥
漢口	tɕin˥	nien˥	sən˥	tsï˥	iou˩	ta˩	tau˥
漢陽	tɕin˥	nien˥	sən˥	tsï˥	iou˩	ta˩	tau˥
漢川	tɕin˥	nien˦	sən˥	tsï˥	iəu˦	ta˦	tau˦
沔	tɕin˥	ien˦	sən˥	tsï˥	y˦	ta˩	tau˦
天	tɕin˥	ien˦	sən˥	tsï˥	y˦	ta˩	tau˦
京	tɕin˥	nien˦	sən˥	tsï˥	iou˦	ta˦	tau˦
荊	tɕin˥	ien˥	ʂən˥	tʂï˥	y˦	ta˩	tau˥
當	tɕin˥	ien˥	ʂən˥	tʂï˥	y˦	ta˩	tau˥
江	tɕin˥	in˦	sən˥	tsï˥	y˩	ta˩	tau˦
枝	tɕin˥	ien˩	sən˥	tsï˥	i˩	ta˩	tau˦
宜都	tɕin˥	ien˩	sən˥	tsï˥	iəu˩	ta˩	tau˥
宜昌	tɕin˥	nien˩	sən˥	tsï˥	y˩	ta˩	tau˥
長	tɕin˥	ien˩	sən˥	tsï˥	y˩	ta˩	tau˥
興	tɕin˥	ien˩	sən˥	tsï˥	y˩	ta˩	tau˥
秭	tɕin˥	ien˩	ʂən˥	tʂï˥	y˩	ta˩	tau˥
巴	tɕin˥	ien˩	ʂən˥	tʂï˥	y˩	ta˩	tau˥
恩	tɕin˥	nien˩	ʂən˥	tʂï˥	iu˩	ta˩	tau˥
宣	tɕin˥	nien˩	ʂən˥	tʂï˥	iou˩	ta˩	tau˥
來	tɕin˥	nien˩	sən˥	tsï˥	iou˩	ta˩	tau˥
利	tɕin˥	nien˥	sən˥	tsï˥	iu˩	ta˩	tau˥

本地名＼本文	經	驗	深	知	欲	達	到
谿	tɕin˦	ȵian˨	ʂən˦	tʂï˥	iou˨	ta˨	tau˨
竹山	tɕin˦	ȵian˦	ʂən˦	tʂï˥	iou˦	ta˥	tau˨
鄖西	tɕin˦	ȵien˨	tʂʻən˦	tʂï˥	iou˨	ta˥	tau˨
鄖	tɕin˥	ien˨	ʂən˥	tʂï˥	iəu˨	ta˦	tau˨
均	tɕin˦	ien˨	ʂən˦	tʂï˦	y˥	ta˥	tau˨
光	tɕin˦	ien˨	tsʻən˦	tsï˦	y˥	ta˦	tau˨
房	tɕin˦	ien˨	sən˦	tsï˦	iou˨	ta˨	tau˨
保	tɕin˦	ien˨	sən˦	tsï˦	iəu˥	ta˦	tau˨
南	tɕin˦	ien˨	ʂən˦	tʂï˦	y˥	ta˨	tau˨
襄	tɕin˦	ien˨	sən˦	tsï˦	iəu˥	ta˦	tau˨
鍾	tɕin˦	ien˨	ʂən˦	tʂï˦	y˥	ta˦	tau˨
棗	tɕin˦	nien˨	tʂʻən˦	tʂï˦	iou˨	ta˨	tau˨
隨	tɕin˦	nien˨	ʂən˦	tʂï˦	iəu˨	tɔ˥	tau˨
應山	tɕin˦	nien˥	ʂən˦	tʂï˦	iəu˦	ta˦	tau˥
安	tɕin˦	ien˥	ʂən˦	tʂï˦	iəu˦	ta˦	tau˥
應城	tɕin˦	nien˥	sən˦	tsï˦	iəu˦	ta˦	tau˥
雲	tɕin˦	nien˥	ʂən˦	tʂï˦	iəu˦	ta˦	tau˥
孝	tɕin˦	nien˦	ʂən˦	tʂï˦	iəu˦	ta˦	tau˥
禮	tɕin˦	ien˥	ʂən˦	tʂï˦	iəu˨	ta˦	tau˥
陂	tɕin˦	ȵien˦	sən˦	tsï˦	iou˦	ta˦	tau˥
黃安	tɕin˦	ȵien˦	ʂən˦	tʂï˦	zəu˨	ta˦	tau˥

本地名 / 文名	經	驗	深	知	欲	達	到
咼	tɕin˦	ȵien˦	sən˦	tsï˦	iəu˨	ta˨	tau˦
鄂	tɕin˦	ȵien˦	sən˥	tsï˨	ieu˨	ta˨	tau˦
麻	tɕin˨	ȵian˦	ʂən˥	tʂï˩	zəu˥	ta˨	tau˦
羅	tɕin˩	ȵian˦	ʂən˩	tʂï˩	zəu˥	ta˨	tau˦
英	tɕin˩	ȵian˦	ʂən˩	tʂï˩	iəu˨	ta˦	tau˩
浠	tɕin˩	ȵian˦	ʂən˩	tʂï˩	iou˨	ta˦	tau˩
梅	tɕin˩	ȵiɛn˦	sən˩	tsï˩	ieu˨	ta˨	tau˩
濟	tɕin˦	ȵiẽ˩	sən˩	tsï˩	iu˩	ta˨	tau˦
蘄	tɕĩ˨	ȵian˦	ʂən˨	tʂï˨	iəu˨	tɔ˨	tau˩
冶	tɕian˦	ȵieĩ˦	san˩	tsï˦	iau˩	tɔ˦	tɑ˦
嘉	tɕin˦	ien˦	sən˦	tsï˦	iu˩	ta˨	tau˩
咸	tɕiən˦	ȵiẽ˦	sən˦	tsï˦	iau˩	tʼa˩	tɔ˨
陽	tɕiən˦	ȵiẽ˦	sən˦	tsï˦	iau˩	tʼa˩	tɔ˦
通山	tɕin˦	ȵiẽ˦	san˦	tsï˦	iuʔ˩	ta˦	tau˦
崇	tɕin˦	ȵiẽ˦	sən˥	tsï˦	iəu˩	tʼa˩	tɔ˩
蒲	tɕin˦	ȵien˦	ʂən˥	tʂï˦	iouʔ˩	dʼaʔ˩	tau˩ ①
通城	tɕin˨	ȵien˦	sən˥	tsï˦	iəuʔ˩	dʼal˩	tau˨
監	tɕin˦	nien˦	sən˦	tsï˦	iou˩	tʼa˩	tau˨
石	tɕin˩	ien˦	sən˥	tsï˩	y˦	ta˦	tau˨
公	tɕin˩	ien˦	sən˥	tsï˩	y˦	ta˦	tau˨
松	tɕin˦	ien˦	sən˥	tsï˩	y˩	ta˩	tau˦
鶴	tɕĩ˩	ien˦	ʂẽ˩	tʂï˩	iou˦	ta˦	tau˨

① 蒲圻'到'字讀上聲，所以是低降調。

本文 地名	此	目	的	必	須	喚	起
武	tsʻïˋ	moŋˎ	tiˎ	piˎ	ɕy˥	xuan˧	tɕʻiˋ
漢口	tsʻïˋ	moŋˎ	tiˎ	piˎ	ɕy˥	xuan˧	tɕʻiˋ
漢陽	tsʻïˋ	moŋˎ	tiˎ	piˎ	ɕy˥	xuan˧	tɕʻiˋ
漢川	tsʻïˋ	moŋˎ	tiˎ	piˎ	ɕi˥	xuan˧	tɕʻiˋ
沔	tsʻïˋ	moŋˎ	tiˎ	piˎ	ɕy˥	xuan˧	tɕʻiˋ
天	tsʻï˧	moŋˎ	tiˎ	piˎ	ɕy˥	xuan˧	tɕʻiˋ
京	tsʻïˋ	moŋˎ	tiˎ	piˎ	ɕy˥	xuan˧	tɕʻiˋ
荊	tʂʻïˋ	moŋˎ	tiˎ	piˎ	ɕy˥	xuan˧	tɕʻiˋ
當	tʂʻïˋ	muˎ	tiˎ	piˎ	ɕy˥	xuan˧	tɕʻiˋ
江	tsʻïˋ	muˎ	tiˎ	piˎ	ɕy˥	xuan˧	tɕʻiˋ
枝	tsʻïˋ	muˎ	tiˎ	piˎ	ɕi˥	xuan˧	tɕʻiˋ
宜都	tsʻïˋ	muˎ	tiˎ	piˎ	ɕi˥	xuan˧	tɕʻiˋ
宜昌	tsʻïˋ	muˎ	tiˎ	piˎ	ɕy˥	xuan˧	tɕʻiˋ
長	tsʻïˋ	muˎ	tiˎ	piˎ	ɕy˥	xuan˧	tɕʻiˋ
興	tsʻïˋ	mu˩	ti˩	pi˩	ɕy˥	xuan˧	tɕʻiˋ
秭	tsʻïˋ	mu˩	ti˩	pi˩	ɕy˥	xuan˧	tɕʻiˋ
巴	tsʻïˋ	mu˩	ti˩	pi˩	ɕy˥	xuan˧	tɕʻiˋ
恩	tsʻïˋ	mu˩	ti˩	pi˩	ɕy˥	fan˧	tɕʻiˋ
宣	tsʻïˋ	mu˩	ti˩	pi˩	ɕy˥	xuan˧	tɕʻiˋ
來	tsʻïˋ	mu˩	ti˩	pi˩	ɕy˥	fan˧	tɕʻiˋ
利	tsʻïˋ	mu˩	ti˩	pi˩	ɕy˥	xuan˧	tɕʻiˋ

本地名＼文名	此	目	的	必	須	喚	起
谿	tsʰi	mo	ti	pi	ɕi	xuan	tɕʰi
竹山	tsʰi	mo	ti	pi	ɕi	xuan	tɕʰi
鄖西	tsʰi	mu	ti	pi	ɕi	xuan	tɕʰi
鄖	tsʰi	mu	ti	pi	ɕy	xuan	tɕʰi
均	tsʰi	mu	ti	pi	ɕy	xuan	tɕʰi
光	tsʰi	mu	ti	pi	ɕy	xuan	tɕʰi
房	tsʰi	mu	ti	pi	ɕy	xuan	tɕʰi
保	tsʰi	mu	ti	pi	ɕy	xuan	tɕʰi
南	tsʰi	mu	ti	pi	ɕy	xuan	tɕʰi
襄	tsʰi	mu	ti	pi	ɕy	xuan	tɕʰi
鍾	tʂʰi	moŋ	ti	pi	ɕy	xuan	tɕʰi
棗	tsʰi	mu	ti	pi	ɕy	xuan	tɕʰi
隨	tsʰi	mu	ti	pi	ɕy	xuan	tɕʰi
應山	tsʰi	moŋ	ti	pi	ʂʅ	xuan	tɕʰi
安	tsʰi	mu	ti	pi	ɕi	xuan	tɕʰi
應城	tsʰi	moŋ	ti	pi	ɕi	xuan	tɕʰi
雲	tsʰi	mu	ti	pi	ɕi	xuan	tɕʰi
孝	tsʰi	mu	ti	pi	ɕi	xuan	tɕʰi
禮	tsʰi	mu	ti	pi	ɕi	fan	tɕʰi
陂	tsʰi	moŋ	ti	pi	ɕi	xuan	tɕʰi
黃安	tsʰi	moŋ	ti	pi	ɕi	fan	tɕʰi

本地名\文名	此	目	的	必	須	唤	起
岡	tsʻï˩	moŋ˨	ti˨	pi˨	çy˨(?)	xuan˨	tɕʻi˩
鄂	tsʻï˩	moŋ˨	ti˨	pi˨	çi˨	xuan˨	tɕʻi˩
麻	tsʻï˥	moŋ˨	ti˨	pi˨	çi˩	fan˨	tɕʻi˥
羅	tsʻï˥	mo˩	ti˩	pi˩	çi˥	xuan˨	tɕʻi˥
英	tsʻï˥	mo˩	ti˩	pi˩	çi˥	xuan˨	tɕʻi˥
浠	tsʻï˥	mu˩	ti˩	pi˩	çi˥	xuan˨	tɕʻi˥
梅	tsʻï˥	mo˩	ti˩	pi˩	çi˥	xuan˨	tɕʻi˥
濟	tsʻï˥	mo˨	tei˨	pei˨	sei˨	xuẽ˨	tɕʻi˥
蘄	tsʻï˥	moŋ˩	ti˩	pi˩	çi˩	xuan˨	tɕʻi˥
冶	tsʻï˩	mo˨	tai˨	pai˨	sai˨	xueĩ˨	tɕʻi˩
嘉	tsʻï˩	mu˥	ti˥	pi˥	çi˥	xuen˨	tɕʻi˩
咸	tsʻï˩	mo˨	tei˥	pei˥	çy˨	fœ̃˩	tɕʻi˩
陽	tsʻï˩	mo˥	tei˥	pei˥	sei˨	xuœ̃˨	tɕʻi˩
通山	tsʻï˩	mu˨	tai²˥	pai²˥	sai˨	xuœ̃˨	tɕʻi˩
崇	zï˩	mo˥	ti˥	pi˥	çi˨	fɤ˥	zi˩
蒲	dzʻï˩	mu²˥	ti²˥	pi²˥	çi˨	fœn˨	dzʻi˩
通城	dzʻï˩	mu²˥	ti²˥	pi²˥	çi˩	fon˨	dzʻi˩
監	tsʻï˩	mu˨	ti˨	pi˨	çy˨	xuœn˨	tɕʻi˩
石	tsʻï˩	mu˨	ti˨	pi˨	çy˥	xuan˨	tɕʻi˩
公	tsʻï˩	mɤ˨	ti˨	pi˨	çy˥	xuan˨	tɕʻi˩
松	tsʻï˩	mu˥	ti˥	pi˥	çy˩	xuan˨	tɕʻi˩
鶴	tsʻï˩	mo˨	ti˨	pi˨	çy˥	xuan˩	tɕʻi˩

地名＼文	民	衆	及	聯	合	世	界
武	min˩	tsoŋ˥	tɕi˩	nien˩	xo˩	sï˥	kai˥
漢口	min˩	tsoŋ˥	tɕi˩	nien˩	xo˩	sï˥	kai˥
漢陽	min˩	tsoŋ˥	tɕi˩	nien˩	xo˩	sï˥	kai˥
漢川	min˩	tsoŋ˦	tɕi˩	nien˩	xo˩	sï˦	kai˦
沔	min˩	tsoŋ˦	tɕi˩	nien˩	xo˩	sï˦	kai˦
天	min˩	tsuŋ˦	tɕi˩	nien˩	xo˩	sï˦	tɕiai˦
京	min˩	tsoŋ˦	tɕi˩	nien˩	xo˩	sï˦	kai˦
荊	min˩	tʂoŋ˩	tɕi˩	nien˩	xo˩	ʂï˩	kai˩
當	min˩	tʂuŋ˩	tɕi˩	nien˩	xo˩	ʂï˩	kai˩
江	min˩	tsoŋ˦	tɕi˩	nin˩	xo˩	sï˩	kai˦
枝	min˩	tsoŋ˦	tɕi˩	nien˩	xo˩	sï˩	kai˦
宜都	min˩	tsuŋ˦	tɕi˩	nien˩	xo˩	sï˩	kai˦
宜昌	min˩	tsoŋ˦	tɕi˩	nien˩	xo˩	sï˩	kai˦
長	min˩	tsuŋ˦	tɕi˩	nien˩	xo˩	sï˩	kai˦
興	min˩	tsuŋ˦	tɕi˩	nien˩	xo˩	sï˩	kai˦
秭	min˩	tʂoŋ˦	tɕi˩	nien˩	xo˩	ʂï˩	kai˦
巴	min˩	tʂuŋ˦	tɕi˩	nien˩	xo˩	ʂï˩	kai˦
恩	min˩	tʂoŋ˦	tɕi˩	nien˩	xo˩	ʂï˩	kai˦
宣	min˩	tʂuŋ˦	tɕi˩	nien˩	xo˩	ʂï˩	kai˦
來	min˩	tsoŋ˦	tɕi˩	nien˩	xo˩	sï˦	kai˦
利	min˩	tsuŋ˦	tɕi˩	nien˩	xo˩	sï˦	kai˦

本地名 ＼ 文	民	衆	及	聯	合	世	界
谿	min˅	tʂoŋ˅	tɕi˅	lian˅	xo˅	ʂï˅	kai˅
竹山	min˅	tʂoŋ˅	tɕi˅	lian˅	xo˧	ʂï˅	kai˅
鄖西	min˅	tʂuʌŋ˅	tɕi˅	lien˅	xo˅	ʂï˅	kai˅
鄖	min˅	tʂuʌŋ˅	tɕi˅	lien˅	xɤ˅	ʂï˅	kai˅
均	min˅	tʂoŋ˅	tɕi˅	nien˅	xɤ˅	ʂï˅	kai˅
光	min˅	tsuʌŋ˅	tɕi˅	lien˅	xɤ˅	sï˅	kai˅
房	min˅	tsoŋ˅	tɕi˅	nien˅	xo˅	sï˅	kai˅
保	min˅	tsuʌŋ˅	tɕi˅	nien˅	xo˅	sï˅	kai˅
南	min˅	tʂuʌŋ˅	tɕi˅	nien˅	xo˅	sï˅	kai˅
襄	min˅	tsuʌŋ˅	tɕi˅	nien˅	xo˅	sï˅	kai˅
鍾	min˅	tʂuŋ˅	tɕi˅	nien˅	xo˅	ʂï˅	kai˅
棗	min˅	tʂuŋ˅	tɕi˅	nien˅	xo˅	ʂï˅	tɕiai˅
隨	min˅	tʂuŋ˅	tɕi˅	nien˅	xo˅	ʂï˅	tɕiai˅
應山	min˅	tʂoŋ˥	tɕi˥	nien˅	xo˥	ʂï˥	kai˥
安	min˅	tʂoŋ˥	tɕi˥	nien˅	xa˥	ʂï˥	tɕiai˥
應城	min˧	tsoŋ˥	tɕi˥	nien˧	xo˥	sï˥	kai˥
雲	min˧	tʂoŋ˥	tɕi˥	nien˧	xo˥	ʂï˥	kai˥
孝	min˅	tʂoŋ˥	tɕi˥	nien˅	xo˅	ʂï˥	kai˥
禮	min˅	tʂoŋ˥	tɕi˅	nien˅	xo˅	ʂï˅	kai˥
陂	min˅	tsoŋ˥	tɕi˥	nien˅	xo˥	sï˅	kai˥
黃安	min˅	tʂoŋ˥	tɕi˅	nien˅	xo˅	ʂï˥	kai˥

文名 本地名	民	衆	及	聯	合	世	界
岡	min˩	tsoŋ˥	tɕi˥	nien˩	xo˥	sï˥	kai˥
鄂	min˧	tsoŋ˥	tɕi˥	nien˧	xo˧	sï˥	kai˥
麻	min˩	tʂoŋ˥	tɕi˥	nian˩	xo˥	ʂï˥	kai˥
羅	min˩	tʂoŋ˥	tɕi˧	nian˩	xo˧	ʂï˥	kai˥
英	min˩	tʂoŋ˥	tɕi˧	nian˩	xo˧	ʂï˥	kai˥
浠	min˩	tʂoŋ˥	tɕi˧	nian˩	xo˧	ʂï˥	kai˥
梅	min˥	tsoŋ˧	tɕi˧	liɛn˥	xo˥	sï˥	kai˥
薪	min˩	tsʌŋ˥	tɕi˧	liẽ˩	xo˥	sï˥	kai˥
蘄	min˩	tʂoŋ˥	tɕi˧	nian˩	xo˧	ʂï˥	kai˥
冶	min˩	tsaŋ˥	tɕi˧	lĩ˩	xo˥	sï˥	ka˥
嘉	min˩	tsoŋ˥	tɕʻi˥	nien˩	xo˧	sï˥	kai˥
咸	miən˩	tsəŋ˧	tɕʻi˥	niẽ˩	xo˥	sï˧	kæ˧
陽	min˩	tsʌŋ˧	tɕʻi˥	liẽ˩	xo˥	sï˥	kæ˥
通山	min˩	tsaŋ˧	tɕi²˥	lĩ˩	xo˥	sï˥	tɕia˥
崇	min˩	tən˥	ʑi˥	tʻiẽ˩	xɤ˥	sï˥	kæ˥
蒲	min˧	tʂʌŋ˧	dʑʻi²˥	ɖien˧	ho²˥	ʂï˧	kai˥
通城	min˧	tsəŋ˧	dʑʻi²˥	ɖien˧	hel˥	sï˧	kai˥
監	min˧	tsoŋ˥	tɕi˥	nien˧	xo˥	sï˧	kai˥
石	min˩	tsoŋ˥	tɕʻi˥	nien˧	xo˧	sï˧	kai˥
公	min˩	tsoŋ˥	tɕi˥	nien˧	xo˧	sï˧	kai˥
松	min˧	tsoŋ˧	tɕi˥	nien˧	xo˥	sï˧	kai˧
鶴	mĩ˩	tʂoŋ˧	tɕi˥	niɛn˧	xo˧	ʂï˧	kai˧

地名 ＼ 文	上	以	平	等	待	我	之
武	saŋ↑	i↘	pʰin↓	tən↘	tai↑	o↘	tsï↑
漢口	saŋ↑	i↘	pʰin↓	tən↘	tai↑	ŋo↘	tsï↑
漢陽	saŋ↑	i↘	pʰin↓	tən↘	tai↑	o↘	tsï↑
漢川	saŋ→	i↘	pʰin↓	tən↘	tai→	o↘	tsï↑
沔	saŋ→	i↘	pʰin↓	tən↘	tai→	o↘	tsï↑
天	saŋ→	i↘	pʰin↓	tən→	tai→	o↘	tsï↑
京	saŋ→	i↘	pʰin↓	tən↘	tai→	o↘	tsï↑
荊	ʂaŋ→	i↘	pʰin↓	tən↘	tai→	o↘	tʂï↑
當	ʂaŋ→	i↘	pʰin↓	tən↘	tai→	o↘	tʂï↑
江	san→	i↘	pʰin↓	tən↘	tai→	o↘	tsï↑
枝	saŋ↑	i↘	pʰin↓	tən↘	tai↑	o↘	tsï↑
宜都	saŋ↑	i↘	pʰin↓	tən↘	tai↑	o↘	tsï↑
宜昌	saŋ↘	i↘	pʰin↓	tən↘	tai↑	o↘	tsï↑
長	saŋ↑	i↘	pʰin↓	tən↘	tai↑	o↘	tsï↑
興	saŋ↑	i↘	pʰin↓	tən↘	tai↑	o↘	tsï↑
秭	ʂaŋ↑	i↘	pʰin↓	tən↘	tai↑	o↘	tʂï↑
巴	ʂaŋ↑	i↘	pʰin↓	tən↘	tai↑	o↘	tʂï↑
恩	ʂaŋ↑	i↘	pʰin↓	tən↘	tai→	o↘	tʂï↑
宣	ʂaŋ↑	i↘	pʰin↓	tən↘	tai→	ŋo↘	tʂï↑
來	saŋ↑	i↘	pʰin↓	tən↘	tai↑	o↘	tsï↑
利	saŋ↑	i↘	pʰin↓	tən↘	tai↑	o↘	tsï↑

地名＼文	上	以	平	等	待	我	之
竹山	ṣaŋ˩	i˩	pʻin˩	tən˥	tai˩	ŋo˥	tṣï˩
郧西	ṣaŋ˥	i˥	pʻin˩	tən˥	tai˥	ŋo˥	tṣï˥
郧	ṣaŋ˩	i˥	pʻin˩	tən˩	tai˩	ŋo˥	tṣï˥
均	ṣaŋ˩	i˩	pʻin˩	tən˩	tai˩	uou˩	tṣï˥
光	ṣaŋ˩	i˥	pʻin˩	tən˩	tai˩	ɣo˥	tṣï˩
房	saŋ˩	i˥	pʻin˩	tən˥	tai˩	ɣo˥	tsï˩
保	saŋ˩	i˩	pʻin˩	tən˥	tai˩	ɣo˩	tsï˩
南	ṣaŋ˩	i˥	pʻin˩	tən˥	tai˩	ɣo˩	tṣï˩
襄	saŋ˩	i˥	pʻin˩	tən˥	tai˩	uou˩	tṣï˩
鍾	ṣaŋ˩	i˥	pʻin˩	tən˥	tai˩	ɣo˥	tṣï˩
棗	ṣaŋ˩	i˩	pʻin˩	tən˥	tai˩	ɣo˩	tṣï˩
隨	ṣaŋ˩	i˥	pʻin˩	tən˥	tai˩	ŋo˩	tṣï˥
應山	ṣaŋ˥	i˥	pʻin˩	tən˩	tai˥	ŋo˩	tṣï˥
安	ṣaŋ˥	i˩	pʻin˩	tən˩	tai˥	ɣo˩	tṣï˥
應城	saŋ˥	i˩	pʻin˥	tən˩	tai˥	ŋo˩	tsï˥
雲	ṣaŋ˥	i˩	pʻin˥	tən˩	tai˥	ŋo˩	tṣï˥
孝	ṣaŋ˥	i˩	pʻin˩	tən˩	tai˥	ŋo˩	tṣï˥
禮陂	ṣaŋ˥	i˩	pʻin˩	tən˩	tai˥	ŋo˩	tṣï˥
黃安	ṣaŋ˥	i˩	pʻin˩	tən˥	tai˥	ŋo˥	tṣï˩

本文\本地名	上	以	平	等	待	我	之
岡	saŋ	i	pʻin	tən	tai	ŋo	tsï
鄂	saŋ	i	pʻin	tən	tai	ŋo	tsï
麻	ʂaŋ	i	pʻin	tən	tai	ŋo	tʂï
羅	ʂaŋ	i	pʻin	tən	tai	ŋo	tʂï
英	ʂaŋ	i	pʻin	tən	tai	ŋo	tʂï
浠	ʂaŋ	i	pʻin	tən	tai	ŋo	tʂï
梅	saŋ	i	pʻin	tən	tai	ŋo	tsï
濟	saŋ	i	pʻin	tẽ	tai	ŋo	tsï
蘄	ʂaŋ	i	pʻin	tən	tai	ŋo	tʂï
冶	soŋ	i	pʻin	teī	tʻa	ŋo	tsï
嘉	saŋ	i	pʻin	tən	tʻai	ŋo	tsï
咸	soŋ	i	pʻiən	tən	tʻæ	ŋo	tsï
陽	soŋ	i	pʻin	tən	tʻæ	ŋo	tsï
通山	soŋ	i	pin	tẽ	tœ	ŋo	tsï
崇	saŋ	i	pʻin	tẽ	tʻæ	ŋo	tsï
蒲	soŋ	i	bʻin	ton	dʻai	ŋo	tʂï
通城	soŋ	i	bʻin	ten	dʻai	ŋo	tsï
監	saŋ	i	pʻin	tən	tʻai	o	tsï
石	saŋ	i	pʻin	tən	tai	o	tsï
公	saŋ	i	pʻin	tən	tai	o	tsï
松	saŋ	i	pʻin	tən	tai	o	tsï
鶴	ʂaŋ	i	pʻĩ	tẽ	tai	ŋo	tʂï

本文名／地名	民	族	共	同	奮	鬥	現
武	min	ts'ou	koŋ	t'oŋ	fən	tou	ɕien
漢口	min	ts'ou	koŋ	t'oŋ	fən	tou	ɕien
漢陽	min	ts'ou	koŋ	t'oŋ	fən	tou	ɕien
漢川	min	ts'əu	koŋ	t'oŋ	fən	təu	ɕien
沔	min	ts'əu	koŋ	t'oŋ	xuən	təu	ɕien
天	min	ts'əu	kuŋ	t'uŋ	fən	təu	ɕien
京	min	ts'ou	koŋ	t'oŋ	fən	tou	ɕien
弗	min	tʂ'u	koŋ	t'oŋ	fən	tou	ɕien
當	min	tʂ'əu	kuŋ	t'uŋ	fən	təu	ɕien
江	min	ts'u	koŋ	t'oŋ	fən	təu	ɕin
枝	min	ts'u	koŋ	t'oŋ	fən	tou	ɕien
宜都	min	ts'u	kuŋ	t'uŋ	fen	təu	ɕien
宜昌	min	ts'u	koŋ	t'oŋ	fən	tou	ɕien
長	min	ts'u	kuŋ	t'uŋ	fən	tou	ɕien
興	min	ts'u	kuŋ	t'uŋ	fən	tou	ɕien
秭	min	ts'u	koŋ	t'oŋ	fən	tou	ɕien
巴	min	ts'u	kuŋ	t'uŋ	xuən	tou	ɕien
恩	min	ts'u	koŋ	t'oŋ	fən	təu	ɕien
宣	min	ts'ou	kuŋ	t'uŋ	xuən	tou	ɕien
來	min	ts'ou	koŋ	t'oŋ	fən	tou	ɕien
利	min	tɕ'iu	kuŋ	t'uŋ	fən	tou	ɕien

本文\地名	民	族	共	同	奮	鬥	現
谿	minˎ	tsʻouˎ	koŋˎ	tʻoŋˎ	fənˎ	touˎ	ɕianˎ
竹山	minˎ	tsʻou˧	koŋ˧	tʻoŋˎ	fənˎ	touˎ	ɕian˧
鄖西	minˎ	tsʻouˎ	kuʌŋˎ	tʻʌŋˎ	fənˎ	touˎ	ɕienˎ
鄖	minˎ	tsʻəuˎ	kuʌŋˎ	tʻʌŋˎ	fənˎ	təuˎ	ɕienˎ
均	minˎ	tsʻuˎ	koŋˎ	tʻoŋˎ	fənˎ	təuˎ	ɕienˎ
光	minˎ	tsʻuˎ	kuʌŋˎ	tʻʌŋˎ	fənˎ	təuˎ	ɕienˎ
房	minˎ	tsʻouˎ	koŋˎ	tʻoŋˎ	fənˎ	touˎ	ɕienˎ
保	minˎ	tsʻəuˎ	kuʌŋˎ	tʻʌŋˎ	fənˎ	təuˎ	ɕienˎ
南	minˎ	tsʻuˎ	kuʌŋˎ	tʻʌŋˎ	fənˎ	touˎ	ɕienˎ
襄	minˎ	tsʻəuˎ	kuʌŋˎ	tʻʌŋˎ	fənˎ	təuˎ	ɕienˎ
鍾	minˎ	tʂʻuˎ	kuŋˎ	tʻuŋˎ	fənˎ	təuˎ	ɕienˎ
棗	minˎ	tsʻouˎ	kuŋˎ	tʻuŋˎ	fənˎ	touˎ	ɕienˎ
隨	minˎ	tsʻəuˎ	kuŋˎ	tʻuŋˎ	fənˎ	təuˎ	ɕienˎ
應山	minˎ	tsʻəu˧	koŋ˥	tʻoŋˎ	fən˥	təu˥	ɕien˥
安	minˎ	tsʻəu˧	koŋ˥	tʻoŋˎ	fən˥	təu˥	ɕien˥
應城	min˩	tsʻəu˧	koŋ˥	tʻoŋ˩	fən˥	təu˥	ɕien˥
雲	min˩	tsʻəu˧	koŋ˧	tʻoŋ˩	fən˥	təu˥	ɕien˧
孝	minˎ	tsʻəu˧	koŋ˧	tʻoŋˎ	fən˥	təu˥	ɕien˧
禮	minˎ	tsʻəuˎ	koŋ˥	tʻoŋˎ	fən˥	təu˩	ɕien˥
陂	min˥	tsʻou˧	koŋ˥	tʻoŋˎ	fən˥	tou˥	ɕien˥
黃安	minˎ	tsʻəu˧	koŋ˧	tʻoŋˎ	fən˥	təu˥	ɕien˧

本文 地名	民	族	共	同	奮	鬥	現
岡	min↓	tsʻəu↓	koŋ↑	tʻoŋ↓	fen↑	təu↑	ɕien↑
鄂	min⌐	tsʻeu↓	koŋ↑	tʻoŋ⌐	fən↑	teu↑	ɕien↑
麻	min↓	tsʻəu↓	koŋ↑	tʻoŋ↓	fən↑	təu↑	ɕian↑
羅	min↓	tsʻəu↓	koŋ↑	tʻoŋ↓	fən↑	təu↑	ɕian↑
英	min↓	tsʻəu↓	koŋ↑	tʻoŋ↓	fən↑	təu↑	ɕian↑
希	min↓	tsʻou↑	koŋ↑	tʻoŋ↓	fən↑	tou↑	ɕian↑
海	min↓	tsʻeu↓	koŋ↑	tʻoŋ↓	fən↑	teu↓	ɕiɛn↑
濟	min↓	tsʻu↓	kʌŋ↑	tʻʌŋ↓	fən↑	teu↑	ɕiẽ⌐
蘄	min↓	tsʻəu↓	koŋ↑	tʻoŋ↓	fən↑	təu↓	ɕian↑
冶	min↓	tsʻau↓	kʻaŋ↑	tʻaŋ↓	fan↑	te↑	ɕieĩ⌐
嘉	min↓	tsʻu↑	kʻoŋ↑	tʻoŋ↓	fən↑	teu↑	ɕien↑
咸	miən↓	tsʻau↑	kʻuəŋ↑	tʻəŋ↓	fən↓	teø↓	ɕiẽ↑
陽	min↓	tsʻau↑	kʻʌŋ↑	tʻʌŋ↓	fən↑	tø↓	ɕiẽ↑
道山	min↓	tsau↑	kuaŋ↑	taŋ↓	fan↑	teu↑	ɕiẽ↑
崇	min↓	zəu↑	xən↑	tʻən↓	fən↑	tio↑	ɕiẽ↑
清	min↓	dzʻou?↑	gʻʌŋ↑	dʻʌŋ↓	fən↑	tou↑	ɕien↑
通城	min↓	dzʻəu?↑	həŋ↑	dʻəŋ↓	fən↑	tiau↑	ɕien↑
監	min↓	tsʻou↑	kʻoŋ↑	tʻoŋ↓	fən↑	tou↑	ɕien↑
石	min↓	tsou↑	koŋ↑	tʻoŋ↓	fən↑	tou↑	ɕien↑
公	min↓	tsʻou↑	koŋ↑	tʻoŋ↓	fən↑	tou↑	ɕien↑
松	min↓	tsʻu↑	koŋ↑	tʻoŋ↓	fən↑	tou↑	ɕien↑
鶴	mĩ↓	tsʻou↓	koŋ↑	tʻoŋ↓	xuẽ↓	tou↓	ɕiɛn↑

本地名＼文	在	革	命	尚	未	成	功
武	tsai˥	kɤ˩	min˥	saŋ˥	uei˥	tsʻən˩	koŋ˥
漢口	tsai˥	kɤ˩	min˥	saŋ˥	uei˥	tsʻən˩	koŋ˥
漢陽	tsai˥	kɤ˩	min˥	saŋ˥	uei˥	tsʻən˩	koŋ˥
漢川	tsai˧	ka˩	min˧	saŋ˧	uei˧	tsʻən˥	koŋ˥
沔	tsai˧	kɤ˥	min˧	saŋ˧	mei˧	tsʻən˥	koŋ˥
天	tsai˧	kɤ˥	min˧	saŋ˧	mei˧	tsʻən˩	kuŋ˥
京	tsai˧	kɤ˥	min˥	saŋ˥	uei˧	tsʻən˥	koŋ˥
荆	tʂai˥	kɤ˥	min˥	ʂaŋ˥	uei˥	tʂʻən˩	koŋ˥
當	tʂai˥	kɯ˩	min˥	ʂaŋ˥	uei˥	tʂʻən˩	kuŋ˥
江	tsai˧	kɤ˩	min˥	san˧	uei˧	tsʻən˩	koŋ˥
枝	tsai˩	kɤ˥	min˩	saŋ˩	uei˥	tsʻən˩	koŋ˥
宜都	tsai˥	kɤ˥	min˩	saŋ˥	uei˥	tsʻən˥	kuŋ˥
宜昌	tsai˩	kɤ˥	min˩	saŋ˥	uei˥	tsʻən˩	koŋ˥
長	tsai˥	kɤ˥	min˩	saŋ˥	uei˥	tsʻən˩	kuŋ˥
興	tsai˥	kɤ˩	min˥	saŋ˥	uei˥	tsʻən˩	kuŋ˥
秭	tsai˥	kɤ˩	min˥	ʂaŋ˥	uei˥	tʂʻən˩	koŋ˥
巴	tsai˥	ke˩	min˥	ʂaŋ˥	uei˥	tʂʻən˩	kuŋ˥
恩	tsai˩	ke˩	min˥	ʂaŋ˥	uei˥	tʂʻən˩	koŋ˥
宣	tsai˥	ke˩	min˥	ʂaŋ˥	uei˥	tʂʻən˩	kuŋ˥
來	tsai˥	ke˩	min˥	saŋ˥	uei˥	tsʻən˩	koŋ˥
利	tsai˥	ke˩	min˥	saŋ˥	uei˥	tsʻən˩	kuŋ˥

本地名 / 文名	在	革	命	尚	未	成	功
谿	tsai˨	ke˥	min˨	ʂaŋ˨	uei˨	tʂʰən˥	koŋ˦
竹山	tsai˦	ke˦	min˦	ʂaŋ˦	uei˦	tʂʰən˥	koŋ˦
鄖西	tsai˨	ke˥	min˨	ʂaŋ˨	uei˨	tʂʰən˥	kuʌŋ˦
鄖	tsai˨	kɤ˥	min˨	ʂaŋ˨	uei˨	tʂʰən˥	kuʌŋ˥
勾	tsai˨	ke˥	min˨	ʂaŋ˨	uei˨	tʂʰən˥	koŋ˦
光	tsai˨	kɤ˥	min˨	saŋ˨	uei˨	tsʰən˥	kuʌŋ˦
房	tsai˨	ke˥	min˨	saŋ˨	uei˨	tsʰən˥	koŋ˦
保	tsai˨	ke˥	min˨	saŋ˨	uei˨	tsʰən˥	kuʌŋ˦
罔	tsai˨	ke˥	min˨	ʂaŋ˨	uei˨	tʂʰən˥	kuʌŋ˦
襄	tsai˨	ke˥	min˨	saŋ˨	uei˨	tʂʰən˥	kuʌŋ˦
鍾	tʂai˨	kə˥	min˨	ʂaŋ˨	uɛi˨	tʂʰən˥	kuŋ˦
棗	tsai˨	ke˥	min˨	ʂaŋ˨	uei˨	tʂʰən˥	kuŋ˦
隨	tsai˨	kɛ˥	min˨	ʂaŋ˨	uei˨	tʂʰən˥	kuŋ˦
應山	tsai˥	ke˦	min˥	ʂaŋ˥	uei˥	tʂʰən˨	koŋ˦
安	tsai˥	kɛ˦	min˥	ʂaŋ˥	uei˥	tʂʰən˨	koŋ˦
應城	tsai˥	ke˦	min˥	saŋ˥	uei˥	tsʰən˩	koŋ˦
雲	tsai˦	ke˦	min˦	ʂaŋ˦	uei˦	tsʰən˩	koŋ˦
孝	tsai˦	kɛ˦	min˦	ʂaŋ˦	uei˦	tʂʰən˥	koŋ˦
禮陂	tsai˥	ke˦	min˥	ʂaŋ˥	uei˥	tʂʰən˥	koŋ˦
陂	tsai˥	kɛ˥	min˥	saŋ˥	uei˥	tʂʰən˥	koŋ˦
黃安	tsai˦	ke˦	min˦	ʂaŋ˦	uəi˦	tʂʰən˥	koŋ˦

本地名＼本文	在	革	命	尚	未	成	功
岡	tsai˧	ke˧	min˧	saŋ˧	uei˧	tsʻən˨	koŋ˧
鄂	tsai˧	kæ˨	min˧	saŋ˧	uei˧	tsʻən˨	koŋ˧
麻	tsai˧	ke˧	min˧	ʂaŋ˧	uei˧	tʂʻən˨	koŋ˨
羅	tsai˧	ke˨	min˧	ʂaŋ˧	uei˧	tʂʻən˨	koŋ˨
英	tsai˧	ke˨	min˧	ʂaŋ˧	uei˧	tʂʻən˨	koŋ˨
浠	tsai˧	ke˨	min˧	ʂaŋ˧	uəi˧	tʂʻən˨	koŋ˨
梅	tsai˧	kæ˨	min˧	saŋ˧	uei˧	tsʻən˨	koŋ˨
濟	tsai˨	ke˧	min˨	saŋ˨	uei˨	tsʻən˨	kʌŋ˨
蘄	tsai˧	kaʔ˨	min˧	ʂaŋ˧	uəi˧	tʂʻən˨	koŋ˨
冶	tsʻa˧	ka˧	min˧	sɔŋ˧	uai˧	tsʻan˨	kaŋ˧
嘉	tsʻai˧	ke˥	min˧	saŋ˧	uei˧	tsʻən˨	koŋ˧
咸	tsʻæ˧	ke˥	miən˧	soŋ˧	uei˧	tsʻən˨	kuəŋ˧
陽	tsʻæ˧	ke˥	min˧	soŋ˧	uei˧	tsʻən˨	kʌŋ˧
通山	tsa˧	keʔ˥	min˧	soŋ˧	uai˧	tsan˨	kuaŋ˧
崇	zæ˧	ke˥	min˧	saŋ˧	yi˧	tʻən˨	kən˧
蒲	dzʻai˧	keʔ˥	min˧	soŋ˧	uei˧	dzʻən˨	kuʌŋ˧
通城	dzʻai˧	keʔ˥	min˧	soŋ˧	ui˧	dzʻen˨	kəŋ˨
監	tsʻai˧	kɤ˧	min˧	saŋ˧	uei˧	tsʻən˨	koŋ˧
石	tsai˧	kɤ˧	min˧	saŋ˧	uei˧	tsʻən˨	koŋ˧
公	tsai˧	kɤ˧	min˧	saŋ˧	mei˧	tsʻən˨	koŋ˥
松	tsai˧	kɤ˥	min˧	saŋ˧	uei˧	tsʻən˨	koŋ˧
鶴	tsai˧	ke˧	mĩ˧	ʂaŋ˧	uei˧	tʂʻən˨	koŋ˥

本地名＼文	凡	我	同	志	務	須	依
武漢口	fan˩	o˥	t'oŋ˩	tsɿ˥	u˥	çy˥	i˥
漢陽	fan˩	ŋo˥	t'oŋ˩	tsɿ˥	u˥	çy˥	i˥
漢川	fan˩	o˥	t'oŋ˩	tsɿ˥	u˥	çy˥	i˥
丙	fan˧	o˥	t'oŋ˧	tsɿ˧	u˧	çi˥	i˥
天	xuan˩	o˥	t'oŋ˧	tsɿ˧	u˧	çy˥	i˥
京	fan˩	o˧	t'uŋ˧	tsɿ˧	u˧	çy˥	i˥
荊	fan˧	o˥	t'oŋ˧	tsɿ˧	u˧	çy˥	i˥
當	fan˧	o˥	t'oŋ˧	tsʐɿ˥	u˧	çy˥	i˥
江	fan˩	o˥	t'uŋ˧	tsʐɿ˥	u˥	çy˥	i˩
枝	fan˩	o˥	t'oŋ˩	tsɿ˧	u˧	çy˥	i˥
宜都	fan˧	o˥	t'oŋ˧	tsɿ˧	u˧	çi˥	i˥
宜昌	fan˧	o˥	t'uŋ˧	tsɿ˧	u˥	çi˥	i˥
長	fan˧	o˥	t'oŋ˧	tsɿ˧	u˧	çy˥	i˥
興	fan˧	o˥	t'uŋ˧	tsɿ˧	u˥	çy˥	i˥
秭	fan˩	o˥	t'uŋ˩	tsɿ˧	u˥	çy˥	i˥
巴	fan˩	o˥	t'oŋ˩	tsʐɿ˧	u˥	çy˥	i˥
恩	xuan˩	o˥	t'uŋ˩	tsʐɿ˧	u˥	çy˥	i˥
宣	fan˩	o˥	t'oŋ˩	tsʐɿ˧	vu˥	çy˥	i˥
來	xuan˩	ŋo˥	t'uŋ˩	tsʐɿ˧	vu˥	çy˥	i˥
利	fan˩	o˥	t'oŋ˩	tsɿ˥	u˥	çy˥	i˥
	fan˩	o˥	t'uŋ˩	tsɿ˥	u˥	çy˥	i˥

本地名 \ 本文	凡	我	同	志	務	須	依
谿	fan˩	ŋo˥	t'oŋ˩	tʂï˩	u˩	ɕi˥	i˥
竹山	fan˩	ŋo˥	t'oŋ˩	tʂï˩	u˥	ɕi˥	i˥
鄖西	fan˩	ŋo˥	t'ʌŋ˩	tʂï˩	u˩	ɕi˥	i˥
鄖	fan˩	uo˩	t'ʌŋ˩	tʂï˩	u˩	ɕy˥	i˥
均	fan˩	o˥	t'oŋ˩	tʂï˩	u˩	ɕy˥	i˥
光	fan˩	o˥	t'ʌŋ˩	tʂï˩	u˩	ɕy˥	i˥
房	fan˩	o˩	t'oŋ˩	tsï˩	u˩	ɕy˥	i˥
保	fan˩	o˥	t'ʌŋ˩	tsï˩	u˩	ɕy˥	i˥
南	fan˩	o˥	t'ʌŋ˩	tʂï˩	u˩	ɕy˥	i˥
襄	fan˩	uo˥	t'ʌŋ˩	tsï˩	u˩	ɕy˥	i˥
鍾	fan˩	o˩	t'uŋ˩	tʂï˩	u˩	ɕy˥	i˥
棗	fan˩	o˩	t'uŋ˩	tʂï˩	u˩	ɕy˥	i˥
隨	fan˩	ŋo˩	t'uŋ˩	tʂï˩	vu˩	ɕy˥	i˥
應山	fan˩	ŋo˩	t'oŋ˩	tʂï˥	u˥	ʂʅ˥	i˥
安	fan˩	no˩	t'oŋ˩	tʂï˥	u˥	ɕi˥	i˥
應城	fan˥	ŋo˩	t'oŋ˥	tsï˥	u˥	ɕi˥	i˥
雲	fan˥	ŋo˩	t'oŋ˥	tʂï˥	u˥	ɕi˥	i˥
孝	fan˩	ŋo˩	t'oŋ˩	tʂï˥	u˥	ɕi˥	i˥
禮	fan˩	ŋo˩	t'oŋ˩	tʂï˥	u˥	ɕi˥	i˥
陂	fan˩	ŋo˩	t'oŋ˩	tsï˥	u˥	ɕi˥	i˥
黃安	fan˩	ŋo˩	t'oŋ˩	tʂï˥	u˥	ɕi˥	i˥

本文 / 地名	凡	我	同	志	務	須	依
岡	fan	ŋo	t'oŋ	tsï	u	çi	i
鄂	fan	ŋo	t'oŋ	tsï	u	çi	i
蔴	fan	ŋo	t'oŋ	tʂï	u	çi	i
羅	fan	ŋo	t'oŋ	tʂï	u	çi	i
芙	fan	ŋo	t'oŋ	tʂï	u	çi	i
浠	fan	ŋo	t'oŋ	tʂï	u	çi	i
梅	fan	ŋo	t'oŋ	tsï	u	çi	i
濟	fan	ŋo	t'ʌŋ	tsï	u	sei	i
蘄	fan	ŋo	t'oŋ	tʂï	u	çi	i
冶	fã	ŋo	t'aŋ	tsï	u	sai	i
嘉	fan	ŋo	t'oŋ	tsï	u	çi	i
咸	fã	ŋo	t'əŋ	tsï	u	çy	i
陽	fæ̃	ŋo	t'ʌŋ	tsï	u	sei	i
通山	fã	ŋo	t'aŋ	tsï	u	sai	i
崇	fã	ŋo	t'ən	tsï	u	çi	i
蒲	fan	ŋo	d'ʌŋ	tʂï	u	çi	i
通城	fan	ŋo	d'əŋ	tsï	u	çi	i
監	fan	o	t'oŋ	tsï	u	çy	i
石	fan	o	t'oŋ	tsï	u	çy	i
公	fan	o	t'oŋ	tsï	vu	çy	i
松	fan	o	t'oŋ	tsï	u	çy	i
鶴	xuan	ŋo	t'oŋ	tʂï	vu	çy	i

本文地名	照	余	所	著	建	國	方
武	tsau˥	y˩	so˩	tɕy˥	tɕien˧	kuɤ˩	faŋ˥
漢口	tsau˥	y˩	so˩	tɕy˥	tɕien˧	kuɤ˩	faŋ˥
漢陽	tsau˥	y˩	so˩	tɕy˥	tɕien˧	kuɤ˩	faŋ˥
漢川	tsau˧	y˩	so˩	tɕy˧	tɕien˧	kuæ˩	faŋ˥
沔	tsau˧	y˩	so˩	tsu˧	tɕien˧	ko˩	xuaŋ˥
天	tsau˧	y˩	so˧	tɕy˩	tɕien˧	kue˩	faŋ˥
京	tsau˧	y˩	so˩	tɕy˧(?)	tɕien˧	ko˩	faŋ˥
荊	tʂau˥	y˩	ʂo˩	tʂu˧	tɕien˧	ko˩	faŋ˥
當	tʂau˥	y˩	ʂo˩	tʂu˧	tɕien˧	ko˩	faŋ˥
江	tsau˧	y˩	so˩	tsu˧	tɕin˧	ko˩	fan˥
枝	tsau˩	i˩	so˩	tsu˩	tɕien˩	ko˩	faŋ˥
宜都	tsau˩	i˩	so˩	tsu˧	tɕien˩	ko˩	faŋ˥
宜昌	tsau˩	y˩	so˩	tsu˧	tɕien˩	ko˩	faŋ˥
長	tsau˩	y˩	so˩	tsu˩	tɕien˩	ko˩	faŋ˥
興	tsau˩	y˩	so˩	tsu˩	tɕien˩	kuɤ˥	faŋ˥
秭	tʂau˩	y˩	so˩	tʂu˩	tɕien˩	kuɤ˥	fan˥
巴	tʂau˩	y˩	so˩	tʂu˩	tɕien˩	kue˥	xuaŋ˥
恩	tʂau˩	y˩	so˩	tʂu˩	tɕien˩	kue˥	faŋ˥
宣	tʂau˩	y˩	so˩	tʂu˩	tɕien˩	kue˥	xuaŋ˥
來	tsau˥	y˥	so˩	tɕy˥	tɕien˧	kue˥	faŋ˥
利	tsau˥	y˥	so˩	tsu˩	tɕien˧	kue˥	faŋ˥

本地名＼文	照	余	所	著	建	國	方
谿	tʂau˩	ʮ˥	so˧	tʂʅ˩	tɕian˩	kue˩	faŋ˧
竹山	tʂau˩	ʮ˥	so˧	tʂʅ˩	tɕian˩	kue˩	faŋ˩
鄖西	tʂau˩	y˥	so˧	tʂʅ˩	tɕien˩	kue˩	faŋ˩
鄖	tʂau˩	y˥	suo˩	tʂʅ˩	tɕien˩	kuo˩	faŋ˥
均	tʂau˩	y˥	so˧	tʂu˥	tɕien˩	ko˩	faŋ˩
光	tsau˩	y˥	so˧	tsu˥	tɕien˩	ko˩	faŋ˩
房	tsau˩	y˥	so˩	tsu˩	tɕien˩	kue˩	faŋ˩
保	tsau˩	y˥	so˧	tsu˩	tɕien˩	kue˩	faŋ˩
南	tʂau˩	y˥	so˧	tʂu˩	tɕien˩	kue˩	faŋ˩
襄	tsau˩	y˥	so˧	tsu˩	tɕien˩	kue˩	faŋ˩
鍾	tʂau˩	y˥	ʂo˩	tʂu˩	tɕien˩	kuə˩	faŋ˩
棗	tsau˩	y˥	so˧	tʂu˩	tɕien˩	kue˩	faŋ˩
隨	tsau˩	y˥	so˩	tʂu˩	tɕien˩	kua˩	faŋ˥
應山	tʂau˥	ʮ˩	so˩	tʂʅ˥	tɕien˥	kue˩	faŋ˧
安	tʂau˥	ʮ˩	so˩	tʂʅ˥	tɕien˥	kɛ˩	faŋ˧
應城	tsau˥	ʮ˩	so˩	tsʅ˥	tɕien˥	kue˩	faŋ˥
雲	tʂau˥	ʮ˩	so˩	tʂʅ˥	tɕien˥	kue˩	faŋ˧
孝	tʂau˥	ʮ˩	so˩	tʂʅ˥	tɕien˥	kuɛ˩	faŋ˧
禮	tʂau˥	ʮ˩	so˩	tʂʅ˥	tɕien˩	kue˩	faŋ˧
陂	tsau˥	ʮ˥	so˩	tʂʅ˥	tɕien˩	kɛ˩	faŋ˧
黃安	tʂau˥	ʮ˩	so˧	tʂʅ˥	tɕien˥	kue˩	faŋ˧

本地名 \ 文	照	余	所	著	建	國	方
岡	tsau˥	y˩	so˩	tɕy˥	tɕien˥	kue˥	faŋ˥
鄂	tsau˥	y˩	so˩	tɕy˥	tɕien˥	kuæ˩	faŋ˥
麻	tʂau˥	ʮ˩	so˥	tʂʮ˥	tɕian˥	kue˩	faŋ˩
羅	tʂau˥	ʮ˩	so˥	tʂʮ˥	tɕian˥	kue˩	faŋ˩
英	tʂau˥	ʮ˩	so˥	tʂʮ˥	tɕian˥	kue˩	faŋ˩
浠	tʂau˥	ʮ˩	so˥	tʂʮ˥	tɕian˥	kue˩	faŋ˩
梅	tsau˩	y˥	so˥	tɕy˩	tɕiɛn˩	kuæ˩	faŋ˥
濟	tsau˥	ʮ˩	so˥	tʂʮ˥	tɕiɛ˥	kue˩	faŋ˥
蘄	tʂau˩	ʮ˩	so˥	tʂʮ˩	tɕian˩	kuaʔ˩	faŋ˩
冶	tse˥	ʮ˩	so˩	tsʮ˥	tɕieĩ˥	kua˩	fɔŋ˥
嘉	tseu˩	ʮ˩	so˩	tsʮ˥	tɕien˩	kue˥	faŋ˥
咸	tseø˩	y˩	so˩	tɕy˩	tɕiẽ˩	kue˥	xoŋ˥
陽	tsø˥	y˩	so˩	tɕy˩	tɕiẽ˩	kue˥	foŋ˥
通山	tseu˥	y˩	sau˩	tɕy˩	tɕiẽ˩	kuœʔ˥	foŋ˩
崇	tɔ˥	yi˩	so˥	təu˩	tɕiẽ˩	kye˥	faŋ˥
蒲	tʂau˩	y˩	so˩	tɕy˩	tɕien˩	kueʔ˥	foŋ˥
通城	tsau˩	y˩	so˩	tɕy˩	tɕien˩	kueʔ˥	foŋ˩
監	tsau˩	y˩	so˩	tɕy˩	tɕien˩	kuɤ˥	faŋ˥
石	tsau˩	y˩	so˩	tsu˩	tɕien˩	ko˥	faŋ˥
公	tsau˩	y˩	so˩	tsu˩	tɕien˩	ko˥	faŋ˥
松	tsau˥	y˩	so˩	tsu˥	tɕien˥	ko˥	faŋ˥
鶴	tʂau˩	y˩	so˩	tʂu˩	tɕiɛn˩	kue˥	xuaŋ˥

本地文名	略	建	國	大	綱	三	民
武	nio˩	tɕien˥	kuɤ˩	ta˥	kaŋ˥	san˥	min˩
漢口	nio˩	tɕien˥	kuɤ˩	ta˥	kaŋ˥	san˥	min˩
漢陽	nio˩	tɕien˥	kuɤ˩	ta˥	kaŋ˥	san˥	min˩
漢川	nio˧	tɕien˧	kuæ˧	ta˧	kaŋ˧	san˥	min˧
沔	nio˧	tɕien˧	ko˧	ta˧	kaŋ˥	san˥	min˧
天	no˧	tɕien˧	kue˧	ta˧	kaŋ˥	san˧	min˩
京	nio˧	tɕien˧	ko˧	ta˧	kaŋ˥	san˥	min˧
荊	nio˧	tɕien˥	ko˧	ta˧	kaŋ˥	ʂan˥	min˧
當	nio˩	tɕien˥	ko˩	ta˧	kaŋ˥	ʂan˥	min˩
江	nio˩	tɕin˧	ko˩	ta˧	kaŋ˥	san˥	min˩
戈	nio˧	tɕien˧	ko˧	ta˧	kaŋ˥	san˥	min˧
宜都	nio˧	tɕien˧	ko˧	ta˧	kaŋ˥	san˥	min˧
宜昌	nio˧	tɕien˧	ko˧	ta˧	kaŋ˥	san˥	min˧
長	nio˧	tɕien˧	ko˧	ta˧	kaŋ˥	san˥	min˧
興	nio˩	tɕien˧	kuɤ˩	ta˧	kaŋ˥	san˥	min˩
秭	nio˩	tɕien˧	kuɤ˩	ta˧	kaŋ˥	san˥	min˩
巴	nio˩	tɕien˧	kue˩	ta˧	kaŋ˥	san˥	min˩
恩	nio˩	tɕien˧	kue˩	ta˧	kaŋ˥	san˥	min˩
宣	nio˩	tɕien˧	kue˩	ta˩	kaŋ˥	san˥	min˩
來	nio˩	tɕien˧	kue˩	ta˧	kaŋ˥	san˥	min˩
利	nio˩	tɕien˧	kue˩	ta˧	kaŋ˥	san˥	min˩

地名＼本文	略	建	國	大	綱	三	民
谿	lioˋ	tɕianˋ	kueˋ	taˋ	kaŋˉ	sanˉ	minˋ
竹山	lioˉ	tɕianˋ	kueˉ	taˉ	kaŋˉ	sanˉ	minˋ
郿西	lioˋ	tɕienˋ	kueˋ	taˋ	kaŋˉ	sanˉ	minˋ
郿	lyeˋ	tɕienˋ	kuoˋ	taˋ	kaŋ˥	san˥	minˋ
均	nioˋ	tɕienˋ	koˋ	taˋ	kaŋ˥	sanˋ	minˋ
光	lioˋ	tɕienˋ	koˋ	taˋ	kaŋˉ	sanˋ	minˋ
房	nioˋ	tɕienˋ	kueˋ	taˋ	kaŋˉ	sanˉ	minˋ
保南	nioˋ	tɕienˋ	kueˋ	taˋ	kaŋˉ	sanˉ	minˋ
南	nioˋ	tɕienˋ	kueˋ	taˋ	kaŋˉ	sanˉ	minˋ
襄	nioˋ	tɕienˋ	kueˋ	taˋ	kaŋˉ	sanˉ	minˋ
鍾	nioˋ	tɕienˋ	kuəˋ	taˋ	kaŋˉ	ʂanˉ	minˋ
棗	nioˋ	tɕienˋ	kueˋ	taˋ	kaŋˉ	sanˉ	minˋ
隨	nioˋ	tɕienˋ	kuaˋ	taˋ	kaŋˉ	sanˉ	minˋ
應山	nioˉ	tɕien˥	kueˉ	ta˥	kaŋˉ	sanˉ	minˋ
安	nioˉ	tɕien˥	kuɛˉ	ta˥	kaŋˉ	sanˉ	minˋ
應城	nioˉ	tɕien˥	kueˉ	ta˥	kaŋˉ	san˥	min˥
雲	nioˉ	tɕien˥	kueˉ	taˉ	kaŋˉ	sanˉ	min˩
孝	nioˉ	tɕien˥	kuɛˉ	taˉ	kaŋˉ	sanˉ	minˋ
禮	nioˉ	tɕien˥	kueˉ	ta˥	kaŋˉ	sanˉ	minˋ
陂	nioˉ	tɕien˥	kuɛˉ	taˉ	kaŋˉ	sanˉ	minˋ
黃安	nioˉ	tɕien˥	kueˉ	taˉ	kaŋˉ	sanˉ	minˋ

本地名 / 文	略	建	國	大	綱	三	民
岡	nio˨	tɕien˥	kue˨	ta˥	kaŋ˥	san˥	min˨
鄂	nio˨	tɕien˥	kuæ˨	ta˥	kaŋ˥	san˥	min˩
麻	nio˨	tɕian˥	kue˨	ta˥	kaŋ˩	san˩	min˨
羅	nio˩	tɕian˥	kue˩	ta˥	kaŋ˩	san˩	min˨
英	nio˩	tɕian˥	kue˩	ta˥	kaŋ˩	san˩	min˨
浠	nio˩	tɕian˥	kue˩	ta˥	kaŋ˩	san˩	min˨
梅	lio˨	tɕiɛn˨	kuæ˨	ta˥	kaŋ˩	san˩	min˨
齊	lio˨	tɕiẽ˥	kue˨	ta˩	kaŋ˥	san˥	min˨
蘄	nio˩	tɕian˨	kuaʔ˩	tɔ˥	kaŋ˨	san˨	min˨
冶	lio˨	tɕieĩ˨	kua˨	tɔ˥	koŋ˥	sã˥	min˨
嘉	nio˥	tɕien˥	kue˥	tʻa˥	kaŋ˥	san˥	min˨
咸	nio˥	tɕiẽ˩	kue˥	tʻa˥	koŋ˥	sã˥	miən˨
陽	lio˥	tɕiẽ˥	kue˥	tʻa˥	koŋ˥	sæ̃˥	min˨
通山	liu˥	tɕiẽ˥	kuœʔ˥	ta˥	koŋ˨	sã˨	min˨
崇	tʻio˥	tɕiẽ˥	kye˥	tʻa˥	kaŋ˥	sã˥	min˨
蒲圻	ɗioʔ˥	tɕien˨	kueʔ˥	ɗai˥	koŋ˥	san˥	min˨
通城	ɗioʔ˥	tɕien˨	kueʔ˥	ɗa˥	koŋ˨	san˨	min˨
監	nio˥	tɕien˨	kuɤ˥	tʻa˥	kaŋ˥	san˥	min˨
石	nio˥	tɕien˨	ko˥	ta˥	kaŋ˥	san˥	min˨
公	nio˥	tɕien˨	ko˥	ta˥	kaŋ˩	san˥	min˨
松	nio˥	tɕien˥	ko˥	ta˥	kaŋ˥	san˥	min˨
雋	nio˨	tɕiɛn˨	kue˨	ta˥	kaŋ˥	san˥	mĩ˨

本文 本地名	主	義	及	第	一	次	全
武	tɕy˩	i˩	tɕi˩	ti˩	i˩	tsʻï˩	tɕʻyen˩
漢口	tɕy˩	i˩	tɕi˩	ti˩	i˩	tsʻï˩	tɕʻien˩
漢陽	tɕy˩	i˩	tɕi˩	ti˩	i˩	tsʻï˩	tɕʻien˩
漢川	tɕy˩	i˩	tɕi˩	ti˩	i˩	tsʻï˩	tɕʻien˩
沔	tsu˩	i˧	tɕi˧	ti˧	i˧	tsʻï˧	tɕʻien˩
天	tɕy˩	i˧	tɕi˧	ti˧	i˧	tsʻï˧	tɕʻien˩
京	tsu˩	i˧	tɕi˧	ti˧	i˧	tsʻï˧	tɕʻien˩
荆	tʂu˩	i˩	tɕi˧	ti˩	i˧	tʂʻï˩	tɕʻyen˧
當	tʂu˩	i˩	tɕi˧	ti˩	i˧	tʂʻï˩	tɕʻyen˩
江	tsu˩	i˧	tɕi˧	ti˧	i˧	tsʻï˧	tɕʻyin˩
枝	tsu˩	i˧	tɕi˧	ti˧	i˧	tsʻï˧	tɕʻien˧
宜都	tsu˩	i˧	tɕi˧	ti˧	i˧	tsʻï˧	tɕʻien˧
宜昌	tsu˩	i˧	tɕi˧	ti˧	i˧	tsʻï˧	tɕʻyen˧
長	tsu˩	i˩	tɕi˩	ti˩	i˧	tsʻï˩	tɕʻyen˧
興	tsu˩	i˩	tɕi┘	ti˩	i┘	tsʻï˩	tɕʻyen┘
秭	tsu˩	i˩	tɕi┘	ti˩	i┘	tsʻï˩	tɕʻyen┘
巴	tʂu˩	i˩	tɕi┘	ti˩	i┘	tsʻï˩	tɕʻyen┘
恩	tʂu˩	i˩	tɕi┘	ti˩	i┘	tsʻï˩	tɕʻyen┘
宣	tɕy˩	i┘	tɕi┘	ti˩	i┘	tsʻï˩	tɕʻyen┘
來	tɕy˩	ni˩	tɕi┘	ti˩	i┘	tsʻï˩	tɕʻyen┘
利	tsu˩	ni˩	tɕi┘	ti˩	i┘	tsʻï˩	tɕʻyen┘

本地名＼文	主	義	及	第	一	次	全
谿	tʂʮ˥	n̠i˩	tɕi˩	ti˩	i˩	tsʅ˩	tɕian˩
竹山	tʂʮ˥	n̠i˧	tɕi˧	ti˧	i˧	tsʅ˧	tɕian˧
鄖西	tʂʮ˥	n̠i˩	tɕi˩	ti˩	i˩	tsʅ˩	tɕʻyen˥
鄖	tʂu˥	i˩	tɕi˩	ti˩	i˩	tsʅ˩	tɕʻyen˥
均	tʂu˥	i˩	tɕi˩	ti˩	i˩	tsʅ˩	tɕʻyen˥
光	tsu˥	i˩	tɕi˩	ti˩	i˩	tsʅ˩	tɕʻyen˥
房	tsu˩	i˩	tɕi˩	ti˩	i˩	tsʅ˩	tɕʻyen˩
保	tsu˥	i˩	tɕi˩	ti˩	i˩	tsʅ˩	tɕʻyen˩
南襄	tsu˥	i˩	tɕi˩	ti˩	i˩	tsʅ˩	tɕʻyen˩
鍾	tʂu˩	i˩	tɕi˩	ti˩	i˩	tʂʅ˩	tɕʻyen˩
棗	tʂu˥	i˩	tɕi˩	ti˩	i˩	tsʅ˩	tɕʻien˩
隨	tʂu˩	i˩	tɕi˩	ti˩	i˩	tsʅ˩	tɕʻien˩
應山	tʂʮ˩	i˥	tɕi˧	ti˥	i˧	tsʅ˥	tɕʻien˩
安	tʂʮ˩	i˥	tɕi˧	ti˥	i˧	tsʅ˥	tɕʻien˩
應城	tʂʮ˩	i˥	tɕi˧	ti˥	i˧	tsʅ˥	tɕʻien˥
雲	tʂʮ˩	i˧	tɕi˧	ti˧	i˧	tsʅ˧	tɕʻien˧
孝	tʂʮ˩	i˧	tɕi˧	ti˧	i˧	tsʅ˧	tɕʻien˧
禮	tʂʮ˩	i˥	tɕi˩	ti˥	i˩	tsʅ˧	tɕʻien˩
陂	tʂʮ˩	n̠i˧	tɕi˩	ti˥	i˩	tsʅ˩	tɕʻien˩
黄安	tʂʮ˥	n̠i˧	tɕi˩	ti˧	i˩	tsʅ˥	tɕʻien˩

本地名／本文	主	義	及	第	一	次	全
岡	tɕyˋ	n̺iˉ	tɕiˉ	tiˉ	iˉ	tsʅˉ	tɕienˋ
鄂	tɕyˋ	n̺iˉ	tɕiˉ	tiˉ	iˉ	tsʅˉ	tɕien˩
麻	tʂʅˉ	n̺iˉ	tɕiˉ	tiˉ	iˉ	tsʅˉ	tɕʻianˋ
羅	tʂʅˉ	n̺iˉ	tɕiˋ	tiˉ	iˉ	tsʅˉ	tɕʻianˋ
英	tʂʅˉ	n̺iˉ	tɕiˋ	tiˉ	iˉ	tsʅˉ	tɕʻianˋ
浠	tʂʅˉ	n̺iˉ	tɕiˋ	tiˉ	iˉ	tsʅˉ	tɕʻianˋ
梅	tɕyˉ	n̺iˉ	tɕiˋ	tiˉ	iˉ	tsʅˊ	tɕʻiɛnˊ
濟	tʂʅˉ	n̺iˉ	tɕiˉ	teiꜜ	iˉ	tsʅˊ	tɕʻiɛ̃ˎ
蘄	tʂʅˉ	n̺iˉ	tɕiˉ	tiˉ	iˉ	tsʅˊ	tɕʻianˋ
冶	tsʅˋ	n̺iˉ	tɕʻiˋ	tʻaiˉ	iˉ	tsʅˉ	tɕʻïˋ
嘉	tsʅˋ	iˉ	tɕʻiˉ	tʻiˉ	iˉ	tsʅˉ	tɕʻienˋ
咸	tɕyˋ	n̺iˉ	tɕʻiˉ	tʻeiˉ	iˉ	tsʅˎ	tɕʻyɛˋ
陽	tɕyˋ	n̺iˉ	tɕʻiˉ	tʻeiˉ	iˉ	tsʅˊ	tsʻiɛˋ
通山	tɕyˋ	n̺iˉ	tɕiˀˉ	taiˉ	iˉ	tsʅˉ	tsĩˋ
崇	təuˋ	n̺iˉ	ziˉ	tʻiˉ	iˉ	ziˉ	ziɛˋ
蒲	tɕyˋ	n̺iˉ	dʑʻiˀˉ	dʻiˉ	iˀˉ	dʑʻïˊ	dʑʻienˋ
通城	tɕyˋ	n̺iˉ	dʑʻiˀˉ	dʻiˉ	iˀˉ	dʑʻïˊ	dʑʻienˋ
監	tɕyˋ	iˉ	tɕiˉ	tʻiˉ	iˉ	tsʅˊ	tɕʻyenˋ
石	tsuˋ	iˉ	tɕʻiˉ	tiˉ	iˉ	tsʅˉ	tɕʻyenˋ
公	tsuˋ	iˉ	tɕiˉ	tiˉ	iˉ	tsʅˉ	tɕʻyenˋ
松	tsuˋ	iˉ	tɕiˉ	tiˉ	iˉ	tsʅˉ	tɕʻyenˋ
鶴	tʂuˋ	iˉ	tɕiˉ	tiˉ	iˉ	tsʅˋ	tɕʻyɛnˋ

本文／地名	國	代	表	大	會	宣	言
武	kuɤ˅	tai˦	piau˅	ta˦	xuei˦	çyen˥	ien˅
漢口	kuɤ˅	tai˦	piau˅	ta˦	xuei˦	çyen˥	ien˅
漢陽	kuɤ˅	tai˦	piau˅	ta˦	xuei˦	çyen˥	ien˅
漢川	kuæ˦	tai˦	piau˅	ta˦	xuei˦	çien˥	ien˅
沔	ko˩	tai˦	piau˅	ta˦	xuei˦	çyen˥	ien˅
天	kue˩	tai˦	piau˅	ta˦	xuei˦	çien˥	ien˅
京	ko˩	tai˦	piau˅	ta˦	xuei˦	çyen˥	ien˅
荆	ko˩	tai˦	piau˅	ta˦	xuei˦	çyen˥	ien˅
當	ko˅	tai˦	piau˅	ta˦	xuei˦	çyen˥	ien˅
江	ko˅	tai˦	piau˅	ta˦	xuei˦	çyin˥	in˅
枝	ko˩	tai˦	piau˅	ta˦	xuei˦	çien˥	ien˅
宜都	ko˩	tai˦	piau˅	ta˦	xuei˦	çien˥	ien˅
宜昌	ko˩	tai˦	piau˅	ta˦	xuei˦	çyen˥	ien˅
長	ko˩	tai˦	piau˅	ta˦	xuei˦	çyen˥	ien˅
興	kuɤ˩	tai˦	piau˅	ta˦	xuei˦	çyen˥	ien˩
秭	kuɤ˩	tai˦	piau˅	ta˦	xuei˦	çyen˥	ien˩
巴	kue˩	tai˦	piau˅	ta˦	xuei˦	çyen˥	ien˩
恩	kue˩	tai˦	piau˅	ta˦	fei˦	çyen˥	ien˩
宣	kue˩	tai˦	piau˅	ta˦	xuei˦	çyen˥	ien˩
來	kue˩	tai˦	piau˅	ta˦	fei˦	çyen˥	ien˩
利	kue˩	tai˦	piau˅	ta˦	xuei˦	çyen˥	ien˩

本地文名	國	代	表	大	會	宣	言
谿	kue꜖	tai꜕	piau꜒	ta꜕	xuei꜖	çian꜒	ian꜖
竹山	kue꜔	tai꜔	piau꜔	ta꜔	xuei꜔	çian꜔	ian꜖
鄖西	kue꜖	tai꜕	piau꜒	ta꜕	xuei꜖	çien꜔	ien꜖
鄖	kuo꜖	tai꜕	piau꜕	ta꜕	xuei꜕	çyen꜒	ien꜖
均	ko꜖	tai꜕	piau꜒	ta꜕	xuei꜕	çyen꜔	ien꜖
光	ko꜖	tai꜕	piau꜒	ta꜕	xuei꜖	çyen꜔	ien꜖
房	kue꜖	tai꜕	piau꜖	ta꜕	xuei꜕	çyen꜔	ien꜖
保	kue꜖	tai꜕	piau꜒	ta꜕	xuei꜕	çyen꜔	ien꜖
南	kue꜖	tai꜕	piau꜕	ta꜕	xuei꜕	çyen꜔	ien꜖
襄	kue꜖	tai꜕	piau꜖	ta꜕	xuei꜖	çyen꜔	ien꜖
鍾	kuə꜖	tai꜕	piau꜖	ta꜕	xuəi꜖	çyen꜔	ien꜖
棗	kue꜖	tai꜕	piau꜒	ta꜕	xuei꜕	çyen꜔	ien꜖
隨	kua꜖	tai꜕	piau꜖	ta꜕	xuei꜖	çien꜔	ien꜖
應山	kuɛ꜕	tai꜒	piau꜖	ta꜒	xuei꜒	çien꜔	ien꜖
安	kuɛ꜕	tai꜒	piau꜖	ta꜒	xuei꜒	çien꜔	ien꜖
應城	kuɛ꜕	tai꜒	piau꜖	ta꜒	xuei꜒	ʂɥan꜔	ien꜔
雲	kuɛ꜕	tai꜒	piau꜖	ta꜒	xuei꜔	çien꜔	ien꜔
孝	kuɛ꜕	tai꜔	piau꜖	ta꜔	xuei꜔	çien꜔	ien꜖
禮	kue꜕	tai꜔	piau꜖	ta꜔	fei꜔	ʂɥan꜔	ien꜖
陂	kuɛ꜔	tai꜔	piau꜖	ta꜔	xuei꜔	çien꜔	ien꜖
黃安	kue꜔	tai꜔	piau꜒	ta꜔	fəi꜔	çien꜔	ien꜖

本文 / 本地名	國	代	表	大	會	宣	言
岡	kue	tai	piau	ta	xuei	çien	ien
鄂	kuæ	tai	piau	ta	xuei	çien	ien
麻	kue	tai	piau	ta	fei	çian	ian
羅	kue	tai	piau	ta	xuei	çian	ian
英	kue	tai	piau	ta	xuei	çian	ian
浠	kue	tai	piau	ta	xuɘiux	çian	ian
梅	kuɐ	tai	piau	ta	xuei	çiɛn	ȵiɛn
濟	kue	tai	piau	ta	xuei	çiẽ	iẽ
蘄	kuaʔ	tai	piau	tɔ	xuɘiux	çian	ian
冶	kua	tʼa	pie	tɔ	xuai	çĩ	ieĩ
嘉	kue	tʼai	pieu	tʼa	xuei	çien	ien
咸	kue	tʼæ	pieø	tʼa	fei	çyẽ	ȵiẽ
陽	kue	tʼæ	piø	tʼa	xuei	siẽ	iẽ
通山	kuœʔ	tœ	pieu	ta	xuai	sĩ	iẽ
崇	kye	tʼæ	piɔ	tʼa	fi	çiẽ	ȵiẽ
蒲	kueʔ	ɗai	piau	ɗai	fei	çien	ien
通城	kueʔ	ɗai	piau	ɗa	fi	çien	ȵien
監	kuɤ	tʼai	piau	tʼa	xuei	çyen	ien
石	ko	tai	piau	ta	xuei	çyen	ien
公	ko	tai	piau	ta	xuei	çyen	ien
松	ko	tai	piau	ta	xuei	çyen	ien
鶴	kue	tai	piau	ta	xuei	çyɛn	iɛn

本地名＼文名	繼	續	努	力	以	求	貫
武	tɕi	sou	nou	ni	i	tɕʻiou	kuan
漢口	tɕi	sou	nou	ni	i	tɕʻiou	kuan
漢陽	tɕi	sou	nou	ni	i	tɕʻiou	kuan
漢川	tɕi	sɔu	nɐu	ni	i	tɕʻiəu	kuan
沔	tɕi	sɔu	nɐu	ni	i	tɕʻiəu	kuan
天	tɕi	sɔu	nɐu	ni	i	tɕʻiəu	kuan
京	tɕi	sou	nou	ni	i	tɕʻiou	kuan
荆	tɕi	ʂu	nu	ni	i	tɕʻiou	kuan
當	tɕi	ʂu	nu	ni	i	tɕʻiəu	kuan
江	tɕi	sɐu	nəu	ni	i	tɕʻiəu	kuan
枝	tɕi	su	nu	ni	i	tɕʻiou	kuan
宜都	tɕi	su	nu	ni	i	tɕʻiəu	kuan
宜昌	tɕi	su	nu	ni	i	tɕʻiou	kuan
長	tɕi	su	nu	ni	i	tɕʻiou	kuan
興	tɕi	su	nu	ni	i	tɕʻiou	kuan
秭	tɕi	su	nu	ni	i	tɕʻiou	kuan
巴	tɕi	su	nu	ni	i	tɕʻiou	kuan
恩	tɕi	su	nu	ni	i	tɕʻiəu	kuan
宣	tɕi	sou	nou	ni	i	tɕʻiou	kuan
來	tɕi	sou	nou	ni	i	tɕʻiou	kuan
利	tɕi	su	nu	ni	i	tɕʻiəu	kuan

本地名＼文名	繼	續	努	力	以	求	貫
黝	tɕi˨	sou˨	lou˧	li˨	i˧	tɕʻiou˨	kuan˨
竹山	tɕi˨	ɕiou˨	lou˧	li˨	i˧	tɕʻiou˨	kuan˨
鄖西	tɕi˨	sou˨	lou˧	li˨	i˧	tɕʻiou˨	kuan˨
鄖	tɕi˨	səu˨	ləu˨	li˨	i˨	tɕʻiəu˨	kuan˨
均	tɕi˨	su˨	nəu˧	ni˨	i˧	tɕʻiəu˨	kuan˨
光	tɕi˨	su˨	ləu˧	li˨	i˧	tɕʻiəu˨	kuan˨
房	tɕi˨	sou˨	nou˨	ni˨	i˨	tɕʻiou˨	kuan˨
保	tɕi˨	səu˨	nəu˧	ni˨	i˧	tɕʻiəu˨	kuan˨
南	tɕi˨	su˨	nu˧	ni˨	i˧	tɕʻiou˨	kuan˨
襄	tɕi˨	səu˨	nəu˧	ni˨	i˧	tɕʻiəu˨	kuan˨
鍾	tɕi˨	su˨	nu˨	ni˨	i˧	tɕʻiəu˨	kuan˨
棗	tɕi˨	sou˨	nou˧	ni˨	i˧	tɕʻiou˨	kuan˨
隨	tɕi˨	səu˨	nəu˨	ni˨	i˨	tɕʻiəu˨	kuan˨
應山	tɕi˩	səu˩	nəu˨	ni˨	i˩	tɕʻiəu˨	kuan˩
安	tɕi˩	səu˩	nəu˨	ni˩	i˨	tɕʻiəu˨	kuan˩
應城	tɕi˩	səu˩	nəu˨	ni˩	i˨	tɕʻiəu˧	kuan˩
雲	tɕi˩	səu˩	nəu˨	ni˩	i˨	tɕʻiəu˧	kuan˩
孝	tɕi˩	səu˩	nəu˨	ni˩	i˨	tɕʻiəu˨	kuan˩
禮	tɕi˩	səu˩	noŋ˨	ni˩	i˩	tɕʻiəu˨	kuan˩
陂	tɕi˩	sou˨	nou˨	ni˩	i˨	tɕʻiou˨	kuan˩
黃安	tɕi˩	səu˩	nəu˧	ni˩	i˨	tɕʻiəu˨	kuan˩

本文 / 本地名	繼	續	努	力	以	求	貫
岡	tɕi˦	səu˨	nəu˨	ni˦	i˨	tɕʻiəu˩	kuan˦
鄂	tɕi˦	seu˨	neu˨	ni˦	i˨	tɕʻieu˩	kuan˦
麻	tɕi˦	çiəu˨	nəu˩	ni˦	i˦	tɕʻiəu˨	kuan˦
羅	tɕi˦	çiəu˨	nəu˩	ni˦	i˦	tɕʻiəu˨	kuan˦
英	tɕi˦	çiəu˨	nəu˩	ni˨	i˦	tɕʻiəu˨	kuan˦
浠	tɕi˦	çiou˨	nou˦	ni˨	i˦	tɕʻiou˨	kuan˦
梅	tɕi˦	seu˨	neu˦	li˨	i˦	tɕʻieu˨	kuan˦
濟	tɕi˦	çiu˨	nu˦	lei˦	i˦	tɕʻiu˨	kuɛ̃˦
蘄	tɕi˦	çiəu˨	nəu˦	ni˨	i˦	tɕʻiəu˨	kuan˦
冶	tɕi˦	sau˨	lau˨	lai˦	i˨	tɕʻiau˨	kueĩ˦
嘉	tɕi˦	su˥	nou˨	ni˥	i˨	tɕʻiou˨	kuen˦
咸	tɕi˨	sau˦	nau˦	nei˥	i˨	tɕʻiau˨	kuɐ̃˨
陽	tɕi˦	sau˥	nau˨	lei˥	i˨	tɕʻiau˨	kuɐ̃˨
通山	tɕi˦	siu˦	nau˨	lai˦	i˨	tɕiu˨	kuɐ̃˨
崇	tɕi˦	çiəu˥	nəu˨	tʻi˥	i˨	ʑiəu˨	kuɤ˦
蒲	tɕi˨	souʔ˥	nou˨	ɖʻiʔ˥	i˨	dʑʻiou˨	kuɐn˨
通城	tɕi˨	çiəuʔ˥	nəu˨	ɖʻil˥	i˨	dʑʻiəu˨	kuan˨
監	tɕi˨	sou˦	nou˨	ni˦	i˨	tɕʻiou˨	kuɐn˨
石	tɕi˨	sou˦	nou˨	ni˦	i˨	tɕʻiou˨	kuan˨
公	tɕi˦	sou˦	nou˨	ni˦	i˨	tɕʻiou˨	kuan˨
松	tɕi˦	su˥	nu˨	ni˥	i˨	tɕʻiou˨	kuan˦
鶴	tɕi˨	sou˦	nou˨	ni˦	i˨	tɕʻiou˨	kuan˦

本文 地名	激	最	近	主	張	開	國
武	tsʻɤ˩	tsuei˥	tɕin˥	tɕy˩	tsaŋ˥	kʻai˥	kuɤ˩
漢口	tsʻɤ˩	tsei˥	tɕin˥	tɕy˩	tsaŋ˥	kʻai˥	kuɤ˩
漢陽	tsʻɤ˩	tsei˥	tɕin˥	tɕy˩	tsaŋ˥	kʻai˥	kuɤ˩
漢川	tsʻo˩	tsei˥	tɕin˥	tɕy˩	tsaŋ˥	kʻai˥	kuæ˩
沔	tsʻɤ˩	tsei˥	tɕin˥	tsu˩	tsaŋ˥	kʻai˥	ko˩
天	tsɤ˩	tsei˥	tɕin˥	tɕy˩	tsaŋ˥	kʻai˥	kue˩
京	tsʻɤ˩	tsuei˥	tɕin˥	tsu˩	tsaŋ˥	kʻai˥	ko˩
荊	tʂʻɤ˩	tʂuei˥	tɕin˥	tʂu˩	tʂaŋ˥	kʻai˥	ko˩
當	tʂʻɯ˩	tʂuei˥	tɕin˥	tʂu˩	tʂaŋ˥	kʻai˥	ko˩
江	tsʻɤ˩	tsuei˥	tɕin˥	tsu˩	tsan˥	kʻai˥	ko˩
枝	tsʻɤ˩	tsuei˥	tɕin˥	tsu˩	tsaŋ˥	kʻai˥	ko˩
宜都	tsʻɤ˩	tsuei˥	tɕin˥	tsu˩	tsaŋ˥	kʻai˥	ko˩
宜昌	tsʻɤ˩	tsuei˥	tɕin˥	tsu˩	tsaŋ˥	kʻai˥	ko˩
長	tsʻɤ˩	tsuei˥	tɕin˥	tsu˩	tsaŋ˥	kʻai˥	ko˩
興	tsʻɤ˩	tsuei˥	tɕin˥	tsu˩	tsaŋ˥	kʻai˥	kuɤ˩
秭	tʂʻɤ˩	tsuei˥	tɕin˥	tʂu˩	tʂaŋ˥	kʻai˥	kuɤ˩
巴	tʂʻe˩	tsuei˥	tɕin˥	tʂu˩	tʂaŋ˥	kʻai˥	kue˩
恩	tʂʻe˩	tsuei˥	tɕin˥	tʂu˩	tʂaŋ˥	kʻai˥	kue˩
宣	tʂʻe˩	tsei˩	tɕin˥	tɕy˩	tʂaŋ˥	kʻai˥	kue˩
來	tsʻe˩	tɕyei˩	tɕin˥	tɕy˩	tsaŋ˥	kʻai˥	kue˩
利	tsʻe˩	tsuei˥	tɕin˥	tsu˩	tsaŋ˥	kʻai˥	kue˩

本文／地名	激	最	近	主	張	開	國
谿	tsʻeˋ	tseiˋ	tɕinˋ	tʂʅˉ	tʂaŋˊ	kʻaiˊ	kueˋ
竹山	tsʻeˋ	tseiˋ	tɕin˧	tʂʅˉ	tʂaŋˊ	kʻaiˊ	kueˊ
鄖西	tsʻeˊ	tseiˋ	tɕinˋ	tʂʅˉ	tʂaŋˊ	kʻaiˊ	kueˋ
鄖	tsʻĭĕˋ	tseiˋ	tɕinˋ	tʂʅˊ	tʂaŋˉ	kʻaiˉ	kuoˋ
均	tsʻɤˊ	tseiˋ	tɕinˋ	tʂuˉ	tʂaŋˊ	kʻaiˊ	koˋ
光	tsʻĭĕˉ	tseiˋ	tɕinˋ	tsuˉ	tsaŋˊ	kʻaiˊ	koˋ
房	tsʻeˋ	tseiˋ	tɕinˋ	tsuˋ	tsaŋˊ	kʻaiˊ	kueˋ
保	tsʻeˋ	tseiˋ	tɕinˋ	tsuˋ	tsaŋˊ	kʻaiˊ	kueˉ
南	tsʻeˋ	tseiˋ	tɕinˋ	tʂuˉ	tʂaŋˊ	kʻaiˊ	kueˋ
襄	tsʻeˋ	tseiˋ	tɕinˋ	tsuˉ	tsaŋˊ	kʻaiˊ	kueˋ
鍾	tsʻəˋ	tʂuəiˋ	tɕinˋ	tʂuˊ	tʂaŋˊ	kʻaiˊ	kuəˋ
棗	tsʻeˋ	tseiˋ	tɕinˋ	tʂuˉ	tʂaŋˊ	kʻaiˊ	kueˋ
隨	tsʻaˋ	tseiˋ	tɕinˋ	tʂuˊ	tʂaŋˉ	kʻaiˉ	kuaˋ
應山	tsʻeˊ	tseiˉ	tɕinˉ	tʂʅˊ	tʂaŋ˧	kʻai˧	kueˊ
安	tsʻɛˊ	tseiˉ	tɕinˉ	tʂʅˊ	tʂaŋ˧	kʻai˧	kuɛˊ
應城	tsʻeˊ	tseiˉ	tɕinˉ	tʂʅˊ	tsaŋ˧	kʻai˧	kueˊ
雲	tsʻeˊ	tseiˉ	tɕin˧	tʂʅˊ	tʂaŋˊ	kʻaiˊ	kueˊ
孝	tsʻɛˊ	tɕiˉ	tɕin˧	tʂʅˊ	tʂaŋˊ	kʻaiˊ	kuɛˊ
禮	tsʻeˋ	tɕiˉ	tɕin˧	tʂʅˊ	tʂaŋˊ	kʻai˧	kueˋ
陂	tsʻɛˊ	tseiˉ	tɕin˧	tʂʅˊ	tsaŋ˧	kʻai˧	kuɛˊ
黃安	tsʻeˉ	tsuəiˉ(?)	tɕin˧	tʂʅˉ	tʂaŋˊ	kʻai˧	kuɛˊ

本文\地名	激	最	近	主	張	開	國
岡	ts‘e˥	tɕi˥	tɕin˧	tɕy˩	tsaŋ˧	k‘ai˧	kue˥
鄂	ts‘æ˩	tɕi˥	tɕin˧	tɕy˩	tsaŋ˧	k‘ai˧	kuæ˩
麻	tʂ‘e˥	tɕi˥	tɕin˧	tʂʅ˥	tʂaŋ˩	k‘ai˩	kue˥
羅	tʂ‘e˥	tɕi˥	tɕin˧	tʂʅ˥	tʂaŋ˩	k‘ai˩	kue˩
英	tʂ‘e˥	tɕi˥	tɕin˧	tʂʅ˥	tʂaŋ˩	k‘ai˩	kue˩
浠	tʂ‘e˥	tɕi˥	tɕin˧	tʂʅ˥	tʂaŋ˩	k‘ai˩	kue˩
梅	ts‘æ˩	tsei˥	tɕin˧	tɕy˥	tsaŋ˩	k‘ai˩	kuæ˩
濟	ts‘e˥	tsei˥	tɕin˩	tʂʅ˥	tsaŋ˩	k‘ai˩	kue˥
蘄	ts‘a‹ʔ›˩	tɕi˧	tɕ‘in˧	tʂʅ˥	tʂaŋ˩	k‘ai˩	kua‹ʔ›˩
冶	ts‘a˩	tsai˥	tɕ‘ian˧	tsʅ˩	tsoŋ˧	k‘a˧	kua˩
嘉	ts‘e˥	tɕi˧	tɕ‘in˧	tsʅ˩	tsaŋ˥	k‘ai˧	kue˥
咸	ts‘e˥	tsei˩	tɕ‘iən˧	tɕy˩	tsoŋ˧	k‘æ˧	kue˥
陽	ts‘e˥	tsei˩	tɕ‘iən˧	tɕy˩	tsoŋ˧	k‘æ˧	kue˥
通山	ts‘e‹ʔ›˥	tsai˥	tɕin˧	tɕy˩	tsoŋ˧	k‘œ˩	kuœ‹ʔ›˥
崇	t‘ɤ˥	tɕi˧	ʑin˧	təu˩	taŋ˧	xæ˧	kye˥
蒲	dz‘e‹ʔ›˥	tɕi˧	dʑ‘in˧	tɕy˩	tʂoŋ˧	g‘ai˧	kue‹ʔ›˥
通城	dz‘e‹ʔ›˥	tɕi˧	dʑ‘in˧	tɕy˩	tsoŋ˩	hai˩	kue‹ʔ›˥
監	ts‘ɤ˥	tsei˩	tɕ‘in˧	tɕy˩	tsaŋ˥	k‘ai˧	kuɤ˥
石	ts‘ɤ˥	tsei˩	tɕin˧	tsu˩	tsaŋ˥	k‘ai˥	ko˥
公	ts‘ɤ˥	tsuei˧	tɕin˧	tsu˩	tsaŋ˥	k‘ai˥	ko˥
松	ts‘ɤ˥	tsei˧	tɕin˧	tsu˩	tsaŋ˧	k‘ai˧	ko˥
鶴	tʂ‘e˥	tsei˩	tɕĩ˧	tʂu˩	tʂaŋ˥	k‘ai˥	kue˥

本地名＼本文名	民	會	議	及	廢	除	不
武	min↘	xuei↗	i↗	tɕi↘	fei↗	tɕʻy↘	pu↘
漢口	min↘	xuei↗	i↗	tɕi↘	fei↗	tɕʻy↘	pu↘
漢陽	min↘	xuei↗	i↗	tɕi↘	fei↗	tɕʻy↘	pu↘
漢川	min↗	xuei¬	i¬	tɕi↗	fei¬	tɕʻy↗	pu↗
沔	min↗	xuei¬	i¬	tɕi↗	xuei¬	tsʻu↗	pu↗
天	min↘	xuei¬	i¬	tɕi↗	fei¬	tɕʻy↘	pu↘
京	min↗	xuei¬	i¬	tɕi↗	fei¬	tsʻu↗	pu↗
荆	min↘	xuei¬	i↗	tɕi↘	fei¬	tʂʻu↘	pu↘
當	min↘	xuei¬	i↗	tɕi↘	fei¬	tʂʻu↘	pu↘
江	min↘	xuei¬	i↗	tɕi↘	fei↗	tsʻu↘	pu↘
枝	min↗	xuei↗	i↗	tɕi↗	fei↗	tsʻu↗	pu↗
宜都	min↗	xuei↗	i↗	tɕi↗	fei↗	tsʻu↗	pu↗
宜昌	min↗	xuei↗	i↗	tɕi↗	fei↗	tsʻu↗	pu↗
長	min↘	xuei↗	i↗	tɕi↘	fei↗	tsʻu↘	pu↘
興	min↘	xuei↗	i↗	tɕi↘	fei↗	tʂʻu↘	pu↘
秭	min↘	xuei↗	i↗	tɕi↘	xuei¬	tʂʻu↗	pu↘
巴	min↘	fei↗	i↗	tɕi↗	fei↗	tʂʻu↗	pu↘
恩	min↘	xuei↗	i↘	tɕi↗	xuei¬	tɕʻy↘	pu↘
宣	min↘	fei↗	ni↗	tɕi↘	fei↗	tɕʻy↘	pu↘
來	min↘	fei↗	ni↗	tɕi↘	fei↗	tɕʻy↘	pu↘
利	min↘	xuei↗	ni↗	tɕi↘	fei↗	tsʻu↘	pu↘

本地名\文名	民	會	議	及	廢	除	不
谿	min˩	xuei˩	n̠i˩	tɕi˩	fei˩	tʂʻʅ˥	pu˩
竹山	min˩	xuei˧	n̠i˧	tɕi˧	fei˧	tʂʻʅ˥	pu˧
郧西	min˩	xuei˩	n̠i˩	tɕi˩	fei˩	tʂʻʅ˥	pu˩
郧	min˩	xuei˩	i˩	tɕi˩	fei˩	tʂʻʅ˥	pu˩
均	min˩	xuei˩	i˩	tɕi˩	fei˩	tsʻu˥	pu˩
光	min˩	xuei˩	i˩	tɕi˩	fei˩	tsʻu˥	pu˩
房	min˩	xuei˩	i˩	tɕi˩	fei˩	tsʻu˩	pu˩
保	min˩	xuei˩	i˩	tɕi˩	fei˩	tsʻu˩	pu˩
南	min˩	xuei˩	i˩	tɕi˩	fei˩	tsʻu˩	pu˩
襄	min˩	xuei˩	i˩	tɕi˩	fei˩	tsʻu˥	pu˩
鍾	min˩	xuəi˩	i˩	tɕi˩	fəi˩	tsʻu˩	pu˩
棗	min˩	xuei˩	i˩	tɕi˩	fei˩	tsʻu˩	pu˩
隨	min˩	xuei˩	i˩	tɕi˩	fei˩	tʂʻu˩	pu˩
應山	min˩	xuei˥	i˥	tɕi˧	fei˩	tʂʻʅ˥	pu˧
安	min˩	xuei˥	i˥	tɕi˧	fei˩	tʂʻʅ˥	pu˧
應域	min˧	xuei˥	i˥	tɕi˧	fei˩	tʂʻʅ˧	pu˧
雲	min˧	xuei˧	i˧	tɕi˧	fei˩	tʂʻʅ˧	pu˧
孝	min˩	xuei˧	i˧	tɕi˩	fei˩	tʂʻʅ˩	pu˩
禮	min˩	fei˥	i˥	tɕi˩	fei˩	tʂʻʅ˩	pu˩
陂	min˩	xuei˧	n̠i˧	tɕi˧	fei˧	tʂʻʅ˩	pu˧
黃安	min˩	fəi˧	n̠i˧	tɕi˧	fəi˧	tʂʻʅ˩	pu˧

本文地名	民	會	議	及	廢	除	不
岡	min˩	xuei˧	ȵi˧	tɕi˧	fei˧	tɕʻy˩	pu˧
鄂	min˥	xuei˧	ȵi˧	tɕi˧	fei˧	tɕʻy˥	pu˧
麻	min˩	fei˧	ȵi˧	tɕi˧	fei˧	tʂʮ˩	pu˧
羅	min˩	xuei˧	ȵi˧	tɕi˩	fei˧	tʂʮ˩	pu˧
英	min˩	xuei˧	ȵi˧	tɕi˩	fei˧	tʂʮ˩	pu˧
浠	min˩	xuəi˧	ȵi˧	tɕi˩	fəi˧	tʂʮ˩	pu˩
梅	min˩	xuei˧	ȵi˧	tɕi˩	fei˩	tɕʻy˥	pu˩
濟	min˩	xuei˥	ȵi˧	tɕi˧	fei˧	tʂʮ˩	pu˧
蘄	min˩	xuəi˧	ȵi˧	tɕi˩	fei˩	tʂʮ˩	pu˧
冶	min˩	xuai˧	ȵi˧	tɕʻi˩	fai˧	tsʻʮ˩	pu˧
嘉	min˩	xuei˧	i˧	tɕʻi˥	fei˩	tsʻʮ˩	pu˥
咸	miən˩	fei˧	ȵi˧	tɕʻi˧	fei˩	tɕʻy˩	pu˥
陽	min˩	xuei˧	ȵi˧	tɕʻi˥	fei˧	tɕʻy˩	pu˥
通山	min˩	xuai˧	ȵi˧	tɕi²˥	fai˧	tɕy˩	pu²˥
崇	min˩	fi˧	ȵi˧	zi˥	fi˧	zəu˩	pɤ˥
蒲	min˩	fei˧	ȵi˧	dʑʻi²˥	fei˩	dʑʻy˩	pu²˥
通城	min˧	fi˧	ȵi˧	dʑʻi²˥	fi˧	dʑʻy˧	pəl˥
監	min˩	xuei˧	i˧	tɕʻi˧	fei˩	tɕʻy˩	pu˥
石	min˩	xuei˧	i˧	tɕʻi˩	fei˩	tsʻu˩	pu˥
公	min˩	xuei˧	i˧	tɕi˥	fei˩	tsʻu˩	pu˥
松	min˩	xuei˧	i˧	tɕi˥	fei˧	tsʻu˩	pu˥
鶴	mĩ˩	xuei˧	i˧	tɕi˧	xuei˩	tʂʻu˩	pu˧

本文名 / 地名	平	等	條	約	尤	須	於
武	pʻin˩	tən˩	tʻiau˩	io˩	iou˩	çy˥	y˩
漢口	pʻin˩	tən˩	tʻiau˩	io˩	iou˩	çy˥	y˩
漢陽	pʻin˩	tən˩	tʻiau˩	io˩	iou˩	çy˥	y˩
漢川	pʻin˥	tən˩	tʻiau˩	io˥	iəu˥	çi˥	y˥
沔	pʻin˥	tən˩	tʻiau˥	io˥	iəu˥	çy˥	y˥
天京	pʻin˥	tən˥	tʻiau˥	io˥	iəu˩	çy˥	y˥
荊	pʻin˥	ten˥	tʻiau˥	io˥	iou˥	çy˥	y˥
當	pʻin˥	tən˩	tʻiau˥	io˥	iou˥	çy˥	y˥
江	pʻin˥	tən˩	tʻiau˥	io˩	iəu˩	çy˥	y˩
枝	pʻin˥	tən˩	tʻiau˩	io˥	iou˥	çi˥	i˥
宜都	pʻin˥	tən˩	tʻiau˩	io˥	iou˩	çi˥	i˥
宜昌	pʻin˥	tən˩	tʻiau˥	io˥	iəu˥	çy˥	y˥
長	pʻin˥	tən˩	tʻiau˥	io˥	iou˩	çy˥	y˥
興	pʻin┘	tən˩	tʻiau┘	io┘	iou┘	çy˥	y┘
秭	pʻin┘	tən˩	tʻiau┘	io┘	iou┘	çy˥	y┘
巴	pʻin┘	tən┘	tʻiau┘	io┘	iou┘	çy˥	y┘
恩	pʻin┘	tən┘	tʻiau┘	io┘	iəu┘	çy˥	y┘
宣	pʻin┘	tən┘	tʻiau┘	io┘	iou┘	çy˥	y┘
來	pʻin┘	tən˩	tʻiau┘	io┘	iou┘	çy˥	y┘
利	pʻin┘	tən˩	tʻiau┘	io┘	iəu┘	çy˥	y┘

本地名／本文	平	等	條	約	尤	須	於
谿	p'inˇ	tənˉ	t'iauˇ	ioˇ	iouˇ	ɕiˊ	ʮˇ
竹山	p'inˇ	tənˉ	t'iauˇ	ioˊ	iouˇ	ɕiˊ	ʮˇ
郧西	p'inˇ	tənˉ	t'iauˇ	ioˊ	iouˇ	ɕiˊ	yˊ
郧	p'inˇ	tənˇ	t'iauˇ	yeˇ	iəuˇ	ɕyˉ	yˇ
均	p'inˇ	tənˉ	t'iauˇ	ioˇ	iəuˇ	ɕyˊ	yˊ
光	p'inˇ	tənˉ	t'iauˇ	ioˇ	iəuˇ	ɕyˊ	yˊ
房	p'inˇ	tənˇ	t'iauˇ	ioˊ	iouˇ	ɕyˊ	yˊ
保	p'inˇ	tənˉ	t'iauˇ	ioˊ	iəuˇ	ɕyˊ	yˊ
南	p'inˇ	tənˉ	t'iauˇ	ioˇ	iouˇ	ɕyˊ	yˊ
襄	p'inˇ	tənˉ	t'iauˇ	ioˊ	iəuˇ	ɕyˊ	yˊ
鍾	p'inˇ	tənˉ	t'iauˇ	ioˇ	iəuˇ	ɕyˊ	yˊ
棗	p'inˇ	tənˉ	t'iauˇ	ioˇ	iouˇ	ɕyˊ	yˊ
隨	p'inˇ	tənˇ	t'iauˇ	ioˇ	iəuˇ	ɕyˉ	yˇ
應山	p'inˇ	tənˇ	t'iauˇ	ioˊ	iəuˇ	ʂʮˉ	ʮˇ
安	p'inˇ	tənˇ	t'iauˇ	ioˊ	iəuˇ	ɕiˉ	ʮˇ
應城	p'in˩	tənˇ	t'iau˩	ioˊ	iəu˩	ɕiˉ	ʮ˩
雲	p'in˩	tənˇ	t'iau˩	ioˊ	iəu˩	ɕiˉ	ʮ˩
孝	p'inˇ	tənˇ	t'iauˇ	ioˊ	iəuˇ	ɕiˉ	ʮˇ
禮	p'inˇ	tənˇ	t'iauˇ	ioˊ	iəuˇ	ɕiˉ	ʮˇ
陂	p'inˇ	tənˇ	t'iauˇ	ioˊ	iouˇ	ɕiˉ	ʮˇ
黃安	p'inˇ	tənˉ	t'iauˇ	ioˊ	iəuˇ	ɕiˉ	ʮˇ

本地名＼文	平	等	條	約	尤	須	於
岡	pʻin˩	tən˩	tʻiau˩	io˥	iəu˩	ɕi˥	y˩
鄂	pʻin˩	tən˩	tʻiau˩	io˥	ieu˩	ɕi˥	y˩
厤	pʻin˩	tən˥	tʻiau˩	io˥	iəu˩	ɕi˩	ʮ˥
羅	pʻin˩	tən˥	tʻiau˩	io˩	iəu˩	ɕi˩	ʮ˥
芡	pʻin˩	tən˥	tʻiau˩	io˩	iəu˩	ɕi˩	ʮ˥
澟	pʻin˩	tən˥	tʻiau˩	io˩	iou˩	ɕi˩	ʮ˥
梅	pʻin˩	tən˥	tʻiau˩	io˩	ieu˥	ɕi˩	y˥
濟	pʻin˩	tẽ˥	tʻiau˩	io˩	iu˩	sei˥	ʮ˩
蘄	pʻin˩	tən˥	tʻiau˩	io˩	iəu˩	ɕi˩	ʮ˩
冶	pʻin˩	teĩ˩	tʻie˩	io˥	iau˩	sai˥	ʮ˩
嘉	pʻin˩	tən˩	tieu˩	io˥	iou˩	ɕi˥	ʮ˩
咸	pʻiən˩	tən˩	tʻieø˩	io˥	iau˩	ɕy˥	y˩
陽	pʻin˩	tən˩	tʻi˩	io˥	iau˩	sei˥	y˩
通山	pin˩	tẽ˥	tieu˩	iu²˥	iu˩	sai˥	y˩
崇	pʻin˩	tẽ˥	tʻiɔ˩	io˥	iəu˩	ɕi˥	yi˩
蒲	bʻin˩	tœn˩	dʻiau˩	io²˥	iou˩	ɕi˥	y˩
通城	bʻin˩	ten˩	dʻiau˩	io²˥	iəu˩	ɕi˩	y˩
監	pʻin˩	tən˩	tʻiau˩	io˥	iou˩	ɕy˥	y˩
石	pʻin˩	tən˩	tʻiau˩	io˥	iou˩	ɕy˥	y˩
公	pʻin˩	tən˩	tʻiau˩	io˥	iou˩	ɕy˥	y˩
松	pʻin˩	tən˩	tʻiau˩	io˥	iou˩	ɕy˩	y˩
鶴	pʻĩ˩	tẽ˩	tʻiau˩	io˥	iou˩	ɕy˥	y˩

地名\本文	最	短	期	間	促	其	實
武漢口	tsuei˧	tan˩	tɕ‘i˥	tɕien˥	ts‘ou˩	tɕ‘i˥	sï˩
漢陽	tsei˧	tan˩	tɕ‘i˥	tɕien˥	ts‘ou˩	tɕ‘i˥	sï˩
漢川	tsei˧	tan˩	tɕ‘i˥	tɕien˥	ts‘ou˩	tɕ‘i˥	sï˩
沔	tsei˧	tan˩	tɕ‘i˥	tɕien˥	ts‘əu˧	tɕ‘i˧	sï˧
天	tsei˧	tan˩	tɕ‘i˥	tɕien˥	ts‘əu˧	tɕ‘i˧	sï˧
京	tsei˧	tan˩	tɕ‘i˥	tɕien˥	ts‘əu˧	tɕ‘i˧	sï˧
荆	tsuei˧	tan˩	tɕ‘i˥	tɕien˥	ts‘ou˧	tɕ‘i˧	sï˧
當	tʂuei˧	tan˩	tɕ‘i˥	tɕien˥	tʂ‘u˩	tɕ‘i˧	ʂï˧
江	tʂuei˧	tan˩	tɕ‘i˥	tɕien˥	tʂo˩(?)	tɕ‘i˩	ʂï˩
枝	tsuei˧	tan˩	tɕ‘i˥	tɕin˥	ts‘u˩	tɕ‘i˩	sï˩
宜都	tsuei˧	tuan˩	tɕ‘i˥	tɕien˥	ts‘u˧	tɕ‘i˧	sï˧
宜昌	tsuei˧	tan˩	tɕ‘i˥	tɕien˥	ts‘u˧	tɕ‘i˧	sï˧
長	tsuei˧	tan˩	tɕ‘i˥	tɕien˥	ts‘u˧	tɕ‘i˧	sï˧
興	tsuei˧	tuan˩	tɕ‘i˥	tɕien˥	ts‘u˧	tɕ‘i˧	sï˧
秭	tsuei˧	tan˩	tɕ‘i˥	tɕien˥	ts‘u˩	tɕ‘i˩	ʂï˩
巴	tsuei˧	tuan˩	tɕ‘i˥	tɕien˥	ts‘u˩	tɕ‘i˩	ʂï˩
恩	tsuei˧	tuan˩	tɕ‘i˥	tɕien˥	tsu˩	tɕ‘i˩	ʂï˩
宣	tsei˧	tan˩	tɕ‘i˥	tɕien˥	tsou˩	tɕ‘i˩	ʂï˩
來	tɕyei˧	tuan˩	tɕ‘i˥	tɕien˥	ts‘ou˩	tɕ‘i˩	sï˩
利	tsuei˧	tuan˩	tɕ‘i˥	tɕien˥	tɕ‘iu˩	tɕ‘i˩	sï˩

本地名＼文名	最	短	期	間	促	其	實
谿	tsei˩	tan˥	tɕʻi˩	tɕien˥	tsʻou˩	tɕʻi˩	ʂï˩
竹山	tsei˩	tan˧	tɕʻi˩	tɕien˧	tsʻou˧	tɕʻi˩	ʂï˧
鄖西	tsei˩	tan˥	tɕʻi˩	tɕien˧	tsʻou˩	tɕʻi˩	ʂï˩
鄖	tsei˩	tan˩	tɕʻi˥	tɕien˥	tsʻue˩	tɕʻi˩	ʂï˩
均	tsei˩	tan˥	tɕʻi˩	tɕien˧	tsʻu˩	tɕʻi˩	ʂï˩
光	tsei˩	tan˥	tɕʻi˩	tɕien˧	tsʻu˩	tɕʻi˩	sï˩
房	tsei˩	tan˩	tɕʻi˩	tɕien˧	tsʻou˩	tɕʻi˩	sï˩
保	tsei˩	tan˥	tɕʻi˩	tɕien˧	tsəu˩	tɕʻi˩	sï˩
南	tsei˩	tan˥	tɕʻi˩	tɕien˧	tsʻu˩	tɕʻi˩	ʂï˩
襄	tsei˩	tan˥	tɕʻi˩	tɕien˧	tsʻue˩	tɕʻi˩	sï˩
鍾	tʂuei˩	tan˩	tɕʻi˩	tɕien˧	tʂʻu˩	tɕʻi˩	ʂï˩
棗	tsei˩	tan˥	tɕʻi˩	tɕʻien˧	tsʻou˩	tɕʻi˩	ʂï˩
隨	tsei˩	tan˩	tɕʻi˧	tɕien˧	tsʻəu˩	tɕʻi˩	ʂï˩
應山	tsei˥	tan˩	tɕʻi˧	tɕien˧	tsʻəu˩	tɕʻi˩	ʂï˩
安	tsei˥	tan˩	tɕʻi˧	tɕien˧	tsʻəu˩	tɕʻi˩	ʂï˩
應城	tsei˥	tan˩	tɕʻi˧	tɕien˧	tsʻəu˩	tɕʻi˥	sï˩
雲	tsei˥	tan˩	tɕʻi˧	tɕien˧	tsʻəu˩	tɕʻi˥	ʂï˩
孝	tɕi˥	tan˩	tɕʻi˩	tɕien˧	tsʻəu˩	tɕʻi˩	ʂï˩
禮	tɕi˥	tan˩	tɕʻi˧	tɕien˧	tsʻəu˩	tɕʻi˩	ʂï˩
陂	tsei˧	tan˩	tɕʻi˧	tɕien˧	tsʻou˩	tɕʻi˩	sï˧
黃安	tsuei˧(?)	tan˥	tɕʻi˧	tɕien˧	tsʻəu˩	tɕʻi˩	ʂï˧

本地名／文	最	短	期	間	促	其	實
岡	tɕi˦	tan˨	tɕʻi˦	tɕien˦	tsʻəu˦	tɕʻi˥	sï˦
鄂	tɕi˦	tan˨	tɕʻi˦	tɕien˨	tsʻeu˨	tɕʻi˩	sï˨
麻	tɕi˦	tan˥	tɕʻi˨	tɕian˨	tsʻəu˨	tɕʻi˨	ʂï˦
羅	tɕi˦	tan˥	tɕʻi˩	tɕian˩	tsʻəu˨	tɕʻi˥	ʂï˦
英	tɕi˦	tan˦	tɕʻi˩	tɕian˩	tsʻəu˨	tɕʻi˥	ʂï˦
浠	tɕi˦	tan˦	tɕʻi˩	tɕian˩	tsʻou˨	tɕʻi˥	ʂï˦
梅	tsei˦	ton˦	tɕʻi˩	tɕiɛn˩	tsʻeu˨	tɕʻi˦	sï˦
濟	tsei˦	tõ˦	tɕʻi˩	tɕiẽ˦	tsʻu˦	tɕʻi˦	sï˩
蘄	tɕi˦	tan˦	tɕʻi˦	tɕian˨	tsʻəu˨	tɕʻi˥	ʂï˦
冶	tsai˦	teĩ˥	tɕʻi˦	tɕiã˦	tsʻau˦	tɕʻi˦	sï˦
嘉	tɕi˦	ten˨	tɕʻi˦	tɕian˨	tsʻou˥	tɕʻi˦	sï˥
咸	tsei˥	tœ˥	tɕʻi˦	tɕiã˦	tsʻau˥	tɕʻi˦	sï˦
陽	tsei˦	tœ˥	tɕʻi˦	tɕiæ˦	tsʻau˦	tɕʻi˦	sï˩
通山	tsai˦	tœ˥	tɕʻi˦	tɕiã˦	tsʻauʔ˥	tɕi˥	sï˦
崇	tɕi˦	tɤ˥	zi˥	tɕiẽ˦	zəu˥	zi˥	ɤ˥
蒲	tɕi˦	tœn˥	dzʻi˦	tɕien˦	dzʻouʔ˥	dzʻi˦	ʂïʔ˥
通城	tɕi˦	ton˥	dzʻi˦	tɕien˦	dzʻəuʔ˥	dzʻi˦	sïʔ˥
監	tsei˦	tœn˥	tɕʻi˦	tɕien˦	tsʻou˦	tɕʻi˦	sï˦
石	tsei˦	tan˥	tɕʻi˩	tɕien˦	tsʻou˦	tɕʻi˦	sï˦
公	tsuei˦	tuan˥	tɕʻi˩	tɕien˦	tsʻou˦	tɕʻi˦	sï˦
松	tsei˦	tuan˥	tɕʻi˦	tɕien˦	tsʻu˦	tɕʻi˦	sï˩
鶴	tsei˦	tan˥	tɕʻi˩	tɕiɛn˦	tsʻou˦	tɕʻi˦	ʂï˦

本地名＼本文名	現	是	所	至	囑
武	çien˦	sï˦	so˨	tsï˦	tsou˨
漢口	çien˦	sï˦	so˨	tsï˦	tsou˨
漢陽	çien˦	sï˦	so˨	tsï˦	tsou˨
漢川	çien˧	sï˧	so˨	tsï˧	tsəu˦
沔	çien˧	sï˧	so˨	tsï˧	tsəu˦
天	çien˧	sï˧	so˧	tsï˧	tsəu˦
京	çien˧	sï˧	so˨	tsï˧	tsou˦
荆	çien˦	ʂï˦	ʂo˨	tʂï˦	tʂu˨
當	çien˦	ʂï˦	ʂo˨	tʂï˦	tʂu˨
江	çin˧	sï˧	so˨	tsï˧	tsu˨
枝	çien˦	sï˦	so˨	tsï˦	tsu˦
宜都	çien˦	sï˦	so˨	tsï˦	tsu˦
宜昌	çien˧	sï˧	so˨	tsï˧	tsu˦
長	çien˦	sï˦	so˨	tsï˦	tsu˦
興	çien˦	sï˦	so˦	tsï˦	tsu˩
秭	çien˦	ʂï˦	so˦	tʂï˦	tʂu˩
巴	çien˦	ʂï˦	so˦	tʂï˦	tʂu˩
恩	çien˦	ʂï˦	so˦	tʂï˦	tʂu˩
宣	çien˦	ʂï˦	so˦	tʂï˦	tsou˩
來	çien˦	sï˦	so˦	tsï˦	tsou˩
利	çien˦	sï˦	so˨	tsï˦	tsu˩

本地名 / 本文	現	是	所	至	囑
谿	ɕienˋ	ʂïˋ	soˉ	tʂïˋ	tʂouˉ
竹山	ɕianˉ	ʂïˉ	soˉ	tʂïˋ	tʂouˉ
鄖西	ɕienˋ	ʂïˋ	soˉ	tʂïˋ	tʂouˉ
鄖	ɕienˋ	ʂïˋ	suoˋ	tʂïˋ	tʂəuˋ
均	ɕienˋ	ʂïˋ	soˉ	tʂïˋ	tʂuˋ
光	ɕienˋ	sïˋ	soˉ	tsïˋ	tsuˋ
房	ɕienˋ	sïˋ	soˋ	tsïˋ	tsouˋ
保	ɕienˋ	sïˋ	soˉ	tsïˋ	tsəuˋ
南	ɕienˋ	ʂïˋ	soˉ	tʂïˋ	tʂuˋ
襄	ɕienˋ	sïˋ	soˉ	tsïˋ	tsuˋ
鍾	ɕienˋ	ʂïˋ	ʂoˋ	tʂïˋ	tʂuˋ
棗	ɕienˋ	ʂïˋ	soˉ	tʂïˋ	tʂouˋ
隨	ɕienˋ	ʂïˋ	soˋ	tʂïˋ	tʂəuˋ
應山	ɕien˥	ʂï˥	soˋ	tʂï˥	tʂəuˊ
安	ɕien˥	ʂï˥	soˋ	tʂï˥	tʂəuˊ
應城	ɕien˥	sï˥	soˋ	tʂï˥	tsəuˊ
雲	ɕienˉ	ʂïˉ	soˋ	tʂï˥	tʂəuˊ
孝	ɕienˉ	ʂïˉ	soˋ	tʂï˥	tʂəuˋ
禮	ɕien˥	ʂï˥	soˋ	tʂï˥	tʂəuˋ
陂	ɕienˉ	sïˉ	soˋ	tsï˥	tsouˊ
黃安	ɕienˉ	ʂïˉ	soˉ	tʂï˥	tʂəuˊ

文名　本地名	現	是	所	至	囑
岡	ɕien˦	sï˦	so˥	tsï˧	tsou˦
鄂	ɕien˦	sï˦	so˥	tsï˧	tseu˦
秣	ɕian˦	ʂï˦	soɿ	tʂï˧	tʂəu˥
羅	ɕian˦	ʂï˦	so˥	tʂï˧	tʂəu˥
蘂	ɕian˦	ʂï˦	so˦	tʂï˧	tʂəu˥
淅	ɕian˦	ʂï˦	so˦	tʂï˧	tʂou˥
梅	ɕiɛn˦	sï˦	so˦	tsï˥	tseu˥
濟	ɕiẽ˩	sï˩	so˦	tsï˧	tsu˦
蘄	ɕian˦	ʂï˦	so˦	tʂï˥	tʂəu˥
冶	ɕieĩ˩	sï˦	so˥	tsï˧	tsau˦
嘉	ɕien˦	sï˦	so˥	tsï˥	tsu˩
咸	ɕiẽ˦	sï˦	so˥	tsï˥	tsau˩
陽	ɕiẽ˦	sï˦	so˥	tsï˥	tsau˩
通山	ɕiẽ˦	sï˦	sau˥	tsï˧	tsau²˩
崇	ɕiẽ˦	sï˦	so˥	tsï˧	təu˩
蒲	ɕien˦	ʂï˦	so˥	tʂï˥	tʂou²˩
通域	ɕien˦	sï˦	so˥	tsï˥	tɕy²˩
監	ɕien˦	sï˦	so˥	tsï˥	tsou˦
石	ɕien˦	sï˦	so˥	tsï˥	tsou˦
公	ɕien˦	sï˦	so˥	tsï˥	tsou˦
松	ɕien˦	sï˦	so˥	tsï˩	tsu˩
鶴	ɕien˦	ʂï˦	so˥	tʂï˥	tʂou˦

二. 狐假虎威故事

本文\地名	荆	宣	王	問	羣	臣	曰
武	tɕin˥	ɕyen˥	uaŋ˨	uən˥	tɕʻyin˨	tsʻən˨	ye˨
漢口	tɕʻi˨①	ɕyen˥	uaŋ˨	uən˥	tɕʻyin˨	tsʻən˨	ye˨
漢陽	tɕin˥	ɕyen˥	uaŋ˨	uən˥	tɕʻyin˨	tsʻən˨	ye˨
漢川	tɕʻin˥	ɕien˥	uaŋ˦	uən˥	tɕʻyin˦	tsʻən˦	yæ˦
沔	tɕin˥	ɕyen˥	uaŋ˦	mən˥	tɕʻyɛn˦	tsʻən˦	ye˦
天	tɕin˥	ɕien˥	uaŋ˨	mən˥	tɕʻyin˦	tsʻən˦	ye˦
京	tɕin˥	ɕien˥	uaŋ˨	uən˥	tɕʻyin˦	tsʻən˦	ye˨
荆	tɕin˥	ɕyen˥	uaŋ˨	uən˥	tɕʻyin˦	tʂʻən˦	ye˨
當	tɕin˥	ɕyen˥	uaŋ˨	uən˥	tɕʻyin˨	tʂʻən˨	ye˨
江	tɕin˥	ɕyin˥	uaŋ˨	uən˥	tɕʻyin˦	tsʻən˦	ye˨
枝	tɕin˥	ɕien˥	uaŋ˨	uən˦	tɕʻin˦	tsʻən˦	ie˦
宜都	tɕin˥	ɕien˥	uaŋ˨	uən˥	tɕʻin˦	tsʻən˦	ie˦
宜昌	tɕin˥	ɕyen˥	uaŋ˨	uən˦	tɕʻyin˨	tsʻən˦	ye˦
長	tɕin˥	ɕyen˥	uaŋ˨	uən˥	tɕʻyin˨	tsʻən˦	ye˦
興	tɕin˥	ɕyen˥	uaŋ˥	uən˥	tɕʻyin˥	tsʻən˥	ye˥
秭	tɕin˥	ɕyen˥	uaŋ˥	uən˥	tɕʻyin˥	tʂʻən˥	ye˥
巴	tɕin˥	ɕyen˥	uaŋ˥	uən˥	tɕʻyin˥	tʂʻən˥	ye˥
恩	tɕin˥	ɕyen˥	uaŋ˥	uən˥	tɕʻyin˥	tʂʻən˥	ye˥
宣	tɕin˥	ɕyen˥	uaŋ˥	uən˥	tɕʻyin˥	tʂʻən˥	ye˥
來	tɕin˥	ɕyen˥	uaŋ˥	uən˥	tɕʻyin˥	tsʻən˥	ye˥
利	tɕin˥	ɕyen˥	uaŋ˨	uən˦	tɕʻyin˥	tsʻən˥	ye˨

① '荆'字發音人誤讀爲'齊'。

二. 狐假虎威故事

本地名＼文	荆	宣	王	問	羣	臣	曰
谿	tɕin˧	ɕian˧	uaŋ˥	uən˥	tʂʰyən˥	tʂʰən˥	ɥe˥
竹山	tɕin˧	ɕian˧	uaŋ˥	uən˧	tʂʰyən˥	tʂʰən˥	ɥe˥
鄖西	tɕin˧	ɕien˧	uaŋ˥	uən˥	tɕʰyin˥	tʂʰən˥	ye˥
鄖	tɕin˥	çyen˥	uaŋ˥	uən˥	tɕʰyin˥	tʂʰən˥	ye˥
均	tɕin˧	çyen˧	uaŋ˥	uən˥	tɕʰyən˥	tʂʰən˥	ye˥
光	tɕin˧	çyen˧	uaŋ˥	uən˥	tɕʰyin˥	tsʰən˥	ye˥
房	tɕin˧	çyen˧	uaŋ˥	uən˥	tɕʰyin˥	tsʰən˥	ye˥
保	tɕin˧	çyen˧	uaŋ˥	uən˥	tɕʰyin˥	tsʰən˥	ye˥
南	tɕin˧	çyen˧	uaŋ˥	uən˥	tɕʰyin˥	tsʰən˥	ye˥
襄	tɕin˧	çyen˧	uaŋ˥	uən˥	tɕʰyin˥	tʂʰən˥	ye˥
鍾	tɕin˧	çyen˧	uaŋ˥	uən˥	tɕʰyin˥	tʂʰən˥	ye˥
棗	tɕin˧	çien˧	uaŋ˥	uən˥	tɕʰyin˥	tʂʰən˥	ye˥
隨	tɕin˥	çien˧	uaŋ˥	uən˥	tɕʰyin˥	tʂʰən˥	ye˥
應山	tɕin˥	çien˧	uaŋ˥	uən˥	tʂʰyən˥	tʂʰən˥	ɥɛ˥
安	tɕin˥	çien˧	uaŋ˥	uən˥	tʂʰyən˥	tʂʰən˥	ɥɛ˥
應城	tɕin˧	ʂyan˧	uaŋ˧	uən˥	tʂʰyən˧	tsʰən˧	ɥe˥
雲	tɕin˧	çien˧	uaŋ˥	uən˧	tʂʰyən˧	tʂʰən˧	ɥe˥
孝	tɕin˧	çien˧	uaŋ˥	uən˧	tʂʰyən˥	tʂʰən˥	ɥɛ˥
禮陂	tɕin˧	ʂyan˧	uaŋ˥	uən˧	tʂʰyən˥	tʂʰən˥	ɥe˥
黃安	tɕin˥	çien˥	uaŋ˥	uən˥	tʂʰyən˥	tʂʰən˥	ɥe˥

二. 狐假虎威故事

本文名\地名	荆	宣	王	問	羣	臣	曰
岡	tɕin˦	ɕien˦	uaŋˉ	uən˦	tɕʻyən˨	tsʻən˨	ye˦
鄂	tɕin˦	ɕien˦	uaŋ˩	uən˦	tɕʻyən˩	tsʻən˩	yæ˨
麻	tɕin˦	ɕian˨	uaŋ˨	uən˦	tʂʻyən˨	tsʻən˨	ɥe˨
羅	tɕin˩	ɕian˩	uaŋ˨	uən˦	tʂʻyən˨	tsʻən˩	ɥe˨
英	tɕin˩	ɕian˩	uaŋ˨	uən˦	tʂʻyən˨	tʂʻən˨	ɥe˨
浠	tɕin˩	ɕian˩	uaŋ˨	uən˦	tʂʻyən˨	tʂʻən˨	ɥe˨
梅	tɕin˦	ɕiɛn˩	uaŋ˨	uən˦	tɕʻyən˨	tsʻən˨	yæ˨
濟	tɕin˧	ɕiɛ̃˦	uaŋ˨	uən˩	tʂʻyən˨	tsʻən˨	ɥe˨
蘄	tɕin˩	ɕian˨	uaŋ˨	uən˦	tʂʻyən˨	tʂʻən˨	ɥaʔ˩
冶	tɕian˦	çĩ˦	uəŋ˨	uan˦	tsʻyən˨	tsʻan˨	ɥa˨
嘉	tɕin˦	ɕien˦	uaŋ˨	uən˦	tsʻyin˨	tsʻən˨	ɥe˦
咸	tɕiən˦	çyẽ˦	uoŋ˨	uən˦	tɕʻyən˨	tsʻən˨	ye˦
陽	tɕiən˦	siẽ˦	uoŋ˨	uən˦	tɕʻyən˨	tsʻən˨	ye˦
通山	tɕin˦	siẽ˦	uoŋ˨	uan˦	tɕʻyan˨	tsan˨	ye˦
崇	tɕin˦	ɕiẽ˦	uaŋ˨	uən˦	yin˨	tʻən˨	ye˦
蒲	tɕin˦	ɕien˦	uoŋ˨	uən˦	dzʻyən˥	dzʻən˥	yeʔ˥
通城	tɕin˩	ɕien˨	uoŋ˦	uən˦	dzʻyən˦	dzʻən˦	yaʔ˥
監	tɕin˦	çyen˦	uaŋ˨	uən˦	tɕʻyin˨	tsʻən˨	ye˦
石	tɕin˧	çyen˦	uaŋ˨	uən˦	tɕʻyən˨	tsʻən˨	ye˦
公	tɕin˧	çyen˦	uaŋ˨	uən˦	tɕʻyən˨	tsʻən˨	ye˦
松	tɕin˦	çyen˦	uaŋ˨	uən˦	tɕʻyin˨	tsʻən˨	ye˦
鶴	tɕĩ˧	çyen˧	uaŋ˨	uẽ˦	tɕʻỹ˨	tʂʻẽ˨	ye˦

本地名＼文名	吾	聞	北	方	之	畏	昭
武	u˩	uən˩	pɤ˩	faŋ˥	tsï˥	uei˧	tsau˥
漢口	u˩	uən˩	pɤ˩	faŋ˥	tsï˥	uei˧	tsau˥
漢陽	u˩	uən˩	pɤ˩	faŋ˥	tsï˥	uei˧	tsau˥
漢川	u˩	uɛn˩	pæ˩	faŋ˥	tsï˥	uei˧	tsau˥
沔	u˩	mən˩	po˩	xuaŋ˥	tsï˥	uei˧	tsau˥
天	u˩	mən˩	pɤ˩	faŋ˥	tsï˥	uei˧	tsau˥
京	u˩	uən˩	pɤ˩	faŋ˥	tsï˥	uei˧	tsau˥
荆	u˩	uən˩	po˩	faŋ˥	tʂï˥	uei˧	tʂau˥
當	u˩	uən˩	pɯ˩	faŋ˥	tʂï˥	uei˧	tʂau˥
江	u˩	uən˩	pɤ˩	fan˥	tsï˥	uei˧	tsau˥
攵	u˩	uən˩	pɤ˩	faŋ˥	tsï˥	uei˧	tsau˥
宣都	u˩	uən˩	pɤ˩	faŋ˥	tsï˥	uei˧	tsau˥
宣昌	u˩	uən˩	pɤ˩	faŋ˥	tsï˥	uei˧	tsau˥
長興	u˨	uən˨	pɤ˨	faŋ˥	tsï˥	uei˧	tsau˥
秭	u˨	uən˨	pɤ˨	faŋ˥	tʂï˥	uei˧	tʂau˥
巴	u˨	uən˨	pe˨	xuaŋ˥	tʂï˥	uei˧	tʂau˥
恩	vu˨	uən˨	pe˨	faŋ˥	tʂï˥	uei˧	tʂau˥
宣	vu˨	uən˨	pe˨	xuaŋ˥	tʂï˥	uei˧	tʂau˥
來	u˨	uən˨	pe˨	faŋ˥	tsï˥	uei˧	tsau˥
利	u˨	uən˨	pe˨	faŋ˥	tsï˥	uei˧	tsau˥

本地名＼文	吾	聞	北	方	之	畏	昭
谿	u˩	uən˥	pe˩	faŋ˦	tʂï˦	uei˩	tʂau˦
竹山	u˩	uən˥	pe˦	faŋ˦	tʂï˦	uei˩	tʂau˦
鄖西	u˩	uən˥	pe˩	faŋ˦	tʂï˦	uei˩	tʂau˦
鄖	u˩	uən˥	pe˩	faŋ˥	tʂï˥	uei˥	tʂau˥
均	u˩	uən˥	pe˩	faŋ˦	tʂï˦	uei˩	tʂau˦
光	u˥	uən˥	pe˩	faŋ˦	tsï˦	uei˩	tsau˦
房	u˩	uən˥	pe˩	faŋ˦	tsï˦	uei˩	tsau˦
保	u˩	uən˥	pe˩	faŋ˦	tʂï˦	uei˩	tsau˦
南	u˩	uən˥	pe˩	faŋ˦	tsï˦	uei˩	tsau˦
襄	u˩	uən˥	pe˩	faŋ˦	tsï˦	uei˩	tsau˦
鍾	u˩	uən˩	pə˩	faŋ˦	tʂï˦	uəi˩	tʂau˦
棗	u˩	uən˩	pe˩	faŋ˦	tʂï˦	uei˩	tʂau˦
隨	vu˩	uən˩	pa˩	faŋ˦	tʂï˥	uei˥	tʂau˦
應山	u˩	uən˩	pe˩	faŋ˦	tʂï˥	uei˥	tʂau˦
安	u˩	uən˩	pɛ˩	faŋ˦	tsï˥	uei˥	tsau˦
應城	u˥	uən˥	pe˩	faŋ˦	tsï˥	uei˥	tsau˦
雲	u˥	uən˥	pe˩	faŋ˦	tʂï˥	uei˥	tʂau˦
孝	u˩	uən˩	pɛ˩	faŋ˩	tʂï˥	uei˥	tʂau˩
禮	u˩	uən˩	pe˩	faŋ˦	tʂï˥	uei˥	tʂau˥
陂	u˩	uən˩	pe˩	faŋ˦	tsï˥	uei˥	tsau˦
黃安	u˩	uən˩	pe˩	faŋ˥	tʂï˥	uəi˥	ʂau˦(?)

本地名＼文	吾	聞	北	方	之	畏	昭
岡	u	uən	pe	faŋ	tsï	uei	tsau
鄂	u	uən	pæ	faŋ	tsï	uei	tsau
麻	u	uən	pe	faŋ	tşï	uei	tşau
羅	u	uən	pe	faŋ	tşï	uei	tşau
英	u	uən	pe	faŋ	tşï	uei	tşau
浠	u	uən	pe	faŋ	tşï	uəi	tşau
梅	u	uən	pæ	faŋ	tsï	uei	tsau
濟	u	uən	pe	faŋ	tsï	uei	tsau
蘄	u	uən	pa²	faŋ	tşï	uəi	tşau
冶	u	uan	pa	fɔŋ	tsï	uai	tse
嘉	u	uən	pe	faŋ	tsï	uei	tseu
咸	u	uən	pe	xoŋ	tsï	uei	tseø
陽	u	uən	pe	foŋ	tsï	uei	tsø
通山	ŋu	uan	pe²	xoŋ	tsï	uai	tseu
崇	u	uən	pe	faŋ	tsï	yi	tɔ
蒲	u	uən	pe²	foŋ	tşï	uei	tşau
通城	ŋu	uən	pe²	foŋ	tsï	ui	tsau
監	u	uən	pɤ	faŋ	tsï	uei	tsau
石	u	uən	pɤ	faŋ	tsï	uei	tsau
公	vu	mən	pɤ	faŋ	tsï	uei	tsau
松	u	uən	pɤ	faŋ	tsï	uei	tsau
鶴	vu	uẽ	pe	xuaŋ	tşï	uei	tşau

本地名 \\ 本文	奚	恤	也	果	誠	何	如
武	ɕi	ɕy	ie	ko	tsʻən	xo	y
漢口	ɕi	ɕi	ie	ko	tsʻən	xo	y
漢陽	ɕi	ɕi	ie	ko	tsʻən	xo	y
漢川	ɕi	ɕi	ie	ko	tsʻən	xo	y
沔	ɕi	ɕy	ie	ko	tsʻən	xo	y
天	ɕi	ɕi	ie	ko	tsʻən	xo	y
京	tɕʻi	ɕi	ie	ko	tsʻən	xo	ʐu
荊	ɕi	ɕy	ie	ko	tʂʻən	xo	u
當	tɕʻi	ɕi	ie	ko	tʂʻən	xo	u
江	tɕʻi	ɕy	ie	ko	tsʻən	xo	nu
枝	ɕi	ɕi	ie	ko	tsʻən	xo	nu
宜都	tɕʻi	ɕi	ie	ko	tsʻən	xo	ʐu
宜昌	tɕʻi	ɕi	ie	ko	tsʻən	xo	ʐu
長	ɕi	ɕi	ie	ko	tsʻən	xo	u
興	ɕi	ɕi	ie	ko	tʂʻən	xo	ʐu
秭	ɕi	ɕi	ie	ko	tʂʻən	xo	ʐu
巴	ɕi	ɕy	ie	ko	tʂʻən	xo	ʐu
恩	ɕi	ɕi	ie	ko	tʂʻən	xo	ʐu
宣	ɕi	ɕy	ie	ko	tʂʻən	xo	y
來	ɕi	ɕi	ie	ko	tsʻən	xo	y
利	ɕi	ɕi	ie	ko	tsʻən	xo	zu

本文名／本地名	奚	恤	也	果	誠	何	如
谿	ɕi˦	ɕi˦	ie˧	ko˧	tʂʻən˩	xo˩	ʮ˩
竹山	ɕi˦	ɕi˦	ie˧	ko˧	tʂʻən˩	xo˩	ʮ˩
鄖西	ɕi˦	y˧(?)	ie˧	ko˧	tʂʻən˩	xo˩	y˩
鄖	ɕi˧	ɕy˩	ie˩	kuo˩	tʂʻən˩	xɤ˩	zu̥˩
均	ɕi˦	ɕy˩	ie˧	ko˧	tʂʻən˩	xɤ˩	zu̥˩
光	ɕi˦	ɕy˦	ie˧	ko˧	tsʻən˩	xɤ˩	zu˩
房	ɕi˦	ɕi˩	ie˩	ko˩	tsʻən˩	xo˩	zu˩
保	ɕi˦	ɕi˦	ie˩	ko˧	tsʻən˩	xo˩	zu˩
南	ɕi˦	ɕy˩	ie˩	ko˧	tsʻən˩	xo˩	zu̥˩
襄	ɕi˦	ɕi˦	ie˧	kuo˧	tsʻən˩	xo˩	zu̥˩
鍾	ɕi˦	ɕi˦	ie˩	ko˩	tsʻən˩	xo˩	zu̥˩
棗	ɕi˦	ɕi˦	ie˧	ko˧	tsʻən˩	xo˩	zu̥˩
隨	ɕi˧	ɕi˩	ie˩	ko˩	tsʻən˩	xo˩	y˩
應山	(?)	ɕi˦	ie˩	ko˩	tsʻən˩	xo˩	ʮ˩
安	ɕi˩	ɕiɛ˩	ie˩	ko˩	tsʻən˩	xo˩	ʮ˩
應城	ɕi˧	ɕi˦	ie˩	ko˩	tʂʻən˧	xo˧	ʮ˧
雲	ɕi˦	ɕi˦	ie˩	ko˩	tʂʻən˧	xo˧	ʮ˧
孝	ɕi˩	ɕi˦	iɛ˩	ka˩	tʂʻən˩	xo˩	ʮ˩
禮	ɕi˦	(?)	ie˩	ko˩	tsʻən˩	xo˩	ʮ˩
陂	ɕi˩	ɕi˩	iɛ˩	ko˩	tsʻən˩	xo˩	ʮ˩
黃安	ɕi˦	ɕi˦	ie˧	ko˧	tʂʻən˩	xo˩	ʮ˩

本地名＼文名	奚	恤	也	果	誠	何	如
岡	tɕʻi˦	çi˦	ie˩	ko˩	tsʻən˩	xo˩	y˩
鄂	tɕʻi˦	çi˦	ie˩	ko˩	tsʻən˦	xo˦	y˦
麻	çi˩	çi˦	ie˦	ko˦	tʂʻən˩	xo˩	ʮ˩
羅	çi˦	çi˩	ie˦	ko˦	tʂʻən˩	xo˩	ʮ˩
英	çi˦	çi˩	ie˩	ko˦	tʂʻən˩	xo˩	ʮ˩
浠	çi˦	çi˩	ie˩	ko˦	tʂʻən˩	xo˩	ʮ˩
梅	çi˩	çi˩	ie˩	ko˦	tsʻən˩	xo˩	y˩
濟	çi˦	çi˦	ie˩	ko˦	tʂʻən˩	xo˩	ʮ˩
蘄	çi˩	çi˦	ie˩	ko˦	tʂʻən˩	xo˩	ʮ˩
冶	çi˦	sai˦	ie˩	ko˩	tsʻan˩	xo˩	ʮ˩
嘉	çi˦	çi˦	ie˩	ko˩	tsʻən˩	xo˩	ʮ˩
咸	tɕʻi˦	çi˦	ie˩	ko˩	tsʻən˩	xo˩	y˩
陽	çi˩	sei˦	ie˩	ko˩	tsʻən˩	xo˩	y˩
通山	çi˩	sai?˦	ie˩	ko˩	tsan˩	xo˩	y˩
崇	çi˩	çi˦	ie˩	ko˩	tʻən˩	xo˩	ɤ˩
蒲	çi˦	çi?˦	ie˩	ko˩	dzʻən˦	ho˦	y˦
通城	çi˩	çi?˦	ie˩	ko˩	dzʻən˦	ho˦	y˦
監	çi˦	çi˦	ie˩	ko˩	tsʻən˩	xo˩	y˩
石	çi˦	çy˦	ie˩	ko˩	tsʻən˦	xo˦	y˦
公	çi˦	çi˩	ie˩	ko˩	tsʻən˦	xo˦	vu˩
松	çi˦	çi˦	ie˩	ko˩	tsʻən˦	xo˦	u˦
鶴	çi˦	çi˦	ie˩	ko˩	tʂʻẽ˩	xo˩	ʐu˩

本地名＼文	羣	臣	莫	對	江	乙	對
武	tɕʻyin↓	tsʻən↓	mo↓	tei˥	tɕiaŋ˥	i↓	tei˥
漢口	tɕʻyin↓	tsʻən↓	mo↓	tei˥	tɕiaŋ˥	i↓	tei˥
漢陽	tɕʻyin↓	tsʻən↓	mo↓	tei˥	tɕiaŋ˥	i↓	tei˥
漢川	tɕʻyin↗	tsʻən↗	mo↗	tei˥	tɕiaŋ˥	i↗	tei˥
沔	tɕʻyən↗	tsʻən↗	mo↗	tei˥	tɕiaŋ˥	i↗	tei˥
天	tɕʻyin↓	tsʻən↓	mo↗	tei˥	tɕiaŋ˥	i↗	tei˥
京	tɕʻyin↗	tsʻən↗	mo↗	tei˥	tɕiaŋ˥	i↗	tei˥
荊	tɕʻyin↗	tʂʻən↗	mo↗	tei˥	tɕiaŋ˥	i↗	tei˥
當	tɕʻyin↓	tʂʻən↓	mo↓	tei˥	tɕiaŋ˥	i↓	tei˥
江	tɕʻyin↓	tsʻən↓	mo↓	tei˥	tɕiaŋ˥	i↓	tei˥
枝	tɕʻin↗	tsʻən↗	mo↗	tuei˥	tɕiaŋ˥	i↗	tuei˥
宜都	tɕʻin↗	tsʻən↗	mo↗	tei˥	tɕiaŋ˥	i↗	tei˥
宜昌	tɕʻyin↗	tsʻən↗	mo↗	tei˥	tɕiaŋ˥	i↗	tei˥
長	tɕʻyin↗	tsʻən↗	mo↗	tuei˥	tɕiaŋ˥	i↗	tuei˥
興	tɕʻyin˩	tsʻən˩	mo˩	tei˥	tɕiaŋ˥	i˩	tei˥
秭	tɕʻyin˩	tʂʻən˩	mo˩	tei˥	tɕiaŋ˥	i˩	tei˥
巴	tɕʻyin˩	tʂʻən˩	mo˩	tei˥	tɕiaŋ˥	i˩	tei˥
恩	tɕʻyin˩	tʂʻən˩	mo˩	tuei˥	tɕiaŋ˥	i˩	tuei˥
宣	tɕʻyin˩	tʂʻən˩	mo˩	tei˥	tɕiaŋ˥	i˩	tei˥
及	tɕʻyin˩	tʂʻən˩	mo˩	tuei˥	tɕiaŋ˥	i˩	tuei˥
利	tɕʻyin˩	tsʻən˩	mo˩	tuei˥	tɕiaŋ˥	i˩	tuei˥

本文／本地名（地名）	羣	臣	莫	對	江	乙	對
谿	tʂʻu̯ənˋ	tʂʻənˋ	moˋ	teiˋ	tɕiaŋˉ	iˋ	teiˋ
竹山	tʂʻu̯ənˋ	tʂʻənˋ	moˉ	teiˋ	tɕiaŋˉ	iˉ	teiˋ
鄖西	tɕʻyinˋ	tʂʻənˋ	moˋ	teiˋ	tɕiaŋˉ	iˋ	teiˋ
鄖	tɕʻyinˋ	tʂʻənˋ	muoˋ	teiˋ	tɕiaŋˉ	iˋ	teiˋ
均	tɕʻyənˋ	tʂʻənˋ	moˋ	teiˋ	tɕiaŋˉ	iˋ	teiˋ
光	tɕʻyinˋ	tsʻənˋ	moˋ	teiˋ	tɕiaŋˉ	iˋ	teiˋ
房	tɕʻyinˋ	tsʻənˋ	moˋ	teiˋ	tɕiaŋˉ	iˋ	teiˋ
保	tɕʻyinˋ	tsʻenˋ	moˋ	teiˋ	tɕiaŋˉ	iˋ	teiˋ
南	tɕʻyinˋ	tʂʻənˋ	moˋ	teiˋ	tɕiaŋˉ	iˋ	teiˋ
襄	tɕʻyinˋ	tsʻənˋ	moˋ	teiˋ	tɕiaŋˉ	iˋ	teiˋ
鍾	tɕʻyinˋ	tʂʻənˋ	moˋ	təiˋ	tɕiaŋˉ	iˋ	təiˋ
棗	tɕʻyinˋ	tʂʻənˋ	moˋ	teiˋ	tɕiaŋˉ	iˋ	teiˋ
隨	tɕʻyinˋ	tʂʻənˋ	moˋ	teiˋ	tɕiaŋˉ	iˋ	teiˋ
應山	tʂʻu̯ənˊ	tʂʻənˊ	moˊ	teiˊ	tɕiaŋˉ	iˊ	teiˊ
安	tʂʻu̯ənˊ	tʂʻənˊ	moˊ	teiˊ	tɕiaŋˉ	iˊ	teiˊ
應城	tʂʻu̯ənˉ	tsʻənˉ	moˊ	teiˊ	tɕiaŋˉ	iˊ	teiˊ
雲	tʂʻu̯ənˉ	tʂʻənˉ	moˊ	tiˊ	tɕiaŋˉ	iˊ	tiˊ
孝	tʂʻu̯ənˉ	tʂʻənˉ	moˊ	tiˊ	tɕiaŋˉ	iˊ	tiˊ
禮	tʂʻu̯ənˊ	tʂʻənˊ	moˊ	tiˊ	tɕiaŋˉ	iˊ	tiˊ
陂	tʂʻu̯ənˊ	tsʻənˊ	moˊ	tiˊ	tɕiaŋˉ	iˊ	tiˊ
黃安	tʂʻu̯ənˊ	tʂʻənˊ	moˊ	tiˊ	tɕiaŋˉ	iˊ	tiˊ

本文 地名	羣	臣	莫	對	江	乙	對
罔	tɕʻyən˩	tsʻən˩	mo˦	ti˥	tɕiaŋ˧	i˥	ti˥
鄂	tɕʻyən˩	tsʻən˩	mo˦	ti˥	tɕiaŋ˧	i˩	ti˥
麻	tʂʻuən˩	tʂʻən˩	mo˦	ti˥	tɕiaŋ˩	i˩	ti˥
羅	tʂʻuən˩	tʂʻən˩	mo˩	ti˥	tɕiaŋ˩	i˩	ti˥
莫	tʂʻuən˩	tʂʻən˩	mo˩	ti˥	tɕiaŋ˩	i˩	ti˥
浠	tʂʻuən˩	tʂʻən˩	mo˩	ti˥	tɕiaŋ˩	i˩	ti˥
梅	tɕʻyən˦	tsʻən˦	mo˩	ti˥	tɕiaŋ˩	i˩	ti˩
濟	tʂʻuən˩	tʂʻən˩	mo˦	tei˥	tɕiaŋ˩	i˩	tei˥
蘄	tʂʻuən˩	tʂʻən˩	mo˩	ti˥	tɕiaŋ˩	i˩	ti˩
冶	tsʻɥan˩	tsʻan˩	mo˦	tai˥	tɕiaŋ˩	i˩	tai˥
嘉	tsʻɥin˩	tsʻən˩	mo˥	ti˥	tɕiaŋ˩	i˥	ti˩
咸	tɕʻyən˩	tsʻən˩	mo˥	tei˩	tɕioŋ˧	i˥	tei˩
陽	tɕʻyən˩	tsʻən˩	mo˥	tei˥	tɕioŋ˧	i˥	tei˩
通山	tɕʻyan˩	tsan˩	mu˧	tai˥	tɕioŋ˧	i˥	tai˥
崇	yin˩	tʻən˩	mo˥	ti˥	tɕiaŋ˧	i˥	ti˥
蒲	dʐʻyən˦	dʐʻən˦	moʔ˥	ti˥	tɕioŋ˧	iʔ˥	ti˦
通城	dʐʻyən˦	dʐʻən˦	moʔ˥	ti˥	tɕioŋ˧	iʔ˥	ti˦
監	tɕʻyin˩	tsʻən˩	mo˥	tei˦	tɕiaŋ˧	i˥	tei˦
石	tɕʻyən˦	tsʻən˦	mo˥	tei˦	tɕiaŋ˧	i˩	tei˦
公	tɕʻyən˦	tsʻən˦	mɤ˥	tei˦	tɕiaŋ˧	i˩	tei˦
松	tɕʻyin˦	tsʻən˦	mo˥	tei˧	tɕiaŋ˧	i˥	tei˧
鶴	tɕʻỹ˩	tʂʻẽ˩	mo˦	tei˥	tɕiaŋ˧	i˥	tei˩

本文地名	日	虎	求	百	獸	而	食
武	ye↘	xu↘	tɕʻiou↘	pɤ↘	sou↗	ɤ↘	sï↘
漢口	ye↘	xu↘	tɕʻiou↘	pɤ↘	sou↗	ɤ↘	sï↘
漢陽	ye↘	xu↘	tɕʻiou↘	pɤ↘	sou↗	ɤ↘	sï↘
漢川	yæ↗	xu↘	tɕʻiəu↘	pæ↗	səu↗	ɯ↗	sï↗
沔	ye↗	xu↘	tɕʻiəu↘	po↗	səu↗	ɤ↗	sï↘
天	ye↗	xu↓	tɕʻiəu↘	pɤ↗	səu↗	ɤ↗	sï↘
京	ye↗	xu↘	tɕʻiou↘	pɤ↗	sou↗	ɚ↗	sï↗
荆	ye↘	xu↘	tɕʻiou↘	po↗	ʂou↗	ɯ↗	ʂï↗
當	ye↘	xu↘	tɕʻiəu↘	pɯ↓	ʂəu↗	ɯ↗	ʂï↘
江	ye↘	xu↘	tɕʻiəu↘	pɤ↘	səu↗	ɯ↗	sï↘
枝	ie↗	xu↘	tɕʻiou↘	pɤ↗	sou↗	ɤ↗	sï↗
宜都	ie↗	xu↘	tɕʻiəu↘	pɤ↗	səu↗	ɚ↗	sï↗
宜昌	ye↗	xu↘	tɕʻiəu↘	pɤ↗	səu↗	ɚ↗	sï↗
長	ye↗	xu↘	tɕʻiou↘	pɤ↗	sou↗	ɚ↗	sï↗
興	ye↓	xu↘	tɕʻiou↓	pɤ↘	sou↗	ɚ↓	sï↘
秭	ye↓	xu↘	tɕʻiou↓	pɤ↘	ʂou↗	ɚ↓	ʂï↘
巴	ye↓	xu↘	tɕʻiou↓	pe↓	ʂou↗	ɚ↓	ʂï↓
恩	ye↓	fu↘	tɕʻiəu↓	pe↓	ʂəu↗	ɚ↓	ʂï↓
宣	ye↓	fu↘	tɕʻiou↓	pe↓	ʂou↗	ɚ↓	ʂï↓
來	ye↓	fu↘	tɕʻiou↓	pe↓	sou↗	ɚ↓	sï↓
利	ye↓	fu↘	tɕʻiəu↓	pe↓	səu↗	ɚ↓	sï↓

本文\地名	日	虎	求	百	獸	而	食
谿竹山	ȵe˥	xu˧	tɕʰiou˧	pe˥	ʂou˧	ɚ˧	ʂï˥
鄖西	ȵe˧	xu˧	tɕʰiou˧	pe˧	ʂou˧	ɚ˧	ʂï˧
鄖	ye˥	xu˧	tɕʰiou˧	pe˧	ʂou˧	ɚ˧	ʂï˥
均	ye˥	xu˥	tɕʰiəu˥	pe˥	ʂəu˥	ɚ˧	ʂï˥
光	ye˥	xu˥	tɕʰiəu˥	pe˥	ʂəu˥	ɚ˧	ʂï˥
房	ye˥	xu˥	tɕʰiəu˥	pe˥	sou˥	ɚ˧	sï˥
保	ye˥	xu˥	tɕʰiou˥	pe˥	sou˥	ɚ˧	sï˥
產	ye˥	xu˥	tɕʰiəu˥	pe˥	səu˥	ɚ˧	sï˥
襄	ye˥	xu˥	tɕʰiou˧	pe˥	ʂou˥	ɚ˧	ʂï˥
鍾	ye˥	xu˥	tɕʰiəu˧	pe˥	səu˥	ɚ˧	sï˥
棗	ye˥	xu˧	tɕʰiəu˥	pe˥	səu˥	ɚ˧	ʂï˥
隨	ye˥	xu˧	tɕʰiou˥	pe˥	ʂou˧	ɚ˥	ʂï˥
應山	ye˥	xu˥	tɕʰiəu˥	pa˥	səu˥	ɚ˧	ʂï˥
安	ȵe˧	xu˥	tɕʰiəu˥	pe˧	səu˧	ɚ˥	ʂï˧
應城	ȵe˧	xu˥	tɕʰiəu˥	pɛ˧	səu˧	ɚ˥	ʂï˧
雲	ȵe˧	xu˥	tɕʰiəu˧	pe˧	səu˧	ɚ˧	sï˧
孝	ȵe˧	xu˥	tɕʰiəu˧	pe˧	səu˧	ɔ˧	ʂï˧
禮	ȵe˧	fu˥	tɕʰiəu˧	pɛ˥	səu˧	ɚ˧	ʂï˥
陂	ȵe˧	fu˥	tɕʰiəu˥	pe˥	səu˧	ɚ˧	ʂï˥
黃安	ȵe˧	xu˥	tɕʰiou˥	pɛ˥	sou˧	ɚ˥	sï˧
黃安	ȵe˧	fu˧	tɕʰiəu˥	pe˥	səu˧	ɚ˥	ʂï˧

本文 / 地名	曰	虎	求	百	獸	而	食
岡	ye˥	xu˩	tɕʰiəu˩	pe˩	səuˀ˧	ɔ˩	sï˧
鄂	yæ˩	xu˩	tɕʰieu˥	pæ˩	seu˧	ɯ˥	sï˩
麻	ɥe˩	fu˥	tɕʰiəu˩	pe˩	ʂəuˀ˧	ɚ˩	ʂï˧
羅	ɥe˩	xu˥	tɕʰiəu˩	pe˩	ʂəuˀ˧	ɚ˩	ʂï˩
英	ɥe˩	xu˥	tɕʰiəu˩	pe˩	ʂəuˀ˧	ɚ˩	ʂï˩
浠	ɥe˩	xu˥	tɕʰiou˩	pe˩	ʂou˧	ɚ˩	ʂï˩
梅	yæ˩	xu˥	tɕʰieu˩	pæ˩	seu˩	ə˩	sï˩
濟	ɥe˩	xu˥	tɕʰiu˩	pe˩	seu˩	ɚ˩	sï˥
蘄	ɥaˀ˩	xu˥	tɕʰiəu˩	paˀ˩	ʂəuˀ˧	ɚ˩	ʂï˩
冶	ɥa˩	xu˩	tɕʰiau˩	pa˩	sau˩	zï˩	sï˩
嘉	ɥe˥	xu˩	tɕʰiou˩	pe˥	sou˧	ɔ˩	sï˩
咸	ye˥	fu˩	tɕʰiau˩	pe˥	sau˩	zï˩	sï˩
陽	ye˥	xu˩	tɕʰiau˩	pe˥	sau˧	zï˩	sï˥
通山	pe˥	fu˩	tɕiau˩	peˀ˥	sau˧	zï˩	sï˩
崇	ye˥	fu˩	ʑiau˩	pe˥	səuˀ˧	ɤ˩	sɤ˩
蒲	yeˀ˥	fu˩	dʑʰiou˧	peˀ˥	sou˧	ʔœˀ˥	ʂïˀ˥
通城	yaˀ˥	fu˩	dʑʰiəu˧	peˀ˥	səuˀ˧	y˧	səl˥
監	ye˥	xu˩	tɕʰiou˩	pɤ˩	sou˧	ɤ˩	sï˥
石	ye˥	xu˩	tɕʰiou˩	pɤ˩	sou˧	ɯ˥	sï˥
公	ye˥	fu˩	tɕʰiou˩	pɤ˩	sou˧	ɤ˩	sï˥
松	ye˥	fu˩	tɕʰiou˩	pɤ˩	sou˧	ɯ˩	sï˥
鶴	ye˩	fu˩	tɕʰiou˩	pe˩	ʂou˧	ɚ˩	ʂï˩

本文 地名	之	得	狐	狐	日	子	無
武	tsï˥	tɤ˩	xu˩	xu˩	ye˩	tsï˥˩	u˩
漢口	tsï˥	tɤ˩	xu˩	xu˩	ye˩	tsï˥˩	u˩
漢陽	tsï˥	tɤ˩	xu˩	xu˩	ye˩	tsï˥˩	u˩
漢川	tsï˥	tæ˧˥	xu˧˥	xu˧˥	yæ˧˥	tsï˥˩	u˧˥
沔	tsï˥	tɤ˧˥	xu˧˥	xu˧˥	ye˧˥	tsï˥˩	mu˧˥
天京	tsï˥	tɤ˧˥	xu˩	xu˩	ye˧˥	tsï˥	u˩
荆	tsï˥	tɤ˧˥	xu˧˥	xu˧˥	ye˧˥	tsï˥˩	u˧˥
當江	tʂï˥	tɤ˧˥	xu˩	xu˩	ye˧˥	tʂï˥˩	u˧˥
枝	tʂï˥	te˩	xu˩	xu˩	ye˩	tʂï˥˩	u˩
宜都	tsï˥	tɤ˩	xu˩	xu˩	ye˩	tsï˥˩	u˩
宜昌	tsï˥	tɤ˧˥	xu˧˥	xu˧˥	ie˧˥	tsï˥˩	u˧˥
長興	tsï˥	tɤ˧˥	xu˧˥	xu˧˥	ie˧˥	tsï˥˩	u˧˥
秭	tsï˥	tɤ˧˥	xu˧˥	xu˧˥	ye˧˥	tsï˥	u˧˥
巴	tsï˥	tɤ˧˥	xu˧˥	xu˧˥	ye˧˥	tsï˥˩	u˧˥
恩	tsï˥	tɤ˩	xu˩	xu˩	ye˩	tsï˥	u˩
宣	tʂï˥	tɤ˩	xu˩	xu˩	ye˩	tsï˥	u˩
來	tʂï˥	te˩	xu˩	xu˩	ye˩	tsï˥	u˩
利	tʂï˥	te˩	fu˩	fu˩	ye˩	tsï˥	vu˩

本地名\本文名	之	得	狐	狐	曰	子	無
谿	tʂï˩	te˩	xu˩	xu˩	ɥe˩	tsï˥	u˩
竹山	tʂï˩	te˩	xu˩	xu˩	ɥe˩	tsï˥	u˩
鄖西	tʂï˩	te˩	xu˩	xu˩	ye˩	tsï˥	u˩
鄖	tʂï˥	te˩	xu˩	xu˩	ye˩	tsï˥	u˩
均	tsï˩	te˩	xu˩	xu˩	ye˩	tsï˥	u˩
光	tsï˩	te˩	xu˩	xu˩	ye˩	tsï˥	u˩
房	tsï˩	te˩	xu˩	xu˩	ye˩	tsï˥	u˩
保	tsï˩	te˩	xu˩	xu˩	ye˩	tsï˥	u˩
南	tʂï˩	te˩	xu˩	xu˩	ye˩	tsï˥	u˩
襄	tsï˩	te˩	xu˩	xu˩	ye˩	tsï˥	u˩
鍾	tʂï˩	tə˩	xu˩	xu˩	ye˩	tʂï˩	u˩
棗	tʂï˩	te˩	xu˩	xu˩	ye˩	tsï˥	u˩
隨	tʂï˥	ta˩	xu˩	xu˩	ye˩	tsï˩	vu˩
應山	tʂï˥	te˩	xu˩	xu˩	ɥe˩	tsï˩	u˩
安	tʂï˥	tɛ˩	xu˩	xu˩	ɥɛ˩	tsï˩	u˩
應城	tʂï˥	te˩	xu˥	xu˥	ɥe˩	tsï˩	u˥
雲	tʂï˥	te˩	xu˥	xu˥	ɥe˩	tsï˩	u˥
孝	tʂï˥	tɛ˩	xu˩	xu˩	ɥɛ˩	tsï˩	u˩
禮陵	tʂï˥	te˩	fu˩	fu˩	ɥe˩	tsï˩	u˩
陂	tsï˥	tɛ˩	xu˩	xu˩	ɥɛ˩	tsï˩	u˩
黃安	tʂï˥	te˩	fu˩	fu˩	ɥe˩	tsï˥	u˩

文名 本地名	之	得	狐	狐	曰	子	無
岡	tsï˧	te˥	xu˨	xu˨	ye˥	tsï˨	u˨
鄂	tsï˧	tæ˥	xu˧	xu˧	yæ˥	tsï˨	u˧
麻	tʂï˧	te˥	fu˨	fu˨	ɣe˥	tsï˥	u˨
羅	tʂï˧	te˨	xu˨	xu˨	ɣe˥	tsï˥	u˨
英	tʂï˧	te˨	xu˨	xu˨	ɣe˥	tsï˥	u˨
浠	tʂï˧	te˨	xu˨	xu˨	ɣe˥	tsï˥	u˨
梅	tsï˧	tæ˨	xu˨	xu˨	yæ˨	tsï˥	u˥
濟	tsï˧	te˨	xu˨	xu˨	ɣe˥	tsï˥	u˨
蘄	tʂï˨	taʔ˧	xu˨	xu˨	ɣaʔ˧	tsï˥	u˨
冶	tsï˧	ta˥	xu˨	xu˨	ɣa˥	tsï˨	u˨
嘉	tsï˧	te˥	xu˨	xu˨	ɣe˥	tsï˨	u˨
咸	tsï˧	te˥	fu˨	fu˨	ye˧	tsï˨	u˨
陽	tsï˧	te˥	xu˨	xu˨	ye˥	tsï˨	u˨
通山	tsï˧	te˥	fu˨	fu˨	ye˧	tsï˨	u˨
崇	tsï˧	te˥	fu˨	fu˨	ye˥	tsï˨	u˨
蒲	tʂï˧	teʔ˥	fu˨	fu˨	yeʔ˥	tsï˨	u˨
通城	tsï˨	teʔ˥	fu˧	fu˧	yaʔ˥	tsï˨	u˧
監	tsï˧	tɤ˥	xu˨	xu˨	ye˥	tsï˨	u˨
石	tsï˥	tɤ˥	xu˨	xu˨	ye˥	tsï˨	u˨
公	tsï˥	tɤ˥	fu˨	fu˨	ye˥	tsï˨	vu˨
松	tsï˥	tɤ˥	fu˨	fu˨	ye˥	tsï˨	u˨
鶴	tʂï˥	te˥	fu˨	fu˨	ye˥	tsï˨	vu˨

本文\地名	敢	食	我	也	天	帝	使
武	kanˋ	sïˋ	oˋ	ieˋ	tʰienˉ	tiˊ	sïˋ
漢口	kanˋ	sïˋ	ŋoˋ	ieˋ	tʰienˉ	tiˊ	sïˋ
漢陽	kanˋ	sïˋ	oˋ	ieˋ	tʰienˉ	tiˊ	sïˋ
漢川	kanˋ	sïˊ	oˋ	ieˋ	tʰienˉ	tiˊ	sïˋ
沔	kanˋ	sïˊ	oˋ	ieˋ	tʰienˉ	tiˊ	sïˋ
天	kanˉ	sïˊ	oˉ	ieˉ	tʰienˉ	tiˉ	sïˉ
京	kanˋ	sïˊ	oˋ	ieˋ	tʰienˉ	tiˉ	sïˋ
荆	kanˋ	ʂïˊ	oˋ	ieˋ	tʰienˉ	tiˊ	ʂïˋ
當	kanˋ	ʂïˊ	oˋ	ieˋ	tʰienˉ	tiˊ	ʂïˋ
江	kanˋ	sïˋ	oˋ	ieˋ	tʰinˉ	tiˊ	sïˋ
枝	kanˋ	sïˊ	oˋ	ieˋ	tʰienˉ	tiˊ	sïˋ
宜都	kanˋ	sïˊ	oˋ	ieˋ	tʰienˉ	tiˊ	sïˋ
宜昌	kanˋ	sïˊ	oˋ	ieˋ	tʰienˉ	tiˊ	sïˋ
長	kanˋ	sïˊ	oˋ	ieˋ	tʰienˉ	tiˊ	sïˋ
興	kanˋ	sï⌐	oˋ	ieˋ	tʰienˉ	tiˊ	sïˋ
秭	kanˋ	ʂï⌐	oˋ	ieˋ	tʰienˉ	tiˊ	ʂïˋ
巴	kanˋ	ʂï⌐	oˋ	ieˋ	tʰienˉ	tiˊ	ʂïˋ
恩	kanˋ	ʂï⌐	oˋ	ieˋ	tʰienˉ	tiˊ	ʂïˋ
宣	kanˋ	ʂï⌐	ŋoˋ	ieˋ	tʰienˉ	tiˊ	ʂïˋ
來	kanˋ	sï⌐	oˋ	ieˋ	tʰienˉ	tiˊ	sïˋ
利	kanˋ	sï⌐	oˋ	ieˋ	tʰienˉ	tiˊ	sïˋ

本文 本地名	敢	食	我	也	天	帝	使
谿	kan˥	ʂï˩	ŋo˥	ie˥	tʰian˥	ti˨	sï˥
竹山	kan˧	ʂï˧	ŋo˥	ie˧	tʰian˧	ti˨	sï˧
鄖西	kan˥	ʂï˩	ŋo˥	ie˥	tʰien˧	ti˨	ʂï˥
鄖	kan˩	ʂï˩	uo˩	ie˩	tʰien˧	ti˨	ʂï˩
垻	kan˥	sï˩	o˥	ie˥	tʰien˩	ti˨	sï˥
光	kan˥	sï˩	o˩	ie˥	tʰien˩	ti˨	sï˩
房	kan˩	sï˩	o˩	ie˩	tʰien˩	ti˨	sï˩
保	kan˧	sï˩	o˩	ie˧	tʰien˩	ti˨	sï˩
南	kan˧	ʂï˩	o˩	ie˩	tʰien˩	ti˨	ʂï˩
襄	kan˧	sï˩	uo˩	ie˩	tʰien˩	ti˨	sï˩
鍾	kan˩	ʂï˩	o˩	ie˩	tʰien˩	ti˨	ʂï˩
棗	kan˧	ʂï˩	o˩	ie˧	tʰien˩	ti˨	ʂï˩
隨	kan˩	ʂï˩	ŋo˩	ie˩	tʰien˧	ti˨	ʂï˩
應山	kan˩	ʂï˨	ŋo˩	ie˩	tʰien˧	ti˩	sï˩
安	kan˩	ʂï˩	ŋo˩	ie˧	tʰien˧	ti˩	sï˩
應城	kan˩	sï˨	ŋo˩	ie˩	tʰien˧	ti˩	sï˩
雲	kan˩	ʂï˨	ŋo˩	ie˧	tʰien˧	ti˩	sï˩
孝	kan˩	ʂï˩	ŋo˩	iɛ˩	tʰien˩	ti˩	sï˩
禮	kan˩	ʂï˩	ŋo˩	ie˩	tʰien˩	ti˩	sï˩
陂	kan˩	sï˧	ŋo˩	iɛ˩	tʰien˩	ti˩	sï˩
黃安	kan˧	ʂï˧	ŋo˧	ie˧	tʰien˩	ti˧	sï˧

本地名＼文名	敢	食	我	也	天	帝	使
岡	kanˇ	sï˦	ŋoˇ	ieˇ	tʻien˦	ti˥	sïˇ
鄂	kanˇ	sï˩	ŋoˇ	ieˇ	tʻien˦	ti˥	sïˇ
麻	kan˥	ṣï˦	ŋo˥	ie˥	tʻian˩	ti˥	sï˥
羅	kan˥	ṣï˦	ŋo˥	ie˥	tʻian˩	ti˥	sï˥
英	kan˦	ṣï˦	ŋo˦	ie˦	tʻian˩	ti˥	sï˦
浠	kan˦	ṣï˦	ŋo˦	ie˦	tʻian˩	ti˥	sï˦
梅	kan˦	sï˦	ŋo˦	ie˦	tʻiɛn˩	tiˇ	sï˦
濟	kan˦	sï˩	ŋo˦	ie˦	tʻĩẽ˩	tei˥	sï˦
蘄	kan˦	ṣï˦	ŋo˦	ie˦	tʻian˩	tiˇ	sï˦
冶	keĩˇ	sï˦	ŋoˇ	ieˇ	tʻĩ˩	tai˥	sïˇ
嘉	kanˇ	sï˥	ŋoˇ	ieˇ	tʻien˦	ti˥	sïˇ
咸	kœ̃ˇ	sï˦	ŋoˇ	ieˇ	tʻiẽ˦	teiˇ	sïˇ
陽	kœ̃ˇ	sï˥	ŋoˇ	ieˇ	tʻiẽ˩	teiˇ	sïˇ
通山	kœ̃ˇ	sï˦	ŋoˇ	ieˇ	tʻĩˇ	tai˥	sïˇ
崇	kɤ˥	sɤ˥	ŋoˇ	ieˇ	tʻẽ˦	ti˥	sï˥
蒲	kœnˇ	ṣïʔ˥	ŋoˇ	ieˇ	ɗien˦	ti˥	ṣïˇ
通城	kanˇ	səl˥	ŋoˇ	ieˇ	ɗenˇ	ti˥	sïˇ
監	kanˇ	sï˦	oˇ	ieˇ	tʻien˦	ti˥	sïˇ
石	kanˇ	sï˦	oˇ	ieˇ	tʻien˥	ti˥	sïˇ
公	kanˇ	sï˦	oˇ	ieˇ	tʻien˥	ti˥	sïˇ
松	kanˇ	sï˥	oˇ	ieˇ	tʻien˦	ti˦	sïˇ
鶴	kanˇ	ṣï˦	ŋoˇ	ieˇ	tʻiɛn˥	ti˥	ṣïˇ

本地名＼文名	我	長	百	獸	今	子	食
武	o˩	tsaŋ˩	pɤ˩	sou˥	tɕin˥	tsï˩	sï˩
漢口	ŋo˩	tsaŋ˩	pɤ˩	sou˥	tɕin˥	tsï˩	sï˩
漢陽	o˩	tsaŋ˩	pɤ˩	sou˥	tɕin˥	tsï˩	sï˩
漢川	o˩	tsaŋ˩	pæ˧	səu˥	tɕin˥	tsï˩	sï˧
沔	o˩	tsaŋ˩	po˧	səu˥	tɕin˥	tsï˩	sï˧
天	o˥	tsaŋ˩	pɤ˧	səu˥	tɕin˥	tsï˩	sï˧
京	o˩	tsaŋ˩	pɤ˧	sou˥	tɕin˥	tsï˩	sï˧
荊	o˩	tʂaŋ˩	po˧	ʂou˥	tɕin˥	tʂï˩	ʂï˧
當	o˩	tʂaŋ˩	pɯ˧	ʂəu˥	tɕin˥	tʂï˩	ʂï˧
江	o˩	tsan˩	pɤ˧	səu˥	tɕin˥	tsï˩	sï˧
枝	o˩	tsaŋ˩	pɤ˧	sou˧	tɕin˥	tsï˩	sï˧
宜都	o˩	tsaŋ˩	pɤ˧	səu˥	tɕin˥	tsï˩	sï˧
宜昌	o˩	tsaŋ˩	pɤ˧	səu˥	tɕin˥	tsï˩	sï˧
長	o˩	tsaŋ˩	pɤ˧	sou˥	tɕin˥	tsï˩	sï˧
興	o˩	tsaŋ˩	pɤ˧	sou˥	tɕin˥	tsï˩	sï˧
秭	o˩	tʂaŋ˩	pɤ˧	ʂou˥	tɕin˥	tsï˩	ʂï˧
巴	o˩	tʂaŋ˩	pe˧	ʂou˥	tɕin˥	tsï˩	ʂï˧
恩	o˩	tʂaŋ˩	pe˧	ʂəu˥	tɕin˥	tsï˩	ʂï˧
宣	ŋo˩	tʂaŋ˩	pe˧	ʂou˥	tɕin˥	tsï˩	ʂï˧
來	o˩	tsaŋ˩	pe˧	sou˥	tɕin˥	tsï˩	sï˧
利	o˩	tsaŋ˩	pe˧	səu˥	tɕin˥	tsï˩	sï˧

地名 ＼ 本文	我	長	百	獸	今	子	食
穀_{竹山}	ŋo˦	tʂaŋ˥	pe˩	ʂou˨	tɕin˦	tsï˥	ʂï˩
郾_西	ŋo˦	tʂaŋ˥	pe˦	ʂou˨	tɕin˦	tsï˥	ʂï˦
郾	ŋo˦	tʂaŋ˥	pe˦	ʂou˨	tɕin˦	tsï˥	ʂï˦
均	uon˥	tʂaŋ˨	pe˨	ʂəu˨	tɕin˦	tsï˨	ʂï˨
光	o˥	tʂaŋ˥	pe˨	ʂəu˨	tɕin˦	tsï˥	ʂï˨
房	o˥	tsaŋ˨	pe˨	səu˨	tɕin˦	tsï˨	sï˨
保	o˨	tsaŋ˨	pe˨	sou˨	tɕin˦	tsï˨	sï˨
南	o˥	tʂaŋ˥	pe˨	səu˨	tɕin˦	tsï˥	sï˨
襄_鍾	o˥	tʂaŋ˥	pe˨	ʂou˨	tɕin˦	tsï˥	ʂï˨
棗	uon˥	tsaŋ˥	pe˨	səu˨	tɕin˦	tsï˥	sï˨
隨	o˥	tʂaŋ˨	pə˨	ʂəu˨	tɕin˦	tʂï˨	ʂï˨
應_山	o˥	tʂaŋ˥	pe˨	ʂou˨	tɕin˦	tsï˥	ʂï˨
安	ŋo˨	tʂaŋ˨	pa˨	ʂəu˨	tɕin˦	tsï˨	ʂï˨
應_城	ŋo˨	tʂaŋ˨	pe˦	ʂəu˥	tɕin˦	tsï˨	ʂï˨
雲_孝	ŋo˨	tʂaŋ˨	pɛ˦	ʂəu˥	tɕin˦	tsï˨	ʂï˨
禮_陂	ŋo˨	tsaŋ˨	pe˦	səu˥	tɕin˦	tsï˨	sï˧
黃_安	ŋo˨	tsaŋ˨	pe˦	ʂəu˥	tɕin˦	tsï˨	ʂï˨
孝	ŋo˨	tʂaŋ˨	pɛ˦	ʂəu˨	tɕin˦	tsï˨	ʂï˨
禮	ŋo˨	tʂaŋ˨	pe˨	ʂəu˥	tɕin˦	tsï˨	ʂï˥
陂	ŋo˨	tsaŋ˨	pɛ˦	sou˥	tɕin˦	tsï˨	sï˦
黃安	ŋo˦	tʂaŋ˥	pe˦	ʂəu˥	tɕin˦	tsï˥	sï˦

本地名＼文	我	長	百	獸	今	子	食
岡	ŋoˋ	tsaŋˋ	peˊ	səu˥	tɕin˧	tsïˋ	sïꓸ
鄂	ŋoˋ	tsaŋˋ	pæˋ	seu˥	tɕin˧	tsïˋ	sïˋ
厯	ŋo˥	tʂaŋ˥	pe˧	ʂəu˥	tɕin˨	tsï˥	ʂï˧
羅	ŋo˥	tʂaŋ˥	peˋ	ʂəu˥	tɕin˨	tsï˥	ʂï˧
英	ŋo˧	tʂaŋ˧	peˋ	ʂəu˥	tɕin˨	tsï˧	ʂï˧
浠	ŋo˧	tʂaŋ˧	peˋ	sou˥	tɕin˨	tsï˥	ʂï˧
梜	ŋo˧	tsaŋ˧	pæˋ	seuꓸ	tɕin˨	tsï˧	sïꓸ
濟	ŋo˧	tsaŋ˧	peˋ	seu˥	tɕin˨	tsï˧	ʂïꓸ
蘄	ŋo˧	tʂaŋ˧	paʔꓸ	ʂəuꓸ	tɕinˋ	tsïˋ	ʂï˧
冶	ŋoˋ	tsɔŋˋ	paˋ	sau˥	tɕian˧	tsïˋ	sïꓸ
嘉	ŋoˋ	tsaŋˋ	pe˥	sou˧	tɕin˧	tsïˋ	sï˥
咸	ŋoˋ	tsoŋˋ	pe˥	sauꓵ	tɕiən˧	tsïˋ	sïꓸ
陽	ŋoˋ	tsoŋˋ	pe˥	sau˧	tɕiən˧	tsïˋ	sï˥
通山	ŋoˋ	tsoŋˋ	peʔ˥	sau˥	tɕin˧	tsïˋ	sïꓸ
崇	ŋoˋ	taŋˋ	pe˥	səu˥	tɕin˧	tsïˋ	sɤ˥
蒲	ŋoˋ	tʂoŋˋ	peʔ˥	sou˧	tɕin˧	tsïˋ	ʂïʔ˥
通堰	ŋoˋ	tsoŋˋ	peʔ˥	səu˥	tɕin˧	tsïˋ	səl˥
監	oꓸ	tsaŋˋ	pɤ˧	souꓸ	tɕin˥	tsïˋ	sï˧
石	oꓸ	tsaŋˋ	pɤ˧	souꓸ	tɕin˥	tsïˋ	sï˧
公	oꓸ	tsaŋˋ	pɤ˧	souꓸ	tɕin˧	tsïˋ	sï˧
松	oꓸ	tsaŋˋ	pɤ˥	sou˧	tɕin˧	tsïˋ	sï˥
鶴	ŋoˋ	tʂaŋˋ	peˊ	ʂouꓸ	tɕi˥	tsïˋ	ʂï˧

本地名 / 文名	我	是	逆	天	帝	命	也
武	oˋ	sïˊ	niˋ	t'ienˉ	tiˊ	minˊ	ieˋ
漢口	ŋoˋ	sïˊ	niˋ	t'ienˉ	tiˊ	minˊ	ieˋ
漢陽	oˋ	sïˊ	niˋ	t'ienˉ	tiˊ	minˊ	ieˋ
漢川	oˋ	sïˊ	niˋ	t'ienˉ	tiˊ	minˊ	ieˋ
沔	oˋ	sïˊ	niˋ	t'ienˉ	tiˊ	minˊ	ieˋ
天	oˊ	sïˊ	niˋ	t'ienˉ	tiˊ	minˊ	ieˋ
京	oˋ	sïˊ	iˋ	t'ienˉ	tiˊ	minˊ	ieˋ
荆	oˋ	ṣïˊ	iˋ	t'ienˉ	tiˊ	minˊ	ieˋ
當	oˋ	ṣïˊ	iˋ	t'ienˉ	tiˊ	minˊ	ieˋ
江	oˋ	sïˊ	iˋ	t'inˉ	tiˊ	minˊ	ieˋ
枝	oˋ	sïˊ	iˋ	t'ienˉ	tiˊ	minˊ	ieˋ
宜都	oˋ	sïˊ	iˋ	t'ienˉ	tiˊ	minˊ	ieˋ
宜昌	oˋ	sïˊ	iˋ	t'ienˉ	tiˊ	minˊ	ieˋ
長	oˋ	sïˊ	iˋ	t'ienˉ	tiˊ	minˊ	ieˋ
興	oˋ	sïˊ	niˋ	t'ienˉ	tiˊ	minˊ	ieˋ
秭	oˋ	ṣïˊ	iˋ	t'ienˉ	tiˊ	minˊ	ieˋ
巴	oˋ	ṣïˊ	iˋ	t'ienˉ	tiˊ	minˊ	ieˋ
恩	oˋ	ṣïˊ	niˋ	t'ienˉ	tiˊ	minˊ	ieˋ
宣	ŋoˋ	ṣïˊ	niˋ	t'ienˉ	tiˊ	minˊ	ieˋ
來	oˋ	sïˊ	niˋ	t'ienˉ	tiˊ	minˊ	ieˋ
利	oˋ	sïˊ	niˋ	t'ienˉ	tiˊ	minˊ	ieˋ

本地名＼文地名	我	是	逆	天	帝	命	也
谿	ŋo˥	ʂɿ˩	ȵi˩	tʻian˧	ti˩	min˩	ie˥
竹山	ŋo˥	ʂɿ˧	ȵi˩	tʻian˧	ti˩	min˧	ie˥
郧西	ŋo˥	ʂɿ˩	ȵi˩	tʻien˧	ti˩	min˩	ie˥
郧	uo˩	ʂɿ˩	ȵi˩	tʻien˥	ti˩	min˩	ie˩
均	o˥	ʂɿ˩	i˩	tʻien˧	ti˩	min˩	ie˥
光	o˥	sɿ˩	ȵi˩	tʻien˧	ti˩	min˩	ie˥
房	o˩	sɿ˩	ni˩	tʻien˧	ti˩	min˩	ie˩
保	o˥	sɿ˩	ni˩	tʻien˧	ti˩	min˩	ie˥
南	o˥	ʂɿ˩	ni˩	tʻien˧	ti˩	min˩	ie˥
襄	uo˥	sɿ˩	ni˩	tʻien˧	ti˩	min˩	ie˥
锺	o˩	ʂɿ˩	i˩	tʻien˧	ti˩	min˩	ie˩
枣	o˥	ʂɿ˩	ni˩	tʻien˧	ti˩	min˩	ie˥
随	ŋo˩	ʂɿ˩	ni˩	tʻien˧	ti˩	min˩	ie˩
应山	ŋo˩	ʂɿ˥	i˩	tʻien˧	ti˥	min˥	ie˩
安	ŋo˩	ʂɿ˥	i˩	tʻien˧	ti˥	min˥	ie˩
应城	ŋo˩	sɿ˧	i˩	tʻien˧	ti˧	min˧	ie˩
云	ŋo˩	ʂɿ˧	ni˩	tʻien˧	ti˧	min˧	ie˩
孝	ŋo˩	ʂɿ˧	ni˩	tʻien˧	ti˧	min˧	iɛ˩
礼	ŋo˩	ʂɿ˧	i˩	tʻien˧	ti˧	min˧	ie˩
陂	ŋo˩	sɿ˧	ȵi˩	tʻien˧	ti˧	min˧	iɛ˩
黄安	ŋo˥	ʂɿ˧	ȵi˩	tʻien˧	ti˧	min˧	ie˥

本地名\文	我	是	逆	天	帝	命	也
岡	ŋo˩	sï˧	ȵi˥	tʰien˧	ti˥	min˧	ie˩
鄂	ŋo˩	sï˧	ȵi˩	tʰien˧	ti˥	min˧	ie˩
麻	ŋo˥	ʂï˧	ȵi˩	tʰian˧	ti˥	min˧	ie˥
羅	ŋo˥	ʂï˧	ȵi˩	tʰian˩	ti˥	min˧	ie˥
英	ŋo˥	ʂï˧	ȵi˩	tʰian˩	ti˥	min˧	ie˥
浠	ŋo˥	ʂï˧	ȵi˩	tʰian˩	ti˥	min˧	ie˥
梅	ŋo˥	sï˧	ȵi˩	tʰiɛn˩	ti˥	min˧	ie˥
濟	ŋo˥	sï˩	ȵi˩	tʰiẽ˧	tei	min˩	ie˥
蘄	ŋo˥	ʂï˧	ȵi˩	tʰian˧	ti˥	min˧	ie˥
冶	ŋo˩	sï˧	ȵi˩	tʰĩ˧	tai	min˧	ie˩
嘉	ŋo˩	sï˧	i˥	tʰien˧	ti˥	min˧	ie˩
咸	ŋo˩	sï˧	ȵie˥	tʰiẽ˧	tei	miən˧	ie˩
陽	ŋo˩	sï˧	ȵi˩	tʰiẽ˧	tei	min˧	ie˩
通山	ŋo˩	sï˧	ȵiˀ˥	tʰĩ˥	tai	min˧	ie˩
崇	ŋo˩	sï˧	ȵi˥	tʰẽ˧	ti˥	min˧	ie˩
蒲	ŋo˩	ʂï˧	ȵiˀ˥	ɗien˧	ti˥	min˧	ie˩
通城	ŋo˩	sï˧	ȵiˀ˥	ɗen˧	ti˥	min˧	ie˩
監	o˩	sï˧	ni˧	tʰien˧	ti˥	min˧	ie˩
石	o˩	sï˧	i˥	tʰien˧	ti˥	min˧	ie˩
公	o˩	sï˧	i˥	tʰien˧	ti˥	min˧	ie˩
松	o˩	sï˧	i˥	tʰien˧	ti˥	min˧	ie˩
鶴	ŋo˩	ʂï˧	ni˥	tʰiɛn˥	ti˩	min˧	ie˩

本地名＼本文	子	以	我	爲	不	信	吾
武	tsï↘	i↘	o↘	uei↘	pu↘	çin→	u↘
漢口	tsï↘	i↘	ŋo↘	uei↘	pu↘	çin→	u↘
漢陽	tsï↘	i↘	o↘	uei↘	pu↘	çin→	u↘
漢川	tsï↘	i↘	o↘	uei↘	pu→	çin→	u→
沔	tsï↘	i↘	o↘	uei↘	pu→	çin→	u→
天	tsï→	i→	o→	uei→	pu→	çin→	u→
京	tsï↘	i↘	o↘	uei↘	pu→	çin→	u↘
荊	tṣï↘	i↘	o↘	uei↘	pu↘	çin→	u↘
當	tṣï↘	i↘	o↘	uei↘	pu↘	çin→	u↘
江	tsï↘	i↘	o↘	uei↘	pu↘	çin→	u↘
枝	tsï↘	i↘	o↘	uei↘	pu↘	çin→	u↘
宜都	tsï↘	i↘	o↘	uei↘	pu↘	çin→	u↘
宜昌	tsï↘	i↘	o↘	uei↘	pu↘	çin→	u↘
長	tsï↘	i↘	o↘	uei↘	pu↘	çin→	u↘
興	tsï↘	i↘	o↘	uei↘	pu↘	çin→	u→
秭	tsï↘	i↘	o↘	uei↘	pu↘	çin→	u→
巴	tsï↘	i↘	o↘	uei↘	pu↘	çin→	u→
恩	tsï↗	i↗	o↗	uei→	pu→	çin↗	vu→
宣	tsï↗	i↗	ŋo↗	uei→	pu→	çin↗	vu→
來	tsï↗	i↗	o↗	uei→	pu→	çin↗	u→
利	tsï↗	i↗	o↗	uei→	pu→	çin↗	u→

本文名\地名	子	以	我	爲	不	信	吾
谿	tsï˧	i˧	ŋo˧	uei˩	pu˩	ɕin˩	u˩
竹山	tsï˧	i˧	ŋo˧	uei˩	pu˧	ɕin˩	u˩
鄖西	tsï˧	i˧	ŋo˧	uei˩	pu˩	ɕin˩	u˩
鄖	tsï˩	i˩	uo˩	uei˩	pu˩	ɕin˩	u˩
均	tsï˧	i˧	o˧	uei˩	pu˩	ɕin˩	u˩
光	tsï˧	i˧	o˧	uei˩	pu˩	ɕin˩	u˧
房	tsï˩	i˩	o˩	uei˩	pu˩	ɕin˩	u˩
保	tsï˧	i˧	o˩	uei˩	pu˩	ɕin˩	u˩
南	tsï˧	i˧	o˩	uəi˩	pu˩	ɕin˩	u˩
襄	tsï˧	i˧	uo˩	uei˩	pu˩	ɕin˩	u˩
鍾	tʂï˩	i˩	o˩	uəi˩	pu˩	ɕin˩	u˩
棗	tsï˧	i˧	o˩	uei˩	pu˩	ɕin˩	u˩
隨	tsï˩	i˩	ŋo˩	uei˩	pu˩	ɕin˩	vu˩
應山	tsï˩	i˩	ŋo˩	uei˩	pu˧	ɕin˧	u˩
安	tsï˩	i˩	ŋo˩	uei˩	pu˧	ɕin˧	u˩
應城	tsï˩	i˩	ŋo˩	uei˩	pu˧	ɕin˩	u˩
雲	tsï˩	i˩	ŋo˩	uei˩	pu˧	ɕin˩	u˩
孝	tsï˩	i˩	ŋo˩	uei˩	pu˧	ɕin˩	u˩
禮陂	tsï˩	i˩	ŋo˩	uei˩	pu˩	ɕin˩	u˩
黃安	tsï˧	i˧	ŋo˧	uəi˩	pu˧	ɕin˧	u˩

文名／本地名	子	以	我	爲	不	信	吾
岡	tsï˩	i˩	ŋo˩	uei˩	pu˦	çin˧	u˩
鄂	tsï˩	i˩	ŋo˩	uei˧	pu˩	çin˧	u˧
麻	tsï˥	i˥	ŋo˥	uei˩	pu˥	çin˧	u˩
羅	tsï˥	i˥	ŋo˥	uei˩	pu˩	çin˧	u˩
英	tsï˥	i˥	ŋo˥	uei˩	pu˩	çin˧	u˩
希	tsï˥	i˥	ŋo˥	uəi˩	pu˩	çin˧	u˩
每	tsï˥	i˥	ŋo˥	uei˩	pu˩	çin˦	u˥
濟	tsï˥	i˥	ŋo˥	uei˩	pu˩	çin˧	u˩
蘄	tsï˥	i˥	ŋo˥	uəi˩	pu˩	çin˦	u˩
冶	tsï˩	i˩	ŋo˩	uai˩	pu˩	çin˧	u˩
嘉	tsï˩	i˩	ŋo˩	uei˩	pu˥	çin˦	u˩
咸	tsï˩	i˩	ŋo˩	uei˩	pu˥	çiɒn˩	u˩
陽	tsï˩	i˩	ŋo˩	uei˩	pu˥	sin˦	u˩
通山	tsï˩	i˩	ŋo˩	uai˩	puʔ˥	sin˦	ŋu˩
崇	tsï˩	i˩	ŋo˩	yi˩	pɣ˦	çin˦	u˩
蒲	tsï˩	i˩	ŋo˩	uei˩	puʔ˥	çin˦	u˩
通城	tsï˩	i˩	ŋo˩	ui˧	pəl˥	çin˦	ŋu˧
監	tsï˩	i˩	ŋo˩	uei˩	pu˦	çin˦	u˦
石	tsï˩	i˩	o˩	uei˩	pu˦	çin˦	u˩
公	tsï˩	i˩	o˩	uei˩	pu˦	çin˦	vu˩
松	tsï˩	i˩	o˩	uei˩	pu˥	çin˥	u˩
鶴	tsï˩	i˩	ŋo˩	uei˩	pu˦	çĩ˩	vu˩

本地名 / 文名	為	子	先	行	子	隨	我
武	uei˨	tsï˥	ɕien˥	ɕin˨	tsï˥	suei˨	o˥
漢口	uei˨	tsï˥	ɕien˥	ɕin˨	tsï˥	suei˨	ŋo˥
漢陽	uei˨	tsï˥	ɕien˥	ɕin˨	tsï˥	sei˨	o˥
漢川	uei˨	tsï˥	ɕien˥	ɕin˨	tsï˥	sei˨	o˨
沔	uei˨	tsï˥	ɕien˥	ɕin˨	tsï˥	suei˨	o˨
天	uei˨	tsï˨	ɕien˥	ɕin˨	tsï˥	sei˨	o˨
京	uei˨	tsï˥	ɕien˥	ɕin˨	tsï˥	suei˨	o˨
荆	uei˨	tʂï˥	ɕien˥	ɕin˨	tʂï˥	ʂuei˨	o˥
當	uei˨	tʂï˥	ɕien˥	ɕin˨	tʂï˥	ʂuei˨	o˨
江	uei˨	tsï˨	ɕin˥	ɕin˨	tsï˥	suei˨	o˨
枝	uei˨	tsï˥	ɕien˥	ɕin˨	tsï˥	suei˨	o˥
宜都	uei˨	tsï˥	ɕien˥	ɕin˨	tsï˥	suei˨	o˥
宜昌	uei˨	tsï˥	ɕien˥	ɕin˨	tsï˥	suei˨	o˨
長	uei˨	tsï˥	ɕien˥	ɕin˨	tsï˥	suei˨	o˨
興	uei˩	tsï˥	ɕyen˥	ɕin˩	tsï˥	suei˩	o˥
秭	uei˩	tsï˥	ɕien˥	ɕin˩	tsï˥	suei˩	o˥
巴	uei˩	tsï˥	ɕien˥	ɕin˩	tsï˥	suei˩	o˥
恩	uei˩	tsï˥	ɕien˥	ɕin˩	tsï˥	suei˩	o˥
宣	uei˩	tsï˥	ɕien˥	ɕin˩	tsï˥	sei˩	ŋo˥
來	uei˩	tsï˥	ɕien˥	ɕin˩	tsï˥	ɕyei˩	o˥
利	uei˩	tsï˥	ɕien˥	ɕin˩	tsï˥	suei˩	o˥

本文\地名	爲	子	先	行	子	隨	我
谿	uei˨	tsï˧	ɕian˨	ɕin˨	tsï˧	sei˨	ŋo˧
竹山	uei˨	tsï˧	ɕian˨	ɕin˨	tsï˧	ɕi˨	ŋo˧
鄖西	uei˨	tsï˧	ɕien˨	ɕin˨	tsï˧	sei˨	ŋo˧
鄖	uei˨	tsï˨	ɕien˧	ɕin˨	tsï˨	sei˨	uon˨
均	uei˨	tsï˧	ɕien˨	ɕin˨	tsï˧	sei˨	o˧
光	uei˨	tsï˧	ɕien˨	ɕin˨	tsï˧	sei˨	o˧
房	uei˨	tsï˨	ɕien˨	ɕin˨	tsï˨	sei˨	o˨
保	uei˨	tsï˧	ɕyen˨	ɕin˨	tsï˧	sei˨	o˧
南	uei˨	tsï˧	ɕyen˨	ɕin˨	tsï˧	sei˨	o˧
襄	uei˨	tsï˧	ɕien˨	ɕin˨	tsï˧	sei˨	uon˨
鍾	uəi˨	tʂï˨	ɕien˨	ɕin˨	tʂï˨	ʂuei˨	o˨
棗	uei˨	tsï˧	ɕien˨	ɕin˨	tsï˧	sei˨	o˧
隨	uei˨	tsï˨	ɕien˨	ɕin˨	tsï˨	sei˨	ŋo˨
應山	uei˨	tsï˨	ɕien˨	ɕin˨	tsï˨	ɕi˨	ŋo˨
安	uei˨	tsï˨	ɕien˨	ɕin˨	tsï˨	sei˨	ŋo˨
應城	uei˩	tsï˨	ɕien˨	ɕin˩	tsï˨	sei˩	ŋo˨
雲	uei˩	tsï˨	ɕien˨	ɕin˩	tsï˨	ɕi˩	ŋo˨
孝	uei˨	tsï˨	ɕien˨	ɕin˨	tsï˨	ɕi˨	ŋo˨
禮	uei˨	tsï˨	ɕien˨	ɕin˨	tsï˨	ɕi˨	ŋo˨
陂	uei˨	tsï˨	ɕien˨	ɕin˨	tsï˨	ɕi˨	ŋo˨
黃安	uəi˨	tsï˧	ɕien˨	ɕin˨	tsï˧	ɕi˨	ŋo˧

本文＼地名	為	子	先	行	子	隨	我
岡	uei	tsï	ɕien	ɕin	tsï	ɕi	ŋo
鄂	uei	tsï	ɕien	ɕin	tsï	ɕi	ŋo
麻	uei	tsï	ɕian	ɕin	tsï	ɕi	ŋo
羅	uei	tsï	ɕian	ɕin	tsï	ɕi	ŋo
英	uei	tsï	ɕian	ɕin	tsï	ɕi	ŋo
浠	uəi	tsï	ɕian	ɕin	tsï	ɕi	ŋo
梅	uei	tsï	ɕiɛn	ɕin	tsïɛ	ɕi	ŋo
濟	uei	tsï	ɕiẽ	ɕin	tsï	sei	ŋo
蘄	uəi	tsï	ɕian	ɕin	tsï	ɕi	ŋo
冶	uai	tsï	ɕĩ	ɕian	tsï	sai	ŋo
嘉	uei	tsï	ɕien	ɕin	tsï	ɕi	ŋo
咸	uei	tsï	ɕiẽ	ɕiən	tsï	sei	ŋo
陽	uei	tsï	siẽ	ɕiən	tsï	sei	ŋo
通山	uai	tsï	sĩ	ɕin	tsï	sai	ŋo
崇	yi	tsï	ɕiẽ	ɕin	tsï	ɕi	ŋo
蒲	uei	tsï	ɕien	ɕin	tsï	ɕi	ŋo
通城	ui	tsï	ɕien	ɕin	tsï	ɕi	ŋo
監	uei	tsï	ɕien	ɕin	tsï	sei	o
石	uei	tsï	ɕien	ɕin	tsï	ɕy	o
公	uei	tsï	ɕien	ɕin	tsï	ɕy	o
松	uei	tsï	ɕien	ɕin	tsï	sei	o
鶴	uei	tsï	ɕiɛn	ɕin	tsï	sei	ŋo

本地名＼文	後	觀	百	獸	之	見	我
武	xou˦	kuan˥	pɤ˨	sou˦	tsï˥	tɕien˥	o˨
漢口	xou˦	kuan˥	pɤ˨	sou˦	tsï˥	tɕien˥	ŋo˨
漢陽	xou˦	kuan˥	pɤ˨	sou˦	tsï˥	tɕien˥	o˨
漢川	xəu˦	kuan˥	pæ˨	səu˦	tsï˥	tɕien˥	o˨
沔	xəu˦	kuan˥	po˦	səu˦	tsï˥	tɕien˦	o˨
天	xəu˦	kuan˥	pɤ˨	səu˦	tsï˥	tɕien˦	o˦
京	xou˦	kuan˥	pɤ˨	sou˦	tsï˥	tɕien˦	o˨
荊	xou˦	kuan˥	po˦	ʂou˦	tʂï˥	tɕien˥	o˨
當	xəu˦	kuan˥	pɯ˨	ʂəu˦	tʂï˥	tɕien˥	o˨
江	xəu˦	kuan˥	pɤ˨	ʂəu˦	tsï˥	tɕien˥	o˨
枝	xou˦	kuan˥	pɤ˨	sou˦	tsï˥	tɕien˥	o˨
宜都	xəu˦	kuan˥	pɤ˨	səu˦	tsï˥	tɕien˥	o˨
宜昌	xəu˦	kuan˥	pɤ˨	səu˦	tsï˥	tɕien˥	o˨
長	xou˦	kuan˥	pɤ˦	sou˦	tsï˥	tɕien˥	o˨
興	xou˦	kuan˥	pɤ˩	sou˦	tsï˥	tɕien˥	o˨
秭	xou˦	kuan˥	pɤ˩	ʂou˦	tʂï˥	tɕien˥	o˨
巴	xou˦	kuan˥	pe˧	ʂou˦	tʂï˥	tɕien˥	o˨
恩	xəu˦	kuan˥	pe˧	ʂəu˦	tʂï˥	tɕien˥	o˨
宣	xou˦	kuan˥	pe˧	ʂou˦	tʂï˥	tɕien˥	ŋo˨
來	xou˦	kuan˥	pe˧	sou˦	tsï˥	tɕien˥	o˨
利	xəu˦	kuan˥	pe˧	səu˦	tsï˥	tɕien˦	o˨

本地名／文名	後	觀	百	獸	之	見	我
谿	xou˩	kuan˥	pe˩	sou˩	tʂï˩	tɕian˩	ŋo˩
竹山	xou˧	kuan˧	pe˧	ʂou˩	tʂï˧	tɕian˩	ŋo˧
鄖西	xou˧	kuan˧	pe˧	ʂou˩	tʂï˥	tɕien˩	ŋo˥
鄖	xəu˩	kuan˥	pe˩	ʂəu˩	tʂï˥	tɕien˩	uo˩
均	xəu˩	kuan˧	pe˩	ʂəu˩	tʂï˩	tɕien˩	o˥
光	xəu˩	kuan˥	pe˩	səu˩	tsï˩	tɕien˩	o˥
房	xou˩	kuan˧	pe˩	sou˩	tsï˩	tɕien˩	o˩
保	xəu˩	kuan˧	pe˩	səu˩	tsï˩	tɕien˩	o˩
南	xou˩	kuan˧	pe˩	sou˩	tsï˩	tɕien˩	o˩
襄	xəu˩	kuan˧	pe˩	səu˩	tsï˩	tɕien˩	uon
鍾	xəu˩	kuan˧	pə˩	ʂəu˩	tʂï˩	tɕien˩	o˩
棗	xou˩	kuan˧	pe˩	ʂou˩	tʂï˩	tɕien˩	o˩
隨	xəu˩	kuan˧	pa˩	ʂəu˩	tʂï˧	tɕien˩	ŋu˥
應山	xəu˥	kuan˧	pɛ˥	ʂəu˥	tʂï˧	tɕien˥	ŋo˥
安	xəu˥	kuan˧	pɛ˥	ʂəu˥	tʂï˧	tɕien˥	ŋo˥
應城	xəu˥	kuan˧	pe˥	səu˥	tsï˧	tɕien˥	ŋo˥
雲	xəu˧	kuan˧	pe˥	ʂəu˥	tʂï˩	tɕien˥	ŋo˥
孝	xəu˧	kuan˧	pɛ˥	ʂəu˥	tʂï˩	tɕien˥	ŋo˥
禮	xəu˥	kuan˧	pe˩	ʂəu˥	tʂï˧	tɕien˥	ŋo˥
陂	xou˧	kuan˧	pɛ˥	sou˥	tsï˧	tɕien˥	ŋo˩
黃安	xəu˧	kuan˩	pe˧	ʂəu˥	tʂï˧	tɕien˧	ŋo˧

本地名 文	後	觀	百	獸	之	見	我
岡	xəu┤	kuan┤	pe┐	səu┤	tsï┤	tɕien┤	ŋo┘
鄂	xeu┤	kuan┤	pæ┐	səu┤	tsï┤	tɕien┤	ŋo┘
麻	xəu┤	kuan┘	pe┐	ʂəu┤	tʂï┘	tɕian┤	ŋo┐
羅	xəu┤	kuan┘	pe┘	ʂəu┤	tʂï┘	tɕian┤	ŋo┐
英	xəu┤	kuan┘	pe┘	ʂəu┤	tʂï┘	tɕian┤	ŋo┐
浠	xou┤	kuan┘	pe┘	ʂou┤	tʂï┘	tɕian┤	ŋo┐
梅	xeu┘	kuan┘	pæ┘	seu┤	tsï┘	tɕiɛn┘	ŋo┐
濟	xeu┘	kuɛ̃┤	pe┐	seu┤	tsï┤	tɕiɛ̃┐	ŋo┐
蘄	xəu┤	kuan┘	paʔ┘	ʂəu┤	tʂï┘	tɕian┘	ŋo┐
冶	xe┤	kueĩ┤	pa┤	sau┤	tsï┤	tɕieĩ┤	ŋo┘
嘉	xeu┤	kuen┤	pe┐	sou┤	tsï┤	tɕien┤	ŋo┘
或	xeø┤	kuɛ̃┤	pe┐	sau┘	tsï┤	tɕiɛ̃┘	ŋo┘
陽	xø┤	kuɛ̃┤	pe┐	sau┤	tsï┤	tɕiɛ̃┤	ŋo┘
通山	xeu┤	kuɛ̃┘	peʔ┐	sau┤	tsï┤	tɕiɛ̃┤	ŋo┘
崇	çio┤	kuɣ┤	pe┐	səu┤	tsï┤	tɕiɛ̃┤	ŋo┘
浦	hou┤	kuœn┤	peʔ┐	sou┤	tsï┤	tɕien┤	ŋo┘
通城	hiau┤	kuon┘	peʔ┐	səu┤	tsï┘	tɕien┤	ŋo┘
監	xou┤	kuœn┤	pɣ┐	sou┤	tsï┤	tɕien┤	o┘
石	xou┤	kuan┐	pɣ┐	sou┤	tsï┐	tɕien┤	o┘
公	xou┤	kuan┐	pɣ┐	sou┤	tsï┐	tɕien┤	o┘
松	xou┤	kuan┤	pɣ┐	sou┤	tsï┐	tɕien┤	o┘
鶴	xou┤	kuan┐	pe┤	ʂou┘	tʂï┐	tɕiɛn┘	ŋo┘

地名＼本文名	而	敢	不	走	乎	虎	以
武	ɣ↘	kan↘	pu↘	tsou↘	xu↗	xu↘	i↘
漢口	ɣ↘	kan↘	pu↘	tsou↘	xu↘	xu↘	i↘
漢陽	ɣ↘	kan↘	pu↘	tsou↘	xu↘	xu↘	i↘
漢川	ɯ↗	kan↘	pu↗	tsəu↘	xu↗	xu↘	i↗
沔	ɣ↗	kan↘	pu↗	tsəu↘	xu↗	xu↘	i↗
天	ɣ↘	kan→	pu↗	tsəu↘	xu↗	xu→	i→
京	ɚ↗	kan↘	pu↗	tsou↘	xu↗	xu↘	i↗
荆	ɯ↗	kan↘	pu↗	tʂou↘	xu↗	xu↘	i↗
當	ɯ↘	kan↘	pu↘	tʂəu↘	xu↗	xu↘	i↗
江	ɯ↘	kan↘	pu↘	tsəu↘	xu↗	xu↘	i↗
枝	ɣ↗	kan↘	pu↘	tsou↘	xu↗	xu↘	i↗
宜都	ɚ↗	kan↘	pu↗	tsou↘	xu↗	xu↘	i↗
宜昌	ɚ↗	kan↘	pu↗	tsəu↘	xu↗	xu↘	i↗
長	ɚ↗	kan↘	pu↗	tsou↘	xu↗	xu↘	i↗
興	ɚ⌐	kan↘	pu⌐	tsou↘	xu↗	xu↘	i↗
秭	ɚ⌐	kan↘	pu⌐	tsou↘	xu↗	xu↘	i↗
巴	ɚ⌐	kan↘	pu⌐	tsou↘	xu↗	xu↘	i↗
恩	ɚ⌐	kan↘	pu⌐	tsəu↘	fu↗	fu↘	i↗
宣	ɚ⌐	kan↘	pu⌐	tsou↘	fu↗	fu↘	i↗
來	ɚ⌐	kan↘	pu⌐	tsou↘	fu↗	fu↘	i↗
利	ɚ⌐	kan↘	pu⌐	tsəu↘	fu↗	fu↘	i↗

地名（本地名／文名）	而	敢	不	走	乎	虎	以
谿	ɚ˧	kan˥	pu˧	tsou˥	xu˧	xu˥	i˥
竹山	ɚ˧	kan˥	pu˥	tsou˥	xu˧	xu˥	i˥
鄖西	ɚ˧	kan˥	pu˧	tsou˥	xu˧	xu˥	i˥
鄖	ɚ˧	kan˥	pu˧	tsəu˧	xu˥	xu˧	i˧
均	ɚ˧	kan˥	pu˧	tsəu˥	xu˥	xu˥	i˥
光	ɚ˥	kan˥	pu˧	tsəu˥	xu˥	xu˥	i˥
房	ɚ˧	kan˧	pu˧	tsou˧	xu˥	xu˧	i˧
保	ɚ˧	kan˧	pu˧	tsəu˥	xu˥	xu˥	i˥
南	ɚ˧	kan˧	pu˧	tsou˥	xu˥	xu˥	i˥
襄	ɚ˥	kan˧	pu˧	tsəu˥	xu˥	xu˥	i˥
鍾	ɚ˧	kan˧	pu˧	tʂəu˧	xu˥	xu˧	i˧
棗	ɚ˧	kan˧	pu˧	tsou˥	xu˥	xu˥	i˥
隨	ɚ˧	kan˧	pu˧	tsəu˧	xu˥	xu˧	i˧
應山	ɚ˧	kan˧	pu˥	tsəu˧	xu˥	xu˧	i˧
安	ɚ˧	kan˧	pu˥	tsəu˧	xu˥	xu˥	i˧
應城	ɔ˥	kan˧	pu˥	tsəu˧	xu˥	xu˧	i˧
雲	ɔ˥	kan˧	pu˥	tsəu˧	xu˥	xu˧	i˧
孝	ɚ˧	kan˧	pu˥	tsəu˧	xu˧	xu˧	i˧
禮	ɚ˧	kan˧	pu˥	tsəu˧	fu˧	fu˧	i˧
陂	ə˧	kan˧	pu˥	tsou˧	xu˧	xu˧	i˧
黃安	ɚ˧	kan˥	pu˥	tsəu˥	fu˧	fu˥	i˥

本地名＼文	而	敢	不	走	乎	虎	以
岡	ɔ˅	kan˅	pu˥	tsəu˅	xu˅	xu˅	i˅
鄂	ɯ˥	kan˅	pu˥	tseu˅	xu˥	xu˅	i˅
麻	ɚ˅	kan˥	pu˥	tsəu˥	fu˅	fu˥	i˥
羅	ɚ˅	kan˥	pu˅	tsəu˥	xu˅	xu˥	i˥
英	ɚ˅	kan˥	pu˅	tsəu˥	xu˅	xu˥	i˥
浠	ɚ˅	kan˥	pu˅	tsou˅	xu˅	xu˥	i˥
梅	ɚ˅	kan˥	pu˅	tseu˅	xu˅	xu˥	i˥
濟	ɚ˅	kan˥	pu˥	tseu˅	xu˅	xu˥	i˥
蘄	ɚ˅	kan˥	pu˅	tsəu˅	xu˅	xu˥	i˥
冶	zï˅	keĩ˅	pu˥	tse˅	xu˥	xu˅	i˅
嘉	ɔ˅	kan˅	pu˥	tseu˅	xu˅	xu˅	i˅
咸	zï˅	kõe˅	pu˥	tseø˅	fu˅	fu˅	i˅
陽	zï˅	kõe˅	pu˥	tsø˅	xu˅	xu˅	i˅
通山	zï˅	kõe˅	puʔ˥	tseu˅	fu˅	fu˅	i˅
崇	ɤ˅	kɤˇ	pɤ˥	tio˅	fu˅	fu˅	i˅
蒲	ʔœʔ˥	kœn˅	puʔ˥	tsou˅	fu˅	fu˅	i˅
通城	y˧	kon˅	pəl˥	tɕiau˅	fu˧	fu˅	i˅
監	ɤ˅	kan˅	pu˥	tsou˅	xu˅	xu˅	i˅
石	ɯ˧	kan˅	pu˥	tsou˅	xu˥	xu˅	i˅
公	ɤ˧	kan˅	pu˅	tsou˅	fu˧	fu˅	i˅
松	ɯ˧	kan˅	pu˥	tsou˅	fu˧	fu˅	i˅
鶴	ɚ˅	kan˅	pu˥	tsou˅	fu˅	fu˅	i˅

本地名＼文名	爲	然	故	遂	與	之	行
武	uei˩	nan˩	ku˥	çy˥	y˥	tsï˥	çin˩
漢口	uei˩	nan˩	ku˥	çi˥	y˩	tsï˥	çin˩
漢陽	uei˩	nan˩	ku˥	çi˥	y˩	tsï˥	çin˩
漢川	uei˩	z̩an˩	ku˥	çi˥	y˩	tsï˥	çin˩
沔	uei˩	an˩	ku˧	çy˧	y˩	tsï˥	çin˩
天	uei˩	an˩	ku˧	çy˧	y˩	tsï˥	çin˩
京	uei˩	z̩an˩	ku˧	çy˧	y˩	tsï˥	çin˩
荆	uei˩	an˩	ku˥	çy˩	y˩	tʂï˥	çin˩
當	uei˩	an˩	ku˩	çy˩	y˩	tʂï˥	çin˩
江	uei˩	nan˩	ku˧	tçʻy˥	y˩	tsï˥	çin˩
枝	uei˩	an˩	ku˩	çi˩	i˩	tsï˥	çin˩
宜都	uei˩	z̩an˩	ku˩	çi˩	i˩	tsï˥	çin˩
宜昌	uei˩	z̩uan˩	ku˩	çy˩	y˩	tsï˥	çin˩
長	uei˩	an˩	ku˩	çy˩	y˩	tsï˥	çin˩
興	uei˩	z̩an˩	ku˩	çy˩	y˩	tsï˥	çin˩
秭	uei˩	z̩an˩	ku˩	çy˩	y˩	tʂï˥	çin˩
巴	uei˩	z̩an˩	ku˩	çy˩	y˩	tʂï˥	çin˩
恩	uei˩	z̩an˩	ku˩	çy˩	y˩	tʂï˥	çin˩
宣	uei˩	z̩an˩	ku˩	çy˩	y˩	tʂï˥	çin˩
來	uei˩	zan˩	ku˩	çy˩	y˩	tsï˥	çin˩
利	uei˩	zan˩	ku˩	çy˩	y˩	tsï˥	çin˩

本地名 ＼文	爲	然	故	遂	與	之	行
谿	uei˩	z̧an˩	ku˩	sei˩	ʮ˥	tʂï˥	çin˩
竹山	uei˩	ɣ̧an˩	ku˩	çi˧	ʮ˧	tʂï˥	çin˩
郧西	uei˩	z̧an˩	ku˩	sei˩	y˩	tʂï˥	çin˩
郧	uei˩	z̧an˩	ku˩	sei˩	y˩	tʂï˥	çin˩
均	uei˩	z̧an˩	ku˩	sei˩	y˥	tʂï˥	çin˩
光	uei˩	zan˥	ku˩	sei˩	y˥	tsï˩	çin˩
房	uei˩	zan˩	ku˩	sei˩	y˩	tsï˩	çin˩
保	uei˩	zan˩	ku˩	sei˩	y˥	tsï˩	çin˩
南	uei˩	z̧an˩	ku˩	sei˩	y˩	tsï˩	çin˩
襄	uei˩	z̧an˩	ku˩	sei˩	y˩	tsï˩	çin˩
锺	uəi˩	z̧uan˩	ku˩	çy˩	y˩	tʂï˧	çin˩
枣	uei˩	z̧uan˩	ku˩	sei˧	y˩	tʂï˩	çin˩
随	uei˩	z̧uan˩	ku˩	tçy˩	y˩	tʂï˧	çin˩
应山	uei˩	ɣ̧an˩	ku˧	çi˥	ʮ˩	tʂï˧	çin˩
安	uei˩	ɣ̧an˩	ku˧	çi˥	ʮ˩	tʂï˧	çin˩
应城	uei˥	ɣ̧an˥	ku˧	（？）	ʮ˩	tʂï˧	çin˥
云	uei˥	ɣ̧an˥	ku˧	çi˧	ʮ˩	tʂï˧	çin˥
孝	uei˩	ɣ̧an˩	ku˧	çi˧	ʮ˩	tʂï˧	çin˩
礼	uei˩	ɣ̧an˩	ku˧	çi˥	ʮ˩	tʂï˧	çin˩
陂	uei˩	ɣ̧an˩	ku˧	çi˧	ʮ˩	tsï˩	çin˩
黄安	uəi˩	ɣ̧an˩	ku˧	çi˩	ʮ˧	tʂï˩	ʂin˩

本地名 \ 文	爲	然	故	遂	與	之	行
岡	uei˩	ɣan˩	ku˥	çi˦	y˩	tsï˦	çin˩
鄂	uei˩	ɣan˩	ku˥	çi˦	y˩	tsï˧	çin˩
麻	uei˩	ɣan˩	ku˥	çi˦	ʮ˥	tʂï˥	çin˩
羅	uei˩	ɣan˩	ku˥	çi˦	ʮ˥	tʂï˥	çin˩
英	uei˩	ɣan˩	ku˥	çi˦	ʮ˩	tʂï˥	çin˩
浠	uəi˩	ɣan˩	ku˥	çi˦	ʮ˩	tʂï˥	çin˩
梅	uei˩	yɛn˩	ku˧	çi˦	y˩	tsï˥	çin˩
濟	uei˩	iẽ˩	ku˥	sei˩	ʮ˥	tsï˥	çin˩
蕲	uəi˩	ɣan˩	ku˧	çi˦	ʮ˥	tʂï˥	çin˩
冶	uai˩	zeĩ˩	ku˧	sai˦	ʮ˩	tsï˥	çian˩
嘉	uei˩	zɘn˩	ku˧	çi˦	ʮ˩	tsï˥	çin˩
咸	uei˩	zẽ˩	ku˩	sei˦	y˩	tsï˦	çiən˩
陽	uei˩	zẽ˩	ku˩	sei˦	y˩	tsï˦	çiən˩
通山	uai˩	zẽ˩	ku˧	sai˦	y˩	tsï˧	çin˩
崇	yi˩	tʻɤ˩	ku˥	çi˦	yi˩	tsï˦	çin˩
淯	uei˧	yœn˧	ku˧	çi˦	y˩	tʂï˦	çin˧
通城	ui˩	yen˦	ku˧	çi˦	y˩	tsï˧	çin˧
監	uei˩	zœn˩	ku˧	sei˦	y˩	tsï˦	çin˩
石	uei˧	nan˧	ku˧	çy˦	y˩	tsï˥	çin˧
公	uei˧	an˧	ku˧	çy˦	y˩	tsï˥	çin˧
松	uei˧	an˧	ku˧	çy˦	y˩	tsï˦	çin˧
鶴	uei˩	ʐan˩	ku˩	çy˦	y˩	tʂï˥	çĩ˩

本地名＼文	歇	見	之	皆	走	虎	不
武	sou˥	tɕien˥	tsï˥	kai˥	tsou˥˩	xu˥˩	pu˥˩
漢口	sou˥	tɕien˥	tsï˥	kai˥	tsou˥˩	xu˥˩	pu˥˩
漢陽	sou˥	tɕien˥	tsï˥	kai˥	tsou˥˩	xu˥˩	pu˥˩
漢川	səu˧	tɕien˧	tsï˥	kai˥	tsəu˥˩	xu˥˩	pu˧
沔	səu˧	tɕien˧	tsï˥	kai˥	tsəu˥˩	xu˥˩	pu˧
天	səu˧	tɕien˧	tsï˥	kai˥	tsəu˧	xu˧	pu˧
京	sou˥	tɕien˧	tsï˥	kai˥	tsou˥˩	xu˥˩	pu˧
荆	ʂou˥	tɕien˥	tʂï˥	kai˥	tʂou˥˩	xu˥˩	pu˧
當	ʂəu˥	tɕien˥	tʂï˥	kai˥	tʂəu˥˩	xu˥˩	pu˧
江	səu˧	tɕin˧	tsï˥	kai˥	tsəu˥˩	xu˥˩	pu˧
枝	sou˧	tɕien˧	tsï˥	kai˥	tsou˥˩	xu˥˩	pu˧
宜都	səu˥	tɕien˧	tsï˥	kai˥	tsəu˥˩	xu˥˩	pu˧
宜昌	səu˧	tɕien˧	tsï˥	kai˥	tsəu˥˩	xu˥˩	pu˧
長	sou˥	tɕien˥	tsï˥	kai˥	tsou˥˩	xu˥˩	pu˧
興	sou˥	tɕien˥	tsï˥	kai˥	tsou˥˩	xu˥˩	pu˧
秭	ʂou˥	tɕien˥	tʂï˥	kai˥	tsou˥˩	xu˥˩	pu˧
巴	ʂou˥	tɕien˥	tʂï˥	kai˥	tsou˥˩	xu˥˩	pu˧
恩	ʂəu˥	tɕien˥	tʂï˥	kai˥	tsəu˥˩	fu˥˩	pu˧
宣	ʂou˥	tɕien˥	tʂï˥	kai˥	tsou˥˩	fu˥˩	pu˧
來	sou˥	tɕien˥	tsï˥	kai˥	tsou˥˩	fu˥˩	pu˧
利	səu˥	tɕien˥	tsï˥	kai˥	tsəu˥˩	fu˥˩	pu˧

地名＼本文名	獸	見	之	皆	走	虎	不
谿	ʂouˋ	tɕianˋ	tʂïˊ	kaiˊ	tsouˉ	xuˊ	puˋ
竹山	ʂouˋ	tɕianˋ	tʂïˊ	kaiˊ	tsouˉ	xuˉ	puˊ
鄖西	ʂəuˋ	tɕienˋ	tʂïˊ	kaiˊ	tsouˉ	xuˉ	puˇ
鄖	ʂəuˋ	tɕienˋ	tʂïˉ	kaiˉ	tsəuˇ	xuˊ	puˇ
均	ʂəuˋ	tɕienˋ	tʂïˊ	kaiˊ	tsəuˉ	xuˊ	puˇ
光	səuˋ	tɕienˋ	tsïˊ	kaiˊ	tsəuˉ	xuˊ	puˇ
房	souˋ	tɕienˋ	tsïˊ	kaiˊ	tsouˇ	xuˇ	puˋ
保	səuˋ	tɕienˋ	tsïˊ	kaiˊ	tsəuˉ	xuˊ	puˋ
南	souˋ	tɕienˋ	tʂïˊ	kaiˊ	tsouˉ	xuˇ	puˋ
襄	səuˋ	tɕienˋ	tsïˊ	kaiˊ	tsəuˉ	xuˉ	puˋ
鍾	ʂəuˋ	tɕienˋ	tʂïˊ	kaiˊ	tʂəuˇ	xuˇ	puˋ
棗	souˋ	tɕienˋ	tʂïˊ	tɕiaiˊ	tsouˉ	xuˉ	puˇ
隨	ʂəuˋ	tɕienˋ	tʂïˉ	tɕiaiˉ	tsəuˇ	xuˇ	puˋ
應山	ʂəuˊ	tɕienˊ	tʂïˊ	kaiˉ	tsəuˇ	xuˇ	puˊ
安	ʂəuˊ	tɕienˊ	tʂïˊ	tɕiaiˉ	tsəuˇ	xuˇ	puˊ
應城	souˊ	tɕienˊ	tsïˉ	kaiˉ	tsəuˇ	xuˇ	puˊ
雲	ʂəuˋ	tɕienˊ	tʂïˉ	kaiˉ	tsəuˇ	xuˇ	puˊ
孝	ʂəuˋ	tɕienˊ	tʂïˉ	kaiˉ	tsəuˇ	xuˇ	puˊ
禮	ʂəuˊ	tɕienˊ	tʂïˉ	kaiˉ	tsəuˇ	fuˋ	puˊ
陂	souˊ	tɕienˊ	tsïˉ	kaiˉ	tsouˇ	xuˇ	puˊ
黃安	ʂəuˊ	tɕienˊ	tʂïˉ	kaiˉ	tsəuˉ	fuˉ	puˊ

本地名＼本文	獸	見	之	皆	走	虎	不
岡	səu˥	tɕien˥	tsï˧	kai˧	tsəu˩	xu˩	pu˥
鄂	səu˥	tɕien˥	tsï˧	kai˧	tseu˩	xu˩	pu˥
麻	ʂəu˥	tɕian˥	tʂï˩	kai˩	tsəu˥	fu˥	pu˧
羅	ʂəu˥	tɕian˥	tʂï˩	kai˩	tsəu˥	xu˥	pu˩
英	ʂəu˥	tɕian˥	tʂï˩	kai˩	tsəu˥	xu˥	pu˩
浠	ʂou˥	tɕian˥	tʂï˩	kai˩	tsou˥	xu˥	pu˩
梅	seu˩	tɕiɛn˥	tsï˩	kai˩	tseu˥	xu˥	pu˩
濟	seu˥	tɕiẽ˥	tsï˩	kai˩	tseu˥	xu˥	pu˩
蘄	ʂeu˩	tɕian˥	tʂï˩	kai˩	tsəu˥	xu˥	pu˩
冶	sau˥	tɕieĩ˥	tsï˩	ka˧	tse˩	xu˩	pu˩
嘉	sou˩	tɕien˥	tsï˩	kai˧	tseu˩	xu˩	pu˥
咸	sau˩	tɕiẽ˩	tsï˩	kai˧	tseø˩	fu˩	pu˥
陽	sau˩	tɕiẽ˥	tsï˩	tɕiæ˧	tsø˩	xu˩	pu˥
通山	sau˥	tɕiẽ˥	tsï˧	tɕia˩	tseu˩	fu˩	pu?˥
崇	səu˥	tɕiẽ˥	tsï˧	kæ˧	tiɔ˩	fu˩	pɤ˩
蒲	sou˩	tɕien˩	tʂï˥	kai˧	tsou˩	fu˩	pu?˥
通城	səu˩	tɕien˩	tsï˥	kai˩	tɕiau˩	fu˩	pəl˥
監	sou˩	tɕien˩	tsï˧	kai˧	tsou˩	xu˩	pu˥
石	sou˩	tɕien˩	tsï˥	kai˧	tsou˩	xu˩	pu˥
公	sou˩	tɕien˥	tsï˥	kai˥	tsou˩	fu˩	pu˥
松	sou˥	tɕien˩	tsï˧	kai˥	tsou˩	fu˩	pu˥
鶴	ʂou˩	tɕiɛn˩	tʂï˥	kai˥	tsou˩	fu˩	pu˥

本文名 / 本地名	知	獸	畏	己	而	走	也
武漢	tsï˥	sou˥	uei˥	tɕi˩	ɣ˧	tsou˩	ie˩
漢口	tsï˥	sou˥	uei˥	tɕi˩	ɣ˧	tsou˩	ie˩
漢陽	tsï˥	sou˥	uei˥	tɕi˩	ɣ˧	tsou˩	ie˩
漢川	tsï˥	səu˧	uei˧	tɕi˩	ɯ˧	tsəu˩	ie˩
沔	tsï˥	səu˧	uei˧	tɕi˩	ɣ˧	tsəu˧	ie˩
天	tsï˥	səu˧	uei˧	tɕi˩	ɣ˧	tsəu˧	ie˩
京	tsï˥	sou˧	uei˧	tɕi˩	ɚ˧	tsou˩	ie˩
荊	tʂï˥	ʂou˥	uei˥	tɕi˩	ɯ˧	tʂou˩	ie˩
當	tʂï˥	ʂəu˩	uei˥	tɕi˩	ɯ˧	tʂəu˩	ie˩
江	tsï˥	səu˧	uei˧	tɕi˩	ɯ˧	tsəu˩	ie˩
枝	tsï˥	sou˩	uei˩	tɕi˩	ɣ˩	tsou˩	ie˩
宜都	tsï˥	səu˥	uei˥	tɕi˩	ɚ˧	tsəu˩	ie˩
宜昌	tsï˥	səu˩	uei˥	tɕi˩	ɚ˧	tsəu˩	ie˩
長	tsï˥	sou˥	uei˥	tɕi˩	ɚ˧	tsou˩	ie˩
興	tsï˥	sou˥	uei˥	tɕi˩	ɚ˥	tsou˩	ie˩
秭	tʂï˥	ʂou˥	uei˥	tɕi˩	ɚ˥	tsou˩	ie˩
巴	tʂï˥	ʂou˥	uei˥	tɕi˩	ɚ˥	tsou˩	ie˩
恩	tʂï˥	ʂəu˩	uei˥	tɕi˩	ɚ˧	tsəu˩	ie˩
宣	tʂï˥	ʂou˩	uei˥	tɕi˩	ɚ˥	tsou˩	ie˩
來	tsï˥	sou˩	uei˥	tɕi˩	ɚ˥	tsou˩	ie˩
利	tsï˥	səu˩	uei˥	tɕi˩	ɚ˥	tsəu˩	ie˩

本文 地名	知	獸	畏	己	而	走	也
谿	tʂï˧	ʂou˩	uei˩	tɕi˧	ɚ˥	tsou˧	ie˧
竹山	tʂï˧	ʂou˩	uei˩	tɕi˧	ɚ˥	tsou˧	ie˧
鄖西	tʂï˧	ʂou˩	uei˩	tɕi˧	ɚ˥	tsou˧	ie˧
鄖	tʂï˧	ʂəu˩	uei˧	tɕi˥	ɚ˥	tsəu˥	ie˥
均	tʂï˧	ʂəu˩	uei˩	tɕi˧	ɚ˥	tsəu˧	ie˧
光	tsï˧	sou˩	uei˩	tɕi˥	ɚ˥	tsou˧	ie˥
房	tsï˧	sou˧	uei˩	tɕi˥	ɚ˥	tsou˧	ie˥
保	tsï˧	səu˩	uei˩	tɕi˥	ɚ˥	tsou˧	ie˥
南	tʂï˧	ʂou˩	uei˩	tɕi˧	ɚ˥	tsəu˧	ie˧
襄	tʂï˧	səu˩	uei˧	tɕi˥	ɚ˧	tʂəu˥	ie˥
鍾	tʂï˧	ʂəu˩	uəi˩	tɕi˧	ɚ˥	tsou˧	ie˧
棗	tʂï˧	ʂou˩	uei˩	tɕi˧	ɚ˥	tsou˧	ie˧
隨	tʂï˧	ʂəu˩	uei˩	tɕi˥	ɚ˥	tsəu˥	ie˥
應山	tʂï˧	ʂəu˧	uei˧	tɕi˥	ɚ˥	tsəu˧	ie˥
安	tʂï˧	ʂəu˧	uei˧	tɕi˥	ɚ˥	tsəu˧	ie˥
應城	tsï˧	səu˧	uei˩	tɕi˥	ɚ˧	tsəu˥	ie˥
雲	tʂï˧	ʂəu˧	uei˩	tɕi˥	ɔ˧	tsəu˥	ie˥
孝	tʂï˧	ʂəu˧	uei˩	tɕi˥	ɚ˥	tsəu˥	ie˥
禮陂	tʂï˧	ʂəu˧	uei˩	tɕi˥	ɚ˥	tsəu˥	ie˥
黃安	tsï˧	sou˧	uei˧	tɕi˧	ɚ˥	tsou˧	ie˥
黃安	tʂï˧	ʂəu˧	uəi˧	tɕi˧	ɚ˥	tsəu˧	ie˧

本文\地名	知	獸	畏	己	而	走	也
崗	tsï˦	səu˥	uei˥	tɕi˦	ɔ˥	tsou˨	ie˨
鄂	tsï˨	seu˥	uei˥	tɕi˦	ɯ˥	tsou˨	ie˨
麻	tʂï˨	ʂəu˥	uei˥	tɕi˥	ɚ˨	tsəu˥	ie˦
羅	tʂï˨	ʂəu˥	uei˥	tɕi˥	ɚ˨	tsəu˥	ie˦
莫	tʂï˨	ʂəu˥	uei˥	tɕi˥	ɚ˨	tsəu˥	ie˦
涖	tʂï˨	ʂou˥	uəi˥	tɕi˦	ɚ˨	tsou˦	ie˦
梅	tsï˨	seu˨	uei˨	tɕi˦	ɚ˨	tseu˥	ie˦
濟	tsï˦	seu˥	uei˥	tɕi˦	ɚ˨	tseu˥	ie˦
轄	tʂï˨	ʂeu˨	uəi˨	tɕi˦	ɚ˨	tsəu˦	ie˦
冶	tsï˦	sau˥	uai˥	tɕi˦	zï˨	tse˨	ie˨
嘉	tsï˦	sou˨	uei˥	tɕi˨	ɔ˨	tseu˨	ie˨
咸	tsï˦	sau˨	uei˨	tɕi˨	zï˨	tseø˨	ie˨
陽	tsï˦	sau˨	uei˦	tɕi˨	zi˨	tsø˨	ie˨
通山	tsï˨	sau˥	uai˨	tɕi˨	zï˨	tseu˨	ie˨
崇	tsï˨	səu˥	yi˦	tɕi˨	ɤ˨	tio˥	ie˨
蒲	tʂï˦	sou˨	uei˨	tɕi˨	ʔœʔ˥	tsou˨	ie˨
通城	tsï˨	səu˨	ui˨	tɕi˨	y˦	tɕiau˨	ie˨
監	tsï˦	sou˨	uei˨	tɕi˨	ɤ˨	tsou˨	ie˨
石公	tsï˥	sou˨	uei˨	tɕi˨	ɯ˨	tsou˨	ie˨
松	tsï˦	sou˦	uei˦	tɕi˨	ɯ˨	tsou˨	ie˨
鶴	tʂï˥	ʂou˨	uei˨	tɕi˨	ɚ˨	tsou˨	ie˨

地名＼文	以	為	畏	狐	也	今	王
武漢口	i	uei	uei	xu	ie	tɕin	uaŋ
漢陽	i	uei	uei	xu	ie	tɕin	uaŋ
漢川	i	uei	uei	xu	ie	tɕin	uaŋ
沔	i	uei	uei	xu	ie	tɕin	uaŋ
天	i	uei	uei	xu	ie	tɕin	uaŋ
京	i	uei	uei	xu	ie	tɕin	uaŋ
荆	i	uei	uei	xu	ie	tɕin	uaŋ
當	i	uei	uei	xu	ie	tɕin	uaŋ
江	i	uei	uei	xu	ie	tɕin	uan
枝	i	uei	uei	xu	ie	tɕin	uaŋ
宜都	i	uei	uei	xu	ie	tɕin	uaŋ
宜昌	i	uei	uei	xu	ie	tɕin	uaŋ
長	i	uei	uei	xu	ie	tɕin	uaŋ
興	i	uei	uei	xu	ie	tɕin	uaŋ
秭	i	uei	uei	xu	ie	tɕin	uaŋ
巴	i	uei	uei	xu	ie	tɕin	uaŋ
恩	i	uei	uei	fu	ie	tɕin	uaŋ
宣	i	uei	uei	fu	ie	tɕin	uaŋ
來	i	uei	uei	fu	ie	tɕin	uaŋ
利	i	uei	uei	fu	ie	tɕin	uaŋ

文名\本地名	以	為	畏	狐	也	今	王
谿	i˧	uei˨	uei˨	xu˨	ie˧	tçin˧	uaŋ˨
竹山	i˧	uei˨	uei˨	xu˨	ie˧	tçin˧	uaŋ˨
郧西	i˧	uei˨	uei˨	xu˨	ie˧	tçin˧	uaŋ˨
郧	i˨	uei˨	uei˧	xu˨	ie˨	tçin˧	uaŋ˨
匀	i˧	uei˨	uei˨	xu˨	ie˧	tçin˧	uaŋ˨
光	i˧	uei˨	uei˨	xu˨	ie˧	tçin˧	uaŋ˨
房	i˨	uei˨	uei˨	xu˨	ie˨	tçin˧	uaŋ˨
保	i˧	uei˨	uei˨	xu˨	ie˧	tçin˧	uaŋ˨
南	i˧	uei˨	uei˨	xu˨	ie˧	tçin˧	uaŋ˨
襄	i˧	uei˨	uei˨	xu˨	ie˧	tçin˧	uaŋ˨
鍾	i˧	uəi˨	uəi˨	xu˨	ie˧	tçin˧	uaŋ˨
棗	i˧	uei˨	uei˨	xu˨	ie˧	tçin˧	uaŋ˨
隨	i˨	uei˨	uei˨	xu˨	ie˧	tçin˧	uaŋ˨
應山	i˨	uei˨	uei˧	xu˨	ie˨	tçin˧	uaŋ˨
安	i˨	uei˨	uei˧	xu˨	ie˨	tçin˧	uaŋ˨
應城	i˨	uei˧	uei˧	xu˧	ie˨	tçin˧	uaŋ˧
雲	i˨	uei˧	uei˧	xu˧	ie˨	tçin˧	uaŋ˧
孝	i˨	uei˨	uei˨	xu˨	ie˨	tçin˧	uaŋ˨
禮	i˨	uei˨	uei˧	fu˨	ie˨	tçin˧	uaŋ˨
陂	i˨	uei˨	uei˧	xu˨	ie˨	tçin˧	uaŋ˨
黃安	i˧	uəi˨	uəi˧	fu˨	ie˧	tçin˧	uaŋ˨

本地名＼本文	以	爲	畏	狐	也	今	王
岡	i˩	uei˩	uei˥	xu˩	ie˩	tɕin˥	uaŋ˩
鄂	i˩	uei˩	uei˩	xu˩	ie˩	tɕin˥	uaŋ˩
麻	i˥	uei˩	uei˥	fu˥	ie˥	tɕin˩	uaŋ˩
羅	i˥	uei˩	uei˥	xu˩	ie˥	tɕin˩	uaŋ˩
英	i˥	uei˩	uei˥	xu˩	ie˥	tɕin˩	uaŋ˩
浠	i˥	uəi˩	uəi˥	xu˩	ie˥	tɕin˩	uaŋ˩
梅	i˥	uei˩	uei˥	xu˥	ie˥	tɕin˩	uaŋ˩
濟	i˥	uei˩	uei˥	xu˩	ie˥	tɕin˩	uaŋ˩
蘄	i˥	uəi˩	uəi˥	xu˩	ie˥	tɕin˩	uaŋ˩
冶	i˩	uai˩	uai˥	xu˩	ie˩	tɕian˥	uɔŋ˩
嘉	i˩	uei˩	uei˥	xu˩	ie˩	tɕin˥	uaŋ˩
咸	i˩	uei˩	uei˥	fu˩	ie˩	tɕiən˥	uoŋ˩
陽	i˩	uei˩	uei˥	xu˩	ie˩	tɕiən˥	uoŋ˩
通山	i˩	uai˩	uai˥	fu˩	ie˩	tɕin˥	uoŋ˩
崇	i˩	yi˩	yi˥	fu˩	ie˩	tɕin˥	uaŋ˩
蒲	i˩	uei˥	uei˥	fu˥	ie˩	tɕin˥	uoŋ˥
通城	i˩	ui˥	ui˥	fu˥	ie˩	tɕin˩	uoŋ˩
監	i˩	uei˩	uei˥	xu˥	ie˩	tɕin˥	uaŋ˩
石	i˩	uei˥	uei˥	xu˥	ie˩	tɕin˩	uaŋ˩
公	i˩	uei˥	uei˥	fu˥	ie˩	tɕin˩	uaŋ˥
松	i˩	uei˥	uei˥	fu˥	ie˩	tɕin˥	uaŋ˥
鶴	i˩	uei˩	uei˥	fu˩	ie˩	tɕĩ˥	uaŋ˩

本文 地名	之	地	方	五	千	里	帶
武	tsï˥	ti˥	faŋ˥	u˩	tɕʻien˥	ni˩	tai˥
漢口	tsï˥	ti˥	faŋ˥	u˩	tɕʻien˥	ni˩	tai˥
漢陽	tsï˥	ti˥	faŋ˥	u˩	tɕʻien˥	ni˩	tai˥
漢川	tsï˥	ti˥	faŋ˥	u˩	tɕʻien˥	ni˩	tai˥
沔	tsï˥	ti˥	xuaŋ˥	u˩	tɕʻien˥	ni˩	tai˥
天	tsï˥	ti˥	faŋ˥	u˩	tɕʻien˥	ni˩	tai˥
京	tsï˥	ti˥	faŋ˥	u˩	tɕʻien˥	ni˩	tai˥
荆	tʂï˥	ti˥	faŋ˥	u˩	tɕʻien˥	ni˩	tai˥
當	tʂï˥	ti˥	faŋ˥	u˩	tɕʻien˥	ni˩	tai˥
江	tsï˥	ti˥	faŋ˥	u˩	tɕʻin˥	ni˩	tai˥
枝	tsï˥	ti˥	faŋ˥	u˩	tɕʻien˥	ni˩	tai˥
宜都	tsï˥	ti˥	faŋ˥	u˩	tɕʻien˥	ni˩	tai˥
宜昌	tsï˥	ti˥	faŋ˥	u˩	tɕʻien˥	ni˩	tai˥
長	tsï˥	ti˥	faŋ˥	u˩	tɕʻien˥	ni˩	tai˥
興	tsï˥	ti˥	faŋ˥	u˩	tɕʻien˥	ni˩	tai˥
秭	tʂï˥	ti˥	faŋ˥	u˩	tɕʻien˥	ni˩	tai˥
巴	tʂï˥	ti˥	xuaŋ˥	u˩	tɕʻien˥	ni˩	tai˥
恩	tʂï˥	ti˥	faŋ˥	vu˩	tɕʻien˥	ni˩	tai˥
宣	tʂï˥	ti˥	xuaŋ˥	u˩	tɕʻien˥	ni˩	tai˥
來	tsï˥	ti˥	faŋ˥	u˩	tɕʻien˥	ni˩	tai˥
利	tsï˥	ti˥	faŋ˥	u˩	tɕʻien˥	ni˩	tai˥

本地名＼本文名	之	地	方	五	千	里	帶
谿	tʂʅ˦	ti˅	faŋ˦	u˦	tɕʻian˦	li˦	tai˅
竹山	tʂʅ˦	ti˦	faŋ˦	u˦	tɕʻian˦	li˦	tai˅
鄖西	tʂʅ˦	ti˅	faŋ˦	u˦	tɕʻien˦	li˦	tai˅
鄖	tʂʅ˥	ti˅	faŋ˥	u˥	tɕʻien˥	li˥	tai˅
均	tʂʅ˦	ti˅	faŋ˦	u˦	tɕʻien˦	ni˥	tai˅
光	tsʅ˦	ti˅	faŋ˦	u˥	tɕʻien˦	li˥	tai˅
房	tsʅ˦	ti˅	faŋ˦	u˥	tɕʻien˦	ni˥	tai˅
保	tsʅ˦	ti˅	faŋ˦	u˥	tɕʻien˦	ni˥	tai˅
南	tʂʅ˦	ti˅	faŋ˦	u˥	tɕʻien˦	ni˥	tai˅
襄	tsʅ˦	ti˅	faŋ˦	u˥	tɕʻien˦	ni˥	tai˅
鍾	tʂʅ˦	ti˅	faŋ˦	u˥	tɕʻien˦	ni˥	tai˅
棗	tʂʅ˦	ti˅	faŋ˦	u˦	tɕʻien˦	ni˥	tai˅
隨	tʂʅ˦	ti˅	faŋ˥	vu˥	tɕʻien˥	ni˥	tai˅
應山	tʂʅ˦	ti˥	faŋ˦	u˥	tɕʻien˥	ni˥	tai˦
安	tʂʅ˦	ti˥	faŋ˦	u˥	tɕʻien˥	ni˥	tai˦
應城	tsʅ˦	ti˦	faŋ˦	u˥	tɕʻien˥	ni˥	tai˦
雲	tʂʅ˦	ti˦	faŋ˦	u˥	tɕʻien˦	ni˥	tai˦
孝	tʂʅ˦	ti˥	faŋ˦	u˥	tɕʻien˦	ni˥	tai˦
禮	tʂʅ˦	ti˥	faŋ˦	u˥	tɕʻien˥	ni˥	tai˦
陂	tsʅ˦	ti˥	faŋ˦	u˥	tɕʻien˦	ni˥	tai˦
黃安	tʂʅ˦	ti˦	faŋ˦	u˦	tɕʻien˦	ni˦	tai˦

本文 地名	之	地	方	五	千	里	帶
同	tsï˧	ti˧	faŋ˧	u˨	tɕʻien˧	ni˨	tai˧
鄂	tsï˨	ti˧	faŋ˨	u˨	tɕʻien˨	ni˨	tai˧
庶	tʂï˨	ti˧	faŋ˨	u˧	tɕʻian˨	ni˧	tai˨
羅	tʂï˩	ti˧	faŋ˩	u˧	tɕʻian˨	ni˧	tai˨
芙	tʂï˩	ti˧	faŋ˩	u˧	tɕʻian˩	ni˧	tai˨
洴	tʂï˩	ti˧	faŋ˩	u˧	tɕʻian˩	ni˧	tai˨
梅	tsï˨	ti˧	faŋ˩	u˧	tɕʻiɛn˩	li˧	tai˧
濟	tsï˨	tei˩	faŋ˧	u˧	tɕʻiẽ˧	lei˧	tai˧
蘄	tʂï˨	ti˧	faŋ˨	u˧	tɕʻian˨	ni˧	tai˧
冶	tsï˧	tʻai˧	fɔŋ˧	u˨	tɕʻĩ˧	lai˨	ta˧
嘉	tsï˧	tʻi˧	faŋ˧	u˨	tɕʻien˧	ni˨	tai˧
咸	tsï˧	tʻei˧	xoŋ˧	u˨	tʻiẽ˧	nei˨	tæ˨
陽	tsï˧	tʻei˧	foŋ˧	u˨	tsʻiẽ˧	lei˨	tæ˧
通山	tsï˧	tai˧	xoŋ˨	u˨	tsʻĩ˨	lai˨	ta˧
崇	tsï˧	tʻi˧	faŋ˧	u˨	ziẽ˧	tʻi˨	tæ˧
蒲	tʂï˧	tʻi˧	foŋ˧	u˨	dʑien˧	ɗi˨	tai˨
通城	tsï˨	ɗi˧	foŋ˨	u˨	dʑien˨	ɗi˨	tai˨
監	tsï˧	tʻi˧	faŋ˧	u˨	tɕʻien˧	ni˨	tai˨
石	tsï˧	ti˧	faŋ˧	u˨	tɕʻien˧	ni˨	tai˨
公	tsï˧	ti˧	faŋ˧	vu˨	tɕʻien˧	ni˨	tai˨
松	tsï˧	ti˧	faŋ˧	u˨	tɕʻien˧	ni˨	tai˧
鶴	tʂï˧	ti˧	xuaŋ˧	vu˨	tɕʻiɛn˧	ni˨	tai˨

本文 地名	甲	百	萬	而	專	屬	之
武漢口	tɕia˩	pɤ˩	uan˧	ɤ˩	tsuan˥	sou˩	tsɿ˥
漢陽	tɕia˩	pɤ˩	uan˧	ɤ˩	tsuan˥	sou˩	tsɿ˥
漢川	tɕia˩	pɤ˩	uan˧	ɤ˩	tsuan˥	sou˩	tsɿ˥
沔	tɕia˥	pæ˧	uan˦	ɯ˧	tɕyan˥	səu˦	tsɿ˥
天	tɕia˥	po˦	uan˦	ɤ˦	tsuan˥	səu˦	tsɿ˥
京	tɕia˦	pɤ˦	uan˦	ɤ˦	tɕyan˥	səu˩	tsɿ˥
荆	tɕia˦	pɤ˦	uan˦	ɚ˦	tsuan˥	sou˦	tsɿ˥
當	tɕia˩	po˦	uan˧	ɯ˦	tʂuan˥	ʂu˦	tʂɿ˥
江	tɕia˩	pɯ˩	uan˧	ɯ˩	tʂuan˥	ʂu˩	tʂɿ˥
枝	tɕia˩	pɤ˩	uan˦	ɯ˩	tsuan˥	su˩	tsɿ˥
宜都	tɕia˦	pɤ˦	uan˦	ɤ˦	tsuan˥	su˦	tsɿ˥
宜昌	tɕia˦	pɤ˦	uan˦	ɚ˦	tsuan˥,	səu˦	tsɿ˥
長	tɕia˦	pɤ˦	uan˦	ɚ˦	tsuan˥	su˦	tsɿ˥
興	tɕia˥	pɤ˥	uan˦	ɚ˦	tsuan˥	su˦	tsɿ˥
秭	tɕia˩	pɤ˩	uan˧	ɚ˩	tsuan˥	su˩	tsɿ˥
巴	tɕia˩	pɤ˩	uan˧	ɚ˩	ʂuan˥	ʂu˩	tʂɿ˥
恩	tɕia˩	pe˩	uan˧	ɚ˩	tʂuan˥	ʂu˩	tʂɿ˥
宣	tɕia˩	pe˩	uan˧	ɚ˩	tʂuan˥	ʂu˩	tʂɿ˥
來	tɕia˩	pe˩	uan˦	ɚ˩	tɕyen˥	ʂou˩	tʂɿ˥
利	tɕia˩	pe˩	uan˦	ɚ˩	tɕyen˥	sou˩	tsɿ˥
	tɕia˩	pe˩	uan˦	ɚ˩	tsuan˥	su˩	tsɿ˥

本地名＼本文名	甲	百	萬	而	專	屬	之
谿	tɕia˥	pe˥	uan˩	ɚ˥	tʂɥan˦	ʂou˥	tʂʅ˦
竹山	tɕia˦	pe˦	uan˦	ɚ˥	tʂɥan˦	ʂou˦	tʂʅ˦
郧西	tɕia˥	pe˦	uan˩	ɚ˥	tsuan˦	ʂou˥	tʂʅ˦
郧	tɕia˥	pe˦	uan˩	ɚ˥	tsuan˥	ʂɐu˩	tʂʅ˥
均	tɕia˥	pe˦	uan˩	ɚ˦	tsuan˦	ʂu˩	tsʅ˦
光	tɕia˥	pe˥	uan˩	ɚ˩	tsuan˦	su˩	tsʅ˦
房	tɕia˥	pe˥	uan˩	ɚ˥	tsuan˦	sou˩	tsʅ˦
保	tɕia˥	pe˥	uan˦	ɚ˥	tsuan˦	sɐu˩	tsʅ˦
南	tɕia˥	pe˥	uan˦	ɚ˥	tsuan˦	ʂu˦	tsʅ˦
襄	tɕia˥	pe˥	uan˦	ɚ˩	tsuan˦	su˥	tsʅ˦
鍾	tɕia˥	pe˥	uan˦	ɚ˥	tsuan˦	ʂu˥	tsʅ˦
棗	tɕia˥	pe˥	uan˦	ɚ˥	tsuan˦	ʂu˥	tsʅ˦
隨	tɕia˥	pe˥	uan˦	ɚ˥	tsuan˦	ʂɐu˩	tʂʅ˩
應山	tɕia˦	pe˦	uan˩	ɚ˩	tʂɥan˩	ʂɐu˦	tʂʅ˩
安	tɕia˦	pɛ˦	uan˩	ɚ˥	tʂɥan˩	ʂɐu˦	tʂʅ˩
應城	tɕia˦	pɛ˦	uan˩	ɚ˩	tʂɥan˩	sɐu˦	tsʅ˩
雲	tɕia˦	pɛ˦	uan˦	ɔ˩	tʂɥan˩	ʂɐu˦	tʂʅ˥
孝	tɕia˦	pɛ˦	uan˦	ɚ˥	tʂɥan˦	ʂɐu˦	tʂʅ˩
禮	tɕia˩	pe˩	uan˩	ɚ˥	tʂɥan˦	ʂɐu˦	tʂʅ˩
陂	tɕia˦	pɛ˦	uan˦	ɚ˩	tʂɥan˦	sou˩	tsʅ˩
黃安	tɕia˦	pe˦	uan˦	ɚ˥	tʂɥan˦	ʂɐu˦	tʂʅ˦

本地名 文名	甲	百	萬	而	專	屬	之
岡	tɕia˧˩	pe˧˩	uan˦	ɔ˧˩	tɕyan˦	səu˧˩	tsï˦
鄂	tɕia˧˩	pæ˧˩	uan˦	ɯ˥	tɕyan˦	seu˧˩	tsï˦
麻	tɕia˩	pe˧˩	uan˦	ɚ˥	tʂʮan˩	ʂəu˩	tʂï˩
羅	tɕia˩	pe˩	uan˦	ɚ˥	tʂʮan˩	ʂəu˩	tʂï˥
英	tɕia˩	pe˩	uan˦	ɚ˥	tʂʮan˩	ʂəu˩	tʂï˥
浠	tɕia˩	pe˩	uan˦	ɚ˥	tʂʮan˩	ʂou˩	tʂï˩
梅	tɕia˩	pæ˩	uan˩	ə˥	tɕyɛn˩	seu˥	tsï˩
濟	tɕia˩	pe˩	uan˩	ɚ˥	tʂʮɛ̃˩	su˩	tsï˩
蘄	tɕiɔ˩	pa˧ˀ˩	uan˦	ɚ˥	tʂʮan˩	ʂəu˩	tʂï˩
冶	tɕiɔ˩	pa˩	uã˦	zi˧˩	tsɥeĩ˦	sau˩	tsï˦
嘉	tɕia˥	pe˥	uan˦	ɔ˧˩	tsɥen˦	su˥	tsï˦
咸	tɕia˥	pe˥	uã˦	zi˧˩	tɕyẽ˦	sau˥	tsï˦
陽	tɕia˥	pe˥	uæ̃˦	zi˧˩	tɕyẽ˥	sau˥	tsï˦
通山	tɕiɔˀ˥	peˀ˥	uã˦	zi˧˩	tɕyẽ˩	sau˦	tsï˥
崇	tɕia˥	pe˥	uã˦	ɤ˦	tɤ˦	səu˥	tsï˦
蒲	tɕiaˀ˥	peˀ˥	uan˦	ʔœˀ˥	tʂœn˦	ʂouˀ˥	tʂï˦
通城	tɕiel˥	peˀ˥	uan˦	y˦	tɕyen˩	çyˀ˥	tsï˦
監	tɕia˩	pɤ˧	uan˦	ɤ˩	tsuœn˦	sou˩	tsï˦
石	tɕia˩	pɤ˧	uan˦	ɯ˩	tsan˩	sou˩	tsï˥
公	tɕia˩	pɤ˧	uan˦	ɤ˩	tsuan˥	sou˩	tsï˥
松	tɕia˩	pɤ˥	uan˦	ɯ˩	tsan˦	su˥	tsï˩
鶴	tɕia˩	pe˩	uan˦	ɚ˩	tʂuan˥	ʂou˩	tʂï˥

本文地名	昭	奚	恤	故	北	方	之
武	tsau˥	ɕi˥	ɕy˩	ku˥	pɣ˩	faŋ˥	tsï˥
漢口	tsau˥	ɕi˥	ɕi˩	ku˥	pɣ˩	faŋ˥	tsï˥
漢陽	tsau˥	ɕi˥	ɕi˩	ku˥	pɣ˩	faŋ˥	tsï˥
漢川	tsau˥	ɕi˥	ɕi˩	ku˧	pæ˩	faŋ˥	tsï˧
沔	tsau˥	ɕi˥	ɕy˩	ku˧	po˩	xuaŋ˥	tsï˥
天	tsau˥	ɕi˥	ɕi˩	ku˧	pɣ˩	faŋ˥	tsï˧
京	tsau˥	tɕʻi˥	ɕi˩	ku˧	pɣ˩	faŋ˥	tsï˧
荆	tʂau˥	ɕi˥	ɕy˩	ku˧	po˩	faŋ˥	tʂï˥
當	tʂau˥	tɕʻi˥	ɕi˩	ku˧	pɯ˩	faŋ˥	tʂï˥
江	tsau˥	tɕʻi˥	ɕy˩	ku˧	pɣ˩	faŋ˥	tsï˥
枝	tsau˥	ɕi˥	ɕi˩	ku˧	pɣ˩	faŋ˥	tsï˥
宜都	tsau˥	tɕʻi˥	ɕi˩	ku˧	pɣ˩	faŋ˥	tsï˥
宜昌	tsau˥	tɕʻi˥	ɕi˩	ku˥	pɣ˩	faŋ˥	tsï˥
長	tsau˥	ɕi˥	ɕi˩	ku˥	pɣ˩	faŋ˥	tsï˥
興	tsau˥	ɕi˥	ɕi˩	ku˥	pɣ˩	faŋ˥	tsï˥
秭	tʂau˥	ɕi˥	ɕi˩	ku˥	pɣ˩	faŋ˥	tʂï˥
巴	tʂau˥	ɕi˥	ɕy˩	ku˥	pe˩	xuaŋ˥	tʂï˥
恩	tʂau˥	ɕi˥	ɕi˩	ku˥	pe˩	faŋ˥	tʂï˥
宣	tʂau˥	ɕi˥	ɕy˩	ku˥	pe˩	xuaŋ˥	tʂï˥
來	tsau˥	ɕi˥	ɕi˩	ku˥	pe˩	faŋ˥	tsï˥
利	tsau˥	ɕi˥	ɕi˩	ku˥	pe˩	faŋ˥	tsï˥

地名＼文名	昭	奚	恤	故	北	方	之
谿	tʂau˦	ɕi˦	ɕi˦	ku˨	pe˨	faŋ˦	tʂï˦
竹山	tʂau˦	ɕi˦	ɕi˦	ku˨	pe˨	faŋ˦	tʂï˦
郧西	tʂau˦	ɕi˦	y˥（？）	ku˨	pe˨	faŋ˦	tʂï˦
郧	tʂau˥	ɕi˥	ɕy˅	ku˨	pe˨	faŋ˥	tʂï˦
均	tʂau˦	ɕi˦	ɕy˦	ku˨	pe˨	faŋ˦	tʂï˦
光	tsau˦	ɕi˦	ɕy˦	ku˨	pe˨	faŋ˦	tsï˦
房	tsau˦	ɕi˦	ɕi˅	ku˨	pe˨	faŋ˦	tsï˦
保	tsau˦	ɕi˦	ɕi˅	ku˨	pe˨	faŋ˦	tsï˦
南	tʂau˦	ɕi˦	ɕy˅	ku˨	pe˨	faŋ˦	tsï˦
襄	tʂau˦	ɕi˦	ɕi˅	ku˨	pe˨	faŋ˦	tsï˦
锺	tʂau˦	ɕi˦	ɕi˦	ku˨	pe˨	faŋ˦	tʂï˦
枣	tʂau˦	ɕi˦	ɕi˅	ku˨	pe˨	faŋ˦	tʂï˦
随	tʂau˥	ɕi˥	ɕi˅	ku˨	pe˅	faŋ˥	tʂï˦
应山	tʂau˥	（？）	ɕi˦	ku˦	pe˦	faŋ˥	tʂï˦
安	tʂau˥	ɕi˅	ɕiɛ˦	ku˦	pɛ˦	faŋ˥	tʂï˦
应城	tsau˥	ɕi˥	ɕi˦	ku˥	pe˦	faŋ˥	tsï˦
云	tʂau˥	ɕi˥	ɕi˦	ku˥	pe˦	faŋ˥	tʂï˥
孝	tʂau˦	ɕi˅	ɕi˦	ku˥	pɛ˦	faŋ˥	tʂï˦
礼	tʂau˥	ɕi˥	（？）	ku˥	pe˥	faŋ˥	tʂï˥
陂	tsau˥	ɕi˥	ɕi˦	ku˥	pɛ˦	faŋ˥	tsï˥
黄安	ʂau˦（？）	ɕi˦	ɕi˦	ku˥	pe˦	faŋ˦	tʂï˥

本文地名	昭	奚	恤	故	北	方	之
岡	tsau˦	tɕʻi˦	ɕi˦	ku˦	pe˦	faŋ˦	tsï˦
鄂	tsau˦	tɕʻi˦	ɕi˦	ku˦	pæ˦	faŋ˦	tsï˦
麻	tʂau˩	ɕi˩	ɕi˦	ku˦	pe˦	faŋ˦	tʂï˦
羅	tʂau˩	ɕi˩	ɕi˩	ku˦	pe˦	faŋ˦	tʂï˦
芙	tʂau˩	ɕi˩	ɕi˩	ku˦	pe˦	faŋ˦	tʂï˦
浠	tʂau˩	ɕi˩	ɕi˩	ku˦	pe˦	faŋ˦	tʂï˦
梅	tsau˦	ɕi˩	ɕi˩	ku˩	pæ˩	faŋ˦	tsï˩
濟	tsau˦	ɕi˦	ɕi˦	ku˦	pe˦	faŋ˦	tsï˦
蘄	tʂau˩	ɕi˩	ɕi˩	ku˩	paʔ˩	faŋ˦	tʂï˩
冶	tse˦	ɕi˦	sai˦	ku˦	pa˦	fɔŋ˦	tsï˦
嘉	tseu˦	ɕi˦	ɕi˥	ku˥	pe˥	faŋ˥	tsï˥
咸	tseø˦	tɕʻi˦	ɕi˥	ku˩	pe˥	xoŋ˥	tsï˥
陽	tsø˦	ɕi˦	sei˥	ku˦	pe˥	foŋ˥	tsï˥
通山	tseu˩	ɕi˩	saiʔ˥	ku˦	yeʔ˥	xoŋ˥	tsï˩
崇	tɔ˦	ɕi˦	ɕi˥	ku˦	pe˥	faŋ˦	tsï˦
蒲	tʂau˦	ɕi˦	ɕiʔ˥	ku˩	peʔ˥	foŋ˦	tʂï˥
通城	tsau˩	ɕi˩	ɕiʔ˥	ku˩	peʔ˥	foŋ˩	tsï˩
監	tsau˦	ɕi˦	ɕi˦	ku˦	pɤ˥	faŋ˦	tsï˥
石	tsau˥	ɕi˥	ɕy˦	ku˥	pɤ˥	faŋ˥	tsï˥
公	tsau˥	ɕi˥	ɕi˥	ku˥	pɤ˥	faŋ˥	tsï˥
松	tsau˦	ɕi˦	ɕi˥	ku˦	pɤ˥	faŋ˦	tsï˦
鶴	tʂau˥	ɕi˥	ɕi˦	ku˩	pe˦	xuaŋ˥	tʂï˥

本地名＼文名	畏	奚	恤	也	其	實	畏
武漢	uei˥	ɕi┐	ɕy˩	ie˩	tɕʰi˥	sï˩	uei˥
漢口	uei˥	ɕi┐	ɕi˩	ie˩	tɕʰi˥	sï˩	uei˥
漢陽	uei˥	ɕi┐	ɕi˩	ie˩	tɕʰi˥	sï˩	uei˥
漢川	uei˥	ɕi┐	ɕi˥	ie˩	tɕʰi˥	sï˥	uei˥
沔	uei˥	ɕi┐	ɕy˥	ie˩	tɕʰi˥	sï˩	uei˥
天	uei˥	ɕi┐	ɕi˥	ie˩	tɕʰi˥	sï˩	uei˥
京	uei┐	tɕʰi┐	ɕi˥	ie˩	tɕʰi˥	sï˩	uei┐
荊	uei˥	ɕi┐	ɕy˩	ie˩	tɕʰi˥	ʂï˩	uei˥
當	uei˥	tɕʰi┐	ɕi˥	ie˩	tɕʰi˥	ʂï˩	uei˥
江	uei˥	tɕʰi┐	ɕy˩	ie˩	tɕʰi˥	sï˩	uei┐
枝	uei˩	ɕi┐	ɕi˥	ie˩	tɕʰi˥	sï˥	uei˩
宜都	uei˥	tɕʰi┐	ɕi˥	ie˩	tɕʰi˥	sï˥	uei˥
宜昌	uei˥	tɕʰi┐	ɕi˥	ie˩	tɕʰi˥	sï˥	uei˥
長	uei˥	ɕi┐	ɕi˥	ie˩	tɕʰi˥	sï˥	uei˥
興	uei˥	ɕi┐	ɕi┘	ie˩	tɕʰi┘	sï┘	uei˥
秭	uei˥	ɕi┐	ɕi┘	ie˩	tɕʰi┘	ʂï┘	uei˥
巴	uei˥	ɕi┐	ɕy┘	ie˩	tɕʰi┘	ʂï┘	uei˥
恩	uei˥	ɕi┐	ɕi┘	ie˩	tɕʰi┘	ʂï┘	uei˥
宣	uei˩	ɕi┐	ɕy┘	ie˩	tɕʰi┘	ʂï┘	uei˩
來	uei˥	ɕi┐	ɕi┘	ie˩	tɕʰi┘	sï┘	uei˥
利	uei┐	ɕi┐	ɕi┘	ie˩	tɕʰi┘	sï˩	uei┐

本地名＼文名	畏	奚	恤	也	其	實	畏
谿	uei˩	çi˥	çi˥	ie⌐	tɕ'i˩	ʂï˩	uei˩
竹山	uei˩	çi˥	çi˥	ie⌐	tɕ'i˩	ʂï˥	uei˩
鄖西	uei˩	çi˥	y⌐(?)	ie⌐	tɕ'i˩	ʂï˥	uei˩
鄖	uei⌐	çi⌐	çy˩	ie⌐	tɕ'i˩	ʂï⌐	uei⌐
均	uei˩	çi˥	çy˥	ie⌐	tɕ'i˩	ʂï˥	uei˩
光	uei˩	çi˥	çy˥	ie˩	tɕ'i˩	sï˩	uei˩
房	uei˩	çi˥	çi˩	ie˩	tɕ'i˩	sï˩	uei˩
保	uei˩	çi˥	çi˩	ie⌐	tɕ'i˩	sï˩	uei˩
南	uei˩	çi˥	çy˩	ie⌐	tɕ'i˩	ʂï˩	uei˩
襄	uei˥	çi˥	çi˩	ie⌐	tɕ'i˩	sï˩	uei˥
鍾	uəi˩	çi˥	çi˩	ie˩	tɕ'i˩	ʂï˩	uəi˩
貫	uei˩	çi˥	çi˩	ie⌐	tɕ'i˩	ʂï˩	uei˩
隨	uei˩	çi˥	çi˩	ie˩	tɕ'i˩	ʂï˩	uei˩
應山	uei⌐	(?)	çi˩	ie˩	tɕ'i⌐	ʂï˩	uei⌐
安	uei⌐	çi˩	çiɛ˩	ie˩	tɕ'i⌐	ʂï˩	uei⌐
應城	uei⌐	çi˥	çi˩	ie˩	tɕ'i⌐	sï⌐	uei⌐
雲	uei⌐	çi˩	çi˩	ie˩	tɕ'i⌐	ʂï⌐	uei⌐
孝	uei⌐	çi˩	çi˩	iɛ˩	tɕ'i˩	ʂï˩	uei⌐
禮	uei⌐	çi˥	(?)	ie˩	tɕ'i˩	ʂï˩	uei⌐
陂	uei⌐	çi˩	çi˥	iɛ˩	tɕ'i˩	sï˩	uei⌐
黃安	uəi⌐	çi˩	çi˥	ie⌐	tɕ'i˩	ʂï˩	uəi⌐

本地名\文名	畏	奚	恤	也	其	實	畏
岡	uei˦	tɕ'i˦	çi˦	ie˩	tɕ'i˩	sï˦	uei˦
鄂	uei˦	tɕ'i˦	çi˦	ie˩	tɕ'i⌐	sï˦	uei˦
麻	uei˦	çi˦	çi˦	ie⌐	tɕ'i˩	ʂï˦	uei˦
羅	uei˦	çi⌐	çi˩	ie⌐	tɕ'i˩	ʂï˦	uei˦
英	uei˦	çi⌐	çi˩	ie⌐	tɕ'i⌐	ʂï˦	uei˦
浠	uəi˦	çi⌐	çi˩	ie⌐	tɕ'i˩	ʂï˦	uəi˦
梅	uei˦	çi˦	çi˩	ie˦	tɕ'i˩	sï˦	uei˦
濟	uei˦	çi⌐	çi˦	ie˩	tɕ'i˩	sï⌐	uei˦
蘄	uəi˦	çi˦	çi˦	ie⌐	tɕ'i˩	ʂï˩	uəi˦
冶	uai˦	çi⌐	sai˦	ie˩	tɕ'i˩	sï˦	uai˦
嘉	uei˦	çi⌐	çi⌐	ie˩	tɕ'i˩	sï˩	uei˦
咸	uei˩	tɕ'i˦	çi˩	ie˩	tɕ'i˩	sï˦	uei˩
陽	uei˦	çi⌐	sei⌐	ie˩	tɕ'i˩	sï⌐	uei˦
通山	uai˦	çi˦	saiˀ⌐	ie˩	tɕi˩	sï˦	uai˦
崇	yi˦	çi⌐	çi⌐	ie˩	ʑi˩	sɤ⌐	yi˦
蒲	uei˦	çi⌐	çiˀ⌐	ie˩	dʑ'i˩	ʂïˀ⌐	uei˦
通城	ui˦	çi˦	çiˀ⌐	ie˩	dʑ'i⌐	səl⌐	ui˦
監	uei˦	çi⌐	çi˦	ie˩	tɕ'i˦	sï˦	uei˦
石	uei˦	çi⌐	çy˦	ie˩	tɕ'i˦	sï˦	uei˦
公	uei˦	çi⌐	çi˦	ie˩	tɕ'i˦	sï˦	uei˦
松	uei⌐	çi˦	çi⌐	ie˩	tɕ'i˩	sï⌐	uei⌐
鶴	uei˩	çi⌐	çi˦	ie˩	tɕ'i˩	ʂï˦	uei˩

本地名＼本文	王	之	甲	兵	也	猶	百
武	uaŋ˥˩	tsï˥	tɕia˥˩	pin˥	ie˥˩	iou˥˩	pɤ˥˩
漢口	uaŋ˥˩	tsï˥	tɕia˥˩	pin˥	ie˥˩	iou˥˩	pɤ˥˩
漢陽	uaŋ˥˩	tsï˥	tɕia˥˩	pin˥	ie˥˩	iou˥˩	pɤ˥˩
漢川	uaŋ˩	tsï˥	tɕia˩	pin˥	ie˥˩	iəu˩	pæ˩
沔	uaŋ˩	tsï˥	tɕia˩	pin˥	ie˩	iəu˩	po˩
天	uaŋ˩	tsï˥	tɕia˩	pin˥	ie˩	iəu˩	pɤ˩
京	uaŋ˩	tsï˥	tɕia˩	pin˥	ie˥˩	iou˩	pɤ˩
荆	uaŋ˩	tʂï˥	tɕia˩	pin˥	ie˥˩	iou˩	po˩
當	uaŋ˥˩	tʂï˥	tɕia˥˩	pin˥	ie˥˩	iəu˥˩	pɯ˥˩
江	uaŋ˥˩	tsï˥	tɕia˥˩	pin˥	ie˥˩	iəu˥˩	pɤ˥˩
枝	uaŋ˩	tsï˥	tɕia˩	pin˥	ie˥˩	iou˩	pɤ˩
宜都	uaŋ˩	tsï˥	tɕia˩	pin˥	ie˥˩	iəu˩	pɤ˩
宜昌	uaŋ˩	tsï˥	tɕia˩	pin˥	ie˥˩	iəu˩	pɤ˩
長	uaŋ˩	tsï˥	tɕia˩	pin˥	ie˥˩	iou˩	pɤ˩
興	uaŋ˧	tsï˥	tɕia˧	pin˥	ie˥˩	iou˧	pɤ˧
秭	uaŋ˧	tʂï˥	tɕia˧	pin˥	ie˥˩	iou˧	pɤ˧
巴	uaŋ˧	tʂï˥	tɕia˧	pin˥	ie˥˩	iou˧	pe˧
恩	uaŋ˧	tʂï˥	tɕia˧	pin˥	ie˥˩	iəu˧	pe˧
宣	uaŋ˧	tʂï˥	tɕia˧	pin˥	ie˥˩	iou˧	pe˧
來	uaŋ˧	tsï˥	tɕia˧	pin˥	ie˥˩	iou˧	pe˧
利	uaŋ˧	tsï˥	tɕia˧	pin˥	ie˥˩	iəu˧	pe˧

本文名\本地名	王	之	甲	兵	也	猶	百
谿	uaŋ˨	tʂï˦	tɕia˨	pin˦	ie˥	iou˨	pe˨
竹山	uaŋ˨	tʂï˦	tɕia˨	pin˦	ie˧	iou˨	pe˦
郧西	uaŋ˨	tʂï˦	tɕia˨	pin˦	ie˧	iou˨	pe˦
郧	uaŋ˨	tʂï˥	tɕia˨	pin˥	ie˨	iəu˨	pe˨
均	uaŋ˨	tʂï˦	tɕia˨	pin˦	ie˧	iəu˨	pe˦
光	uaŋ˨	tsï˦	tɕia˨	pin˦	ie˧	iəu˨	pe˦
房	uaŋ˨	tsï˦	tɕia˨	pin˦	ie˧	iou˨	pe˦
保	uaŋ˨	tsï˦	tɕia˨	pin˦	ie˧	iəu˨	pe˦
南	uaŋ˨	tʂï˦	tɕia˨	pin˦	ie˧	iou˨	pe˨
襄	uaŋ˨	tsï˦	tɕia˨	pin˦	ie˧	iəu˨	pe˦
鍾	uaŋ˨	tʂï˦	tɕia˨	pin˦	ie˨	iəu˨	pə˨
棗	uaŋ˨	tʂï˦	tɕia˨	pin˦	ie˧	iou˨	pe˨
隨	uaŋ˨	tʂï˥	tɕia˨	pin˥	ie˨	iəu˨	pa˨
應山	uaŋ˨	tʂï˥	tɕia˨	pin˥	ie˨	iəu˨	pe˦
安	uaŋ˨	tʂï˥	tɕia˨	pin˦	ie˨	iəu˨	pe˦
應城	uaŋ˧	tsï˥	tɕia˨	pin˧	ie˨	iəu˧	pe˦
雲	uaŋ˧	tʂï˦	tɕia˨	pin˦	ie˨	iəu˧	pe˦
孝	uaŋ˧	tʂï˦	tɕia˨	pin˦	iɛ˨	iəu˨	pɛ˦
禮	uaŋ˨	tsï˦	tɕia˨	pin˦	ie˧	iəu˨	pe˨
陂	uaŋ˨	tsï˦	tɕia˨	pin˦	iɛ˨	iou˨	pɛ˦
黃安	uaŋ˨	tʂï˦	tɕia˨	pin˦	ie˥	iəu˨	pe˦

本文 地名	王	之	甲	兵	也	猶	百
岡	uaŋ	tsï	tɕia	pin	ie	iəu	pe
鄂	uaŋ	tsï	tɕia	pin	ie	ieu	pæ
苶	uaŋ	tʂï	tɕia	pin	ie	iəu	pe
羅	uaŋ	tʂï	tɕia	pin	ie	iəu	pe
英	uaŋ	tʂï	tɕia	pin	ie	iəu	pe
浠	uaŋ	tʂï	tɕia	pin	ie	iou	pe
梅	uaŋ	tsï	tɕia	pin	ie	ieu	pæ
濟	uaŋ	tsï	tɕia	pin	ie	iu	pe
蕲	uaŋ	tʂï	tɕiɔ	pin	ie	iəu	paʔ
冶	uɔŋ	tsï	tɕiɔ	pin	ie	iau	pa
嘉	uaŋ	tsï	tɕia	pin	ie	iou	pe
咸	uoŋ	tsï	tɕia	piən	ie	iau	pe
陽	uoŋ	tsï	tɕia	pin	ie	iau	pe
通山	uoŋ	tsï	tɕiɔʔ	pin	ie	iu	peʔ
崇	uaŋ	tsï	tɕia	pin	ie	iəu	pe
蒲	uoŋ	tʂï	tɕiaʔ	pin	ie	iou	peʔ
通城	uoŋ	tsï	tɕiel	pin	ie	iəu	peʔ
監	uaŋ	tsï	tɕia	pin	ie	iou	pɤ
石	uaŋ	tsï	tɕia	pin	ie	iou	pɤ
公	uaŋ	tsï	tɕia	pin	ie	iou	pɤ
松	uaŋ	tsï	tɕia	pin	ie	iou	pɤ
鶴	uaŋ	tʂï	tɕia	pĩ	ie	iou	pe

本地名＼文	獸	之	畏	虎	也
武漢	sou˥	tsï˩	uei˥	xu˨	ie˨
漢口	sou˥	tsï˩	uei˥	xu˨	ie˨
漢陽	sou˥	tsï˩	uei˥	xu˨	ie˨
漢川	səu˥	tsï˩	uei˥	xu˨	ie˨
沔	səu˥	tsï˩	uei˥	xu˨	ie˨
天	səu˥	tsï˩	uei˥	xu˥	ie˥
京	sou˥	tsï˩	uei˥	xu˨	ie˨
荊	ʂou˥	tʂï˩	uei˥	xu˨	ie˨
當	ʂəu˥	tʂï˩	uei˥	xu˨	ie˨
江	səu˥	tsï˩	uei˥	xu˨	ie˨
枝	sou˥	tsï˩	uei˥	xu˨	ie˨
宜都	səu˥	tsï˩	uei˥	xu˨	ie˨
宜昌	səu˥	tsï˩	uei˥	xu˨	ie˨
長	sou˥	tsï˩	uei˥	xu˥	ie˥
興	sou˥	tsï˩	uei˥	xu˥	ie˥
秭	ʂou˥	tʂï˩	uei˥	xu˥	ie˥
巴	ʂou˥	tʂï˩	uei˥	xu˥	ie˥
恩	ʂəu˥	tʂï˩	uei˥	fu˥	ie˥
宣	ʂəu˥	tʂï˩	uei˥	fu˥	ie˥
來	sou˥	tsï˩	uei˥	fu˥	ie˥
利	səu˥	tsï˩	uei˥	fu˥	ie˥

本地名 \ 文名	獸	之	畏	虎	也
谿	ṣou˩	tṣï˧	uei˩	xu˥	ie˥
竹山	ṣou˩	tṣï˧	uei˩	xu˥	ie˥
鄖西	ṣou˩	tṣï˧	uei˩	xu˥	ie˥
鄖	ṣəu˩	tṣï˥	uei˥	xu˥	ie˩
均	ṣəu˩	tṣï˧	uei˩	xu˥	ie˥
光	ṣəu˩	tsï˧	uei˩	xu˩	ie˩
房	sou˩	tsï˧	uei˩	xu˩	ie˩
保	səu˩	tṣï˧	uei˩	xu˩	ie˥
南	ṣou˩	tsï˧	uei˩	xu˩	ie˥
襄	səu˩	tṣï˧	uei˩	xu˥	ie˥
鍾	ṣəu˩	tṣï˧	uəi˧	xu˩	ie˩
棗	ṣou˩	tṣï˧	uei˩	xu˥	ie˥
隨	ṣəu˩	tṣï˥	uei˩	xu˩	ie˩
應山	ṣəu˥	tṣï˧	uei˧	xu˩	ie˩
安	ṣəu˥	tṣï˧	uei˧	xu˩	ie˩
應城	səu˥	tsï˧	uei˥	xu˩	ie˩
雲	ṣəu˥	tsï˧	uei˥	xu˩	ie˩
孝	ṣəu˥	tṣï˧	uei˥	xu˩	iɛ˩
禮	ṣəu˥	tṣï˧	uei˩	fu˩	ie˩
陂	sou˥	tsï˧	uei˩	xu˩	iɛ˩
黃安	ṣəu˥	tṣï˧	uəi˥	fu˥	ie˥

本地名\文	獸	之	畏	虎	也
岡	səu˧	tsï˧	uei˧	xu˥	ie˥
鄂	seu˧	tsï˧	uei˧	xu˥	ie˥
麻	ʂəu˧	tʂï˥	uei˧	fu˧	ie˧
羅	ʂəu˧	tʂï˩	uei˧	xu˧	ie˧
英	ʂəu˧	tʂï˩	uei˧	xu˧	ie˧
浠	ʂəu˧	tʂï˩	uəi˧	xu˧	ie˧
梅	seu˩	tsï˩	uei˩	xu˧	ie˧
濟	seu˧	tsï˧	uei˧	xu˧	ie˧
蘄	ʂəu˩	tʂï˥	uəi˩	xu˧	ie˧
冶	sau˧	tsï˧	uai˧	xu˥	ie˥
嘉	sou˩	tsï˧	uei˩	xu˥	ie˥
咸	sau˥	tsï˧	uei˥	fu˥	ie˥
陽	sau˧	tsï˧	uei˧	xu˥	ie˥
通山	sau˧	tsï˧	uai˧	fu˥	ie˥
崇	səu˧	tsï˧	yi˧	fu˥	ie˥
蒲	sou˩	tʂï˧	uei˩	fu˥	ie˥
通城	səu˩	tsï˥	ui˧	fu˥	ie˥
監	sou˩	tsï˧	uei˩	xu˥	ie˥
石	sou˩	tsï˥	uei˩	xu˥	ie˥
公	sou˩	tsï˥	uei˩	fu˥	ie˥
松	sou˧	tsï˧	uei˧	fu˥	ie˥
鶴	ʂəu˩	tʂï˥	uei˩	fu˥	ie˥

三. 特字表

這裏所説的"特字"是指一些從讀音上看有分歧不同的來源的字。例如'徧'字按廣韵是幫母字,光化襄陽等處讀pien²,合於廣韵的音,但另有些地方如當陽隨縣等處讀p'ien²好像來自滂母似的。又如'季'字依廣韵是合口,應該讀'龜'去聲(廣州就如此讀),但湖北都讀的與'冀'同音,好像來自古開口似的。這些音類分歧的字有些合乎廣韵集韵或同系統韵書另一反切的讀法,如'踏'字透母,一般吳語讀若定母字的讀法,合乎集韵"達合切"一讀。但是所調查的這些音類分歧的字的讀法,多數都是韵書所未載的讀法,所以這一類字也可稱爲"不規則字"。不過這是從廣韵系統的看法而言;假若韵書上碰巧記載了'季'的開口一讀那麽合口一讀又成"不規則"了。所以這些讀音上來源分歧的字與其稱爲"不規則字",不如簡稱爲"特字",就是説有一些特別的字在各地方言中不但讀的音值不同,它的音類也不一致。

爲排列方便計,把調查過的特字分爲全省一致或大體一致的跟全省不一致的兩組。前一組列表時在各比較方言後只須注一次湖北省的公共讀法,如有少數例外,在例外欄個別注出。後一組是處處讀法都注出來的。但要注意,這裏所注的讀法是以注出今音所代表的古類爲原則,因爲我們在這裏注重的是音韵上來源的異同。例如'乎'字聲母或注"曉"或注"匣",依今音是讀陰平還是讀陽平而定,讀陰平的注"曉",讀陽平的注"匣",因爲古平聲曉母(清音)今爲陰平,匣母(濁音)今爲陽平。又如'禿'字聲調,武昌漢口等處注"入",是因爲古入聲在這些方言中照例歸於陽平,而'禿'字的今調正爲陽平,是自古入聲來的,並不是説今音是入聲調;當陽江陵等處注"平",是因爲今音讀了陰平,而在這些地方古入聲照例也是歸於陽平,只有古平聲清音今讀才可以作陰平調,所以注作"平"是説今讀彷彿是由古平聲來的。(其中有些也許是方言間互借的讀音,留待將來研究今且不論。)有時從今讀上無從斷定所代表的是哪一類,如蒲圻入聲無論透母定母都讀

d'，那麼'特'字今聲母爲d'，就無從知道所代表的是透母還是定母，那就注作"透～定"，表明透定兩可。但注這種兩可或幾可的歸類時只限於注有可疑處的讀法，不必把所有的可能全注出，如'迫'字在通城讀b'，通城不分陰陽入，全濁全清一律讀b'，d'，g'等，那麼'迫'字可以歸滂，也可以歸並，但一看全國各地'迫'字讀音的分歧問題在送氣不送氣（幫滂），而不在清濁（滂，並），所以就認爲滂母也沒有危險。

有時候古類不便注，或無法注，就變例注今音類或今音值，如'貓'字注的陰陽平（看第二表聲調底注），是今音類；又如'去'字白話音有讀k'ɯ，k'i等音的，無法推其正常的來源，就把今音值寫出。

＋號表示某處（或某幾處）的讀法未詳。

＊號表示畫的有地圖可以參看。

第一表　全省大體一致的特字

一、送氣不送氣

字	反切	類	廣州	福州	蘇州	長沙	南京	北平	湖北省	例外和附注
波	博禾	幫	幫	滂	幫	幫	幫	幫·滂	幫	通山滂
譜	博古	幫	滂	滂	幫	滂	滂	滂	滂	
鄙	方美	幫	滂	滂	幫	滂	幫	幫	滂	英幫
迫	博陌	幫	幫	滂	幫	滂	滂	滂	滂	梅幫
卜	博木	幫	幫	幫	幫	幫	滂	幫	滂	鄖崇通城幫
雀	即略	精	清	清	清	清	清	清	清	陽通山崇精，當十
側	阻力	照	照	照·穿	照	照	穿	照·穿	穿	沔隨應山應城禮陂鄂通城照
概	古代	見	溪	溪	見	溪	見	見	溪	蒲石見
覺	古岳	見	見	見	見	溪	見	見	見	英咸陽通山溪
玻	滂禾	滂	幫	幫	幫	幫	幫	幫	幫	
坡	滂禾	滂	幫·滂	滂	滂	滂	滂	滂	滂	利羅英浠梅濟蘄冶幫
侵	七林	清	清	精	清	清	精	清	精	梅濟蘄冶嘉通城蒲通城清，京清精
偵	丑貞	徹	知	知	知	知	知	知	知	

二. 清濁

字	反切	類	廣州	福州	蘇州	長沙	南京	北平	湖北省	例外和附注
叛	薄半	並	並	並	並	游	游	游	游	陂英嘉通山山崇崇滿並
勃	蒲沒	並	並	並	並	游~並	游	並	游	黃安並，浠梅濟冶嘉陽崇 / 滿通城游~並
腐	扶雨	奉	奉	奉	奉	非~敷	非~敷	非~敷		
悴	秦醉	從	邪	從	從~邪	清	清	清	清	漢口利滿書從
族	昨木	從	從	從	從	清~從	清	從	清	濟咸通山石從，浠梅冶嘉清~從 / 陽崇滿通城清~從
兮	胡雞	匣	匣	匣	影	曉	曉	曉	曉	光隨雲咸匣
堤(1)	都奚,杜奚	端,定	定	定	定	定	定	端	定	
踏(2)	他合,達合	透,定	定	定	定	透~定	透	透	透	公定(?)，浠梅冶嘉陽崇 / 滿通城透~定
松(松)(3)	祥容,思恭	邪,心	邪(4)	邪	心	心	心	心	心	

(1) "堤"的"杜奚"一切，字作"隄"，《集韻》訓"隄防"。

(2) "踏"的"達合"一切，見《集韻》。

(3) "松"的"思恭"一切，見《集韻》。

(4) 廣州"松"讀 ts'uŋ，認爲邪母因爲廣州大多數邪母字讀塞擦音。

三. 通塞

字	反切	類	廣州	福州	蘇州	長沙	南京	北平	湖北省	例外和附注
棲	先稽	心	清	清	清	清	清	清心	清	天荆漳陽崇心，石從（送氣）
賜	斯義	心	清	心	心	清	清	清心	清	梅審
産	所簡	審	穿	審	穿	穿	穿	穿	穿	房郎均光鍾穿，興照穿二讀
翅	施智	審	穿	穿	穿	照	穿	穿	照	
始	詩止	審	穿	穿	審	審	審	審	審	
式	式針	審	審	穿	審	審	審	審	審	光棗穿，均牙審二讀
朒	朗介	匣	匣	見	匣	見	見	匣	見	長溪，通城溪～曉，安匣

四. 見系雜例

字	反切	類	廣州	福州	蘇州	長沙	南京	北平	湖北省	例外和附注
會(計)		見	溪	見	見	溪	溪	溪	溪	江保崇匣,蒲見,石羣
欽	去金	溪	影	溪	溪	溪	溪	溪	溪	荊保岡嘉蒲蕭曉,江應山英見
屈	區勿	溪	影	溪	溪	溪	溪	溪	溪	崇溪~影
歪	火媧	曉	影	影	曉	影	影	影	影	
猾 肴	胡茅	匣	疑	疑	匣~疑	匣	匣	疑	疑	
完	胡官	匣	匣~疑	匣~疑	匣~疑	匣	匣	疑	疑	恩禮冶匣,嘉匣疑
緩	胡管	匣	匣	匣	影	曉	曉	曉	曉	
鶴	下各	匣	匣	匣	疑	匣	匣	匣	匣	
鉛	與專	喻	喻	喻	溪	喻	喻	溪	喻	咸溪,崇疑~泥,蒲日~疑,光喻溪
雄	羽弓	喻	匣	匣	喻~匣	匣	匣	匣	匣	
熊	羽弓	喻	匣	匣	喻~匣	匣	匣	匣	匣	

五. 聲母雜例

字	反切	類	廣州	福州	蘇州	長沙	南京	北平	湖北省	例外和附注
秘	兵媚	幫	幫	幫	幫	幫	明	幫	明	天來漳隨陂幕，光梅幫明二讀
防	符方	奉	奉	奉	並	奉	奉	奉	奉	
瑞	是偽	禪	禪	禪	禪~日	禪	禪	日	禪	
喫	苦擊	溪	iak₂⁽¹⁾	溪~疑⁽²⁾	溪	溪	穿	穿	溪	谿郎西郎均光裏，穿,漳溪穿二讀
銳	以芮	喻	日	日	日	日	日	日	日	荊長崇松日～喻，當濟審,汭泥來
維惟	以追	喻	喻	微(?)	徹(?)	喻~微	喻~微	喻~微	喻~微	沔天公微
彗	祥歲,于歲	邪喻	喻~匣	影	喻~匣	匣	匣	匣	匣	通山影

(1)廣州'喫'iak₂，像匣疑喻母，但韻依切韻系統"不可能"，因為陌三'迥'字ŋek₂，藥'药'字icek₂，無iak₂讀法。據李方桂推測，iak₂疑是夷語借字。

(2)福州'喫'ŋeik，似疑母但因個別的溪母字也有讀ŋ的姑認為溪疑兩母。

六．開合口

字	反切	類	廣州	福州	蘇州	長沙	南京	北平	湖北省	例外和附注
嗟	子邪	開	開	開	開	開	合	合	開(或合)	長巴當員郎均光房襄鍾合
些	寫邪	開	開	開	開	開	開	開	開(或合)	襄合
寫	悉姐	開	開	開	開	開	開	開	開(或合)	當保漳鍾合
邪	似嗟	開	開	開	開	開	開	開	開(或合)	長房保漳襄鍾合，均開合二讀
繭	古典	開	開	開	開	開	合	開	開	襄合，鍾開合二讀，枝宜都開～合
銀	語巾	開	開	開～合	開	開	開	開	開	枝宜都開～合
攜	戶圭	合	合	開	開	開	開	開	開	
季	居悸	合	合	合	開	開	開	開	開	
遺	以追	合	合	開	開	開	開	開	開	
縣	黃絢	合	合	開	合	合	開	開	開	枝宜都開～合

七. 韻母雜例

字	反切	類	廣州	福州	蘇州	長沙	南京	北平	湖北省	例外和附注
大	徒蓋	泰	泰	泰合	歌	泰	麻	麻	麻	通城泰、嘉蒲泰麻
璽	斯氏	支	ʿsaːi (1)	齊	齊	齊	齊	齊	齊	漢陽沔當秭巴襄岡十
徙	斯氏	支	ʿsaːi (1)	齊	齊	齊	齊	齊	齊	漢陽當秭巴隨岡十
劓	普后	侯	侯	侯	侯	侯	戈	侯	戈	漢口漢川江恩利房梅 濟冶通山蒲通城侯、宣 鶴侯~戈,漢陽岡十
青	苦等	登	登	登~痕	登~痕	登~痕	登~痕	痕	登~痕	
打	德冷	庚	麻	麻	庚、麻	麻	麻	麻	麻	
貞	陟盈	清	清	清~真	清~真	清~真	清~真	真	清~真	
魚	語居	魚	魚	魚	模	魚	魚	魚	魚	多數讀上聲,看聲調
塊 (2)	苦對,苦怪	灰,皆	皆	皆	灰	皆	皆	皆	皆	京荊當郎西貝郎光漳 襄棗穀松尤,鍾屋尤、 通山屋~尤
肉 (3)	如六,如又	屋,尤	屋	屋	屋	屋	屋,尤	屋,尤	屋	

（1）廣州「璽、徙」「saːi」與「酒」「saːi」不同音不能認為齊韻而似佳皆韻之讀法區別佳皆韻不能有心母字,與「璽、徙」之本屬心母者亦不甚合。
（2）「塊」字「苦怪」之切,廣韻字作「墳」,集韻,墳字同,「塊」字「苦對」之切,均「苦怪切」。
（3）「肉」字「如又」之切見集韻,訓「錢幣之體」。

八、聲調（一）

字	反切	顏	廣州	福州	蘇州	長沙	南京	北平	湖北省	例外和附注
（炒魚）肚	當古	端上	定上	端上	端上	端上	端上	端上	端上	巴光均均漳襄鶴定上
（大）肚（子）	徒古	定上	定上	定上	定上	端上	定上	定上	端上	漢陽岡十
（放）假	古訝	去	去	去	去	上	去	去	上	沔梅濟蘄去
塊(1)	苦對、苦怪	去	去	去	去	上	去	去	上	雲禮去（陰）羅英沔梅濟蘄冶咸通山去～入(3)
值(2)	直吏、逐力	去、入	入	入	入	入	入	入	入	
植(2)	直吏、逐力	去、入	入	入	入	入	入	入	入	應山安雲禮去（陰），羅英沔濟梅濟冶咸通山去～入(3)
統	他綜	去	上	上	上	上	上	上	上	

（1）"塊"字"苦怪"之切，廣韻"墈"，集韻"塊、墈"字同，"苦怪切"。

（2）"值、植"二字"逐力"之切皆見集韻。

（3）注"去～入"的是今音讀了陽去音而在這些地方古去聲濁音是陽去，古入聲全濁有的全歸陽去（如羅英等處有的入聲濁音是由古入聲來的皆是由古去聲來的。只好在來源上認為去入兩可。（大冶陽去（如沔梅濟蘄等處）不能決定"值、植、蝕、殖"今讀去竟是由古去聲來的皆是都歸了陰平丁陰平入聲歸陽去，凡陽去都歸陽去入聲歸陽平。這幾個字讀陽去，也以陽去看因為大冶這幾個字讀陽平。）

八、聲調（二）

字	反切	類	廣州	福州	蘇州	長沙	南京	北平	湖北省	例外和附注
拉	盧合	去	陰平	陰平、入	陰平	陰平	陰平	陰平	陰平	襄谿陂去、黃安岡麻羅英、浠梅濟洽咸去～入(2)、京入
蝕	乘力	入	入	入	入	入	入	入	入	應山安應城雲禮去（陰）、羅英梅濟蘄洽咸通山去～入(2)
式	賞職	入	入	入	入	去	去	去～入	去	
殖	常職	入	入	入	入	入	入	入	入	
雙	之石	入	入	入	入	平	入	平～入	平	陂浠蘄陽通山蒲通城入、濟去（陽）、鄂嘉平入二讀、谿竹山光平～入
肉(1)	如六、如又	入	入	入	入	入	去	去、入	入	京荆當郾西郾均光漳襄、棗谿松去、鍾人去、通山入去～入

（1）肉"字"如又"之切見集韻，訓"錢幣之體"。

（2）注"去～入"的是今音讀了陽去音濁音而在這些地方古去聲濁音是陽去，古入聲全濁有的全歸陽去（如梅濟英咸等處）有的一部分歸陽去（如羅英濟洽咸等處）不能決定值、植、蝕、殖'今讀陽去是由古入聲來的皆是由古去聲來的，只好在來源上認爲去入兩可。（大冶這幾字讀陰平，也以陽去看待因爲大冶沒有陽去。凡陽去都歸了陰平入聲歸陽去的也同歸了陰平。

第二表　各地讀法不同的特字

一.送氣不送氣

字	反切	類	廣州	福州	蘇州	長沙	南京	北平	武	漢口	漢陽	漢川
偏	方見	幫	滂	滂	幫	滂	滂	幫,滂	滂	滂	幫	滂
觸*	尺玉	穿	照	穿	穿	穿	穿	穿	穿	穿	穿	穿

二.清濁

佩	蒲昧	並	滂	並	並	滂	滂	滂	滂	滂	滂	滂
跑*	薄交	並	滂	並	並	滂	滂	滂	並	並	並	並
泊	傍各	並	並	並	滂	滂~並	滂	並	滂	滂	滂	滂
闢	房益	並	滂	並	滂	滂~並	滂	滂	滂	滂	滂	滂
特*	徒得	定	定	定	定	透~定	透	透	透	透	透	透
殊	市朱	禪	禪	禪	禪	禪	禪	審	照	審	照	審
乎	戶吳	匣	匣	匣	匣	匣	曉	曉	曉	曉	匣	匣

三.通塞

像	徐兩	邪	從~邪	從	從~邪	從,邪	邪	邪	邪	邪	邪	清
偕	古諧	見	見	見	見	匣	匣	見,匣	匣	匣	見	匣
溪	苦奚	溪	溪	溪	溪	曉	曉	溪,曉	曉	溪	曉	曉

四.見系雜例

鍋*	古禾	見	影	見	見	見	見	見	見	見	見	見
攜	戶圭	匣	羣	匣	匣	匣	匣	曉	曉	曉	匣	曉
皖	胡管	匣	影	影	影	溪	影	影	溪	溪	曉	溪

第二表　各地讀法不同的特字

一.送氣不送氣

字	沔	天	京	荆	當	江	枝	宜都	宜昌	長	興	秭
徧	滂	滂	滂	滂	滂	滂	滂	滂	滂	滂	滂	滂
觸*	照	穿	穿	照	照	照	照	照	照	照	照	照

二.清濁

	沔	天	京	荆	當	江	枝	宜都	宜昌	長	興	秭
佩	滂	滂	滂	滂	滂	滂	滂	滂	滂	滂	滂	滂
跑*	滂	滂	並	並	滂	並	並	滂	滂	並	滂	滂
泊	滂	滂	滂	滂	滂	滂	滂	滂	滂	滂	滂	滂
鬭	滂	滂	滂	滂	滂	滂	滂	滂	滂	滂	滂	滂
特	透	透	透	透	透	透	透	透	透	透	透	透
殊	審	審	審	審	審	禪	穿	審	審	審	審	審
乎	匣	匣	曉	曉	曉	曉	曉	曉	曉	曉	曉	曉

三.通塞

	沔	天	京	荆	當	江	枝	宜都	宜昌	長	興	秭
像	邪	邪	從,邪	清	清	邪	清,邪	清	清,邪	清	清	清,邪
偕	見	見	匣	見	溪	匣	匣	匣	匣	匣	匣	匣
溪	曉	曉	溪	溪	溪	溪	溪	溪	溪	溪	溪	溪

四.見系雜例

	沔	天	京	荆	當	江	枝	宜都	宜昌	長	興	秭
鍋*	見	見	見	見	見	見	見	見	見	見	見	見
攜	曉	曉	曉	曉	曉	曉	曉	曉	曉	曉	匣	曉
皖	影	溪	溪	溪	溪	見	溪	溪	溪	溪	溪	溪

第二表　各地讀法不同的特字

一.送氣不送氣

字	巴	恩	宣	來	利	谿	竹山	鄞西	鄞	均	光	房
偏旁	滂	滂	滂	滂	滂	滂	滂	滂	滂	幫	幫	滂
觸*	照	照	穿	穿	照	穿	穿	照,穿	穿	照	照	穿

二.清濁

佩	滂	滂	滂	滂	滂	滂	滂	滂	滂	滂	滂	滂
跑*	滂	滂	滂	滂	滂	滂	滂	滂	並	滂	滂	滂
泊	滂	並	滂	並	滂	滂	滂	滂	滂	並	滂	並
闢	並	滂	滂	滂	滂	滂	滂	滂	滂	滂	滂	滂
特*	透	透	透	透	透	透	透	透	透	透	透	透
殊	審	審	審	審	審	禪	審	禪	審	審	審	審
乎	曉	曉	匣	匣	匣	匣	匣	匣	曉	曉	曉	曉

三.通塞

像	清	清	清	清	清	邪	從	清邪	邪	邪	邪	邪
偕	見	匣	匣	匣	見	匣	匣	見,匣	匣	匣	匣	匣
溪	溪	溪	溪	溪	溪	溪	曉	曉	曉	曉	曉	曉

四.見系雜例

鍋*	見	見	見	見	影	影	影	見	見	見	見	見
攜	曉	曉	曉	曉	曉	曉	匣	曉	曉	曉	曉~匣[1]	曉
皖	溪	溪	溪	溪	溪	溪	溪	影	影	影	影	溪

(1)光化'攜'去聲調,去聲不分陰陽,曉匣兩可。

第二表　各地讀法不同的特字

一.送氣不送氣

字	保	漳	襄	鍾	棗	隨	應山	安	應城	雲	孝	禮
偏	滂	滂	幫	滂	滂	滂	滂	滂	滂	滂	滂	滂
觸*	照	照	穿	穿	照	照	穿	穿	照	穿	照	審

二.清濁

佩	滂	滂	滂	滂	滂	滂	滂	滂	並	滂	滂	滂
跑*	滂	滂	滂	滂	滂	並	並	並	並	並	並	並
泊	滂	滂	滂	滂	滂	滂	滂	滂	滂	滂	滂	滂
闢	滂	滂	滂	滂	滂	滂	滂	滂	滂	滂	滂	滂
特*	透	透	透	透	透	透	透	透	透	透	透	透
殊	審	審	審	審	審	審	照	審	照	審	審	審
乎	曉	曉	曉	匣	匣	曉	曉	匣	曉	匣	匣	匣

三.通塞

像	邪	清,邪	邪	清,邪	邪	邪	邪	邪	從,邪	邪	邪
偕	匣	匣	匣	匣	匣	匣	匣	匣	匣	匣	匣
溪	曉	溪	曉	曉	曉	曉	曉	溪	溪	溪	曉

四.見系雜例

鍋*	見	見	見	見	見	見	見	見	影	見	見	見
攜	匣	匣	匣	曉	匣	匣	曉	曉	曉	匣	曉	曉
皖	溪	溪	溪	溪	溪	溪	溪	溪	溪	溪	見	溪

第二表 各地讀法不同的特字

一. 送氣不送氣

字	陂	黃安	岡	鄂	麻	羅	英	浠	梅	濟	蘄	冶
偏	滂	滂	滂	滂	滂	幫	幫	滂	滂	滂	滂	幫
觸*	穿	穿	穿	穿	穿	穿	穿	穿	穿	穿	穿	穿

二. 清濁

佩	並	滂	滂	並	並	並	並	並	並	並	滂	並
跑*	並	並	滂	並	並	並	並	並	並	並	並	並
泊	滂	滂	滂	滂	並	滂	滂	滂~並	滂~並	滂~並	滂	滂~並
闔	滂	滂	滂	滂	滂	滂	並	滂~並	滂~並	滂~並	滂	滂~並
特*	透	透	透	透	透	定	透	透~定	定(1)	定(1)	定(1)	透~定
殊	審	審	審	審	審	審	審	審	審	審	審	禪
乎	匣	匣	匣	匣	匣	匣	匣	匣	匣	匣	匣	匣

三. 通塞

像	邪	邪	邪	從,邪	從	邪	邪	從,邪	邪	邪	從	從,邪
偕	匣	匣	匣	從	匣	匣	匣	匣	匣	見	匣	匣
溪	溪	曉	溪	溪	溪	曉	曉	曉	匣	曉	曉	溪

四. 見系雜例

鍋*	影	影	影	影	影	影	影	影	影	影	影	見,影
攜	曉	匣	曉	溪	匣	匣	匣	匣	匣	曉	匣	匣
皖	溪	溪	溪	溪	溪	溪	影	溪	曉	溪	喻(?)	溪

(1)'特'字梅濟蘄讀陽去,認爲定母,因爲入聲只有全濁在這幾處方言才可以歸陽去。

第二表　各地讀法不同的特字

一.送氣不送氣

字	嘉	咸	陽	通山	崇	蒲	通城	監	石	公	松	鶴
徧	幫	並(1)	並(1)	幫	並(1)	幫	幫	並(1)	並(1)	滂	滂	滂
觸*	穿	穿	照	穿	照	穿	穿	穿	穿	穿	照	穿

二.清濁

	嘉	咸	陽	通山	崇	蒲	通城	監	石	公	松	鶴
佩	滂	滂	並	並	滂	並	並	滂	滂	並	滂	滂
跑*	滂	並	並	滂	滂	滂	滂	並	滂	滂	滂	滂
泊	滂~並	滂	滂~並	滂	滂~並	滂~並	滂~並	滂	滂	滂	滂	並
闢	滂~並	滂	滂~並	滂	滂~並	滂~並	幫	滂	滂	滂	滂	滂
特*	透~定	透	透~定	透	透~定	透~定	透~定	透	定	定	透	透
殊	禪	照	審	禪	禪	禪	審	審	審	審	審	審
乎	曉	匣	匣	匣	匣	曉	匣	曉	匣	匣	匣	匣

三.通塞

	嘉	咸	陽	通山	崇	蒲	通城	監	石	公	松	鶴
像	從,邪	從,邪	從,邪	從	從,邪	從,邪	從,邪	從,邪	心	邪	清	邪
偕	匣	匣	匣	匣	見	匣	匣	匣	匣	匣	匣	匣
溪	溪	溪	溪	溪	曉	曉	溪	溪	溪	溪	溪	溪

四.見系雜例

	嘉	咸	陽	通山	崇	蒲	通城	監	石	公	松	鶴
鍋*	見	見	見	影	見	見	見	見	見	見	見	見
攜	曉	匣	匣	匣	曉	曉	匣	曉	曉	曉	曉	匣
皖	溪	溪	溪	溪	影	影	影	溪	溪	溪	溪	溪

(1)'徧'字咸陽崇監送氣而爲陽去,石不送氣,亦爲陽去,均若並母讀法。

五.聲母雜例

字	反切	類	廣州	福州	蘇州	長沙	南京	北平	武	漢口	漢陽	漢川
隸*	郎計	來	來	來	來	來	來	來	定	來	來	定
伺	相吏	心	從~邪	邪	從~邪	心~邪	清,心~邪	清,心~邪	清	清	心	清
彙	于貴	喻	來	來	喻	來	來	匣	來	匣	來	喻

六.開合口

字	反切	類	廣州	福州	蘇州	長沙	南京	北平	武	漢口	漢陽	漢川
茄*	求迦	開	開	開	開	開	合	開	合	合	開	合
删	所姦	開	開	開	開	合	開	開	合	合	開	合
仙	相然	開	開	開	開~合	開~合	開	開	開	開~合	開~合	開~合
鮮	相然	開	開	開	開~合	開~合	開	開	合	開~合	開~合	開~合
癬	息淺	開	開	開	開~合	開~合	合	開,合	合	開~合	開~合	合
軒	虛言	開	開	合	開	合	合	合	合	合	合	合
掀	虛言	開	開	開,合	開	合	開	開	開	合	合	合
弦	胡田	開	開	開	開	合	合	開	合	合	合	合
尋	徐林	開	開	開	開~合	開~合	開	開,合	開	開~合	開~合	開~合
繩*	食陵	開	開	開	開	開	開	開	開	開	開	開
沿	與專	合	合	合	開	合	開	開	合	合	＋	合
尹	余準	合	合	合	開	合	開	開	合	合	＋	合
傾	去營	合	開	開	開	合	開	開	合	合	開	開

五. 聲母雜例

字	沔	天	京	荆	當	江	枝	宜都	宜昌	長	興	秭
㥁*	定	來	定	定	來	定	定	定	來	來	定	定
信	心	心	心	心	清	心	心	清	心	清	清	心
彙	來	喻	日	喻	來	喻	來	＋	來	喻	日	匣

六. 開合口

	沔	天	京	荆	當	江	枝	宜都	宜昌	長	興	秭
茄*	合	合	合	合	合	合	開~合	開~合	合	合	合	合
刪	合	開	合	合	合	合	合	合	合	合	合	合
仙	開~合	開~合	開	合	合	合	開~合	開~合	合	開	合	開
鮮	開~合	開~合	合	合	合	合	開~合	開~合	合	合	合	合
癬	開~合	開~合	合	合	合	合	開~合	開~合	合	合	合	合
軒	合	合	合	合	合	合	開~合	開~合	合	合	合	合
掀	合	合	合	合	合	合	開~合	開~合	合	合	合	合
弦	合	合	合	合	合	合	開~合	開~合	合	合	合	合
尋	合	開~合	開,合	合	合	合	開~合	開~合	合	合	合	合
繩*	開	開	開,合	開,合	合	合	合	開,合	合	合	合	開,合
沿	合	合	合	合	合	合	開~合	開~合	開	合	合	合
尹	合	合	合	合	合	合	開~合	開~合	合	開	開	＋
傾	合	合	合	合	合	合	開~合	開~合	合	合	合	合

五. 聲母雜例

字	巴	恩	宣	來	利	谿	竹山	郞西	郞	均	光	房
隸*	定	定	定	定	定	定	定	來	來	來	來	來
伺	心	心	心	心	心	清	心	清	心	清	心	清
彙	匣	匣	日	來	來	匣	喻	來	來	匣	匣	來

六. 開合口

	巴	恩	宣	來	利	谿	竹山	郞西	郞	均	光	房
茄*	合	合	合	合	合	開	開	合	合	開,合	合	合
删	合	合	合	開	合	開	開	開	開	合	開	合
仙	合	開	開	開	開	開~合	開~合	開	合	開	合	合
鮮	合	合	開	合	合	開~合	開~合	合	合	合	合	合
癬	合	合	合	合	合	開~合	開~合	合	合	合	合	合
軒	合	合	合	合	合	開	開	合	合	合	合	合
掀	合	合	合	合	合	開	合	合	合	合	合	合
弦	開,合	合	合	合	合	開	開,合	開	合	合	開,合	合
尋	合	合	合	合	合	開~合	開~合	合	合	合	合	合
繩*	開	合	合	合	開	開	開	開	開	開	開	開
沿	合	合	合	合	合	開	開	合	合	合	合	合
尹	開	合	合	合	合	開	合	合	開	開	開	開
傾	合	合	合	合	合	開	開	合	合	合	合	合

五. 聲母雜例

字	保	漳	襄	鍾	棗	隨	應山	安	應城	雲	孝	禮
隸*	定	透	來	定	來	來	定	定	來	來	來	來
伺	清	清	清	心	心	心	心	邪	清	心	心	心
彙	來	來	＋	喻	＋	喻	匣	匣	匣	來	匣	匣

六. 開合口

茄*	合	合	合	合	開	合	開	開	開	開	開	開
刪	合	開	開	合	合	合	合	開	合	合	合	合
仙	合	合	合	合	開~合	開~合	開~合	開~合	開~合	開~合	開~合	開~合
鮮	合	合	合	合	開~合	開~合	開~合	開~合	開~合	開~合	開~合	開~合
癬	合	合	合	合	開~合	開~合	開~合	開~合	開~合	開~合	開~合	開~合
軒	合	合	合	合	合	開	合	合	開	開	開	開
掀	合	合	合	合	合	開	合	合	開	開	開	開
弦	合	合	合	合	合	開	開	合	開	開	開	開
尋	合	合	合	合	開~合	開~合	開~合	開~合	開~合	開~合	開~合	開~合
繩*	合	開.合	開	開.合	合	開	開	開	開	開	開	開
沿	合	合	合	合	合	開	開	開	開	開	開	開
尹	合	開	開	合	開	開	開	合	合	開	開	開
傾	合	合	合	合	合	合	開	開	開	開	開	開

五. 聲母雜例

字	陂	黃安	岡	鄂	麻	羅	英	浠	梅	濟	蘄	冶
隸*	來	來	定	定	來	定	定	定	來	定	定	定
伺	清	邪	心	邪	心	邪	清	邪	清	清	邪	清
彙	喻	匣	十	喻	匣	喻	匣	來	喻	來	十	來

六. 開合口

字	陂	黃安	岡	鄂	麻	羅	英	浠	梅	濟	蘄	冶
茄*	開	開	開	開	開	開	開	開	開	開	開	開
刪	合	合	開	開	開~合	開	開	開	開	開	開	開
仙	開~合	開~合	開~合	開~合	開~合	開~合	開~合	開~合	開~合	開~合	開~合	開~合
鮮	開~合	開~合	開~合	開~合	開~合	開~合	開~合	開~合	開~合	開~合	開~合	開~合
癬	開~合	開~合	開~合	開~合	開~合	開~合	開~合	開~合	開~合	開~合	開~合	開~合
軒	合	開	開	開	開	開	開	開	開	開	開	開
掀	合	開	開	開	合	開	開	開	合	合	開	開,合
弦	開	合	合	開	開	合	開	開	開	開	開	開
尋	開~合	開~合	開~合	開~合	開~合	開~合	開~合	開~合	開~合	開~合	開~合	開~合
繩*	開	開	開	開	開	開	開	開	開	開	開	開
沿	開	開	十	開	開	開	開	開	開	開	開	開
尹	開	合	十	開	合	合	合	合	合(1)	合	合	合
傾	開	開	開	開	開	開	開	開	合	開	開	合

(1)黃梅'尹'ən,但'引'in;且'允,云,運,永'等合口字皆讀ən,故認ən音爲表示自合口來的。

五. 聲母雜例

字	嘉	咸	陽	通山	崇	蒲	通城	監	石	公	松	鶴
隸*	定	定	來	來	定~來	定~來	定~來	定	定	定	定	定
伺	清	從	從	心	邪	清	邪	從	邪	心	清	清
彙	十	十	來	來	來	來	來	喻	匣	喻	來	喻

六. 開合口

字	嘉	咸	陽	通山	崇	蒲	通城	監	石	公	松	鶴
茄*	開	合(1)	合(1)	開	合	合	合	開	合	合	開	合
删	合	開	開	開	開	合	開	合	合	合	合	合
仙	開~合	開	開~合	開~合	開~合	開~合	開~合	開	開	開	開	開
鮮	開~合	開	開~合	開~合	開~合	開~合	開~合	開	合	合	合	合
癬	開~合	開	開~合	開~合	開~合	開~合	開~合	開	合	合	合	合
軒	開	開	開	開	合	開	合	合	開	合	合	合
掀	開	合	開	開	合	開	合	合	開	合	合	合
弦	開	合	開	合	開	合	開	合	合	合	合	合
尋	開~合	開~合	開~合	開~合	開~合	開~合	開~合	合	開	開	合	合
繩*	開	開	開	開	開	開	開	開	開	開	開	開
沿	開	合	開	開	開	開	開	合	合	合	合	合
尹	合	合	合	合	開	合	開	合	合	合	合	合
傾	合	開	合	合	合	合	合	合	合	合	合	合

〔1〕咸寧陽新'茄'tɕ'io,音同'瘸',其性質爲合口;開口韵母當爲ie,如'野'ie。

七. 韵母雜例

字	反切	類	廣州	福州	蘇州	長沙	南京	北平	武	漢口	漢陽	漢川
去*	丘倨	魚	魚	歌~豪	之	kʻɤ	kʻi	魚,kʻə	kʻɯ	kʻɤ	kʻɯ	之
履	力儿	脂	脂	脂	脂	脂	魚	魚	魚	魚	脂	脂
遂	徐醉	脂	脂~魚	脂	脂	脂	脂	脂	脂	脂	脂	魚
嚼	在爵	藥	藥	藥	藥	藥	藥	藥,宵	藥	藥	＋	藥

八. 聲調

字	反切	類	廣州	福州	蘇州	長沙	南京	北平	武	漢口	漢陽	漢川
貓	莫交,武庶	平	陰,陽(1)	陽	陰,陽	陰,陽	陰,陽	陰	陰	陽	＋	陰,陽
禿	他谷	入	入	入	入	入	入	平~入	入	入	入	入
飾*	賞職	入	入	入	入	入	入	去~入	去	去	去	入
玉	魚欲	入	入	入	入	去	去	去~入	去	去	去	去

(1)"陰"謂"陰平","陽"謂"陽平",此處依今調類注,以下"陰,陽"皆同。'貓'字明母平聲,今音依例當讀陽平,而方言中多有陰平讀法,依今調類注較爲醒目。

七. 韵母雜例

字	沔	天	京	荆	當	江	枝	宜都	宜昌	長	興	稊
去*	kʻɤ	kʻɯ	kʻɯ	kʻɯ	kʻɯ	kʻɯ	kʻɤ	魚~之,[1]	kʻɯ	kʻɤ	魚,kʻɤ kʻɤ	魚
履	魚	＋	魚	魚	魚	魚	脂~魚	脂~魚	魚	魚	魚	魚
遽	魚	魚	魚	魚	魚	魚	魚	魚	魚	魚	魚	魚
嚼	藥	藥	藥,宵[2]	宵	藥	藥	藥	宵	＋	宵	藥	宵

八. 聲調

貓	陽	陰,陽	陰,陽	陰,陽	陰,陽	陰,陽	陰,陽	陽	陰,陽	陽	陰	陰,陽
禿	入	入	入	入	平	平	入	入	入	入	平	入
飾*	去	去	去	去	去	去	去	去	去	去	去	去
玉	入	入	去	去	去	去	去	去	去	去	去	去

(1)宜都無撮口呼，魚之韵見系字韵母皆爲i，故'去'字白話音一讀作tɕʻi，認爲魚之兩可。

(2)京山'嚼'一讀 ₌tɕiau，韵母同宵韵平聲讀法，但宵韵從母平聲今當讀 ₌tɕʻiau（如'樵'）聲母當爲tɕʻ，不當爲tɕ。今'嚼'之白話音聲母作tɕ，不送氣，與宵韵平聲之音不完全相合。這裏注"宵"只是説韵母像宵韵罷了。此下湖北各地凡注"宵"者同此。（北平'嚼'白話音 ₌tɕiau，本亦可視爲藥韵又讀，此處注"宵"，僅表明今韵母爲-iau而已。）

七.韵母雜例

字	巴	恩	宣	來	利	谿	竹山	鄭西	鄭	均	光	房
去*	k'i	魚	之	之	之	之	魚	k'ɯ	k'ɤ	k'ɯ	k'ɯ	k'ɯ
履	魚	魚	魚	魚	魚	之	之	魚	魚	魚	魚	魚
遂	魚	魚	魚	魚	魚	脂	脂~魚	脂	脂	脂	脂	脂
嚼	宵	宵	宵	藥	藥	宵	宵	宵	藥	藥	藥,宵	藥

八.聲調

貓	陰,陽	陰,陽	陽	陽	陽	陰	陽	陰	陽	陽	陰	陽
禿	入	入	去	入	入	入[1]	平~入[2]	平	十	入	平~入[3]	入
飾*	去	去	去	去	去	去	入	去	去	入	入	去
玉	去	去	去	去	去	去	去	去	去	去	去	去

(1)竹谿入聲清音今歸陰陽平不定,'禿'字陽平,認爲是自入聲來的,因爲透母字只有古入聲才可以讀陽平。

(2)竹山入聲清音全歸陰平,'禿'字今讀陰平,不敢斷言是自平聲來的,還是自入聲來的,故爲平入兩可。

(3)光是'禿'字陰平,但因入聲清音一部分字歸陰平,認爲平入兩可。

七. 韵母雜例

字	保	漳	襄	鍾	棗	隨	應山	安	應城	雲	孝	禮
云*	魚	kʻi	kʻɯ	kʻɤ	魚	魚	之	之	魚	之	之	之
履	魚	魚	脂	魚	魚	魚	脂	脂	脂	脂	脂	脂
遂	脂	脂	脂	魚	魚	魚	脂~魚	脂~魚	脂~魚	脂~魚	脂~魚	脂~魚
嚼	藥,宵	藥,宵	宵	藥,宵	藥	藥	藥	藥	藥	藥	藥	藥

八. 聲調

	保	漳	襄	鍾	棗	隨	應山	安	應城	雲	孝	禮
貓	陽	陽	陰	陽	陰,陽	陰陽	陰	陽	陰陽	陰	陽	陽
禿	平	入	平	平	平	入	入	入	入	入	入	入
餿*	去	去	入	入	去	去	去	入	去	去	去	去
玉	去	去	去	去	去	去	入	入	去	入	入	入

七.韵母雜例

字	陂	黃安	岡	鄂	麻	羅	英	浠	梅	濟	蘄	冶
去*	之	之	魚	之	之	之	魚	之	之	之	之	之
履	脂	脂	脂	脂	脂	脂	脂	脂	脂	脂	脂	脂
遂	脂～魚	脂～魚	脂～魚	脂～魚	脂～魚	脂～魚	脂～魚	脂～魚	脂～魚	脂～魚	脂～魚	脂～魚
嚼	藥	藥	藥	藥	藥	藥	藥	藥	藥	藥	藥	藥

八.聲調

貓	陽	陰	＋	陰陽	陽	陽	陽	陰	陰	陽	陰	陰,陽
禿	入	入	＋	入	入	去	＋	入	入	入	入	入
飾*	去	去	去	去	去	去	＋	去	入	去	入	去
玉	去	入	入	去	入	去	去	入	去	去	去	去

七. 韵母雜例

字	嘉	咸	陽	通山	崇	蒲	通城	監	石	公	松	鶴
去*	之	之	之	之	zie	之[1]	dzʑie	kʼɤ	kʼɤ	kʼɤ	kʼɤ	kʼi
履	脂	脂	脂	脂	脂	脂	脂	脂	脂	魚	魚	魚
遂	脂~魚	脂~魚	脂~魚	脂~魚	脂~魚	脂~魚	脂~魚	魚	魚	脂~魚	魚	脂~魚
嚼	藥	藥	藥	藥	藥	藥	藥	藥	藥	宵	藥	宵

八. 聲調

字	嘉	咸	陽	通山	崇	蒲	通城	監	石	公	松	鶴
貓	陰,陽[2]	陽	陽	陽	陰,陽	陽	陽	陽	陽	陽	陽	陰,陽
禿	入	入	去	入	+	+	入	去	去	入	入	去
餙*	入	入	去	入	入	入	入	去	去	去	入	去
玉	入	去	入	去~入[3]	入	入	入	去	入	入	去	去

(1)參看第五十三地圖注。

(2)咸寧呼"貓"曰mi。•zi,音如"滅兒",大概是象貓叫聲以稱貓,並不是'貓'字的讀音；不然就成"訓讀"了。

(3)通山"玉"字陽去,但因入聲次濁一部分在通山歸了陽去,所以認爲去入兩可。

四.極常用詞表

以下載的詞大多數是從句子裏的用法問出來的，例如'也'字是用'我姓王你也姓王'一句話來問的。所以以下所登的些個詞以所問的句子的用法爲限，比方那個'也'字某處叫 °ia，那麼在類似的句子裏如'張三不去，李四也不去'大概也是用那個詞，但對於不大同的用法上就不能一定包括在內，例如在'哭得連話也説不出來了'，在未另調查以先不能斷定那地方仍是用 °ia，還是用 ᴄtou，還是兼用。遇到沒有通行字可寫之詞有時注音，有時就寫一同音字，如，'冒'（＝沒有），'蠻'（如蠻好蠻重），'真朝'（＝今天）；但這類借音字都是選那與當地讀音切合的字，如'蠻好'，有時寫'滿好'，有時寫'慢好'，就是依當地讀陽平，上聲或去聲而定的；又如'陣在'（＝現在）不寫'正在'，那是因爲分陰陽去的地方第一字總是陽去，不是陰去。以下是問各詞時原來所用的些例句（只有你，我，他少數幾個不致誤會的詞沒有用例句）：

詞	例句
我。	
你。	
你(尊稱)。	
他。	
的。	我的。
我們。	
你們。	
他們。	
爸爸(父稱呼)。	
媽媽(母稱呼)。	

詞	例句
爺爺（祖父稱呼）。	
奶奶（祖母稱呼）。	
也。	我姓王，你也姓王，
咱們。	
兩個。	咱們兩個人都姓王。
都。	
這個。	這個東西，
那個。	那個東西，
東西。	
是。	兩個當中到底是哪一個好一
哪一個（？）。	點呢？
一點。	
不。	
在。	不在這裏，
這裏。	
那裏。	是在那裏。[1]
到。	
哪裏。	你到哪裏去？
去。	
裏。	我到城裏去。
了。	
快。	不早了，快去罷。
罷。	

---

(1)這個例句選得不大好，聽者往往誤聽作"既不在此處，然則在何處"講。遇到有這種誤會時就改用文言"不在此處，乃在彼處"，或說明是遠指的意思，不是問話的意思，就不致誤會了。

詞	例句
現在。 還。 哩。 ……………………	現在還早哩[1]
等一會兒。	等一會兒再去罷。
喫了飯。 好吧? ……………………	喫了飯再去好吧?
不要! 煞! ……………………	不要急煞!
慢慢的。	慢慢的喫阿!
坐着。 站着。 ……………………	坐着喫比站着喫好些。
要。 這麼。 那麼。 ……………………	不是這麼做,是要那麼做的。
那麼(多) 這麼(多) 就。 ……………………	用不着那麼多,只要這麼多就够了。
什麼?	這是什麼?
話。 怎麼。 説。 ……………………	這句話用──(此處填被調查地名)話怎麼説?
誰? ……………………	誰呀?

---

(1)北平話不分'呢'(問話及假設),'哩'("尚,猶"等義),都讀 •nə。現在從一般用字習慣在這種句法裏寫作'哩'字。

詞	例句
呢？	我是老二。老四[1] 呢？
同（跟，和）。 一個。 説着話哩。	他正在那裏同（跟，和）一個 朋友説着話哩。
没有。	他還没有説完哩。
今天。	他今天不來了。
給我一本書。	給我一本書。
没有書嚜。	我没有書嚜。
把。 上。 替。	把桌上的書替我拿去。
拿得動嗎？	拿得動嗎？
哩。	有五磅[2] 哩。
得。	重得很哩。
得。	重得連我都拿不動了。
説得很好。	你説得很好。
會。 點。	你還會説點什麽？
小孩子。	
妻。	

---

(1)用"老四"不用"老三"是因爲'三'字後如有nə，ni等助字，就不能辨出n音是本有的還是從'三'（san）字的-n尾連出來的。

(2)用'磅'不用'斤'理由與用'老四'不用'老三'同。

詞	我	你	您(尊稱你)	他	(我)的
第幾地圖				五十五圖	五十六圖
武昌	我	你	ꜜņ •家	他	•的
漢口	我	你	你 •家	他	•的
漢陽	我	你	你 •家	他	•的
漢川	我	你	ꜜņ •na	他	•的
沔陽	我	你	ꜜņ •na	他	•的
天門	我	你	ꜜņ •na	他	•的
京山	我	你	ꜜņ •na •kə;您(꜖nən)	他	•的
荊門	我	你	你 •na	他	•的
當陽	我	你	你 •nia	他	•的
江陵	我	你	你 •na	他	•的
枝江	我	你	ꜜniã	他	•的
宜都	我	你	ꜜniə	他	•的
宜昌	我	你	ꜜniə	他	•的
長陽	我	你	ꜜniaŋ	他	•的
興山	我	你	ꜜniə	他	•的
秭歸	我	你	ꜜniə̃	他	•的
巴東	我	你	ꜜniə	他	•的
恩施	我(ŋo,o)	你	ꜜniə家;ꜜniə	他	•的
宣恩	我	你	ꜜniə	他	•的
來鳳	我	你	ꜜniə •家	他	•的
利川	我	你	ꜜniə •家	他	•的
竹谿	我	ņ	ꜜņ •nar	他	•的

詞	我	你	您(尊稱你)	他	（我）的
第幾地圖				五十五圖	五十六圖
竹山	我	你	你老兒	他	•的
鄖西	我	你	你老兒	他（城語）；kʻeˊ（西鄉語）	•的
鄖	我	你	你老兒	他	•的
均	我；俺	你	你老兒	他；ᵌte	•的
光化	我	你	你老兒家	他	•的
房	我	你	你 •nə	他	•的
保康	我	你	ᵌniar	他	•的
南漳	我	你	你 •niə家；ᵌniə家；ᵌniə	他	•的
襄陽	我	你	你老兒；你老人家	他	•的
鍾祥	我	你	ᵌniãr •ka(＜你老人家)	他	•的
棗陽	我	你	你	他	•的
隨	我	你	你老人家	他	•的
應山	我	你	ᵌṇ •no	他	•的
安陸	我	你	ᵌṇ •na	他	•的
應城	我	你	你 •na	他	•的
雲夢	我	你	你 •nia	他	•的
孝感	我	你；ᵌṇ	ᵌṇ •nɛ	他	•的
禮山	我	你	ᵌṇ •na •kə	他	•的
黃陂	我	你	ᵌnən •a	他	•的
黃安	我	你	ᵌṇ •nə	他	•的
黃岡	我	你	你 •na •kə	他	哩的（如我哩的）

詞	我	你	您(尊稱你)	他	(我)的
第幾地圖				五十五圖	五十六圖
鄂城	我	你	꜅naŋ •ka	他	•的
麻城	我	꜅n̩	꜅n̩ •ne •kə	他	•的
羅田	我	你	꜅n̩ •nə •kə	他	•的
英山	我	你	你老人家(kɒ)	他	•的
浠水	我	你	你老人家(꜅ ni ꜊nuŋ ka)	他	•的
黃梅	我	你；꜅n̩	꜅n̩老 •n̩ •ka	꜅k‘a	•的
廣濟	我	꜅n̩	꜅n̩ ꜅naŋ •ka	xe	•的
蘄春	我	你	꜅n̩ •naŋ •ka	他	•的
大冶	我	꜅ŋ	꜅n̩ •nar	k‘a꜖	•個
嘉魚	我	你	你 •na	他	•個
咸寧	我	꜅n̩	꜅n̩ •na	꜊i	•個
陽新	我	꜅n̩	꜅n̩ •naŋ •ka	꜊k‘e	•個
通山	我	꜅n̩	n̩ •ne	其(tɕi)	•個
崇陽	我	꜅n̩	꜅n̩ •na •kə	꜅i	•個
蒲圻	我	꜅n̩	꜅n̩ •na •ka	꜊na	•個
通城	我	꜅n̩	꜅n̩ •na •ka	꜅i	•個
監利	我	你	꜅n̩ ꜅naŋ •ka	他	•的
石首	我	你	你 ꜅naŋ	他	•的
公安	我	你	你 ꜅naŋ •ka	他	•的
松滋	我	你	꜅n̩ •na	他	•的
鶴峯	我	你	꜅niə；niə家	他	•的

詞	我們	你們	他們	爸爸
第幾地圖				
武昌	我們	你們	他們	爹
漢口	我們	你們	他們	爹
漢陽	我們	你們;你家們	他們	爹;伯伯
漢川	我們	你們	他們	爸爸($_{⊂}$pa •pa)
沔陽	我們	你們	他們	爺爺;伯伯
天門	我們	你們;$^{⌐}$ņ •na們	他們	$_{⊂}$ta •ta
京山	我們	你們	他們	爺爺
荊門	我們	你們	他們	爺;阿爺
當陽	我們	你們;$^{⌐}$nia們	他們	爹
江陵	我們	你們	他們	爹
枝江	我們	你們	他們	爹
宜都	我們	你們;$^{⌐}$niə們	他們	爹
宜昌	我們	你們	他們	爹
長陽	我們	你們	他們	爹
興山	我們	你們	他們	爹
秭歸	我們	你們	他們	爹;伯伯
巴東	我們	你們;$^{⌐}$niə們	他們	爹;伯伯
恩施	我們	你們;$^{⌐}$niə們	他們	爹;伯伯;爸爸
宣恩	我們	你們	他們	爹
來鳳	我們	你們	他們	爹($_{⊂}$tie,tia);爺($_{≤}$ia)
利川	我們	你們	他們	爹
竹谿	我們	你們	他們	伯伯($_{≤}$pə •pə)

詞	我們	你們	他們	爸爸
第幾地圖				
竹山	我們	你們	他們	爺
鄖西	我們	你們	他們	伯；爹（東鄉）
鄖	我們	你們	他們	爹
均	我們[1]	你們	他們	伯；伯伯；爹
光化	我們	你們；你老兒家們	他們	爹
房	我們	你們	他們	爹
保康	我們	你們	他們	爹；伯；爺（$_⊆$ia）
南漳	我們	你們	他們	爹
襄陽	我們	你們；你老兒們	他們	爹；伯伯
鍾祥	我們	你們；$^⊏$niar •ka們	他們	$_⊏$ta •ta
棗陽	我們	你們	他們	伯伯
隨	我們	你們	他們	伯伯（叔父稱爹）
應山	我們	你們；$^⊏$ņ •no們	他們	爹；伯伯
安陸	我們	你們；$^⊏$ņ •na們的	他們	爸爸；爹
應城	我們	你們；你 •na們	他們	父；伯伯；伯爺
雲夢	我們	你們；你 •nia們	他們	爹；父；爸爸
孝感	我 •tʂɛ；我們	你tʂɛ；$^⊏$ņ •ɐ •tʂɛ	他 •tʂɛ	父（山音）；伯伯
禮山	我們	你們	他們	父；爹；爺；伯伯；爸爸
黃陂	我們	你們	他們	爹
黃安	我家（•tɕie）	$^⊏$ņ家（•tɕie）	他家（•tɕie）	父；伯伯
黃岡	我們	你們	他們	父

（1）均縣鄉語有'俺們''咱們'之別，見下'咱們'條注。

詞	我們	你們	他們	爸爸
第幾地圖				
鄂城	我們	你們	他們	꜀i
麻城	我家（•tɕie）	꜁ŋ家（•tɕie）	他家（•tɕie）	父；伯；爸爸；伯伯
羅田	我 •te；我 •tɕio	꜁ŋ；꜁ŋ •nə •te	他 •te	父；伯；爺
英山	我 •ŋ	你們	他們	ta꜂
浠水	我們	你們	他們	爺；父；爹
黃梅	我 •te •ɕin	你 •te •ɕin	他 •te •ɕin	꜁te；꜁tai；伯
廣濟	我 •i •se	你 •se	꜁xe •se	父
蘄春	我幾個	你幾個	他幾個	爺；爹
大冶	我 •la	꜁ŋ •la	kʼa꜂ •la	爺（꜁iɔ；꜁ie）
嘉魚	我 •tɕi（<家）	你 •tɕi（<家）	他 •tɕi（<家）	爺
咸寧	我家	你 •家	他 •家	꜁ia（爺）
陽新	꜁xan	꜁ŋ •ne	꜁kʼe •ne •sï •zã	爺
通山	uan꜄ •niau	꜁ŋ •niau	꜁tɕi（其）•niau	꜁爺꜄；父；•a꜅ ꜁i
崇陽	我 •個 •lɤ	꜁ŋ •個 •lɤ	꜁i •個 •lɤ	爺
蒲圻	我 •dˀɘ	꜁ŋ •dˀɘ	꜁na •dˀɘ	爺；爸爸
通城	我 •dˀɘ	꜁ŋ •dˀɘ	꜁i •də	父；爺
監利	我們	你們	他們	伯伯
石首	我們	你們；你 •naŋ們	他們	爺爺
公安	我們	你們	他們	꜁te；爺
松滋	我們	你們	他們	爹
鶴峯	我們	你們	他們	爹；爹爹

詞	媽	爺爺	奶奶	也	咱們	兩個
第幾地圖						
武昌	ᶜm̩•媽	爺爺	奶奶	也	我們	兩個
漢口	ᶜm̩•媽	爺爺;爹爹	≤tʰe	也	我們	兩個
漢陽	ᶜm̩•媽	爹爹	婆婆	也	我們	兩個
漢川	ᶜm̩•媽	爹爹	婆婆	也	我們	兩個
沔陽	≤m̩•媽;娘	爹爹	婆婆;≤nan媽	也	我們	兩個
天門	≤m̩•媽;娘	爹	婆婆	也	我們	兩個
京山	ᶜm̩•媽	爹爹	婆婆	也	我們	兩個
荊門	ᶜm̩•媽	爹爹;爺爺	婆婆	也	我們	兩個
當陽	≤媽	爹爹(曾祖稱爺爺)	婆婆;(曾祖母稱太太)	也	我們	兩個
江陵	ᶜm̩•媽	爹爹	奶奶	也	我們	兩個
枝江	媽	爺爺	婆婆	也	我們	兩個
宜都	媽	爺爺	婆婆	也	我們	兩個
宜昌	媽	爺爺	婆婆	也	我們	兩個
長陽	媽	爺爺	婆婆	也	我們	兩個
興山	媽	爺爺	婆婆	也	我們	兩個
秭歸	媽	爺爺	婆婆	也	我們	兩個
巴東	媽	爺爺	奶奶	也	我們	兩個
恩施	媽	爺爺	奶奶	也	我們	兩個
宣恩	媽	≤tia•tia(爹爹)	奶奶	也	我們	兩個
來鳳	媽	公公	婆婆	也	我們	兩個
利川	媽	公	奶奶	也	我們	兩個
竹谿	媽	爺爺	奶奶	也	我們	兩個

詞	媽	爺爺	奶奶	也	咱們	兩個
第幾地圖						
竹山	媽；姨（少用）	爹	奶奶	也	我們	兩個
鄖西	媽	爺	奶奶	也	我們	兩個
鄖	媽	爺	奶奶	也	我們	兩個
均	媽；娘（城語）	爺	奶；奶奶	也	我們；咱們[1]	兩個
光化	媽	爺	奶奶	也	我們	兩個
房	媽	爺	奶奶	也	我們	兩個
保康	媽；⊆娘	爺	奶奶	也	我們	兩個
南漳	媽	爺爺	奶奶	也	我們	兩個
襄陽	媽	爺	奶奶	也	我們	兩個
鍾祥	媽；⊆娘	爹爹	婆婆	也	我們	兩個
棗陽	媽	爺爺	奶奶	也	俺們；我們	兩個
隨	媽	爺爺	奶奶	⊆亦	我們	兩個
應山	媽；⊂m̩•媽	爹爹；爺爺	婆婆	也	咱們；我們	兩個
安陸	⊂m̩•媽	爹爹；爺爺	婆婆	也	我們	兩個
應城	⊂me；⊂m̩•me ⊂m̩媽	爹爹	婆婆	也	我們	兩個
雲夢	媽；娘	爹爹	婆婆	也	我們	兩個
孝感	⊂m̩•媽	爹爹	婆婆	也	我•tʂɛ	兩個
禮山	媽；媽媽；⊂m̩•媽	爹爹；爺爺	婆婆；奶奶	也	咱們；我們	兩個
黃陂	⊂m̩•媽	爹爹	婆婆	也	我們	兩個
黃安	tʻeˀ；娘	爹	neˀ；婆婆	也	我•tɕia（<家）	兩個
黃岡	⊂m̩媽	爺	婆婆	也	我們	兩個

（1）均縣鄉語有'俺們''咱們'之別；'俺們'不包對方，'咱們'必包對方，城語則統用'我個'無區別。

詞	媽	爺爺	奶奶	也	咱們	兩個
第幾地圖						
鄂城	u^2；꜀me（孩子呼母）	ti^2	婆	也	我們	兩個
麻城	tʻe^2；娘；꜀me	爹	奶；ne^2	也	我者；我們	兩個
羅田	i^2（異）	爹	奶	也	我們	兩個
英山	a^2	爹	奶^2	也	我們	兩個
浠水	大；꜁ia；꜀me	爹	奶；婆；太兒	也	咱們；我們	兩個
黃梅	꜁m̩媽；娘	爹（꜁tia）	꜁奶	也	我（兩個）	兩個
廣濟	i^2（異）	爹	奶	也	꜁ŋaŋ；我們	兩個
蘄春	i^2；大	公	婆	也	我（兩個）	兩個
大冶	꜀i[1]（異）	公,爺	꜁奶	也	꜀xan •la[2]	兩個
嘉魚	꜀m̩ ꜁ma	爹（꜁tia）	媽	也(ia)	我 •tɕi	兩個
咸寧	꜁娘	爹	媽	也(ia)	我們	兩個
陽新	꜀m̩；娘；i^2（異）	爹	媽	也(ia)	我們	兩個
通山	娘；•a^{2}奶	•a^2 ꜁kŋ（公）；•a^2 ꜁ti	•a^{2}婆	也(iɔ)	我們	兩個
崇陽	媽	爹	꜁ŋa（哀）	也	我們	꜁iaŋ個
蒲圻	娘；媽媽	爹爹	꜁m̩媽	也	我們	兩個
通城	媽媽	爹爹（꜁tia •tia）	꜁ŋai •tɕia（哀家）	也	我 •dʻo	꜁oŋ個
監利	꜀m̩媽	爹爹	奶奶	也	我們	兩個
石首	꜀m̩媽	爹爹（꜁tia •tia）	꜁pʻɤ •pɤ	也	我們	兩個
公安	꜀m̩媽	爹爹（北꜁tie •te；南 tia •tiɛ）	꜁tia •tia（北）；꜁pʻɤ •pɤ（南）	也	我們	兩個
松滋	꜀m̩媽	老爹	婆婆	也	我們	兩個
鶴峯	媽；媽媽	爺爺；老爺；爹爹（꜁ia tia）	婆婆	也	我們	兩個

(1)大冶陽去全歸陰平，故 ꜀i實與他處陽去i^{2}相當。

(2)大冶 ꜀xan •la＝咱們，必包對方；我 •la＝我們，不包對方。

詞	都	這個	那個	東西	是	哪一個
第幾地圖		五十七圖				
武昌	꜀tou	這個	那個	東西	是	哪一個
漢口	都	這個	那個	東西	是	哪一個
漢陽	都	這個	那個	東西	是	哪一個
漢川	都	tɕieꜗ	ꜛna	東西	是	ꜙsa個
沔陽	都	這個	那個	東西	是	哪個
天門	都	tsənꜗ（入聲調）	nenꜗ（入聲調）	東西	是	哪一個
京山	都	這個	那個（n˞ •ko）	東西	是	哪一個東西
荊門	都（꜀tu）	這個	ꜛ那個（ꜛno •ko）	東西	是	哪（ꜛna）一個
當陽	都	這個	那個	東西	是	哪一個
江陵	都	nieꜗ個	那個	東西	是	哪一個
枝江	都	這個	那個	東西	是	哪一個
宜都	都（꜀tu）	neꜗ個	那個	東西	是	哪一個
宜昌	都	neꜗ個	那個	東西	是	哪一個
長陽	都	這個	那個	東西	是	哪一個
興山	都	這個	那個	東西	是	哪一個
秭歸	都（꜀tu）	這個；nieꜗ個	那個	東西	是	哪一個
巴東	都（tu，tou）	這個	那個	東西	是	哪個
恩施	都	這個	那個	東西	是	哪一個
宣恩	都	neꜗ個	那個	東西	是	哪一個
來鳳	都	這個	那個	東西	是	哪個
利川	都	這個	那個	東西	是	哪一個
竹谿	都	這個	那個	東西	是	哪一個

詞	都	這個	那個	東西	是	哪一個
第幾地圖		五十七圖				
竹山	都	這個	那個	東西	是	哪一個
鄖西	都	這個	那個	東西	是	哪一個
鄖	都	這個	那個	東西	是	哪一個
均	都	這個	那個	東西	是	哪一個
光化	都(tu͟,tə͟u)	這個	那個	東西	是	哪一個
房	都	這個	那個	東西	是	哪一個
保康	都	這個	那個	東西	是	哪一個
南漳	都(tou͟)	nie˧個	那個	東西	是	哪一個
襄陽	都	這個	那個	東西	是	哪一個
鍾祥	都(tou͟)	這個	那個	東西(•çie)	是	哪一個
棗陽	都	這個	那個	東西	是	哪一個
隨	都	這個	那個	東西	是	哪一個
應山	都	這個	那個	東西	——	哪一個
安陸	都	⸗tie˧個	那個	東西	——	哪個
應城	都	這個	那個	東西	是	哪一個
雲夢	都	⸗ne個	那個	東西	是	哪個
孝感	都	這個	那個	東西	(是)	哪(一)個
禮山	都	這個	那個	東西	是	哪一個
黄陂	都	nie˧個	⸌nie個	東西	是	⸌sa個
黄安	都;督	ti˧個;ne˧個	那個	東西	是	哪一個
黄岡	都	tçie˧個(•ke)	那個(•ke)	東西	是	哪一個

詞	都	這個	那個	東西	是	哪一個
第幾地圖		五十七圖				
鄂城	都	tɕie個	那個	東西	是	哪個
麻城	都	tsï⁼	那個	東西	——	哪一個
羅田	都	ko⁼個;te⁼個	那個	東西	——	哪一個
英山	都	⁼ne個	那個	東西	是	哪一個
浠水	都	這個;ne⁼個（中指）	那個	東西	是	哪一個
黃梅	都;xa⁼是	te⁼個	i⁼個	東西	是	⁼ne一個
廣濟	都	ne⁼個	u⁼個	東西	——	哪一個
蘄春	都	te⁼個;ne⁼個	那個	東西	是	哪一個
大冶	都	這（tsɔ⁼）個	那個	東西	是	哪一個
嘉魚	都	這（tsa⁼）個;ni⁼個（中指）	那個	東西	是	哪一個
咸寧	都	ko⁼個	nei⁼個	東西	是	sa⁼一個
陽新	都	這（tsa⁼）個	nei⁼個	東西	是	哪一個
通山	都	⁼ka個	⁼pi個	東西	是	哪（一）個
崇陽	ia⁼	ko⁼個	i⁼個	東西	是	哪個
蒲圻	ia⁼	te⁼個	ne⁼個	東西	是	哪一個
通城	ia⁼;都	ke⁼個	(h)ai⁼個	東西	是	哪個
監利	都	nie⁼個	na⁼個	東西	是	哪一個
石首	都	tə⁼個	nən⁼	東西	是	哪一個
公安	都	₌nie個;₌tə個	那個	東西	——	哪一個
松滋	都	這個	那個	東西	——	哪一個
鶴峯	都	nie⁼個;這個	那個	東西	是	哪一個

詞	(好)一點	不	在	這裏	那裏	到
第幾地圖						
武昌	些	不	tai$^{\urcorner}$	這·裏	那裏	到
漢口	一點	不	tai$^{\urcorner}$	這·裏	那裏	到
漢陽	些	不	在	這·裏	那裏	到,往
漢川	些	不	在	tɕie$^{\urcorner}$·的	那·的	到
沔陽	些	不	在	這 $_{\llcorner}$xɤ	那 $_{\llcorner}$xe	到
天門	些	不	在	這裏	那裏	kʻɯ$^{\urcorner}$
京山	些	不	在	這·ɕie	那·ɕie	kʻɯ$^{\urcorner}$（去）
荆門	些	不	在	這裏	$^{\llcorner}$那（$^{\llcorner}$no)裏	到
當陽	一點;一些	不	在	這裏	那裏	到
江陵	些	不	在	nie$^{\urcorner}$裏	那裏	到
枝江	些	不	在	這裏	那裏	到
宜都	些	不	在	ne$^{\urcorner}$裏	那裏	到
宜昌	點兒	不	在	這裏	那裏	往
長陽	些	不;$_{\llcorner}$mei	在	這裏	那裏	到
興山	些;點兒	不	在	這兒	那裏	到
秭歸	些	不	在	這裏	那裏	到
巴東	些	不	在	這裏	那裏	到
恩施	一點;些	不	在	這裏	那裏	到
宣恩	些	$_{\llcorner}$mei	在	ne$^{\urcorner}$裏	那裏	到
來鳳	些	不	在	這裏	那裏	到
利川	點	$_{\llcorner}$mei	tai$^{\urcorner}$;在	這的	那的	到
竹谿	些	冒	在	這兒	le$^{\urcorner}$·xə	到

詞	(好)一點	不	在	這裏	那裏	到
第幾地圖						
竹山	一點	不	在	這裏	那裏	到
鄖西	點兒	꜀mei	在	這兒	那兒	到
鄖	一些	不	在	這兒	那兒	到
均	些	不	在	這裏（城）這兒（鄉）	那裏（城）那兒（鄉）	到
光化	些	不	在	這兒	那兒	到
房	些	不	在	這裏	那裏	到
保康	一些	不	在	這裏	那裏	到
南漳	一點兒	不	在	這兒裏	那兒裏	到
襄陽	一點	不	在	這 •xə	那 •xə	到；往
鍾祥	一點兒	不	在	這兒	那兒	到；k‘ɤ꜁
棗陽	一點兒	不	在	這裏	那裏	到
隨	些	不	在	這裏	那裏	到
應山	一些	不	taiꜗ	這裏,這的	那裏,那的	taiꜗ
安陸	一點；一些	不	taiꜗ	這兒	那兒	到
應城	些	不	在	這裏	那裏	到；往
雲夢	（些）	不	在	neꜗ裏	那裏	往
孝感	一꜀tia（＜點）	不	taiꜗ	這的；這塊	那的；那塊	到
禮山	些	不	taiꜗ	這裏	那裏	上；到；往
黃陂	些	不	在	neꜗ •çi	꜀nie •çi	到
黃安	些	不	在	tiꜗ •te,ne •te	那 •te	到
黃岡	些	不	taiꜗ	這裏	那裏	到

詞	(好)一點	不	在	這裏	那裏	到
第幾地圖						
鄂城	些	不	在	tɕieˀ 裏	那裏	到
麻城	些	不	在	tiˀ •te	那 •te	到
羅田	些	不	在	teˀ •te；teˀ ke •tʂə	那 •ke •tʂə	到
英山	些(ɕi)	不	在	這裏	那裏	到
浠水	些	不	在	這裏	那下兒(xar)	到
黃梅	些	taˀ •ti	没得		uˀ •ti	到
廣濟	些(⸂se)	不	taiˀ	le⸌ •te	uˀ •te	到
蘄春	些	不	在	tieˀ •xar	那 •xar	到；上
大冶	點兒	不	在	tsɔˀ (這)i	lɔˀ (那)i	到
嘉魚	些(ɕiaˀ)	不	在	這裏	那 •xo	到
咸寧	點	不	在	這 •kʻa	neiˀ •ka	到
陽新	——	不	在	這裏	neiˀ 裏	到
通山	sï	不	在	⸃ka •te	⸂pi •te	到
崇陽	些	不	在	koˀ •nɤ	aˀ •nɤ	到
蒲圻	些(•ɕia)	冒	在	teˀ 裏	neˀ 裏	到
通城	些(•ɕia)	不(pə⸌)	在	koˀ •tʻe	(h)aiˀ •le	到
監利	些	不	taiˀ	這裏	那裏	到
石首	一點	不	在	təˀ 裏	nənˀ 裏	去
公安	些	不	在	nieˀ •ɕi	noˀ •ɕi	去
松滋	些	没有	在	這 •ɕie	那 •ɕie	到
鶴峯	些	不	在	這裏 •ɕi	那裏 •ɕi	到

詞	哪裏	去	（城）裏	（不早）了	快（去）	（快去）罷
第幾地圖				五十八圖		
武昌	哪裏	kʻɯ꜔	·裏	·了	快點	·ɯ；·ɔ
漢口	哪裏	kʻɤ꜔	·裏	·了	快點	——
漢陽	哪裏	kʻɯ꜔	·裏	·了	快	·罷
漢川	哪的	tɕʻi꜔	·的	·了	快	·a
沔陽	哪 ˍxe	kʻɯ꜔	·裏	——	快	——
天門	哪裏	kʻɯ꜔	·裏	·啦(no)	快	——
京山	哪 ·ɕi	kʻɯ꜔	·裏	·達	快	·罷
荊門	哪(ˍna)裏	kʻɯ꜔	·裏	·達	快	·a
當陽	哪裏	kʻɯ꜔	·裏	·了	快	·罷
江陵	哪裏	kʻɯ꜔	·裏	·了	快	·罷
枝江	哪裏	kʻɤ꜔	·的	啦	快些	·罷(不常用)
宜都	哪裏	kʻɯ꜔ ;tɕʻi꜔	·裏	·了	快	——
宜昌	哪裏	kʻɤ꜔	·裏	·達	快點兒	·罷
長陽	哪裏	kʻɤ꜔;tɕʻi꜔	·裏	·達	快	——
興山	哪兒(ˍnə)	kʻɤ꜔	·裏	·啦	快	·罷
秭歸	哪裏	去	·裏	·達	快	·罷
巴東	哪裏	kʻi꜔	·裏	·達	快	·罷
恩施	哪裏	去	·裏	·了	快	·罷
宣恩	哪裏	tɕʻi꜔	·裏	·達	快些	·呀(ia)
來鳳	哪裏	tɕʻi꜔	·裏	·no	快	·no
利川	哪的	tɕʻi꜔	·的	達	快些	罷
竹谿	哪兒	tɕʻi꜔	·裏	了	快些	罷

詞	哪裏	去	(城)裏	(不早)了	快(去)	(快去)罷
第幾地圖				五十八圖		
竹山	哪裏	去	•裏	了	快	罷
鄖西	哪兒	kʻɯˀ	•的	•lə	快	罷
鄖	哪兒	kʻɤˀ	•裏	•啦	快	罷(不常用)
均	哪裏;哪兒	kʻɯˀ	•裏	了	快	罷
光化	哪 ꜗxə	kʻɯˀ	•裏	啦	快	罷
房	哪裏	kʻɯˀ	•裏	啦	快	罷
保康	哪裏	去	•裏	•nə	快	罷
南漳	哪裏	kʻiˀ	•裏	•no	快	罷
襄陽	哪裏	kʻɯˀ	裏;的	•no	快	罷
鍾祥	哪兒	kʻɤˀ	•裏	•達	快	罷
棗陽	哪裏	去	•裏	•了	快	——
隨	哪裏	去	•裏	•了	快	罷
應山	哪裏	tɕʻiˀ	•裏	了	快	——
安陸	哪裏	tɕʻiˀ	•的	•uo	快些	——
應城	哪裏	去	•裏	了	快	•罷
雲夢	哪裏	tɕʻiˀ	•裏	——	快	——
孝感	哪裏;哪的	tɕʻiˀ	•裏;的	•ua	快	——
禮山	哪裏	tɕʻiˀ	•裏	了	快些	——
黄陂	哪裏	tɕʻiˀ	•裏	了	快些	——
黄安	哪te;哪的	tɕʻiˀ	•裏	了	快	——
黄岡	哪裏	去	•裏	了	快	罷

詞	哪裏	去	（城）裏	（不早）了	快（去）	（快去）罷
第幾地圖				五十八圖		
鄂城	哪裏	tɕ'i꜒	•裏	了	快些	——
麻城	哪的	tɕ'i꜒	•的	了	快	罷
羅田	哪 •tʂə	tɕ'i꜒	•的	——	快	
英山	哪裏	去	•裏	•lə	快	罷
浠水	哪 •xar	tɕ'i꜒	•裏	•lə	快	罷
黃梅	哪 •ti	tɕ'i꜒	•裏	（天動了黑）	快點	——
廣濟	哪 •tə	tɕ'i꜒	•的	了	快	罷
蘄春	哪 •xar	tɕ'i꜒	•裏	•lie	快	罷
大冶	哪裏	tɕ'i꜒	•裏	了	快	•io
嘉魚	哪裏	tɕ'i꜒	•裏	•nie	快	——
咸寧	哪 •nə	tɕ'i꜒	•裏	•le	趕快	——
陽新	ꜗna(哪)i	tɕ'i꜒	•裏	了	快	啊
通山	哪裏;哪te	tɕ'i	•裏	了	快	呀
崇陽	哪 •nɤ	zie꜒	•裏	•nə	快點	——
蒲圻	哪裏	dʑ'i꜒	•裏	了	快	•罷
通城	哪dʑ'e	dʑ'ie	（街上）	•dʑ'e	快	•罷
監利	哪裏	k'ɤ꜒	•裏	了	快	•罷
石首	哪裏	k'ə꜒	•裏	•達	快	——
公安	哪裏	k'ə꜒	•的	•達	快些	——
松滋	哪裏	k'ə꜒	•裏	——	快些	
鶴峯	哪裏	k'i꜒	•裏	了	快	•罷

詞	現在	還(早)	(還早)哩	等一會兒
第幾地圖				
武昌	現在;陣⁼暫(1)	⊆xai	——	等一下兒(xar⁼)
漢口	陣⁼暫	⊆xai	•哩	等一下(xa⁼)
漢陽	陣⁼暫	⊆xai	•哩	等一下(xa⁼)
漢川	現在	⊆xai	•o	等一下子(xa⁼ •tso)
沔陽	這期	⊆xai	——	等一下兒(xar⁼)
天門	這期	⊆xai		等一下(xa⁼)
京山	陣⁼暫子	⊆xai		等一下(xa⁼)
荆門	這時候兒	⊆xai		等一下(xa⁼)子
當陽	現在;這麼時候	xai;還	•哩	等一下兒(xə⁼)
江陵	這時	⊆xai		等一下(xa⁼)
枝江	這時候	⊆xai		等一下兒(xar⁼)
宜都	這時	⊆xai		等一下兒(xə⁼)
宜昌	ne⁼時候兒	⊆xai		等下(xa⁼)
長陽	現在	⊆xai		等一下(xa⁼)
興山	這個時候	⊆xai	•nə	等一下(xa⁼)
秭歸	這個時候;nie⁼個時候	⊆xai	——	ai⁼一下(xa⁼)
巴東	這個時候	⊆xai	•哩	等一下兒(xə⁼)
恩施	這暫	⊆xai	•哩	等一下(xa⁼)
宣恩	ne⁼時候兒	⊆xai	•mən	等一下兒(xar⁼)
來鳳	這個時候	⊆xa	•啦	等一kaŋ⁼
利川	這個時候兒	⊆xai	達	等一下(xa⁼)
竹谿	這時候兒	⊆xai	•niou	等一下兒(xar⁼)

(1)'陣暫','陣在'之'陣'字,本可寫作'正',但因此詞在分陰陽去的地方,第一字總是陽去,是陰去,所以寫作'陣'字方與語音相合。

詞	現在	還(早)	(還早)哩	等一會兒
第幾地圖				
竹山	這麼朝兒(tsəmˀ ₌tsaur)	≤xai	——	等一下兒(xəˀ)
鄖西	這時候兒	≤xai	——	等一下兒(xarˀ)
鄖	陣暫	≤xan	•啊	等一下兒(xarˀ)
均	這時候;tʂaŋˀ uaŋˀr	≤xai	•lia	等一會兒;定一會兒;停一會兒
光化	陣tʂaŋˀr;tʂaŋˀ uɛŋˀr	≤xai	——	等一下兒(xəˀ)
房	陣暫	≤xai	哩	等一下(xaˀ)子
保康	現在	≤xai	哩	等一會兒
南漳	這麼朝兒(tsəmˀ tsaur)	≤xai	嚜	等一下兒
襄陽	這個時候;陣 ₌tsaŋ	≤xai	——	等下兒(xəˀ)
鍾祥	陣°暫子	≤xai	——	等一下兒(xəˀ)
棗陽	現在;此刻	≤xai	——	等一會兒(xurˀ)
隨	陣在	≤xai	——	等一下兒(xəˀ)
應山	陣們 •tsə	≤xai	——	等一下兒(xarˀ)
安陸	陣在	≤xai	——	等一下兒(xarˀ)
應城	陣們 •tsə	≤xai	——	等一下(xaˀ);等一下(xaˀ)
雲夢	neˀ •tse	≤xai	•ɔ	候一下兒(xəˀ)
孝感	陣在	≤xai	•ua	過下(xaˀ)
禮山	這暫	≤xai	——	過下兒(xarˀ)
黃陂	ŋ̩•tsa	≤xai	——	候一下(xaˀ)
黃安	tiˀ •麼•朝兒;這•麼•朝兒	≤xai	——	等一下(xãˀ)
黃岡	這麼(tsəmˀ) •tsa	≤xai	——	過一下(xaˀ)

詞	現在	還(早)	(還早)哩	等一會兒
第幾地圖				
鄂城	tɕieᵓ 們咎(ᐧtsa)	⊆xai	ᐧnə	等一下(xaᵓ)
麻城	tiᵓ 麼咎;這麼咎	⊆xai	哩	等一下(xaᵓ)
羅田	n̩ᵓ ᐧtsə	⊆xai	——	等一下兒(xarᵓ)
英山	此 ᐧ的	⊆xai	——	等一 ⊂xua ᐧxər
浠水	這個時候;現在 ᐧ陣咎兒(sar)	⊆xai	——	過一下兒(xarᵓ)
黃梅	teᵓ 時候	⊆xan	——	等一下(xaᵓ)
廣濟	現在	⊆xan	ᐧno	等一下兒(xarᵓ)
蘄春	kʻoŋ ɚᵓ;neᵓ ᐧ個時候	⊆xa	——	等一下兒(xarᵓ)
大冶	這麼早	⊆xa	ᐧle	等一下(xɔᵓ)子
嘉魚	tsaᵓ ⊂ma	⊆xai	——	等一下(xaᵓ)
咸寧	⊂tʻiou	⊆xa	哩	等一下(xaᵓ)
陽新	這們 ⊂tsaŋ	⊆xa	ᐧnə	等一下(xaᵓ)子
通山	koᵓ ᐧsɚr	⊆xa;⊆la	ᐧlɔ	等一下(xaᵓ)
崇陽	koᵓ ᐧkə時候 ᐧtɕi	⊆xã	——	⊂tie一下(xaᵓ)子
蒲圻	而今(⊆ər tɕin)	⊆lai	ᐧdʻie	等一下兒(xar)
通城	如今	⊆hai	ᐧdʻe	等下子(⊂tien ᐧia ᐧtse)
監利	這 ᐧ麼 ᐧ咎	xai	ᐧlə	等一下(xaᵓ)
石首	təᵓ ᐧ麼時 ⊂tɕi	xai	ᐧnie	等一下兒(xarᵓ)
公安	陣時候	xai	哩	過下(xaᵓ) ᐧnə;站下(xaᵓ) ᐧne
松滋	這們時候	xai	——	等一下兒(xarᵓ)
鶴峯	這時候;現在	xai	嘞	等一下兒(xəᵓ)

詞	喫了飯	好吧?	不要(急)	(不要急)煞!	慢慢的
第幾地圖			五十九圖		
武昌	喫了飯	——	莫	煞	慢慢的
漢口	喫了飯	好不好	不要	•o	⸢mẽ ⸤mẽ
漢陽	喫了飯	好不好	莫	煞	慢慢的
漢川	喫了 ⸤ia飯	好些(?)	不要	啊	慢慢的
沔陽	喫了飯	可不可得?	不要	——	慢點
天門	喫了飯	好不好?	不要	——	慢點
京山	喫達飯	好不好?	不要	煞	慢些
荊門	喫達飯	好吧?	不要	煞	慢慢的
當陽	喫了飯	好吧?	不要	煞	慢慢的
江陵	喫了飯	好不好?	不要	——	慢慢的
枝江	喫啦飯	好不好?	不要	——	慢點
宜都	喫了飯	好不好?	不要	煞	慢慢的
宜昌	喫 ⸢iau飯達	好不好?	莫	煞	慢點兒
長陽	喫達飯	好不好?	不要	煞	慢點
興山	喫了飯	好吧?	不要	煞	慢點兒
秭歸	喫達飯	好不好?	不要	煞	慢慢的
巴東	喫 •nə飯	好不好?	不要	煞	慢慢的
恩施	喫了飯	好吧?	不要	煞	慢慢的
宣恩	喫 •ie飯 •達	好不好?	不消	呀	慢些
來鳳	喫 •nə飯	好不好?	不要	啊	慢慢的
利川	喫 •達飯	好poˇ?	莫	吧	慢 ⸤慢
竹谿	喫了飯	好吧?	不消	煞	慢慢兒

詞	喫了飯	好吧？	不要(急)	(不要急)煞！	慢慢的
第幾地圖			五十九圖		
竹山	喫了飯	好不好？	不要	——	慢慢的
鄖西	喫 •lau飯	好不好？	莫要	煞	慢慢兒的
鄖	喫了飯	好吧？	不要	煞	慢慢的
均	喫了飯	行吧？;行不行？	不要	煞	慢慢的
光化	喫啦飯	好吧？;行吧？	不要;莫	煞	慢慢的
房	喫 •nə飯	好吧？	不要	煞	慢慢的
保康	喫 •nə飯	——	不要	——	꜀慢 ꜀慢的
南漳	喫 •no飯	好不好。	不要	煞	慢慢哩(•ni)
襄陽	喫了飯	好吧？;行吧？	不要	煞	慢慢兒的
鍾祥	喫 •達飯	好吧？	不要	煞	慢慢的
棗陽	喫了飯	好不好？	不要	——	慢慢的
隨	喫了飯	好吧？	不要	煞	慢慢的
應山	喫了飯	好不好？	不要	——	慢慢兒的
安陸	喫 •iau飯	好不好？	莫	煞	慢些
應城	喫了飯	——	不要	——	慢慢的
雲夢	喫 •a飯	——	不要	——	慢慢哩(•ni)
孝感	喫了飯;喫 •au飯	好吧？	莫(慌)		慢些;慢 ꜀tia
禮山	喫了飯	好不好？	不要	呀	慢慢的
黃陂	喫了飯	好不好？	不要	——	꜀me ꜀me的
黃安	喫了飯	好不？	不要	煞	me꜔ •me的
黃岡	喫了飯	好不好？	莫	煞	me꜔ •me的

詞	喫了飯	好吧？	不要(急)	(不要急)煞！	慢慢的
第幾地圖			五十九圖		
鄂城	喫了飯	好不好？	不要	煞	慢點
麻城	喫了飯	好 •pe？	不要	——	慢慢的
羅田	喫了飯	好 •pe？	不要；不消	——	慢些
英山	喫了飯	——	不要	——	慢慢兒
浠水	喫 •le飯	要得吧？	不要	煞	慢慢的
黃梅	喫掉飯	好 •po？	莫(慌)	煞	慢慢的
廣濟	喫了飯	好 •pe？	不要	呀	慢慢兒的
蘄春	喫了飯	好吧？	莫(忙)	煞	慢慢兒的
大冶	喫 •lə飯	好吧？	莫	•tsa	慢慢的
嘉魚	喫 •nie飯	好不好？	不要	煞	•mə mə
咸寧	喫了飯	好不？	不要	•na	慢慢
陽新	喫了飯	好不好？	莫	呀	慢點
通山	喫了飯	能得吧？	不要	——	慢慢哩
崇陽	喫 •le飯	好 •pa好？	不要(荒唐)	——	慢 •tie
蒲圻	喫了飯	好不好？	不要；莫	煞	慢點
通城	喫 •d'e飯	好吧？	不要	煞	慢點
監利	喫了飯	好不好？	不要	煞	慢點
石首	喫達飯	好不好呢？	不要	呀	慢點
公安	喫達飯達	好不好？	不要(慌)	煞	從容些
松滋	喫達飯達	好不好？	不要	煞	慢些
鶴峯	喫了飯	好不好？	不要	——	慢慢的

詞	坐着	站着	要	這麼	那麼
第幾地圖		六十圖			
武昌	坐到[1]	站到	要	這樣	那樣
漢口	坐倒[1]	站倒	要	這樣	那樣
漢陽	坐倒	站倒	要	這樣	那樣
漢川	坐倒	站倒	要	tɕie⊐樣	⪤nan個樣
沔陽	坐到	站到	要	像這	像那
天門	坐倒	站倒	要	這樣	noŋ⊐樣
京山	坐倒	站倒	要	這樣	那樣
荊門	坐倒	站倒	要	這樣	那樣
當陽	坐倒	站倒	要	這麼	那麼
江陵	坐倒	站倒	要	這樣	那樣
枝江	坐到	站到	要	這樣	那樣
宜都	坐倒	站倒	要	這個樣	那個樣
宜昌	坐到	站到	要	ne⊐樣	那樣
長陽	坐倒	站倒	要	這樣	那樣
興山	坐倒	站倒	要	這樣	那樣
秭歸	坐着	tan⊐着	要	nie⊐樣	那樣
巴東	坐倒	站倒	要	這麼	那麼
恩施	坐倒	站倒	要	這樣	那樣
宣恩	坐倒	站倒	要	ne⊐們	那們
來鳳	坐倒	站倒	要	tsən⊐們	nen⊐們
利川	坐倒	站倒	要	這樣	那樣
竹谿	坐倒	站倒	要	這樣兒	le⊐樣兒

(1)'坐到','站到','到'字如讀上聲者姑寫作'倒',與去聲作'到'相區別。

詞	坐着	站着	要	這麼	那麼
第幾地圖		六十圖			
竹山	坐得	站得	要	這樣	那樣
鄖西	坐倒	站倒	要	這樣	那樣
鄖	坐倒	站倒	要	這樣兒	那樣兒
均	坐着;坐那兒	站着;站那兒	要	這個樣	那個樣
光化	坐到那兒	站到那兒	要	這個樣	那個樣
房	坐住	站住	要	這麼	那麼
保康	坐倒	站倒	要	這樣	那樣
南漳	坐倒	站倒	要	這樣兒	那樣兒
襄陽	坐倒	站倒	要	這樣	那樣
鍾祥	坐倒	站倒	要	這樣	那樣
棗陽	坐倒	站倒	要	這樣	那樣
殰	坐倒	站倒	要	這樣	那樣
應山	坐倒	站倒	要	這樣	那樣
安陸	坐到	站到	要	tie⁻樣兒	那樣兒
應城	坐倒	站倒	要	這樣	那樣
雲夢	坐倒	站倒	要	ne⁻樣	那樣
孝感	坐倒	站倒	要	niɛ⁻樣	那樣
禮山	坐倒	站倒	要	這樣	那樣
黃陂	坐倒	站倒	要	niɛ⁻樣	ˉniɛ樣
黃安	坐倒	企⁻倒	要	ti⁻樣;ne⁻樣	那樣
黃岡	坐倒	站倒	要	這樣	那樣

詞	坐着	站着	要	這麼	那麼
第幾地圖		六十圖			
鄂城	坐倒	企ʔ倒	要	這樣	那樣
麻城	坐倒	企ʔ倒	——	tiʔ樣的	那個樣
羅田	坐•to	企ʔ•to	要	tənˀ•ŋ•kə	那•n•kə
英山	坐倒	企ʔ倒	要	這樣	那樣
浠水	坐•tə	站•tə;企ˀ•tə	要	這樣	那樣
黃梅	坐倒	站倒;企ʔ倒	要	təˀ個樣子	iˀ樣
廣濟	坐到	站倒	要	neʔ樣	那樣
蘄春	坐倒	企ʔ倒	要	teˀ樣	那樣
大冶	坐倒	企倒	要	這個	那個
嘉魚	坐倒	站倒	要	這樣	niʔ樣
咸寧	坐到	企ʔ到	——	ˤko樣	neiʔ樣
陽新	坐倒	企ʔ到	要	這樣	那樣
通山	坐倒	企ʔ到	要	˪ko•çin	˪pi•çin
崇陽	坐•tə	企ʔ•tə	要	tsïˀ個ȵiaŋ	haˀ•ȵiaŋ
蒲圻	坐倒	企ʔ倒	要	tieˀ樣	neʔ樣
通城	坐•to	企ʔ•to	要	tsïˀ樣	haiˀ樣
監利	坐倒	企倒	要	這樣	那樣
石首	坐•to	站•to	要	təˀ們	那們
公安	坐•tou的	站•tou的	要	nieʔ•m̩	那•m̩
松滋	坐到	站到	——	這們	那們
鶴峯	坐倒	站倒	要	這麼	那麼

詞	那麼(多)	這麼(多)	就(够了)	什麼東西?
第幾地圖				六十一圖
武昌	那些	這些	就	麼東西;麼傢伙
漢口	那樣多	這樣多	tsou˧;就	麼事
漢陽	那些	這些	就	麼東西;麼事
漢川	那些	這些	就	麼i˧(意?)
沔陽	那些	這些	tsəu˧	麼東西
天門	那些	這些	就	˞ŋ•ti
京山	那些	這些	就	˞oŋ(甚麼)傢伙
荆門	那些	這些	就	什麼子
當陽	那麼多;那些;那樣多	這麼多;這些;這樣多	就(够了);就(有了)	什麼
江陵	那麼多	這麼多	就(有了)	麼事
枝江	那們多	這們多	tsou˧(有達)	麼東西
宜都	那樣多	這樣多	就	什麼兒
宜昌	那們多	這們多	tsou˧	甚麼
長陽	那樣多	這樣多	就(有達)	甚麼(˴səm)東西
興山	那多	這多	就(有了)	甚麼子啊
秭歸	那麼多	這麼多	就(有達)	ʂuən˧(<甚麼)子
巴東	那麼多;那些	這麼多;這些	就	什麼
恩施	那麼多	這麼多	就(有了);就(够達)	麼子
宣恩	那麼多	n˧們多	就(有達)	麼子
來鳳	nən˧們多	tsən˧們多	就	麼子
利川	那些	這些	就	什麼
竹谿	le˧們多	這們多	tsou˧	麼事;麼東西

詞	那麼（多）	這麼（多）	就（够了）	什麼東西？
第幾地圖				六十一圖
竹山	那些	這些	就（有了）	麼事；啥ʔ子
鄖西	那些	這些	tsouꞈ	啥ʔ東西；啥ʔ子
鄖	那些	這些	就	啥ʔ子
均	那些	這些	就	啥子；啥ʔ
光化	那些	tsənꞈ些	就	啥子；啥東西
房	那麼多	這麼多	就	啥子
保康	那些	這些	就	seꞈ麼
南漳	那些	這些	就（有了）；就（够了）	啥子
襄陽	那些	這些	təuꞈ够了	啥子
鍾祥	那樣多	這樣多	就	啥；甚麼；soŋꞈ•tsï（＜甚麼子）
棗陽	那樣多	這樣多	就	甚麼
隨	那些	這些	就（有了）	麼事；麼東西
應山	那些	這點兒多	就（有了）	麼東西；麼傢伙
安陸	那麼多；nieꞈ麼多	tieꞈ麼多	tsəuꞈ	ꞕme
應城	那些	這些	就（有了）	麼事
雲夢	那些	neꞈ點兒	tsəuꞈ	麼事
孝感	那些	nieꞈ些	就（够了）；就（有了）	麼事；麼傢伙
禮山	那些	這些	就	麼事
黃陂	ꞕnie些	nieꞈ些	就（有了）	麼
黃安	那樣多	tiꞈ樣多	tsəuꞈ	麼事
黃岡	那樣多；那些	這樣多；這些	就（有了）	麼事；麼東西

詞	那麼（多）	這麼（多）	就（夠了）	什麼東西？
第幾地圖				六十一圖
鄂城	那些	tɕieʔ 些	tsouʔ	麼子
麻城	那個樣些	tiʔ 些；tsïʔ 樣多	tsəuʔ	麼事
羅田	那n̩多兒	tənʔ n̩多兒	tsəuʔ	麼事；麼東西
英山	那樣多	這點兒	就	麼
浠水	那麼多；那樣多	這麼多；這些	tsouʔ	麼事；麼東西
黃梅	꜀kuan許多；iʔ樣許多	teʔ 許多	就	麼東西
廣濟	那些	neʔ 些	tso꜁	麼
蘄春	那多	neʔ 些	tsəu；就	麼事
大冶	那個多	這個多	就	麼底
嘉魚	niʔ 些；那些	這些	tsʰəuʔ	麼底
咸寧	neiʔ 些	koʔ 多	就	麼東西
陽新	neiʔ 樣多	neiʔ 樣多	就	麼東西
通山	꜀pi ꜀si多	꜀pi ꜀si多	就	麼哩（·li）
崇陽	iʔ n̩iaŋʔ 多	꜀ko些	就（有了）	麼哩（·nə）
蒲圻	neʔ 些；neʔ 樣多	tieʔ 些；tieʔ 樣多	dzʰouʔ有了	麼哩(dʰi)
通城	keʔ 些	koʔ 些	就	麼哩(dʰe)
監利	那些	這些	就（有了）	麼事
石首	那些	這些	就	꜀suŋ
公安	꜀nie些子	nieʔ 些	就（有了）	꜀soŋ·uo事
松滋	那些子	nieʔ 們多	就（有達）	꜁suŋ個
鶴峯	那麼多	這麼多	就	麼東西

詞	話	怎麼	説	誰?	呢?
第幾地圖		六十二圖			
武昌	話	怎麼	説	哪一個?	呢?
漢口	話	怎麼	説	哪一個?	呢?
漢陽	話	麼樣	説	哪一個?	呢?
漢川	話	怎麼	説	哪一個?	呢?
沔陽	話	像哪	説	哪個?	呢?
天門	話	哪樣	説	哪個?	呢?
京山	話	哪樣(ᶜiaŋ)	説	哪個?	吶?
荊門	話	怎ᵓ麼	説	哪一個?	吶?
當陽	話	怎麼	説	哪一個?	呢?
江陵	話	麼樣	説	哪一個?	呢?
枝江	話	怎麼樣	説	哪個?	ne?
宜都	話	怎樣	説	哪個?	呢?
宜昌	話	哪麼	説	哪個?	ne?
長陽	話	怎麼	説	哪個?	ne?
興山	話	哪們	説	哪個?	ne?
秭歸	話	怎麼	説	哪個?	呢?
巴東	話	怎麼樣	説	哪一個?	呢?
恩施	話	哪麼	説	哪一個?	呢?
宣恩	話	哪們	講	sïa(<是哪個?)	ne?
來鳳	話	哪麼	講	哪個?	ne?
利川	話	怎麼	説	哪個?	呢?
竹谿	話	ᶜtsar方兒	説	哪個?	le?

詞	話	怎麼	説	誰?	呢?
第幾地圖		六十二圖			
竹山	話	ꜛtsa方兒	説	哪一個?	呢?
鄖西	話	ꜛtsa	説	那個?	le?
鄖	話	怎麼	説	꜀ʂə?	吶?
均	話	ꜛtsa	説(哩)	誰?;哪一個?	呢?
光化	話	ꜛtsa方法	説	誰個?;哪一個?	呢?
房	話	怎麼	説	哪一個?	吶?
保康	話	怎樣	説	誰個?	呢?
南漳	話	ꜛtsən;ꜛtsa	説	哪個?	呢?
襄陽	話	ꜛtsə;ꜛtsa方兒	説	誰個?	吶?
鍾祥	話	怎麼	説	ꜛsïa(<是哪個?)	ne?
棗陽	話	怎樣	説	誰?	ne?
隨	話	怎麼樣	説	哪一個?	呢?
應山	話	麼樣	説	哪個?	呢?
安陸	話	麼樣;怎麼	説	哪個?	呢?
應城	話	怎麼樣	説	誰?	吶?
雲夢	話	麼樣	説	哪個?	呢?
孝感	話	麼樣	説	(是)ꜛ啥個?	呢?
禮山	話	怎麼;怎樣	説	哪個?;誰?	哩?
黃陂	話	什麼(樣)	説	(是)哪個?	呢?
黃安	話	麼ꜝ樣	説	哪個?	呢?
黃岡	話	麼樣	説	哪一個?	呢?

詞	話	怎麼	説	誰?	呢?
第幾地圖		六十二圖			
鄂城	話	麼樣	説	哪一個?	ne?
麻城	話	麼樣兒	説	哪一個?	呢?
羅田	話	麼樣	説	哪一個?	呢?
英山	話	麼樣	説	哪一個?	吶?
浠水	話	怎麼樣;怎麼兒	説	哪個?	le?
黃梅	話	麼樣	説法	mai一個?	——
廣濟	話	麼樣	説	哪一個?	
蘄春	話	麼樣;麼兒	説	哪個?	呢?
大冶	話	(是)麼	説	哪個?	le?
嘉魚	話	麼樣	説	哪個?	
咸寧	話	麼樣	説	啥個?	ne?
陽新	話(uaᵔ)	麼樣	説	nai個?	ne?
通山	話(uᴇᵔ)	什麼 •çin	説	哪一個呀?	呢?
崇陽	話(uaᵔ)	那n̠iaŋᵔ	話	哪個?	吶?
蒲圻	話	哪們	説	哪一個? 哪個?	哩(dʻie)?
通城	事;話	n̠io,n̠ioŋᵔ	話(uaᵔ);説	哪個?	dʻe?
監利	話	麼樣	説	哪個?	ne?
石首	話	哪們	説	哪個?	呢?
公安	話	哪們	説;講	哪一個?	呢?
松滋	話	哪們	講	哪個?	nie?
鶴峯	話	哪麼;怎麼	説;講	哪個?	呢?

詞	同;跟;和	一個	說着話哩	沒有(說完)	今天
第幾地圖				六十三圖	
武昌	跟;和	一個	説話哩	⸗mei有	今天
漢口	跟	一個	説話	沒有(⸗miou)	今天;今兒
漢陽	跟	一個	在説話哩	沒有(⸗miəu)	今日(⸗tɕiɯ)
漢川	跟	一個	在説話	mau꜒	今朝
沔陽	與	一個	在説話	mai꜒	今兒
天門	跟;和(少用)	一個	在説話	沒有	⸗tsən朝
京山	跟	一個	正在説話	⸗mei有	今兒
荊門	跟	一個	説話	沒有(⸗miəu)	今兒
當陽	跟	一個	在説話	沒有	今日(⸗tɕiɯ)
江陵	跟;和	一個	在説話	沒有	今兒
枝江	同;跟	一個	正在説話哩	⸗mei	今天;今
宜都	跟	一個	在説話	沒有	今兒
宜昌	跟	一個	在説話	⸗mei有	⸗tʂə・天
長陽	跟	一個	在説話	⸗mei有	今日(⸗tɕiɤ)
興山	跟	一個	在説話	⸗mei有	今兒;今兒天
秭歸	跟	一個	在説話	沒有	今兒
巴東	跟	一個	在説話	沒有	今天
恩施	同	一個	在説話	沒有	今兒個
宣恩	跟	一個	在講話哩	⸗mei	今兒天
來鳳	꜒和(音同'火')	一個	講話	⸗mie	今天
利川	同	一個	説話哩	沒有	今天
竹谿	跟	一個	在説話哩	⸗mau	今兒

詞	同;跟;和	一個	説着話哩	没有(説完)	今天
第幾地圖				六十三圖	
竹山	跟	一個	在説話	没有	今兒
鄖西	跟	一個	在説話	⸗mie有	今兒
鄖	跟	一個	説話	⸗mei	今兒;今哩
均	跟;和	一個	説着話哩;在説話	没	今兒哩
光化	跟	一個	正説話	没有	今天
房	跟	一個	説話	m̩	今天;今兒
保康	同	一個	説話	没有	今兒哩
南漳	跟	一個	在説話	⸗mei	今兒
襄陽	跟	一個	在説話	⸗mei	今兒
鍾祥	跟	一個	説着話 •tʂe	mei⸣	今兒
棗陽	同	一個	説話	⸗mei	今天
隨	跟	一個	在説話	没有	今朝
應山	跟	一個	在説話	⸗mau	今 ⸢tso
安陸	跟	一個	tai⸣ 説話	mo⸣	今 ⸗tʂəu
應城	跟	一個	在説話	没有	今天;今日
雲夢	和	一個	在説話	冒	今朝
孝感	跟	一個	tai⸣ 説話	冒	今 •nɛ
禮山	跟;和	一個	tai⸣ 説話	冒	今 •ɔ
黄陂	跟	一個	tai⸣ 説話	冒	真早
黄安	同;跟	一個	在説話	冒	真 •tʂə
黄岡	跟	一個	tai⸣ 説話哩	冒	真 •tso

詞	同;跟;和	一個	説着話哩	没有(説完)	今天
第幾地圖				六十三圖	
鄂城	跟	一個	説話哩	冒	真 •tsa
麻城	跟	一個	説話	冒	真朝
羅田	跟	一個	説話	冒	真 ᶜtʂou
英山	跟	一個	説話哩	冒	今天
希水	跟	一個	搭嘴兒	冒	今天;真朝
黃梅	跟;同	一個	説話	冒	真朝
廣濟	跟	一個	正在説話	冒	今天
蘄春	跟	一個	在説話	冒	今兒
大冶	跟	一個	在那裏説話	冒	今天
嘉魚	跟	一個	faᴗ説話	冒	今兒(ᶜtɕiɔ)
咸寧	跟	一個	在説話哩	冒	今日
陽新	跟	一個	正在説話	冒	今日
通山	跟	一個	在説話	冒	今日
崇陽	跟	一個	話事	冒	今朝
蒲圻	搭	一個	在説話	冒	今日
沔城	ᶜu ᶜtau	一個	話(uaᴗ)事	冒	今日
監利	同;跟	一個	在説話	冒	今日(ᶜtɕiɯ)
石首	跟	一個	説話	ᶜmei	今兒
公安	跟	一個	講達話哩	没有	今兒
松滋	同	一個	正自在説話	ᶜmei有	今日(ᶜtɕiɯ)
鶴峯	跟	一個	正在説話	没有	今朝

詞	給我一本書	沒得書嘍[1]	把	（桌）上	替（我拿來）
第幾地圖					
武昌	把我一本書	沒有書嘍	把	高頭	把
漢口	把本書我	沒得書	把	上；高頭	跟
漢陽	把一本書我	沒得嘍	把	上	tᶜeiˀ（＜替）；跟
漢川	把得我一本書	沒得(•tai)書嘍	把	上	把
沔陽	把我一本書	沒得書嘍	把	高頭	幫
天門	把本書我	沒得書嘍	把	高頭	跟
京山	把一本書達我	沒有書嘍	把	高頭	跟
荆門	把一本書我	沒得書	把	高頭	跟
當陽	把本書我	沒有書嘍	把	上	替；跟
江陵	把本書我	沒得書嘍	把	高頭	替
枝江	把我一本書	沒得書嘍	把	上；高頭	跟
宜都	把本書我	沒有書嘍	把	高頭	跟
宜昌	把我一本書	꜀mei得書 •ɔ	把	高頭	跟
長陽	把我一本書	沒得書嘍	把	高頭	跟
興山	給(꜀kɤ)我一本書	沒得書嘍	把	高頭	給
秭歸	給(꜀kei)我一本書	沒得書嘍	把	上	給
巴東	把本書給(•ke)我	沒得書嘍	把	上	替
恩施	給(꜀kei)我一本書；遞一本給我	沒有書嘍	把	上	給
宣恩	把我一本書	꜀mei得書嘍	把	高頭	跟
來鳳	遞我一本書	沒得書嘍	把	上	幫
利川	把我一本書	沒有書	把	上	把
竹谿	給(꜀kei)我一本書	沒得書嘍	把	高頭	給

(1)有些不用語末助詞的地方,也許是沒有問出相當的口氣來。

詞	給我一本書	沒得書嘍	把	（桌）上	替（我拿來）
第幾地圖					
竹山	給($_⊂$ke)我一本書	沒有書嘍	把	上	給
鄖西	給($^⊂$kɤ)我一本書	沒得書 •po	把	上	跟
鄖	給($_⊂$kɤ)我一本書	沒($_⊂$me)得書	把	上	替
均	給($_⊆$kɯ)我本書	沒得書嘍	把	上	給
光化	給($_⊆$kɯ)我一本書	沒得書嘍	教	上	給
房	給我一本書	沒有書嘍	把	上	給
保康	給我一本書	沒有書嘍	把	上	——
南漳	給($_⊆$ki)我一本書	沒得書嘍	把	上	$^⌣$ko(給我)
襄陽	給($_⊆$kɯ)我一本書	$_⊂$mei得書嘍	教	上	給
鍾祥	給($^⊂$kɤ)我一本書	mei$^⊃$得書	把	上	替
棗陽	給我一本書	$_⊂$mei有書嘍	把	上	替
隨	把本書我	沒得書嘍	把	上	tʻei$^⊃$（<替）
應山	把本書我	沒得書嘍	把	高頭	跟
安陸	把本書達我	沒得書嘍	把	上	給($^⊂$kə)
應城	把本書我	沒有書嘍	把	上;高頭	跟
雲夢	把本書我	冒得書嘍	把	上	替
孝感	把本書我	冒得書嘍	把	高頭	替;教
禮山	把本書我	冒得書	把	高頭	替
黃陂	把本書達我	冒得書	把	上	給(•tɕi)
黃安	把本書我	冒得嘍	把	上;高頭	替;跟
黃岡	把本書得我	沒得書	把	高頭	替

詞	給我一本書	沒得書嘎	把	（桌）上	替（我拿來）
第幾地圖					
鄂城	把我一本書	冒得書 ·le	把	高頭	跟
麻城	把本書達我	沒得書嘎	把	高頭	tɕ'i˳（給）
羅田	把本書達我	冒得書	把	高頭	幫
英山	把本書我	冒得書嘎	把	上	·tie
浠水	把我一本書	冒得書嘎	把	上	幫
黃梅	꜀ma我一本書	沒得書嘎	꜀ma	上	替；幫
廣濟	把我一本書	沒得書嘎	把	上	t'e
蘄春	把我一本書	冒得書嘎	把	上	跟
大冶	把一本書來我	沒得書嘎	把	高頭個	替
嘉魚	把我一本書	沒得書嘎	把	上	跟
咸寧	把本書得我	沒得書嘎	把	高頭	跟
陽新	把本書得我	沒得書嘎	把	高頭	·ka
通山	把本書得我	冒得書嘎	把	高頭	替
崇陽	把得我一本書	沒得書嘎	把	上	·d'ie
蒲圻	把本書到我	沒得書哩（·d'ie）	把	高底	幫
通城	把本書·d'e我	冒得書嘎	把	上	幫
監利	把本書我	沒得書嘎	把	高頭	跟
石首	把我一本書	沒得書嘎	把	高頭	跟
公安	把我一本書	沒得書嘎	把	高頭	跟
松滋	把我一本書	沒得書	把	上；高頭	幫
鶴峯	把我一本書	沒有書嘎	把	上	跟

詞	拿得動嗎?	有五磅哩[1]	(重)得(很)	(重)得(連)
第幾地圖				
武昌	拿得動嗎?	哩	得	得
漢口	拿得動?	哩	——	得
漢陽	拿不拿得動?	吶	得	得
漢川	拿得起?	哩	得	得
沔陽	拿不拿得起?	•e	得	——
天門	拿不拿得起?	——	得	得(我都)
京山	拿得動?	哩	得	得
荊門	拿不拿得動?	——	得	得
當陽	拿得動嗎?	哩	得	得
江陵	拿不拿得動?	哩	得	得
枝江	拿不拿得起?	吶	(蠻重)	得
宜都	拿得動?	——	得	
宜昌	拿得動 •ne?	——	得	得
長陽	拿不拿得起?	哩	得	得
興山	拿不拿得起呀?	哩	(蠻重)	得
秭歸	拿得起嗎?	哩	得	得
巴東	拿得起嗎?	哩	得	得
恩施	拿得起嗎?	哩	得	得
宣恩	拿不拿得起?	達	得	——
來鳳	拿得動嗎?	哩	得	得
利川	拿得動嗎?	哩	得	得
竹谿	拿得動嗎?	啦	得	得

詞	拿得動嗎?	有五磅哩	（重）得（很）	（重）得（連）
第幾地圖				
竹山	拿得動嗎?	哩	得	得
鄖西	拿得動嗎?	啦	的	的
鄖	拿得動嗎?	——	得	得
均	拿得動嗎?	哩	得	得
光化	拿得動吧?	哩	的	的
房	拿得動嗎?	啦	得	得
保康	拿得動嗎?	哩	得	得
南漳	拿得動嗎?	哩	得	得
襄陽	拿得動?	——	得	得
鍾祥	拿得動嗎?	哩	得	得
棗陽	拿得動嗎?	——	得	得
隨	拿得動?	——	得	得
應山	拿得起嗎?	——	（蠻重no）	得
安陸	拿不拿得動?	——	得	得
應城	拿不拿得動?	——	（蠻重）	（蠻重,我都拿不起來）
雲夢	拿得動?	啊	得	得
孝感	拿得起吧?	啊	（好重呀）	得
禮山	拿得動嗎?	吶	得	（重得很,連我 tsouˀ 拿不動）
黃陂	拿得動嗎?	——	得	連我總拿不動
黃安	拿得動不?	吶	得	得
黃岡	拿得動嗎?	——	（重）得（蠻很）	——

詞	拿得動嗎?	有五磅哩	(重)得(很)	(重)得(連)
第幾地圖				
鄂城	拿不拿得動?	哩	得	得
麻城	拿不拿得動?	——	得	——
羅田	拿不拿得動?;端不端得動?	哩	(好)得(重)	——
英山	拿得動嗎?	哩	得	得
浠水	拿得動嗎?;端得動嗎?	——	得	得
黃梅	端得動不?	——	(幾重)	——
廣濟	端得動?	nan	得	得
蘄春	馱得起來嗎?	哩	得	——
大冶	馱得動?	呀	得	得
嘉魚	拿得動?	啊	得	得
咸寧	端不端得動?		(蠻重)得(很)	——
陽新	馱不馱得起吧?	吶	得	得
通山	端得動吧?	·ɔ	得	到
崇陽	拿得動嗎?	啊	得	得
蒲圻	拿得動不?	哩(·dʻie)	(蠻重)	(重)得(我都拿不動)
通城	拿ˍ得起嗎?	o	(幾重)	得
監利	帶得動嗎?	嘞	好重	(重)得(我都拿不動)
石首	拿得動?	哩	得;(好重阿)	我都拿不起
公安	拿不拿得起?	吶	得	(重)得(我都拿不動)
松滋	拿不拿得起?	吶	(慢重)	(重)得(我都拿不動)
鶴峯	拿得起嗎?	哩	得	得

詞	説得很好	會	點	小孩子	妻
第幾地圖				六十四圖	
武昌	説得蠻好	能够	些	小伢⁽¹⁾	堂客
漢口	説得很好	會	點	小伢們	堂客
漢陽	説得很好	會	點	小伢;小毛頭	媳婦;堂客
漢川	説得很好	會	點	小伢($_≤$ŋa)	屋裏人;堂客
沔陽	説得可以	能	些	小 $_≤$am •sɯ	姑娘;堂客
天門	説得蠻好	會	些兒	奶伢($_≤$a);小伢($_≤$a)	姑娘
京山	説得蠻好	會	些	小伢($_≤$a)子	屋裏人;堂客;燒火佬
荆門	説得很好	會	些	小伢($_≤$a)子	堂客;媳婦
當陽	説得很好	會	點	小伢($_≤$a)子	媳婦
江陵	説得很好	會	些	小伢子	堂客;屋裏的
枝江	説得蠻好	會	些	小伢兒($_≤$aɯ)	堂客
宜都	説得蠻好	會	些	小兒	媳婦子
宜昌	説得很好	會	點兒	小伢兒($_≤$ar)們	堂客
長陽	説得蠻好	會	些	小伢($_≤$a)	某某的媽
興山	説得蠻好	會	點兒	奶娃子;小娃子	女人
秭歸	説得蠻好	會	些	小兒;小娃子	堂客;屋裏
巴東	説得很好	會	些	小娃	堂客
恩施	説得很好	會	些	小娃兒	屋裏人
宣恩	講得很好	會	些	小娃兒	婦人
來鳳	説得很好	會	點	小伢兒($_≤$ŋər)	屋裏的
利川	説得很好	會	些	小孩兒($_≤$xər)	女人;堂客
竹谿	説得很好	會	些	小伢($_≤$ŋar)	媳婦;屋的人

(1)凡'伢'字不注音者皆讀 $_≤$ia;讀ŋa,a及其他音者皆注出。

詞	説得很好	會	點	小孩子	妻
第幾地圖				六十四圖	
竹山	説得很好	會	些	娃子;伢(⊆ŋər)	老婆;屋裏
鄖西	説的很好	會	點兒	小娃子	屋裏人
鄖	説得很好	會	點兒	小娃子	媳婦兒
均	説得很好	會	一點	娃兒;小娃子	媳婦;屋裏人
光化	説的很好	會	點	娃子;小娃子	老婆兒;屋裏人
房	説得很好	會	些	小娃子	屋裏人
保康	説得很好	會	些	小娃子	屋的
南漳	説得好的很	會	些	兒娃子;女娃子(ᶜnia•tsï)	女人;屋裏
襄陽	説得很好	會	——	小娃子(男);小 ᶜȵia 子(女)	媳婦;女人
鍾祥	説得很好	會	些	小伢(⊆a)子	奶奶
棗陽	説得很好	會	些	小孩子	屋裏人
隨	説得很好	會	些	小娃子(大);毛台(嬰)	堂客
應山	説得很好	能够	些	小伢(⊆ŋa)	屋裏人;堂客
安陸	説得蠻好	會	些	小伢兒(⊆ŋar)	屋的人
應城	説得蠻好	會	一點	小伢(⊆ŋa,⊆a)	屋裏人
雲夢	説得很好	會	點兒	小伢兒(ŋar)	屋裏人
孝感	説得很好	能	ᶜtiɛ(<點)	小伢(⊆ŋa)	屋的人
禮山	説得滿好	會	一點	小伢兒(ŋe)	堂客;屋裏人
黃陂	説得蠻好	能够	點	小伢(⊆ŋa)	堂客;屋裏人
黃安	説得很好	會	些	細伢(⊆ŋe)	堂客;媳婦;屋的人
黃岡	説得蠻好	能;會	點	細伢(⊆ŋa);毛毛(嬰孩)	堂客;屋裏人

詞	説得很好	會	點	小孩子	妻
第幾地圖				六十四圖	
鄂城	説得蠻好	能够	點	細伢（≤ŋa）	姑娘；堂客
麻城	説得真好	能够	⸢tie（＜點）	小伢（≤ŋẽ）	屋的人；堂客
羅田	説得 ≤xai 好	能	點兒	細伢兒（≤ŋə）	堂客
英山	説得很好	會	些	細伢兒（≤ŋar）	堂客；媳婦
浠水	説得很好	會	些	小孩兒；細伢兒（≤ŋar）	堂客；屋裏頭的
黄梅	（會説）	會	些	小伢（≤ŋa）	⸤媽 ⸤媽；堂客
廣濟	説得 ≤xan 好	能	點兒	（男）細伢（≤ŋar）（女）細 ⸢tiar	屋的人；堂客
蘄春	説得很好	會	點兒	伢兒（ŋɔr）；細伢兒（≤ŋɔr）	屋裏頭
大冶	説得蠻好	會	點	細伢（≤ŋɔ）	堂客；老婆
嘉魚	説得很好	會	些	細伢（≤ŋa）	媳婦；屋裏
咸寧	説得蠻好	會	點	伢兒子（≤ŋə tsa⸢）	堂客
陽新	説得很好	會	點	細na⸤子	堂客；屋裏
通山	説得蠻好	會	些	伢子（≤ŋa •tsa）	老婆；堂客
崇陽	話得很好	會	點	？	？
蒲圻	説得蠻好	會	些	細伢（≤ŋa）子	媳婦子
通城	話得蠻好	會	些	⸤ku ⸢tsai •dʑe	堂客
監利	説得蠻好	會	些	小伢（≤ŋa）	堂客；某某的媽
石首	説得很好	會	些	小伢兒（≤ar）	姑娘；内的
公安	説得慢好	可以	些	小伢（≤a）	姑娘
松滋	説得慢好	會	些	小伢兒（≤a •ɯ）	姑娘家
鶴峯	説得很好	會	些	小娃兒；小伢兒（≤ŋə）	堂客；屋裏

乙. 湖北特點及概説

一. 分析特點表

　　方音的特點，論及較大區域的時候，當以音類分合的意義爲主要的，而各類中的音值爲次要的。描寫一省的方音當然以切韵系統演成今音各類的變法爲主要的描寫方式。現在我們對於字類一方面顧到古音的類別，一方面顧到今音歸納的傾向，分析成爲若干條特點，用宜昌孝感咸寧石首四處代表語寫出，并且列出廣州蘇州北平三處方音的各特點，作爲比較參考材料，列成以下十一個特點表：

1. 聲母發音部位

2. 聲母發音方法

3. 次濁聲母及影母

4. 韵母開合

5. 韵尾：　　A. 陽韵舒聲　　B. 入聲

6. 韵母元音：陰韵

7. 韵母元音：陽韵外轉舒聲

8. 韵母元音：外轉入聲

9. 韵母元音：陽韵內轉舒聲

10. 韵母元音：內轉入聲

11. 聲調

　　本來我們在整理時每一調查點都作的有這十一個特點表，爲篇幅所限，不能一齊印出，所以現在只舉了四處代表語作例。好在這些特點表中並沒有超乎各分地報告中同音字表以外的新語料。讀者如果想知道任何一處的各特點,可以根據本報告的其他部分,用這表格很容易的把它編製出來。

1. 聲母發音部位（影母及次濁聲母見表 3）

類　別	例　字	地圖號數	參考方言			宜昌讀	宜昌部位
			廣州	蘇州	北平	宜昌	
(1) 幫滂並	巴拍婆並	一	p	p	p	pa p'ɤ p'o pin	p
(2) 非敷奉(參18條)	飛分髮附肺	一	f	f	f	fei fən fa fu fei	f
(3) 端透定	斗底塔杜桃		t	t	t	təu ti t'a tu t'au	t
(4) 精清從心邪(洪)	則增倉在送	二	s	s	s	tsɤ tsən tsai soŋ	s
(5) 知徹澄照穿牀審(二等內轉)	澤爭初崇生		s	s	s ʂ	ts'ɤ tsən ts'u ts'oŋ sən	s
(6) 知徹澄照穿牀審(二等外轉)	桌斬柴沙山	三	s	s	ʂ	tso tsan ts'ai sa san	s
(7) 知徹澄(三等開)	徵丑趙		s	ʂ	ʂ	tsən ts'ɤ tsau	s
(8) 照穿牀審禪(三等開)	昭政昌身時	三	s	ʂ	ʂ	tsau tsen tsaŋ sen sï	s
(9) 精清從心邪(開細)	節千消靜星		s	s	ɕ	tɕie tɕ'ien ɕiau tɕin ɕin	ɕ
(10) 見溪羣曉匣(開細)	結輕件香形		k	s	ɕ	tɕie tɕ'in tɕien ɕiang ɕin	ɕ
(11) 知徹澄照穿牀審禪(三等合)	猪春垂	四	s	s	ʂ	tsu tsuən su ts'uei	s
(12) 見溪羣曉匣(遇山臻梗三四等合)	決舉虛云		k	ɕ	ɕ	tɕye tɕ'yin ɕy ɕyen	ɕ

類別	孝感 讀	孝感部位	咸寧 讀	咸寧部位	石首 讀	石首部位	附 注
(1)	pa pɛ pʻo pin	p	pa pʻɛ pʻo pien	p	pa pʻɤ pʻo pin	p	p代表p、pʻ、b等部位，下放此。
(2)	fei fən fa fu fei	f	fei fən fa fu fei	f	fei fən fa fu fei	f	
(3)	təu ti tʻa tau tʻau	t	təu tei tʻa tʻau tɔ̃	t	tou ti tʻa tou tʻau	t	
(4)	tsɤ tsən tʂʻaŋ tsai soŋ	s	tsɤ tsən tʂʻoŋ tʂʻai sʌŋ	s	tsɤ tsən tʂʻaŋ tsai soŋ	s	廣州s部位近於ɕ。
(5)	tʂʻɿ tsən ʂʻoʂ sɤn ʐʂʻ	s	tʂʻɛ tsən tʂʻau tʂʻʅ uən	s	tʂʻɛ tsən ʂ oʂɿ uən	s	止攝、瑞、帥、除外。
(6)	tʂo tsan tʂʻai sʂ san	ʂ	tso tsã tʂʻe sa sã	s	tso tsan tʂʻai sa san	s	孝感山攝合口、鬥、祠、s部位。
(7)	tsən uɤʂ tsau	ʂ	tsən tʂʻau tʂʻeø	s	tsən tʂʻou tsau	s	
(8)	tsau tsən faʂ ʂʂ	ʂ	tsaø tsən tsʻoŋ sen sĩ	s	tsau tsən tʂʻaŋ sən sʅ	s	
(9)	tɕiɛ tɕʻien ɕiau tɕin ɕin	ɕ	tie tʻiɛ ɕieø tʻien ɕin	t、ɕ	tɕiɛ tɕʻien ɕiau tɕin ɕin	s	9,10兩條是比較"尖團"的。
(10)	tɕiɛ tɕʻin tɕien ɕiaŋ ɕin	ɕ	tɕi tɕʻian tɕʻiɛ ɕioŋ ɕin	ɕ	tɕiɛ tɕʻin tɕin ɕiaŋ ɕin	ɕ	匣母廣州蘇州i。
(11)	tʂʅ tsʻʅ uɤʂʅ ʂʻʅɕi	ʂ̃	tɕy tɕʻyen ɕy tɕʻyei	ɕ	tsu tsʻuan su tsʻuei	s	
(12)	tʂʂɛ tʂʻʅ uɤʂʅ ʂʻʅ	ʂ̃	tɕye tɕʻyen ɕy ɕyɛ̃	ɕ	tɕye tɕʻin ɕy ɕyen	ɕ	匣母廣州蘇州i。

類別	例字	地圖號數	參考方言 廣州	蘇州	北平	宜昌讀	宜昌部位
(13) 見溪羣曉(通三舒甲)	弓恭恐共		k	k	k	koŋ kueŋ k'oŋ koŋ	k
(14) 見溪羣曉(通三舒乙)	窮胸		k	ç	ç	tç'ioŋ çioŋ	ç
(15) 見溪羣曉(通三入)	菊局		k	ç	ç	tçy tçy	ç
(16) 見溪羣(蟹止合三四等合)	桂龜狂		k	k	k	kuei kuei k'uaŋ	k
(17) 見溪曉匣(一等合)	歌開快黑根		k	k	k	ko k'ai k'uai xɤ xən	k
(18) 曉匣(一二等及蟹止合三四等合,參2條)	灰昏滑戶惠(1)	一	f,w	h(u)	x(u)(2)	xuei xuen xua xu xuei	x(u)(2)
(19) 見溪曉匣(二等開)第一派字(3)	佳巧孝恰		k	k,ç	ç	tçia tç'iau çiau tç'ia	ç
(20) 見溪曉匣(二等開)第二派字	家甲(指)講學		k	k,ç	ç	tçia tçia tçiaŋ çio	ç
(21) 見溪曉匣(二等開)第三派字	戒鹹瞎否	五	k	k,ç	ç	kai çien çia xən	k,ç
(22) 見溪曉匣(二等開)第四派字	更耕鞋下(等一)		k	k,çʮ	k,ç	kən kən xai xa	k
(23) 見溪曉匣(二等開)第五派字	格赫巷		k	k	k,ç	kɤ xɤ xaŋ	k

類別	孝感讀	孝感部位	咸寧讀	咸寧部位	石首讀	石首部位	附注
(13)	koŋ koŋ kʰoŋ koŋ	k	kuʌŋ kuʌŋ kʰuʌŋ kʰuʌŋ	k	koŋ koŋ kʰoŋ koŋ	k	
(14)	tɕʰioŋ ɕioŋ	ɕ	tɕʰiʌŋ ɕiʌŋ	ɕ	tɕʰioŋ ɕioŋ	ɕ	
(15)	tʂʅ tʂʅ	ʂ	tɕy tɕy	ɕ	tɕy tɕy	ɕ	
(16)	kuei kuei kʰuaŋ	k	kuei kuei kʰoŋ	k	kuei kuei kʰuaŋ	k	蘇州止攝字白話ɕ部位,如'龜'k,tɕ。
(17)	ko kʰai kʰuai xɤ xen	k	ko kʰɤe kʰuae xe xẽ	k	ko kʰai kʰuai xɤ xen	k	
(18)	xuei xuan xua xu xuei	x(u)[(2)]	fei fɤn fa fu fei	f	xuei xuan xua fu xuei	x(u)[(2)] ; f	石首惟今諯韵前作f,其他仍作u。
(19)	tɕia tɕʰiau ɕiau tɕʰia	ɕ	tɕia tɕʰio ɕio tɕʰia	ɕ	tɕia tɕʰiau ɕiau tɕʰia	ɕ	
(20)	tɕia tɕia tɕiaŋ ɕio	ɕ	tɕia·ka ka tɕʰioŋ ɕio	k,ɕ	tɕia tɕiaŋ ɕio	ɕ	
(21)	kai xan ɕia ɕin	k,ɕ	kɤ xɤ ɕia·xa ɕin	k,ɕ	kai xan ɕia·xa ɕin	k,ɕ	
(22)	kɤn kɤn xai xa	k	kõ kõ xa	k	kɤn kɤn xai xa	k	
(23)	kɤ xɤ xaŋ	k	ke xɤ xoŋ	k	kɤ xɤ xaŋ	k	

(1)曉匣一二等合口在這裏是要跟第2條在數奉比較分混的,所以曉匣古合口今讀若開口的字,如'和'、'紅'、'烘'等,不在此内。

(2)x(u),照我們的辦法,本來可以寫作k;這裏爲跟第2條比較醒目起見,變例寫作x(u)。

(3)'監'屬第一派,'革'、'陌'、'解'、'衡'第三派,'革'、'頂'第五派。在湖北一派部位作ɕ,二派多ɕ,三派不定,四派多k,五派全k。因爲他省讀法不盡與這種等差相合,所以不叫'甲乙丙丁戊',而叫作'一二三四五派'。

2. 聲母發音方法（影母及次濁聲母見表3）

類　　別	例　字	地圖號數	廣州	蘇州	北平	宜　昌	宜昌讀	宜昌方法
(1) 幫端	巴必短得		t	t	t	pa pi tan tɤ		t
(2) 精知照見	則知昭敢		t	t	t	tsɤ tsï tsau kan		t
(3) 滂清徹穿	拍倉丑出		tʻ	tʻ	tʻ	pʻɤ tsʻaŋ tsʻəu tsʻu		tʻ
(4) 透	塔妥吞		tʻ	tʻ	tʻ	tʻa tʻo tʻən		tʻ
(5) 溪(洪開)	開刻肯		s	tʻ	tʻ	kʻai kʻɤ kʻən		tʻ
(6) 溪(洪合)	快闊坤哭		s	tʻ	tʻ	kʻuai kʻuan kʻən		tʻ
(7) 溪(細)	巧恰謙乞		tʻ,s	tʻ	tɕʻi	tɕʻiau tɕʻia tɕʻien tɕʻi		tʻ
(8) 並定羣澄(平)	彭瓶桃其	六	tʻ	dʱ	tʻ	pʻən pʻin tʻau tɕʻi		tʻ
(9) 澄	遲沉陳		tʻ	z	tʻ	tsʻï tsʻən tsʻən		tʻ
(10) 從牀二(平)	齊秦全愁		tʻ	z	tʻ	tsʻï tsʻin tɕʻyen tsʻəu		tʻ
(11) 牀三禪(平甲)(1)	船臣誠成		s	z	tʻ	tsʻuan tsʻən tsʻən tsʻən		tʻ
(12) 並定羣澄牀二(上去,牀二除止)	步杜伴鄭在		t,tⁿ	dʱz	t	pu tɒu tɕien tsai		t
(13) 並定羣澄牀二(入)	白笛及直絶		t,tɕ	dʱz	t	pɤ ti tɕi tɕye		t

(1)牀三禪兩母在方言上沒有分別，但兩母卻顯然各有分組的傾向。甲組今讀塞擦者最多，乙組不定，丙組今全讀擦音。

類列	孝感讀	孝感方法	咸寧讀	咸寧方法	石首讀	石首方法	附注
(1)	pa pi tan tɛ	t	pa pei tœ̃ te	t	pa pi tan tɤ	t	tʻ代表p, t, k, tɕ等音清音不送氣塞或塞擦方法，以下符號都泛指方法。
(2)	tse tʂï tʂau kan	t	tse tʂï tsɛɤ kœ̃	t	tsɤ tʂï tsau kan	t	
(3)	pʻɛ tsʻaŋ tʂʂɤu tʂʮ	tʻ	pʻɛ tsʻɔŋ tsʻau tɕʻy	tʻ	pʻɤ tsʻaŋ tsʻou tsʻu	tʻ	
(4)	tʻa tʻo tʻɔn	tʻ	tʻa tʻo tʻɛ̃	tʻ	tʻa tʻo tʻɔn	tʻ	
(5)	kʻai kʻɛ kʻɔn	tʻ	kʻɛ kʻɛ kʻɔ̃	tʻ	kʻai kʻɤ kʻɔn	tʻ	
(6)	kʻuai kʻo kʻuan kʻu	tʻ	kʻuɛ kʻue kʻuɔn kʻu	tʻ	kʻuai kʻo kʻuɔn kʻu	tʻ	
(7)	tɕʻiau tɕʻia tɕʻien tɕʻi	tʻ	tɕʻiɔ tɕʻia tɕʻiɛ̃ tɕʻi	tʻ	tɕʻiau tɕia tɕʻien tɕʻi	tʻ	
(8)	pʻɛn pʻin tʻau tɕʻi	tʻ	pʻɛn pʻiɛn tʻɔ tɕʻi	tʻ	pʻɛn pʻin tʻau tɕʻi	tʻ	
(9)	tʂʻï tʂʻɛn	tʻ	tsʻï tsʻɛn tsʻɛn	tʻ	tsʻï tsʻɛn tsʻɛn	tʻ	
(10)	tɕʻi tɕʻin tɕʻien tʂɤu	tʻ	tsʻei tʻiɛn tɕʻyɤ tsʻeo	tʻ	tɕʻi tɕʻin tʂʻan tʂʻou	tʻ	
(11)	uɛʂï uɛʂï uɛʐn,ʂï	tʻ	tɕʻyɤ̃ tsʻɛn tsʻɛn	tʻ	tsʻuan tsʻɛn tʂɛʂï tʂɛʂï	tʻ	
(12)	pu teu tɕien tʂɛn tsai	t	pʻu tʻau tɕʻiɛ̃ tsʻæ	tʻ	pu tou tɕien tsɛn tsai	t	蘇州並定羣d的方法，澄從狀z的方法。
(13)	pɛ ti tʂï tɕie	t	pʻɛ tʻɛi tɕʻi tsʻi tʻie	tʻ	pɤ ti tɕi tʂï tsɤ	t	

類別	例字	地圖號數	參考方言			宜昌讀	宜昌方法
			廣州	蘇州	北平		
(14)心審曉	三西山生孝		s	s	s	san ɕi san sən ɕiau	s
(15)邪(平)	徐隨囚詳	七	tʰ,s少	z	s	ɕy suei tɕʰiəu ɕiaŋ	s,tʰ
(16)邪(仄)	似序謝席	八	t,tʰ,s	z	s	sɿ ɕy ɕie ɕi	s
(17)牀三禪(平乙)[1]	脣常垂純		s	z	tʰ	suen saŋ tsʰuei suen	tʰ,s
(18)牀三禪(平丙)[1]	繩蛇時神		s	z	s	sən saŋ sɿ sən	s
(19)牀二(止)牀三禪(仄)	事示古實		s	z	s	sɿ sɿ sɤ sɿ	s
(20)匣(一二等開及通舒一)	害毫合紅		s	z(ɦ)	s	xai xau xo xoŋ	s
(21)匣(高元音前,參表3第11,12,13條)	黃戶形穴		高元音	高元音	s	xuaŋ xu ɕin ɕye	s

(1)牀三禪兩母在方言上沒有分別，但兩母卻顯然各有分組的傾向。甲組今讀塞擦者最多，乙組不定，丙組今全讀擦音。

類別	孝感 讀	孝感 方法	咸寧 讀	咸寧 方法	石首 讀	石首 方法	附 注
(14)	san ɕi ʂan sən ɕiau	s	sã sei sã sən ɕiɔ	s	san ɕi san sən ɕiau	s	止攝'詞辭'不計。北平'因't'方法'例外。
(15)	ɕi ɕi tɕʻiou tɕʻiaŋ	s,tʻ	tsʻei sei tɕʻiau tʻiaŋ	s,tʻ	ɕy ɕy tɕʻiou tɕʻiaŋ	s,tʻ	
(16)	sï ɕi ɕie ɕi	s	sï sei ɕie sei	s	sï ɕy ɕie ɕi	s	
(17)	sɛhʂ ʂaŋ ʂəhʂ uəhʂ	s,tʻ	tɕʻyen soŋ tɕʻyei ɕyen	s,tʻ	sen saŋ tsʻuei suen	s,tʻ	
(18)	uəʂ ʂɤ̃ ɤ̃ʂ uen	s	sən sa sï sən	s	sən sɤ sï	s	
(19)	sï sï sï sï	s	sï sï se sï	s	sï sï sɤ̃ sï	s	
(20)	xai xau xo xoŋ	s	xɤ xo cx ɤx	s	xai xau xo xoŋ	s	
(21)	xuaŋ xu ɕin sɥe	s	xoŋ fu ɕin ɕye	s	xuaŋ fu ɕin ɕye	s	

3. 次濁聲母及影母

類別	例字	地圖號數	參考方言			宜昌 讀	宜昌聲母
			廣州	蘇州	北平		
(1) 明	馬梅門滅		m	m	m	ma mei mən mie	m
(2) 微	萬聞武未		m	m̠·v	u	uan uən u uei	u
(3) 泥(一二等)	乃南能	九	n	n	n	nai nan nən	n
(4) 來(一二等或今洪)	賴藍倫(1)		l	l	l	nai nan nən	n
(5) 泥(三四等)	年娘		n	n̠	n	nien niaŋ	n
(6) 來(三四等或今細)	連兩呂		l	l	l	nien niaŋ ny	n
(7) 日(除止攝)	饒熱若日	十、十一	i	z̠·n̠	ʐ	zɑu zuan zɿ ʐɔ	ʐ, ○
(8) 日(止攝)	而爾貳	十一	i	○	○	ɔ ɔ ɔ	○
(9) 疑(一二開或今洪)	鵝艾偶硬	十二	ŋ	ŋ	○	o ai əu əŋ	○
(10) 影(一二開或今洪)	惡哀歐恩		○	○	○	o ai əu əŋ	○
(11) 疑(三四開)	硯宜堯嚴言牛	十三、十四	i	n̠·i	i·ȵ	ien i iau ien ien iəu	i
(12) 疑(合)	瓦魚危月		u·y·ŋ	ŋ·n̠·y	u·y	ua y u uei ye	u·y
(13) 影喻(今高元音)	挖烏位園		i·u·y	i·u·y	i·u·y	ua i uei yen	i·u·y

(1) '倫'字湖北皆讀洪音，無讀細音者。

類別	孝感 讀	孝感 聲母	咸寧 讀	咸寧 聲母	石首 讀	石首 聲母	附注
(1)	ma mi mən miɛ	m	ma mei mən mi	m	ma mei mən miɛ	m	
(2)	uan uɛn u uei	ŋ	uã uɛn u uei	ŋ	uan uɛn u uei	ŋ	
(3)	nai nan nɛn	n	næ nã nɛn	n	nai nan nɛn	n	
(4)	nai nan nɛn	n	næ nã nɛn	n	nai nan nɛn	n	
(5)	niɛn niaŋ	n	niɛ̃ niɔŋ	ȵ	niɛn niaŋ y	n	
(6)	niɛn niaŋ y	n,y	niɛ̃ niɔŋ y	n,y	niɛn niaŋ y	n,y	
(7)	zʐ̩au ȵuan ʯɛ zo̯ ə	zʐ̩,○,ʯ	zeø yɛ̃ ze zo zɿ	z,y	ȵau yen mɤ io zɿ	n,i,y	石首日母字通常皆作作n讀i,y,惟日銳,日紐,二字讀ʯ,似受他方之影響。
(8)	ə ə ə	○	zɿ zɿ zɿ	z	ə ə ə	○	
(9)	ȵo ŋai ŋɛn	ȵ	ŋo ȵæ ŋeø ŋɛn	ŋ	o ai ou ɛn	○	
(10)	ȵo ŋai ŋɛn	ŋ	ŋo ȵæ ŋeø ŋɛ̃	ŋ	o ai ou ɛn	○	
(11)	niɛn ni niau iɛn iɛn niɛu	n,i	ȵiɛ̃ ni ȵieø ȵiɛ̃ ȵiɛ̃ niau	ȵ	iɛn iɛn iau iɛn iɛn iou	i	
(12)	ua ʯ u uei ʯɛ	u,ʯ	ua y u uei yɛ	u,y	ua y u uei yɛ	u,y	
(13)	ua i uei ʯan	i,u,ʯ	ua i uei yɛ̃	i,u,ʯ	ua i uei yen	i,u,y	

4. 韻母開合(以表中所舉例字為限)

類　列	例　字	地圖號數	參考方言 廣州	蘇州	北平	宜　昌　讀	宜昌 開・合
(1) 端系一等合	對罪短亂存	十五	開,合少	開,合	合	tei tsuei tan nan tsʻən	開,合
(2) 精組三四等合	序宣絕旬	十六	開,合少	開	合	çy çyen tçye çyin	合
(3) 知系合	舩春出		開,合少	開	合	tsʻuan tsʻuan tsʻu	合
(4) 莊組陽韻開	莊牀	十七	開	開	合	tsuaŋ tsʻuaŋ	合
(5) 見系一等戈韻合	果過窩	十八	合	開,合	合	ko xo o	開[1]
(6) 見系二等合	光官關滑		合	合	合	kuaŋ kuan kuan xua	合
(7) 見系三四等合(今細)	餘元決均		合	合	合	y yen tçye tçyin	合

類別	孝感 讀	孝感 開合	咸寧 讀	咸寧 開合	石首 讀	石首 開合	附注
(1)	ti tçi tan nan tsʻən	開	tei tsei tõẽ nõ̃ tsʻən	開，合	tei tsei tan nan tsʻən	開	咸寧'膽、爛'ã-ɛ'短'、'亂'õ。故認'短、亂'爲合。
(2)	çi çien tçie çin	合	sei、çy、çyẽ tʻie çien	開，合	çy çyen tsɤ sən	開、合	
(3)	tʂʻuan tʂʻuəɲ tʂʻu̧	合	tçʻyẽ tçʻyen tçy	合	tsʻuan tsʻuen tsʻu	合	
(4)	tsuaŋ tsʻuaŋ	合	tsoŋ tsʻoŋ	開	tsuaŋ tsʻuan	合	咸寧'莊'='張'，'牀'='長'，故認爲開口。
(5)	ko xo o	開，合(1)	ko xo uo	開，合	ko xo o	開(1)	咸寧'光'='剛'，認爲開口，凡曉匣合口今作f者即認爲合口。
(6)	kuaŋ kuan xua	合	koŋ kuẽ kuẽ fa	開，合	kuaŋ kuan kuan xua	合	
(7)	u̧ ʋuan tsʻu̧ tsʻu̧n	合	y yẽ tçye tçyan	合	y yen tçye tçyan	合	

(1) 戈韻一等見系在湖北多讀o。就音值言，不易定其開合。今以聲類觀點來定之。1) 凡戈與歌見系一等混而不分者，如'歌'='過'，'鍋'='歌'，'過'='個'，一律認爲開口。假如戈歌今讀有別，這些o的意義不盡相同。2) 湖北好些地方在開口洪音之前影疑母無別，都跟影歌韻的不混，而影疑母却往往在跟歌韻的不混。歌韻'愛'='餓'ŋai，'偶''ŋou，'外''uai。然戈韻今讀在這方言裏往往有一種特別現象，見溪曉匣四母的字，都跟歌韻影疑母無別，而影疑母却往往在戈韻'窩'字別（因爲歌疑母的'臥'字也是o，不是ŋo）而是表示韻母開口來原之不同。ŋo表示'鵝'是自開口來的。o表示'窩'是自合口來的。在這些地方凡是開口洪音影疑作ŋ，而在戈韻'窩'字無ŋ聲ŋ者即認它爲合口。這裏宜昌，石首與孝感開合的注不同，就是這個緣故。

第十八地圖的畫法就是根據這兩條原則作成的。

5. 韵尾(韵尾作元音者以"○"誌之，半鼻音以"～"誌之，聲門阻以"ʔ"誌之)

A. 陽韵韵聲

類　別	例　字	地圖號數	參考方言			宜昌讀	宜昌韵尾
			廣州	蘇州	北平		
(1)咸尾	藍感廉險	十九	m	○	n	nan kan ɕien nien	n
(2)山尾	難干連官		n	○	n	nan kan nien kuan	n
(3)宕尾	郎剛兩光		ŋ(弱)	ŋ	ŋ	naŋ kaŋ niaŋ kuaŋ	ŋ
(4)硬外尾(1)	冷聽生橫		ŋ	ŋ	ŋ	nen tʻin sən xuan	n
(5)深尾	林審今	十九	m	n～ŋ	n	nin sən tɕin	n
(6)臻尾	貧鄰身巾		n	n～ŋ	n	pʻin nin sən tɕin	n
(7)曾梗內尾(1)	恒名陵京		ŋ(強)	n～ŋ	ŋ	xen min nin tɕin	n
(8)通尾(2)	夢紅充窮		ŋ	ŋ	ŋ	moŋ xoŋ tsʻoŋ tɕʻioŋ	ŋ

(1)梗攝字在吳粵閩粵，白話音往往用長而較開的元音，韵尾有時亦異，近乎外轉韵的讀法。在湖北只第三區'冷''生'偶有這類讀法。餘皆像內轉。
我們在本報告裏要爲方便計，本來認爲梗攝爲外轉，這裏要跟他省方言比較，所以把梗攝分爲兩類。其實這種分法在湖北方言整理上意義並不大。下入聲表同。

(2)曾攝'朋''弘'硬攝'孟''宏''兄'，湖北全省大體通攝準通攝字讀。

類別	孝感 讀	孝感 韻尾	咸 寧 讀	咸寧 韻尾	石 首 讀	石首 韻尾	附 注
(1)	nan kan nien ɕien	n	nã kõ ɕiẽ	~	nan kan nien ɕien	n	廣州咸深攝唇音字收 n。
(2)	nan kan nien kuan	n	nã kõ niẽ kuẽ	~	nan kan nien kuan	n	
(3)	naŋ kaŋ niaŋ kuaŋ	ŋ	noŋ koŋ nioŋ koŋ	ŋ	naŋ kaŋ niaŋ kuaŋ	ŋ	
(4)	nen tʰin sen xuen	n	nen tʰioŋ soŋ fen	n, ŋ	nen tʰin sen xuen	n	
(5)	nin sẽn tɕin	n	nien sen tɕien	n	nin sen tɕin	n	看上條注。
(6)	pʰin nin sẽn tɕin	n	pʰien nien sen tɕien	n	pʰin nin sen tɕin	n	
(7)	xen min nin tɕin	n	xẽ mien nien tɕien	n, ~	xen min nin tɕin	n	
(8)	moŋ xoŋ tʂoŋ tɕʰioŋ	ŋ	mʌŋ fʌŋ tsʌŋ tɕʰiʌŋ	ŋ	moŋ xoŋ tʂoŋ tɕʰioŋ	ŋ	

B. 入聲

類別	例字	地圖號數	參考方言			宜昌讀	宜昌韻尾
			廣州	蘇州	北平		
(9) 咸入尾	臘帖葉涉	二十	p	?	○	na tʰie ie sɤ	○
(10) 山入尾	辣列結設		t	?	○	na nie tɕie sɤ	○
(11) 宕入尾	莫洛略約		k	?	○	mo no mio io	○
(12) 梗外入尾	百格笛石		k	?	○	pɤ kɤ ti sɿ	○
(13) 深入尾	集立十急		p	?	○	tɕi ni sɿ tɕi	○
(14) 臻入尾	瑟七質橘		t	?	○	sɤ tɕʰi tsɿ tɕy	○
(15) 曾梗內入尾	色息國食		k	?	○	sɤ ɕi ko sɿ	○
(16) 通入尾	篤哭燭飲		k	?	○	tu kʰu tsu y	○

類別	孝感讀	孝感韵尾	咸寧讀	咸寧韵尾	石首讀	石首韵尾	附注
(9)	na tʻie ie sɛ	○	na tʻie ie se	○	na tʻie ie sɤ	○	廣州咸入唇音字收ι。
(10)	na nie tɕie sɛ	○	na nie tɕi se	○	na nie tɕie sɤ	○	
(11)	mo no nio io	○	mo no nio io	○	mo no nio io	○	
(12)	pe ke ti sï	○	pe ke tɕei sï	○	pɤ kɤ ti sï	○	
(13)	tɕi ni sï tɕi	○	tsɕei ni sï tɕi	○	tɕi ni sï tɕi	○	
(14)	sɛ tɕʻi tʂï tʂ̺	○	se tsɕei sï tɕy	○	sɤ tɕʻi tsï tɕy	○	
(15)	sɛ ɕi kue sï	○	se ɕi kue sï	○	sɤ ɕi ko sï	○	
(19)	nei neʂ̩ ŋɤ nei	○	tau kʻu tsau iau	○	tau kʻu tsou ý	○	

6. 韵母元音：陰韵

類別	例字	地圖號數	廣州	蘇州	北平	宜昌讀	宜昌元音
(1) 歌戈	歌果坐婆		ɔ	əu	ə,(u)o	ko ko pˀo tso	o
(2) 麻二佳乙夫乙（除見系開）	巴拿瓜畫話	二十一	(u)ɑ⁽¹⁾	o	(u)a	pa na kua xua xua	(u)a⁽¹⁾
(3) 麻二佳乙（見系開）	家牙鴉佳		a;ɑi	(i)ɑ.o	iɑ⁽¹⁾	tɕia ia ia tɕia	(i)a⁽¹⁾
(4) 麻三（精組見系）	寫謝也	二十二	(i)ɛ	ɑ,i	ie	ɕie ɕie ie	ie
(5) 麻三（知系）	蛇惹	二十三	(i)ɛ	ɑ,o	ɤ	sɤ zɤ	ɤ
(6) 模（幫見系），虞（非組）	步孤附武	二十四	u	u.ou	u	pu ku fu u	u
(7) 模（端系）	杜奴素		ou	əu	u	tu nu su	u
(8) 模⁽²⁾（莊組）	楚初數	二十五	ɔ	ʮ	u	tsˀu tsˀu su	u
(9) 魚虞（知章日組）	猪如柱樹		y	ʮ	u	tsu zʮ tsu su	u
(10) 魚虞（見系）	巨許餘羽		y	y	y	tɕy ɕy y y	y
(11) 泰（端），皆佳甲夫甲（除見系開），止（莊合）	蔡豺柴怪帥	二十六	ɑi	ɑ,ɛ	ai	tsˀai tsˀai kuai suai	u(ai)
(12) 皆佳甲（見系開）	介皆解鞋		ɑi	ɑ,ii	ie	kai kai xai	ai
(13) 哈（端系）	代菜亥艾害		ɔi	ɛ	ai	tai tsˀai xai ai xai	ai

(1)介音 i、u、y 等有括弧的表示所舉例字有此介音，有的無此介音；沒有括弧的是說這些例字都有此介音。以下各表皆同。

(2)魚虞兩韻的端系字湖北各地都讀得很不一致，我們調查得的字不夠代表，所以此處略去。

類別	孝感讀	孝感元音	咸寧讀	咸寧元音	石首讀	石首元音	附注
(1)	ko ko tso p'o	o	ko ko tso p'o	o	ko ko tso p'ɤ	o、ɤ	石首脣音字ɤ，餘o。
(2)	pa na kua xua xua	(u)a	pa na kua fa fa	(u)a	pa na kua xua xua	(u)a	
(3)	tçia ia ia tçia	ia	tçia ia ia tçia	ia	tçia ia ia tçia	ia	廣州'佳'ɑi。
(4)	çiɛ çiɛ iɛ	iɛ	çie çie ie、ia	ia、ie	çie çie ie	ie	
(5)	ʒħ aʂ	ɛ(ȵ)	sa za	a	ɤ sʅ	ɤ	
(6)	pu ku fu u	n	p'u ku fu u	u	pu ku fu u	u	
(7)	nɛʂ nɛu nɛʅ	ne	t'au nau sau	au	tou nou sou	ou	
(8)	nɛʂ nɛʅ nɛʅ	ne	tʂau tʂau sau	au	tʂou tʂou sou	ou、o	石首首'初''o，例外讀。
(9)	ħɔ̃ ħɔ̃ ħ ħɔ̃	ħ	tçy y tç'y çy	y	tsʅ y tsu su	u:、y	石首日組y，餘u。
(10)	ħ ħ ħɔ̃ ħɔ̃	ħ	tçy çy y y	y	tçy çy y y	y	
(11)	tsʅai tʂʅai kuai sʅai	(u,ʯ)ai	tsʅɛ tʂʅɛ kuɛ sɛ	(u)ɛ	tsʅai tʂʅai kuai suai	(u)ai	蘇州泰韻文言音ɛ。
(12)	kai kai kai xai	ai	kɛ kɛ kɛ xɛ	ɛ	kai kai kai xai	ai	
(13)	tai tsʅai xai ȵai xai	ai	tɛ tsʅɛ xɛ ȵɛ xɛ	ɛ	tai tsʅai xai ai xai	ai	

類別	例字	地圖號數	廣州	蘇州	北平	宜昌讀	宜昌音 元音
(14)灰泰(幫組)	倍梅員		ui	E	ei	pei mei pei	ei
(15)灰泰(見系合)	灰會		ui	uE	uei	xuei	uei
(16)廢止(幫系合)	肺悲碑肥		ai;ei	E	ei	fei pei pei fei	ei
(17)灰泰止(端泥組合)	對内類	二十七	ɔi,œy	E	(u)ei	tei nei nei	ei
(18)灰泰祭止(精合)	罪最歲隨		œy	E	uei	tsei tsuei suei suei	uei
(19)祭止(知系)	稅錐垂睡		œy	E	uei	suei tsuei tsʻuei suei	uei
(20)祭齊止(見系合)	衛桂龜歸		uai	uE	uei	uei kuei kuei kuei	uei
(21)祭(除知系)齊(開)	例米底西計		ai	i	i	ni mi ti ɕi tɕi	i
(22)止(開,除精組知系)	比地李希		ei	i	i	pi ti ni ɕi	i
(23)祭(開,知系)	滯世		ai	ï	ï	tsʻi si	ï
(24)止(開,精知章莊組)	師示施字斯		i	ï	ï	sï sï sï tsï sï	ï
(25)止(開,日)	貳		i	ɚ,i(三)	ɚ	ɚ	ɚ
(26)豪	保桃草告		ou	æ	au	pau tʻau tsʻau kau	au
(27)肴	貌鬧炒巧	二十八	ɑu	(i)æ	(i)au	mau nau tsʻau tɕiau	(i)au
(28)宵蕭	表消趙叫		iu	iæ	(i)au	piau ɕiau tsau tɕiau	(i)au
(29)侯	某斗奏偶		au	øy	ou	məu təu tsəu ŋe	ou
(30)尤幽(端見系)	紐秋休由		(i)ɑu	øy	iou	niəu tɕʻiəu ɕiəu ieu	iəu
(31)尤(非組知系)	否愁周柔		(i)ɑu	øy	ou	fəu tsʻəu tsəu ʐəu	əu

類別	孝感讀	孝感元音	咸寧讀	咸寧元音	石首讀	石首元音	附注
(14)	pi mi pi	i	p'ei mei pei	ei	pei mei pei	ei	
(15)	xuei xuei	uei	fei fei	ei	xuei xuei	uei	
(16)	fei pei pei fei	ei	fei pei pei fei	ei	fei pei pei fei	ei	廣州止攝ei。
(17)	ti ni ni	i	tei nei nei	ei	tei nei nei	ei	
(18)	tɕi tɕi ɕi	i	tsei tsei sei sei	ei	tsei tsei sei ɕy	ei;y	石首止攝y。
(19)	ʂʮei tʂʮei tʂ'ʮei ʂʮei	ʮei	ɕyei tɕ'yei ɕyei	yei	suei tsuei ts'uei suei	uei	咸寧見系,餘ei。
(20)	uei kuei kuei kuei	uei	uei kuei kuei kuei	uei	uei kuei kuei kuei	uei	
(21)	ni mi ti ɕi tɕi	i	nei mei tei sei tɕi	ei;i	ni mi ti ɕi tɕi	i	看上條。
(22)	pi ti ni ɕi	i	pei t'ei nei ɕi	ei;i	pi ti ni ɕi	i	咸寧發音人不識·滯·字。
(23)	tʂʮ sï	ï	? sï	ï	tsï sï	ï	
(24)	sï sï sï tsï sï	ï	sï sï sï tsï sï	ï	sï sï sï tsï sï	ï	
(25)	ɚ	ɚ	zï	ï	ɯ	ɯ	
(26)	pau t'au tʂ'au kau	au	pɔ t'ɔ tsɔ kɔ	ɔ	pau t'au tʂ'au kau	au	
(27)	mau nau tʂau tɕiau	(i)au	mɔ nɔ tsɔ tɕiɔ	(i)ɔ	mau nau tʂau tɕiau	(i)au	
(28)	piau ɕiau tʂau tɕiau	(i)au	pieɵ ɕieɵ tsʰeɵ tɕieɵ	(i)eɵ	piau ɕiau tsau tɕiau	(i)au	
(29)	mou tou tsou ŋou	ou	meɵ teɵ tseɵ ŋeɵ	eɵ	mou tou tsou ou	ou	
(30)	niou tɕ'iou ɕiou iou	iou	niɵu t'iau ɕiau iau	iau	niou tɕ'iou ɕiou iou	iou	
(31)	feu tseu tsʮ zʮ	ou	feɵ tseɵ tsau zau	eɵ,au	fou tsou tsou nou	ou	

7. 韻母元音:陽韻外轉舒聲

類　　別	例字	地圖號數	參考方言 廣州	參考方言 蘇州	參考方言 北平	宜　昌　讀	宜昌元音
(1) 咸銜山刪(見系開)	減眼		ɑ-(1)	ɛ-;ü-二三	ie	tɕien ien	ie-
(2) 談銜咸銜山刪(除見系開)凡元(非組)	談難慘反		ɑ-	ɛ-	a-	tʻan nan man fan	a-
(3) 覃(端系)	貪南慘	二十九	ɑ-	ɵ-	a-	tʻan nan tsʻan	a-
(4) 覃談寒(見系)	感敢干		ɑ-;ɔ-	ɵ-	a-	kan kan kan	a-
(5) 半官換(戴見系)	半官換		uo-	(u)ɵ-	(u)a-	pan kuan xuan	(u)a-
(6) 短亂算(端系)	短亂算		y-	ɵ-	(u)a-	tan nan suan	(u)a-
(7) 船歡(知系合)	船歡		y-	ɵ-	(u)a-	tsʻuan zuan	(u)a-
(8) 陝睸然(知系開)	陝睸然		i-	ɵ-	a-	san san zạn	a-
(9) 倦元玄(見系合)	倦元玄		y-	yɵ-	ya-	tɕyen yen ɕyen	yɐ-
(10) 仙(精組合)	全宣		y-	ii-	ya-	tɕʻyen ɕyen	yɐ-
(11) 鹽嚴添仙元先(開,除知系)	險邊連演	三十	i-	ii-	ie-	ɕien pien nien ien	ie-
(12) 唐、江(除見系),陽(非莊組)	剛窗狀方		ɔ-	ɔ-	(u)a-	kaŋ tsʻuaŋ tsʻuaŋ faŋ	(u)a-
(13) 江(見系)	講巷	三十一	ɔ-	ɔ-;yɔ-二三	ia-	tɕiaŋ xaŋ	(i)a-
(14) 陽(端見系開)	娘詳香		œ-	iɑ̃-	ia-	niaŋ ɕiaŋ ɕiaŋ	ia-
(15) 陽(知章組)	張常		œ-	ɑ-;ã-	a-	tsaŋ saŋ	a-

(1)元音後有"～"號者表示輔音音尾m、n、ŋ等,此處省略,沒有"～"號的就是沒有輔音尾。但半鼻音仍以"～"號加元音上,如ã。表9內轉舒聲同此例。

類別	孝感讀	孝感元音	咸寧讀	咸寧元音	石首讀	石首元音	附注
(1)	tɕien ien	ie⁻	tɕiã ŋã	(i)ã	tɕien ien	ie⁻	廣州ˈ感敢ˈkɐm,ˈ干ˈkɔn。
(2)	tʻan nan man fan	a⁻	tʻã nã mã fã	ã	tʻan nan man fan	a⁻	
(3)	tʻan nan tsʻan	a⁻	tʻã nã tsʻã	ã	tʻan nan tsʻan	a⁻	
(4)	kan kan kan	a⁻	kõ kõ kõ	õ	kan kan kan	a⁻	
(5)	pan kuan xuan	(u)a⁻	põ kuõ fõ	(u)õ	pan kuan xuan	(u)a⁻	
(6)	tan nan san	a⁻	tõ nõ sõ	õ	tan nan san	a⁻	
(7)	tʂʻu̯an u̯an	u̯a⁻	tɕʻyẽ ɕyẽ	yẽ	tsʻuan yen	ua⁻、ye⁻	
(8)	san ʂan u̯an	(u̯)a⁻	sẽ sẽ zẽ	ẽ	san san nan	a⁻	
(9)	tʂu̯an u̯an ʂu̯an	u̯a⁻	tɕʻyẽ yẽ ɕyẽ	yẽ	tɕyen yen ɕyen	ye⁻	
(10)	tɕien ɕien	e	tɕʻyẽ ɕyẽ	yẽ	tʂan ɕyen	a⁻、ye⁻	
(11)	ɕien pien nien ien	ie⁻	ɕiẽ piẽ niẽ iẽ	iẽ	ɕien pien nien ien	ie⁻	
(12)	kaŋ tʂʻu̯aŋ tʂʻu̯aŋ faŋ	(u̯)a⁻	koŋ tsõŋ tsõŋ xoŋ	o⁻	kaŋ tsʻuaŋ tʂʻuaŋ faŋ	(u)a⁻	
(13)	tɕiaŋ xaŋ	(i)a⁻	tɕioŋ xoŋ	(i)o⁻	tɕiaŋ xaŋ	(i)a⁻	
(14)	niaŋ tɕʻiaŋ ɕiaŋ	ia⁻	nioŋ tʻioŋ ɕioŋ	io⁻	niaŋ tɕʻiaŋ ɕiaŋ	ia⁻	
(15)	tʂaŋ ʂaŋ	a⁻	tsoŋ soŋ	o⁻	tsaŋ saŋ	a⁻	

8. 韵母元音:外轉入聲

類 列	例 字	地圖號數	廣州 (1)	蘇州 (1)	北平	宜昌讀	宜昌元音
			參考方言				
(1) 狎洽錯點 (見系開)	甲瞎		ɑ-	a	ia	tɕia ɕia	ia
(2) 盍狎洽 (除見系開)乏月 (非組)	搭達八法髪		ɑ-	a;ɔ	a	ta ta pa fa fa	a
(3) 合 (端系)	答納雜		ɑ-	ɘ	a	ta na tsa	a
(4) 合盍曷 (見系)	鴿盍割		ɑ-;ɔ-	ɘ	ɵ	ko xo ko	o
(5) 末曷 (幫見系)	末闊活		u-	(u)ɘ	(u)o	mo kʻo xo	o
(6) 末 (端系)	脫		y-	ɵ	uo	tʻo	o
(7) 薛 (知系)	拙說	三十二	y-	ɵ	uo	tso so	o
(8) 業薛 (知系開)	涉設熱	三十三	i-	ɘ	ɵ	sɤ sɤ zɤ	ɤ
(9) 薛月屑 (見系合)	缺月穴		y-	ye	ye	tɕʻye ye ɕye	ye
(10) 薛 (精組合)	絕		y-	ɪ	ye	tɕye	ye
(11) 業薛帖薛月屑 (開,除知系)	接滅列傑		i-	ɪ	ie	tɕie mie nie tɕie	ie
(12) 鐸 (覺)	各託某剝		ɔ-	ɔ	ə,o	ko tʻo tso po	o
(13) 覺 (見系)	確學		ɔ-	ɔ	iau,ye	tɕʻio ɕio	io
(14) 藥 (端見系開)	略削虐		œ-	ia	iau,ye	nio ɕio io	io
(15) 藥 (知章組)	酌若		œ-	a	uo	tso zʅo	o

(1)廣州入聲有輔音韻尾p、t、k今省去,以 ' 識之。蘇州入聲皆有喉閉塞筆(2)尾,亦略去,不記號。參看表 5,B。表 10 內轉入聲同此例。

類別	孝感 讀	孝感 元音	咸寧 讀	咸寧 元音	石首 讀	石首 元音	附注
(1)	tɕia ɕia	ia	ka,tɕia xa,ɕia	a,ia	ka,tɕia xa,ɕia	a,ia	
(2)	ta ta pa fa fa	a	ta ta pa fa fa	a	ta ta pa fa fa	a	蘇州幫組-ɔ。
(3)	ta na tsa	a	ta na tsã	a	ta na tsa	a	
(4)	ko xo ko	o	ko xo ko	o	ko xo ko	o	廣州'鴿,盍'ɑ,'割'-ot。
(5)	mo kʼo xo	o	mo kʼue fe	o,(u)e	mo kʼo xo	o	咸寧幫系-o,見系-(u)e。
(6)	tʼo	o	tʼo	o	tʼo	o	
(7)	tsʮ ʂʮ	ʮɛ	tɕye ɕye	ye	tɕye so	ye,o	
(8)	sɛ̃ sɛ̃ ʮɛ̃	(ʮ)ɛ	se se ze	e	sɤ sɤ mɤ	ɤ	
(9)	tsʼʮ ʮɛ ʂʮ	(ʮ)ɛ	tɕʼye ye ɕye	ye	tɕʼye ye ɕye	ye	
(10)	tɕie	ie	tʼie	i,ie	tsɤ	ɤ	
(11)	tɕie mie nie tɕie	ie	ti mi nie tɕie	i,ie	tɕie mie nie tɕie	ie	
(12)	ko tʼo tʂo po	o	ko tʼo tso po	o	ko tʼo tso po	o	
(13)	tɕʼio ɕio	io	tɕʼio ɕio	io	tɕʼio ɕio	io	
(14)	nio ɕio io	io	nio ɕio nio	io	nio ɕio io	io	
(15)	tʂo z̩o	o	tso z̩o	o	tso io	(i)o	

9.韻母元音：陽韻內轉舒聲

類別	例字	地圖號數	參考方言			宜昌讀	宜昌元音
			廣州	蘇州	北平		
(1)痕登(開,除幫組)	根等桓	三十四	ɑ-	ə-	ə-	xən tən xən	ə-
(2)庚二耕(開,除幫組)	冷生更杏鶯		ɑ-；ɑ二	ã-,ə-	ə-,i-	nən sən kən xən in	ə-,i-
(3)魂(幫見系)	門昏溫		u-；(u)ɑ-	(u)ə-	(u)ə-	mən xuən uən	(u)ə-
(4)魂(端系)	頓論存		y-；œ-	ə-	uə-	tən nən tsʰən	ə-
(5)文(非組)	分間		ɑ-	ə-	uə-	fən uən	(u)ə-
(6)諄(知系)	春唇閏		(i)œ-	ə-	uə-	tsʰuən suən zʅən	(u)ə-
(7)諄文(見系)	均允		uɑ-	yə-	y-	tɕyin yin	yi-
(8)諄(精組)	旬		œ-	i-	y-	ɕyin	yi-
(9)侵真欣(幫端見系)	稟貧林鄰今巾	三十四	ɑ-	i-,iə-	i-	pin pʰin nin nin tɕin tɕin	i-
(10)蒸(端見系開)	陵應		i-；i二	i-,iə-	i-	nin in	i-
(11)清庚三青(幫端見系開)	名京零星		ɛi-；i二	i-,iə-	i-	min tɕin nin ɕin	i-
(12)侵蒸(莊組)	森臻		ɑ-	ə-	ə-	sən tsən	ə-
(13)侵真(知章組)	沉陳審身		ɐ-	ə-	ə-	tsʰən tsʰən sən	ə-
(14)蒸清(知章組)	飲鄭成		ɛɪ-；i二	ə-	ə-	tsən tsʰən	ə-

類別	孝感讀	孝感元音	咸寧讀	咸寧元音	石首讀	石首元音	附注
(1)	xen ten xeɣ	ə-	xẽ tɛn xẽ	ẽ-,ə-	xen ten xen	ə-	
(2)	nen sen kən ɕin in	ə-,i-	nen soŋ‧sen kẽ ɕien ien	(i)ə-,ẽ,o	nen sen kən ɕin in	ə-,i-	廣州‧門‧u-、‧昏,溫‧-ɒ(n)。
(3)	men fen xuen uen	(u)ə-(n)	men fen uen	(u)ə-(n)	men fen uen uen	(u)ə-(n)	廣州‧頓,讀,論‧œ-、‧存‧y。
(4)	ten nen tʂən	ə-	ten nen tʂən	ə-	ten nen tʂən	ə-	
(5)	uen nej	(u)ə-(n)	uen nej	ə-(n)	uen nej	ə-(n)	
(6)	tʂ'yen uehₐ uehⁱ ʂⁱ	ɐh,	tʂ'yen uehₐ yen	yˀ	tʂ'yen uen yen	e(ɣ,n)	
(7)	tɕyen uehⁱ	yɐh,	tɕyen yen	yˀ	uen yen uehⁱ	yə̃	
(8)	ɕin	i-	ɕieⁱ	iei	sen	ə-	
(9)	pin p'in nin nin tɕin tɕin	i-	pien p'ien nien nien tɕien tɕien	iei	pin p'in nin nin tɕin tɕin	i-	⎱ 蘇州見系iə-、⎰ 餘i-。
(10)	nin in	i-	nien ien	iei	nin in	i-	
(11)	min tɕin nin ɕin	i-	mien tɕien nien ɕieⁱ	iei	min tɕin nin ɕin	i-	
(12)	ʈʂən tʂən	e-	ʈʂən tʂən	ə-	sen tʂən	ə-	
(13)	tʂ'en uen uehⁱ	ə-	tʂ'en uen uen	ə-	tʂ'en uen uen	ə-	
(14)	tʂen tʂən uehⁱ	ə-	tʂen tʂən uen	ə-	uen tʂən	ə-	

類別	例字	地圖號數	參考方言			宜昌讀	宜昌元音
			廣州	蘇州	北平		
(15) 登庚耕(幫系一二等開,見系三等合)第一派字	崩彭瑩永		ɑ-,u(i)-	ã,(y)-ə	ə-,i-,iu-	pən pʻən yin yin	ə-,i-
(16) 登庚耕(幫系一二等開,見系三等合)第二派字	朋孟弘宏兄		(u)ɑ-,i-	ã,ə-,(i)u-	ə-,(i)u-	pʻoŋ moŋ xoŋ xoŋ ɕioŋ	(i)o-
(17) 東冬鍾(幫系)	夢風封	三十五	u-	o-	u-	moŋ foŋ foŋ	o-
(18) 東冬(端系一等)	洞農末		u-	o-	u-	toŋ noŋ soŋ	o-
(19) 東冬(見系一等)	公空紅		u-	o-	u-	koŋ kʻoŋ xoŋ	o-
(20) 東鍾(泥精組三等)	隆龍嵩誦		u-	o-	u-	noŋ noŋ soŋ soŋ	o-
(21) 東鍾(知系三等)	中崇鍾絨		u-	o-	u-	tsoŋ tsʻoŋ zoŋ	o-
(22) 東鍾(見系三等)	恭恐窮用		(i)u-	(i)o-	iu-	koŋ kʻoŋ tɕʻioŋ ioŋ	(i)o-

類別	孝 感 讀	孝感元音	咸 寧 讀	咸寧元音	石 首 讀	石首元音	附 注
(15)	pɤŋ pʰɤŋ mɤŋ nɤŋ	e(n)	pɤn pʰɤn mɤn nɤn ɕyɐn	(i,y)e-	pɐn pʰan yin yin	ɤ-、a-、yi-	石首"彭", pʰan. 例外讀法。
(16)	pʰoŋ moŋ xoŋ xoŋ ɕioŋ	(i)o-	pʰɤŋ mɤŋ fɤŋ fɤŋ ɕiɤŋ	(i)ʌ-	pʰoŋ moŋ xoŋ xoŋ ɕioŋ	(i)o-	
(17)	moŋ foŋ foŋ	o-	mɤŋ fɤŋ fɤŋ	ʌ-	moŋ foŋ foŋ	o-	
(18)	toŋ noŋ soŋ	o-	tɤŋ nɤŋ sɤŋ	ʌ-	toŋ noŋ soŋ	o-	
(19)	koŋ kʰoŋ xoŋ	o-	kɤŋ kʰɤŋ xɤŋ	ʌ-	koŋ kʰoŋ xoŋ	o-	
(20)	noŋ soŋ soŋ	o-	nɤŋ sɤŋ sɤŋ	ʌ-	noŋ soŋ soŋ	o-	
(21)	tsoŋ tsʰoŋ tsoŋ	o-	tsɤŋ tsʰɤŋ tsɤŋ	(i)ʌ-	tsoŋ tsʰoŋ ioŋ	(i)o-	
(22)	koŋ kʰoŋ tɕʰioŋ ioŋ	(i)o-	kɤŋ kʰɤŋ tɕʰiɤŋ iɤŋ	(i)ʌ-	koŋ kʰoŋ tɕʰioŋ ioŋ	(i)o-	

10. 韻母元音：內轉入聲

類別	例字	地圖號數	廣州	蘇州	北平	宜昌讀	宜昌元音
			____ 參考方言 ____				
(1) 德	北得黑國		ɑ-, uɑ-⁽¹⁾	ɔ、(u)ɤ⁽²⁾	ə、ei、(u)o	pɤ tɤ xɤ ko	ɤ、o
(2) 陌二麥	百澤赫麥獲		ɑ:-, uɔ-	ɑ:、ə、ɔ	ai、ə、e、(u)o	pɤ ts'ɤ xɤ mɤ xo	ɤ、o
(3) 沒（幫見系）	勃忽骨		(u)ɐ	(u)	u	p'u xu ku	u
(4) 沒（端系）	突卒		y-；œ-	e	u	t'u tsu	u
(5) 物（非組）	物		-ɐ	e	u	u	u
(6) 術（知系）	出		œ	e	u	ts'u	u
(7) 術（見系）	橘屈		uɑ	yɔ	y	tɕy tɕ'y	y
(8) 術（精組）	卹戌		œ-	ɿ	y	ɕi ɕy	y、i
(9) 緝質迄（幫端見系）	必集七急吉		ɐ-	-ɿ	i	pi tɕi tɕ'i tɕi	i
(10) 職（幫端見系開）	逼力息極		-ɿ	-ɿ	i	pi ni ɕi tɕi	i
(11) 昔陌三錫（幫端見系開）	激壁歷戚		-ɿ	-ɿ	i	tɕi pi ni tɕ'i	i

(1) 廣州入聲韻尾輔音，見表 5、B。

(2) 蘇州入聲韻尾門阻圖（2），略去。

類別	孝感讀	孝感元音	咸寧讀	咸寧元音	石首讀	石首元音	附注
(1)	pe te xɛ kuɛ	(u)ɛ	pe te xe kue	(u)e	pɤ tɤ xɤ ko	ɤ,o	宜昌石首見系開口ɤ,
(2)	pe tsɛ xɛ mɛ xuɛ	(u)ɛ	pe tsɛ xe me fu	e,u	pɤ tsɤ xɤ mɤ xo	ɤ,o	合口o。
(3)	pʻu xu ku	u	pʻu fu ku	u	pʻu xu ku	u	
(4)	tʻeu tseu	eu	tʻau tsau	au	tʻou tsou	ou	
(5)	u	u	u	u	u	u	
(6)	tsʮ tsʻʮ	ʮ	tɕʻy	y	tsʻu	u	
(7)	tɕy tɕʻy	ʮ	tɕy tɕʻy	y	tɕy tɕʻy	y	宜昌咸寧y。
(8)	ɕi ɕi	i	ɕi sei	ei,i	ɕi ɕi	i	
(9)	pi tɕi tɕʻi tɕi	i	pei tsʻei tɕi tɕi	ei,i	pi tɕi tɕʻi tɕi	i	咸寧幫端系ei,見系i。
(10)	pi ni ɕi tɕi	i	pei nei sei tɕi	ei,i	pi ni ɕi tɕi	i	
(11)	tɕi pi ni tɕʻi	i	tɕi pei nei tsʻei	ei,i	tɕi pi ni tɕʻi	i	

類別	例字	地圖號數	廣州	蘇州	北平	宜昌讀	宜昌元音
			參考方言				
(12) 緝櫛識(莊組)	澀瑟逐測色		ɪ-,ɑ-	e	ɤ	sɤ sɤ tsʻɤ sɤ	ɤ
(13) 緝質(知章組)	十姪質		ɑ-	e	ï	sï tsï	ï
(14) 職昔(知章組)	直食石		ï-,ɛ-	ə	ï	tsï sï sï	ï
(15) 職昔(見系)	城疫役	三十六	(u)ɪ-	yə	y,i	y y y	y
(16) 屋沃燭(幫系)	僕木服目		ʊ-	o	u	pʻu mu fu mu	u
(17) 屋一沃(端系)	禿篤鹿族		ʊ-	o	u	tʻu tu nu tsʻu	u
(18) 屋一沃(見系)	哭屋酷		ʊ-	o	u	kʻu u kʻu	u
(19) 屋三燭(泥精組)	陸綠肅足		ʊ-	o	u,y	nu nu su tsu	u
(20) 屋三燭(知系)	竹燭辱肉		ʊ-	o	u,ou	tsu tsu zu zu	u
(21) 屋三燭(見系)	菊局育飲	三十七甲乙	(i)ʊ-	io	y	tɕy tɕy y y	y

類別	孝感讀	孝感元音	咸寧讀	咸寧元音	石首讀	石首元音	附注
(12)	sɛ sɛ tsʻɛ sɛ	ɛ	se se tsʻe se	e	sɤ sɤ tsʻɤ sɤ	ɤ	
(13)	sï tsï tsï	ï	sï tsï tsï	ï	sï tsï tsï	ï	
(14)	tsï sï sï	ï	tsï sï sï	ï	tsï sï sï	ï	
(15)	ɦ ɦ ɦ	ɦ	y y y	y	y y y	y	
(16)	pʻu mu fu mu	u	pʻu mo fu mo	u;o	pʻu mu fu mu	u	咸寧明母o。
(17)	nɤʅ neu nɤʅ	ne	tʻau tau nau tsʻau	au	tʻou tou nou tsou	ou	
(18)	kʻu u kʻu	u	kʻu u kʻu	u	kʻu u kʻu	u	
(19)	nɤʅ nɤʅ neu neu	ne	nau nau sau tsau	au	nou nou sou tsou	ou	
(20)	nɤʅ nɤʅ neɕ neɕ	ne	tsau tsau zau zau	au	tsou tsou nou nou	ou	
(21)	nɤʅ nɤʅ hɤʅ hɤʅ	neʅ·ɦ	tɕy tɕy iau iau	y,iau	y tɕy tɕy y iou y	y,(i)·nou	

11. 聲調

類別	例字	地圖號數	參考方言			宜昌	
			廣州	蘇州	北平	調值	調類
(1)平清	包通倉飛思均	三十八，九(1)	陰平	陰平	陰平	˥	陰平
(2)平濁	頭柴羅門鵝	三十八，四十	陽平	陽平	陽平	˩	陽平
(3)上清	改總肯丑穩洗	三十八，四十一	陰上	上	上	˧	上
(4)上次濁	米暖五染朗遠	三十八，四十一	陽上	陽上	上	˧	上
(5)去清	到政歡菜廢印	三十八，四十二	陰去	陰去	去	ˋ	去
(6)去濁	事盛換認萬義	三十八，四十三	陽去	陽去	去	ˋ	去
(7)上全濁	柱被靜件似市	三十八，四十三	陽上，陽去	陽去	去	ˋ	去
(8)入全濁	白讀達雜舌或	三十八，四十四	陽入	陽入	陽平	˩	陽平
(9)入次濁	納力人月物欲	三十八，四十四	陽入	陽入	去	˩	陽平
(10)入清	德執鐵促法約	三十八，四十四	上入，中入(2)	陽入	(不定)(3)	˩	陽平

(1)第三十八圖爲調類圖，其餘皆調值圖。

(2)入聲清音，廣州今讀內轉上入，外轉中入。

(3)入聲清音，北平今讀分歸陰平、陽平、上、去，無一定條理。

類列	孝感調值	孝感調類	成寧調值	成寧調類	石首調值	石首調類	附注
(1)	ˊ	陰平	˥	陰平	˥	陰平	
(2)	ˇ	陽平	ˊ	陽平	ˊ	陽平	
(3)	˥	上	ˇ	上	ˇ	上	
(4)	˥	上	ˇ	上	ˇ	上	
(5)	ˊ	陰去	ˇ	陰去	ˊ	陰去	
(6)	˧	陽去	˧	陽去	˧	陽去	
(7)	˧	陽去	˧	陽去	˧	陽去	
(8)	ˇ	入,陽平	˧	陽去	˧	陽去	孝感入聲全濁一部分歸陽平。
(9)	ˊ	入	˥	入	ˊ	入	
(10)	ˊ	入	˥	入	ˊ	入	

二. 綜合特點表

　　前面的分析特點表，爲了跟別省的方言比較，一條一條都分的很細。現在我們把湖北各區（參看後面分區概説）內部大體一致或全省大體一致的特點歸納起來作成綜合的特點表。遇有幾條同樣變化的特點就併成一條，但數字號碼仍舊，以便與前對照。例如 2.（3—7）滂透清穿溪各母的發音方法，在分析表中爲與別省方言比較，透母另列爲（4），因爲有地方讀h，溪母分爲（5—7）三條，因爲有地方有h，f等讀法，但在湖北省沒有這種分析的必要，所以我們在現在這綜合表中就合爲（3—7）一條。又有一些條特點在湖北各地讀法很不一致，即使按一二三四區分列過後，各區內部仍舊是很分歧的，這表就省去不列。例如 1.（2）非敷奉及（18）曉匣一二等合口的部位在湖北幾乎一處一個樣子（看第一地圖），在這綜合表裏就從省。讀者如想知道這些省略部分的特點在湖北省的分布情形，可以查看與各條有關的地圖。

　　表中設有"例外地"及"例外字"兩欄。例外地以大寫 X 代表，例外字以小寫 x 代表。"各區特點"欄內如注有大寫 X 者就是説在這區內除所登的讀法外，有少數例外地另有其他讀法，在"例外地"欄舉出；如注有小寫 x 者就是説有少數例外字另有其他讀法，在"例外字"欄注明。但是要注意，此處所謂"例外字"意思是説在這表中看起來是例外，也許在音韻演變上並不是不規則的讀音。例如 1.（22）'下'字白話音在一區保康棗陽讀ɕ部位，原是正常的讀法，不過在這裏跟'更，耕，鞋'讀k部位比較，算是例外罷了。所以這裏的"例外字"跟分地報告中同音字表裏所認爲的"例外字"含義不同。（參看分地報告説明。）

1. 聲母發音部位（影母及次濁聲母見表3）

類別	例字	地圖數號	各區特點 一區	二區	三區	四區
(1)幫滂並	巴 拍 婆 並		p	p	p	p
(3)端透定	斗 底 塔 杜 桃		t	t	t	t
(9)精清從心邪（開細）	節 千 消 靜 星	三	ɕ	ɕˣ	ɕˣ	ɕ
(10)見溪羣曉匣（開細）	結 輕 件 香 形		=	=	=	=
(11)知徹澄照穿牀審禪（三等合）	豬 春 書 禪	四	X / ʂ;s / ≠	ʂ;s;s;ɕ / = / ʐ	X / s;s / =	X / ʂ;s / ≠
(12)見溪羣曉匣（遇山臻梗三四等合）	決 舉 虛 玄		ɕ	ʂ;s;ɕ / = / ʐ	s;ɕ / = / s;ɕ	ɕ
(13)見溪羣曉（通三）	弓 恭		k	k	k	k
(14)見溪羣曉（通三舒甲）	窮 胸		ɕ	ɕ	ɕ	ɕ
(15)見溪羣曉（通三入）	菊 局		ɕ	ɕ;ʂ;s	ɕ;s	ɕ
(16)見溪羣曉匣（蟹止合三四等合）	桂 龜 狂		k	k	k	k
(17)見溪曉匣（一等開）見溪（一二等合）	歌 開 黑 根		ɕ	k	k	k
(19)見溪曉匣（二等開）第一派字	佳 巧 孝	五	ɕ	ɕ	ɕ	ɕ
(20)見溪曉匣（二等開）第二派字	家（揩）講 學		ɕˣ	ɕˣ	ɕˣ	ɕˣ
(22)見溪曉匣（二等開）第四派字	更 耕 鞋 下（等一）		kˣ	k	kˣ	k
(23)見溪曉匣（二等開）第五派字	格 赫 巷		k	k	k	k

類別	例外地 (X)	例外字 (x)	附注
(1)			p代表雙唇部位，以下t,ç等皆泛指部位，參分析表同條附注。
(3)			
(9)	二區禮南鄉蔡店，三區陽		
(10)	通山(9)s≠(10)ç，三區咸(9)t,ç。		
(11)	(11)與(12)：一區武漢漢口漢陽宣半分半混，漢川來天混，三區崇(11)t,s,ç，(12)ç,f，四區監混。		
(12)			
(13)			
(14)			
(15)			二三區有s是因爲他處讀ç(çy，二三區或作tsy，tsʮ之故。
(16)			
(17)			
(19)		甲'k，一區漢川沔天當江宜都興鍾隨，二區竹鍾，二區竹谿應山安雲陂岡梅濟，三四區除嘉蒲公皆k。	
(20)		下'，一區保棗ç部位，'耕'，三區蒲ç部位。	
(22)			
(23)			

2. 聲母發音方法（影母及次濁聲母見表3）

類別	例字	地圖號數	各區特點			
			一區	二區	三區	四區
(1—2) 幫端精知照見	巴短則知照敢		t	t	t	t
(3—7) 滂透清徹穿溪	拍妥倉丑出哭		tʻ	tʻ	tʻ	tʻ
(8—11) 並定羣澄從牀二（平），牀三禪（平甲）	彭桃定陳愁船成	六	tˣ	tʻ	tˣ;dʻ;tʻ	tˣ
(12) 並定羣澄從牀二（上去，牀二除止）	步杜伴鄭在		tˣ	tʻ	tˣ;dʻ;t	tˣ
(13) 並定羣澄從牀二（入）	白笛直絕		tˣ	tˣ	tˣ;dʻ;t	tˣ
(14) 心審曉	三西山生孝		s	s	s	s
(15) 邪（平）	徐隨尋旬	（看注）	s	s	sˣ	s
(16) 邪（仄）	似序謝席		s	s	s	s
(17) 牀三禪（平乙）	垂	（看注）	tʻ	tʻ	tˣ;dʻ;t	tʻ
(17) 牀三禪（平乙）	晨純		s	s	s	s
(18) 牀三禪（平丙）	繩蛇時神		s	s	s	s
(19) 牀二（止）牀三禪（仄）	事示舌市		s	s	s	s
(20) 匣（一二等開及東一）	害毫合紅		s	s	s	s
(21) 匣（高元音前）	黃戶形穴		s	s	s	s

類別	例外地 (X)	例外字 (x)	附注
(1—2)			代表清音不送氣筆或氣擦筆擦方法，參分析表同條注。
(3—7)	三區崇t，s．z．○四方法，通城溪母d．s．○三方法。		s表示送氣擦氣音之z，z。z代表崇陽在崇音z，z。
(8—11)	三區崇t，z．○三方法。	三區通山‘船’ɕ‘-(s方法)。	別處的筆擦送氣音在崇音z，z。
(12)	一區京t，t‘，三區崇t‘，s．z．○四方法，四區監t‘。		
(13)	一區京t，t‘，二區浠梅濟蘄t．t‘不定，三區崇t‘，z．二方法，四區監t‘。		
(14)			
(15)		‘徐’崇讀z(z方法)咸又讀ts‘(t方法)，若從母字。	‘囚’‘詳’二字看第七地圖。
(16)		‘謝’通城dz‘-(d方法)。	
(17)	崇○。		通山k，tɕ兩讀，都是t方法。通城讀g‘-自然算d方法。
(17)			‘媸常’二字看第八地圖。
(18)			
(19)			
(20)			讀t者自然也算s方法。
(21)			

3. 次濁聲母及影母

類別	例字	地圖數號	一區	二區	三區	四區
			\多{各區特點}			
(1)明	馬梅門滅		m	m	m	m
(2)微	萬閩武未		u^x	u	u	u^x
(3)泥（一二等）	乃南能	九	混	混^x	混^x	混
(4)來（一二等或今洪）	賴藍倫					
(5)泥（三四等）	年娘	九	混^x	分$^{(1)x}$	分$^{(2)}$	混
(6)來（三四等或今細）	連兩呂					
(9)疑（一二開或今洪）	鵝艾偶硬	十二	混	混	混	混
(10)影（一二開或今洪）	惡哀歐恩					
(12)疑（合）	瓦魚吾危月		i,u,y	i,u,y	i,u,y^x	i,u,y
(13)影喻（今高元音）	挖移位園		i,u,y	i,u,y	i,u,y	i,u,y

(1) 二區大多數地方是(5)ŋ≠(6)n~n，但安(5)□≠(6)n。應山雲禮是泥細一部分字（讀無聲母○）與來細□分。一部分字與來細混。

(2) 三區嘉魚一部分字分。一部分字混，其分混情形跟二區相同（看上條）。崇來細ɬ、崇來細ʮ。陽通山來細~n、沿咸城來細~n、泥細都是ɬ。蒲通城來細♂。泥細都是n。

類列	例 外 地 (X)	例 外 字 (x)	附　注
(1)			
(2)	一區沔作m，但‘武萬’u，天m，但今u韻u，四區公‘未徽’m。		今u韻有作v者，以u者，因疑影母母在這些地方的u韻也是v，不是徽母所獨有。是話音現象，非話音現象。
(3)	二區梅濟，三區陽通山分，(3) ɳ≠		
(4)	(4) l。		
(5)	一區鄖西均縣分，(5) ɳ≠ (6) l～n；		
(6)	二區應城孝混。		‘吕’字在三四區常有失落聲母的例外讀法，看各處同音字表。
(9)			大致一四區皆作○，二三區作ŋ，各有例外，看第十二地圖。
(10)			
(12)		‘吾，午’通山ŋ，‘危，外’通山ŋ，○兩讀，崇陽通城‘外’ŋ，○‘危’ŋ，‘危’n。	今u韻作v者以u論，參上注。ㄧ代表y、ㄐ、ㄑ。
(13)			

4. 韻母開合（以表中所舉例字為限）

類　別	例　　字	地圖數號	一區	二區	三區	四區
(1)端系一等合	對罪短亂算存	十五	開，合	開^x	合$^{(1)x}$	開，合$^{(2)x}$
(2)精組二四等合	序宣絕句	十六	開，合	開	開^x	開，合
(3)知系合	船春出		合	合	合^x	合
(4)莊組陽韻開	莊牀	十七	合	開，合	開^x	合
(5)見系一等戈韻合	果禍簡	十八	開^{Xx}	開^x	開^x	開
(6)見系二等合	光官關滑		合	合	合^x	合
(7)見系三四等合	餘元決均		合^x	合	合	合

(1)第三區山攝舒聲端系一等合口字跟開口字韻母不同。茲列表對照如下：

	大冶	嘉魚	咸寧	陽新	通山	崇陽	蒲圻	通城
合'短亂算'：	-eĩ	-en	-ẽ	-ẽ	-ã	-ɤ	-œn	-on
開'旦數難'：	-ã	-an	-ã	-ã	-ã	-ã	-an	-an

古開口字的元音是a類，古合口字的元音多數是圓脣音œ、o。冶嘉崇寧的元音雖是圓脣音，但是也跟開口字不混。今依音類姑認'短亂算'的讀法為合口。這只見山是說山攝一等端系開口字在第三區今音不混，並不是說合口字在第三區全是u、y音；跟我們對於"開口"的定義相對於"開口合口"的讀人。參閱分析表4關於'窗'字開口的底注。（嚴格講，對'窗'字今音讀o或讀e或讀的，只要跟'待，在，元音不混，也可以算作合口；因為我們在這一類字注重的是今音有沒有u介音，所以就沒有這麼辦。）

(2)第四區監利'短亂算'-œn，'旦數難'-an，也認前一讀爲合口，說詳上。

類列	例外地 (X)	例外字 (x)	附注
(1)	二區梅濟'短亂草'合。	'存'字湖北全省開口,地圖未收。三區'對罪存'開。	一四區開合詳合第十五地圖。
(2)	三區咸'宜'合,'序'開合兩讀。		一四區開合詳第十六地圖。
(3)		'船'字三區崇開。	
(4)	三區嘉'開''冰'合。		二區黃安麻英梅濟開,餘合,詳十七圖。
(5)	一區郧均光襄合。	'竊',二三區全合,一區漢口漢陽宜恩陽邸西隨合。	此條開合規定,詳分析表4底注。
(6)		'光'三區咸開。	曉匣讀f者以合口論。
(7)	一區枝宜郁開~合(無"撮口呼")。		

5. 韻尾

類別	例字	地圖數號	各區特點			
			一區	二區	三區	四區
(1,2,4—7)咸山深臻曾梗[1]舒	廉千林身巾桓名争	十九	n	n^x	$n,ŋ,~$	n^x
(3)宕舒	郎剛兩光		$ŋ^x$	ŋ	ŋ	ŋ
(8)通[1]舒	夢紅充窮		ŋ	ŋ	$ŋ^x$	ŋ
(9—16)入聲	葉辣十七莫色格哭	二十	○	$○^x$	○,?,l	○

[1]曾攝·朋、弘',梗攝·孟、宏',兄',湖北大致準通攝字讀。

類列	例　外　地　(X)	附　　注
(1，2，4—7)	二區濟山咸攝~，深臻曾曾一部分~。四區鶴深臻曾梗~。	三區崇山咸一部分字無尾(○)。
(3)	一區江n。	
(8)	三區崇n。	
(9—16)	二區蘄一部分字2。	三區通山崇蒲，通城有的字2，有的字1。

6. 韻母元音:陰韻(i.u.y等作介音時表中從省)

類列	例字	地圖數號	各區特點			
			一區	二區	三區	四區
(1)歌戈	歌果坐婆	二十二	oˣ	o	oˣ	oˣ
(2-3)麻二佳乙夬乙	巴拿瓜牙佳話		aˣ	aˣ	aˣ	a
(4)麻三(精組見系)	寫謝也		e	eˣ	e,a,iˣ	e
(6)模(幫見系)虞(非組)	步孤附武		u	u	u	u
(10)魚虞(見系)	巨許餘羽		yˣ	y	yˣ	y
(11-13)泰代(端)咍皆佳甲夬甲,止(蟹合)	蔡代皆柴快帥	二十六	ai	ai	ai;æˣ	ai
(14)灰泰(幫組)	倍梅貝	二十七	ei	iˣ	i;ei;ai	ei
(15-16)灰泰(見系合),廢止(幫系合)	灰會肺悲碑肥		ei	ei	i;ei;ai	ei
(17)灰泰止(端泥組組)	對內類累		ei	iˣ	i;ei;ai	eiˣ
(18)灰泰祭止(精系)	罪最歲隨		ei	iˣ	i;ei;ai	eiˣ
(19-20)祭齊止(知見系合)	錐垂睡衛桂歸		ei	ei	i;ei;ai	ei
(21-22)祭齊止(開,幫系)止(1)	例比米底李西		i	iˣ	i	i
(23-24)祭(開,知系)止(開,精知章莊組)	世字示斯		ï	ï	ï	ï
(25)止(開,日)	貳		ə;ɝ	ə;ɝ	ï;ə;ɝ	ə;ɝ
(26-27)豪肴	保桃草告炒巧	二十八	au	au	au;ɔ;ɔ;e;ə;ɵ;ɔɐ	au
(28)宵蕭(2)	表消趙叫		au	au	au;eu;ɔ;ɔ;e;ə;ɵ;ɔø	eu
(29)侯(2)	斗奏偶		eu	euˣ	au;eu;ɔ;ɔ;e;ə;ɵ;ɔø	eu
(30)尤幽(端見系)	紐秋休由		əu	əuˣ	au;əu;u	əu
(31)尤(2)(知系)	愁周柔		əu	əu	au;əu;eu	əu

(1) 祭齊止開口見系字(如"計·希"等)在湖北韻母皆同"希",此表略去。
(2) 侯韻合口唇音字有例外讀法,此表略去。

類列	例外地 (X)	例外字 (x)	附注
(1)	一區鄖均光'又、歌'果'o、果'、襄'歌'o、果'uo;三區通山'坐婆窩'u、'歌'果'o。	'婆'(脣音)四區公石'又。	
(2—3)	一區隨;二區蘄;三區冶通山'o。		ε代表e·ε。
(4)	二區梅濟ε·a;三區冶通山i·e·o。		
(6)			
(10)	一區枝宜都(無"撮口呼");三區崇i、yi。		y代表y·ʮ·ʮ。
(11—13)	三區通山a·œ·冶a。		三區嘉蒲通城坡ai·陽崇咸œ。
(14)	三區竹谿應山安應城濟ei、雲i、ei。		三區嘉蒲通城崇i·陽咸ei·通山冶ai。
(15—16)	三區竹谿濟ei、應山對內類'ei、應城'對內'ei、雲i、ei。		三區崇通城咸i·嘉蒲陽ei·通山冶ai。
(17)	三區竹谿應濟ei、應山'甲最崴'ei、安'最崴'ei、雲i、ei。	'類',四區公石y。	三區i·ei·ai分布同(14)。
(18)	三區竹谿應應城濟ei、應山'甲最崴'ei、安'最崴'ei、雲i、ei。	'隨',四區公石y。	
(19—20)			三區i·ei·ai分布同(15—16)。
(21—22)	二區濟ei。		三區嘉蒲通城崇i·陽咸ei·通山冶ai。
(23—24)			三區嘉蒲通城崇i·陽咸ei·通山冶ai。
(25)	三區通城。		o代表o·又·u·o·œ等,各音分布詳十一地圖。
(26—27)			
(28)	二區鄂梅濟eu。		三區嘉蒲通山通城au·陽咸崇o·冶a。
(29)	二區鄂梅濟eu。		三區蒲通城au·嘉通山ieu·三區o·冶ε·陽o·咸eo。
(30)	二區鄂梅濟eu。		ou代表au·ou·三區分布同上條·惟蒲又有ou音,咸又有au音。
(31)	二區鄂梅濟eu。		三區陽咸au·通山u·冶u·au·餘皆eu(或ou)·其餘eu(或ou)尚有異讀,未列。

7. 韻母母元音：陽韻外轉舒聲（介音、輔音尾、半鼻音等均省略）

類　別	例　字	地圖數號	一區	二區	三區	四區
		各區特點				
(1) 咸銜山刪（見系開）	減眼（以讀細音時論）		e^x	e；a	a^x	e
(2) 談寒咸銜山刪（除見系開）凡元（非組）	談難慢反		a	a	a	a
(3) 覃（端系）	貪南慘	二十九	a	a^x	a；œ；ɤ	a
(4) 覃談寒（見系）	感敢干		a	a^x	a；o；œ；ɤ；ʒ；ei	a
(5) 桓幫見系	半官換		a	a^x	o；œ；ɤ；e；ei	a^x
(6) 桓（端系）	短亂算		a	a^x	o；œ；ɤ；e；ei	a^x
(7) 仙（知系合）	船歂		(1)	(1)	(1)	(1)
(8) 鹽仙（知系開）	陝輔然	三十	a	a^x	e^x	a^x
(9) 仙元先（見系合）	倦元玄		e^x	a^x	e^x	e
(11) 鹽嚴添仙元先（開，除知系）	險邊連演		e	e；a	e^x	e
(12—15) 宕	剛窗方巷香常	三十一	a	a	o^x	a

（1）船歂，讀洪音時與第（5）條「官換」音同，「等元」音同；讀細音時，與第（9）條「倦元」音同。（一區天門「倦玄船」a，「元歂」e。）

類別	例外地 (X)	附注
(1)	一區江i;三區陽通通崧e。	e包括ε,a包括œ。二區竹谿竹山麻羅英浠蘄a,其餘e。
(2)		
(3)	二區梅'南'a,'貪慘'o。	三區陽œ;崧ɤ;通山'慘'a,'食南',œ,其餘a。
(4)	二區蒲'敢'a,'干感'ε。	三區通通城o;陽通山蒲œ,崧ɤ,其餘ei,其餘a。
(5)	二區漢'梅'半'ɔ,'官換'a;四區監œ。	三區通城o;崧ɤ;嘉e,冶ei,其餘œ。
(6)	二區梅濟o;四區監œ。	三區分布同上。
(7)		
(8)	二區梅濟ε;三區冶ei;崧ɤ,蒲œ;四區監œ。	
(9)	一區漢川a,江i,天'倦玄'a,元'ε;二區梅濟ε;三區冶ei。	
(11)	一區江i;三區冶ei;通山'嫩邊濱'e,'連'i。	二區竹谿竹山麻羅英浠蘄a,其餘e。
(12—15)	三區嘉a,冶ɔ。	

8.韻母母元音:外轉入聲(介音及韻尾略去,韻尾參表5。)

類別	例字	無地圖	各區特點			
			一區	二區	三區	四區
(1-3)狎洽鎋黠;合盍曷(端系),乏月(非組)	甲瞎雜達八髮		a^x	a^x	a^x	a
(4-6)合盍曷(見系),末	盍割末活脫		o^x	o	o^x	o^x
(9)薛月屑(見系合)	缺月穴		e^x	e^x	e^x	e
(11)葉業帖薛月屑(開,除知系)	接列傑		e	e^x	e^x	e
(12)鐸,覺(除見系)	各託桌剝		o^x	o	o^x	o
(13,14)覺藥(端見系)	確學略削虐		o^x	o	o^x	o
(15)藥(知章組)	酌若		o	o	o^x	o

類別	例外地 (X)
(1—3)	一區隨，二區蘄，三區冶ɔ；三區通山山攝入a，咸攝入ɔ。
(4—6)	一區鄖縣均光‘盍割’ɤ；三區‘末活脱’；嘉蒲‘末活盍合割’ɤ；崇‘末活盍合割’ɤ；四區石公‘末’ɤ。
(9)	一區漢川æ；二區鄂梅æ，蘄a；三區冶‘缺月’a，‘穴’e。
(11)	二區鄂梅æ；三區通山i，咸e·i。
(12)	一區鄖縣均光‘各’ɤ；三區通山山。
(13,14)	一區鄖縣光ye；三區通山山。
(15)	三區通山山。

9. 韻母元音：陽韻內轉舒聲[1]

類　別	例　字	地圖號數	各區特點			
			一區	二區	三區[2]（冶）	三區[2]（嘉）
(1) 痕登（開，除幫組）	根等桓	三十四	ən	ən^x	eĩ	ən
(3) 諄（精組）	句		yin[3]；in	in	in	in
(9—11) 侵真欣蒸清庚三青（除知系）	稟貧今陵應名京	三十四	in	in	in、ian	in
(12) 侵臻（莊組）	森臻		ən	ən^x	eĩ	ən
(13—14) 侵真清蒸（知章組）	沉陳徵成		ən	ən	an	ən
(17—22) 東冬鍾	洞農公隆誦中恭用	三十五	(i)oŋ[4]^x	(i)oŋ^x	(i,u)aŋ	(i)oŋ

(1)內轉韻尾每每較重，表中兼將韻尾標出。

(2)第三區內部很不一致，故在此地列出。

(3)yin代表yin、yan。一區漢口漢陽漢川天校官裏隨in。

(4)(i)oŋ代表(i)oŋ、(i)uŋ。(i)表示有的字有此介音，有的字無此介音。

類別	各區特點							例外地（X）
	三區						四區	
	咸	陽	通山	崇	蒲	通城		
(1)	ɛ̃•əu	əu	ẽ	ẽ	ən、œn	en	ən^X	二區濟ɛ̃；四區鶴ɛ̃。
(3)	iei	in	in	in	ne	in	in^X	四區石ən，鶴y。
(9—11)	iei	in、uei	in	in	in	in	in^X	四區鶴ī。
(12)	ue	əu、uy	aŋ	iẽ	œn	ien	ən^X	二區濟ɛ̃；四區鶴ɛ̃。
(13—14)	ue	an	ue	ue	ue	ue	ən^X	四區鶴ɛ̃。
(17—22)	(i,u)ʌŋ	(i)ʌŋ	(i,u)aŋ	ən、in	(i,u)ʌŋ	(i)en(i)	(i)oŋ	一區鄖西鄖光保漳(y)ʌŋ；二區濟(i)ʌŋ。

10. 韵母元音:内轉入聲

類　別	例　字	地圖號數	各區特點			
			一區	二區	三區	四區
(13—14)緝質職昔(知章組開)	十姪質職昔直食石		ɿ	ɿ	$ɿ^x$	ɿ
(3,5)沒(幫見系)物(非組)	勃勿骨物		u^x	u^x	u^x	u
(16,18)屋沃燭(幫系除明母)、屋一沃(見系)	僕服哭屋		u	u	u	u
(16)屋(明母)	木目	三十六	u^x	o;u;oŋ	o^x	u^x
(9—11)緝質職陌昔錫(幫端系開)	必集七通力息席歷		i	i	i;ei;ai	i
(9—11)緝質迄陌昔錫(見系開)	急吉乙極激		i	i	i^x	i
(6)術(知系)	出		u^x	y	y^x	u^x
(7)術物(見系)	橘屈		y^x	y	y	y
(8)術(精組)	戌戌(1)		y^x	i	i;ei;ai	y^x
(4,17,19—20)沒(端系)、屋沃燭(除幫見系)	突卒讀族鹿錄蕭竹		u;eu	eu^x	u;au;eu	eu^x

凡'伽'讀如'血'、'諸'讀如'血',以音爲正則,不錄其讀。二字皆讀,二字皆讀'y'、'伽'諸'y',者始注之於例外地欄。

(1)伽戌常有不規則讀法,在一四區有同一地而一別字,不取。

類別	例 外 地 (X)	附 注
(13—14)	三區崇ᵻ·ɣ·a。通城ᵻ·ɔl·a。	
(3,5)	一區河'物'moŋ;二區梅uɛ;三區崇(ᴜ)·ɣ·通城'胃·物'uəl。	
(16,18)	一區武漢口漢陽漢川天河京荊oŋ·鍾uŋ;三區嘉蒲通山ᴜ;四區公·鶴o。	
(16)		二區竹嵌竹山羅英梅濟o。應山安雲孝禮浠u。應城陂城黃岡黃安麻鄂鄂霸oŋ。
(9—11)	三區陽'激'ie。	三區陽咸ei·冶通通山ai。其餘i。
(9—11)	三區陽'激'ie。	
(6)	一區武漢口漢陽漢川天河;三區崇y;四區監y。	y代表ɣ·ʮ·ʯ·下同。三區通城yl。
(7)	一區枝宜都(無"撮口呼")。	
(8)	一區枝宜都鄉兩隨襄i;四區石i。	三區陽咸ei·冶通通山ai。其餘i。
(4,17,19—20)	二區濟u;三區崇'癸卒'ɣ·通城'癸卒'ɔl;四區松u。	ɔu·代表ɔu·ou。一區武漢口漢陽漢川沔天宜來母西鄖房陽隨襄隨襄ɔu·京ɔu·u·均光'龐陸錄'來母ɔu·其他字u;三區嘉通山u·崇蒲通城山yl·崇蒲通城咸ei·冶陽咸au。

11. 聲調

類列	例字	地圖號數	各區特點			
			一區	二區	三區	四區
(1)平清	包通倉飛思忠均	三十八、三十九(1)	陰平	陽平	陰平	陰平
(2)平濁	頭柴鋤羅門鵝	三十八、四十	陽平	陽平	陽平	陽平
(3)上清	改總肯丑穩洗	三十八、四十一	上	上	上	上
(4)上次濁	米暖五朗遠	三十八、四十一	上	上	上	上
(5)去清	到政數菜廢印	三十八、四十二	去	陰去	陰去	陰去
(6—7)去濁；上全濁	事換萬柱被靜	三十八、四十三	去	陽去^X	陽去^X	陽去^X
(8)入全濁	白讀達雜舌或	三十八、四十四	陽平^X	入、陽去、陽平(2)	入^X	入、陽去(3)
(9)入次濁	納力入月物欲	三十八、四十四	陽平^X	入(2)	入^X	入
(10)入清	德執鐵促法約	三十八、四十四	陽平^X	入(2)	入	入

(1)第三十八圖爲調類圖,三十九至四十皆調值圖。

(2)二區竹谿古入聲全濁歸陽平、清及次濁歸陰平,一部分歸陰去;竹山全濁一部分歸陰去、清及次濁皆歸陰平。鄂城無論清濁皆爲入聲。其餘各地古入聲今音仍爲入聲;全濁:

1)在應山安應城孝禮破一部分仍爲入聲,一部分歸陽平;

2)在黃安岡麻浠梅浠蘄一部分仍爲入聲,一部分歸陽去;

3)在羅英全歸陽去。

(3)入聲全濁在四區監松仍爲入聲,石歸陽去。公鶴一部分仍爲入聲,一部分歸陽去。

類別	例 外 地 (X)	附 注
(1)		
(2)		
(3)		
(4)		
(5)	二區竹谿四區松不分陰陽去，只有一去聲；三區冶歸陰平。	
(6—7)	三區咸通山歸陽平，冶一部分歸陰平，一部分歸陰。	大冶一部分歸陰平，其實可以認爲是歸陽去；因陽去歸陰平，所以歸了陽去的入聲也跟着成陰平了。
(8)	一區漢川天沔一部分仍爲入聲；一部分歸陽平，嘉一部分歸陽平。	
(9)	一區漢川天沔仍爲入聲，光郿西一部分歸陰平；三區通山一部分歸陽去。	
(10)	一區漢川天沔仍爲入聲，光郿西一部分歸陰平。	

三. 分區概説

要知道湖北方言的概況,看了前面的十一個分析特點表,十一個綜合特點表,跟後面的關於音類,特字,詞類的六十四張地圖,就可以得到一個很清楚的鳥瞰了。現在爲得到一個比例尺更小的超鳥瞰,或者説"同温層瞰",再用文字來做一個更簡括的概説。

方言跟方言間的分界有顏色跟顏色間的界限那麼糊塗,而所含的因素比顏色跟顏色的分別還複雜得多。所以把一省的方言大致分爲幾區是容易分的,而在區間交界的地方指出某地一定是屬哪一區而不屬隔壁的一區,有時就做不到。例如湖北東南一隅的幾縣方言最特別,但這一區究竟包括哪些地方就要看拿什麼做標準。比方説"他"這個詞,用'其,伊'系統見系聲母字的有梅,濟,冶,咸,陽,通山,崇,通城八處。這區裏"的"這個詞,差不多都用'個'字,但是'他'系對'其'系跟'的'系對'個'系,二者的範圍不完全一致,上述的八個地方黃梅跟廣濟兩處用'的'不用'個',而外加了嘉魚,蒲圻兩處用'個'不用'的'(看第五十五,五十六地圖)。又如湖北東部西部一個最重要的分別是入聲的有無,跟陽去的有無。這二者幾乎完全並行,但是惟有漢川,沔陽,天門,松滋四處有入聲而無陽去,竹山一處有陽去而無入聲(看第三十八地圖)。所以好些界限都是很參差的。現在我們所分的第一,二,三,四區是根據多數特點的傾向來分的。

第一區:武 漢口 漢陽 漢川 沔 天 京 荆 當 江 枝 宜都 宜昌 長
　　　興 秭 巴 恩 宣 來 利 鄖西鄖* 均* 光* 房 保 漳
　　　襄* 鍾 棗 隨。——*北方派

第一區範圍最大,佔全省靠西的三分之二,除掉了西北竹谿,竹山二處屬二區,跟監,石,公,松,鶴五處成第四區。第一區是一種西南官話。按特點説起來：1.（9，10）①‘節，結’不分尖團；1.（11，12）‘書，虛’大致不混；3.（3—6）‘南，藍，年，連’泥來洪細都混（只有鄖西，均縣兩處細音分，‘年’≠‘連’）；5.（1—8）宕通攝收ŋ尾（除江陵一處宕攝收n尾），其他陽韵各攝都收n尾；5.（9—16）入聲尾全失落；6.（7，8）‘杜，助’本區中部讀u韵，靠他區各地讀əu，ou之類；6.（11—24）‘代，倍，灰，税，例，世’ai，ei，i，ï各韵分配跟北平大致相同；6.（26—31）‘保，巧，趙，奏，休，周’au，ou各韵分配跟北平大致相同；7.陽韵外轉元音跟北平大致相同，但yen不讀yan（除漢川，天門）；最要緊的特點是 11.調類分陰平，陽平，上，去（無陽去），而入聲歸陽平，這是西南官話一個最重要的特點。（只有漢川，沔陽，天門三處有入聲，鄖西，光化入聲半歸陰平，半歸陽平。）

特字：‘觸’照多穿少；‘跑’滂多並少；‘特’全透；‘鍋’大都見；‘茄’合口多開口少；‘繩’本區中部西南部合，西北部開；‘傾’大都合；‘飾’去多入（今平）少。

詞類：“他”‘他’；“的”大都‘的’；“這”‘這’多，‘n-’少；“了”本區中部及西南部‘達’，餘‘了’；“不要”‘不要’多‘莫’少；“站”‘站’；“什麼”本區北部‘啥’中部‘什麼’，東西部‘麼事，麼子’等；“沒有”（未）大都‘沒有’；“小孩子”本區北部西部‘娃’，中部東部‘小伢’。

武漢三鎮雖然很偏東，但是也屬於這一區的，差不多成一個方言區的半島形勢（看第二十三，二十七，五十七，六十三地圖）。但是因爲北及東有第二區，南有第三區，三面包圍着，當然也受附近地方的影響，例如關於 2.（11，12）‘書，虛’之分就界乎分與不分之間的（第四地圖）。這一區裏枝江宜都兩處 4.（7）‘餘，元，決，均，橘’讀開口（韵頭作i），所謂“無撮口音”，湖北就只這兩處是這樣。第一區裏西北幾縣有幾個北方官話的特點：1.（5）鄖縣分s，ʂ，而把二等内轉‘澤，争，初，生’歸ʂ部位；6.（1）‘歌，鍋’跟 8.（4—6）‘盍，活’鄖，均，光，襄四處分辨ɤːo（或ɤːuo，或oːuo）；8.（13，14）‘確，削’鄖，光讀ye不讀io；11.（8—10）入聲鄖西，光一部分字讀陰平，一部分字讀陽

---

① 數字號碼指前特點表次第，如 1.（9，10）是説第 1 表的第 9，10 兩節。下同。

平。這四點是北方官話的特點，跟一般西南官話不同的。

第二區：谿 竹山 應山 安 應城 雲 孝 禮 陂 黃安 岡 鄂 麻 羅

　　　英 浠 梅 濟 蘄。——

　　第二區佔東部跟東北部，約佔全省四分之一的地方，但是西北角的竹谿竹山兩處像東部而不像西部，所以也把它們歸在第二區。按特點説起來：1.(9,10)'節，結'不分尖團；1.(11,12)'書，虛'混，大半讀ʂ ʮ部位；3.(3－6)泥來大致洪混細分，'南'＝'藍'，'年'(n̦)≠'連'(l～n)；4.(1,2)'對，存，序，宣'開口；5.韻尾與第一區略同；6.(7,8)'杜，助'大部分əu, ou；6.(11－24)同第一區，但6.(14,17,18)'倍，梅，對，最，歲，累，隨'大都讀i韻而不讀ɐi，這是這一區的一個顯著的特點；7.(3－6)'半，短'一部分字像第三區；11.聲調除竹谿，竹山外都有陽去及入聲，但除蘄春外入聲都不短促。

　　特字：'觸'大都穿；'跑'除岡皆並；'特'大致東定西透；'鍋'影多見少；'隸'西北來，東南定；'茄'開；'繩'開；'傾'除梅皆開(其他三區大都皆合)；'飾'去多入少。

　　詞類："他""他'，但梅，濟用見系字；"的""的'；"這"不定；"了""了'；"不要""不要'及'莫'；"站''企''站'各半；"什麼""麼事，麼子'等；"沒有"(未：除竹山應城兩處外皆'冒'；"小孩子""小伢，細伢'等。

　　這第二區可以算典型的楚語，——如果要獨立一種楚語的名目的話。這一區的東部黃安，羅，英，浠，梅，濟，蘄陰平調值是低調或降調，有"下江話"的風味(看第三十九地圖)。最特別的是竹谿，竹山，地理位置還在西北角上，而方言性質完全屬於第二區的。(看地圖第四，十三，十四，十六，十八，二十五，三十，三十七甲，三十七乙，三十八，四十三，四十八，五十，五十二，六十一，六十三，六十四。)

第三區：冶 嘉 咸 陽 通山 崇 蒲 通城。——

　　第三區方言最特別，內部也最複雜，地域佔東南一小角，大致可以歸入贛語系統裏。有好些點第一，二，四區一樣，惟獨第三區不同(看地圖第三，六,十一,十九,二十,二十二,二十三,二十六至三十,三十四,五十五,五十六)。按特點説起來:1.(9,10)'節,結'在陽,通山分尖團,咸"塞擦"尖音讀"塞"(如'鐵'tˊi);1.(11,12)'書,虚'大都不分;2.(3—13)'派,倉,哭,桃,存,伴,在'通山全濁不論平仄皆不送氣,崇,通城溪羣今洪開讀x,h,崇近代送氣塞擦變濁擦(如'蔡'zæ,'秦'zin),全濁塞音讀送氣清音(如'伴'pˊɤ),蒲,通城次清全濁平仄皆讀濁送氣,這些都是江西派;3.(3—6)泥來冶,咸讀法如二區南部,嘉如二區北部,陽,通山洪細皆分,崇來細tˊ,蒲,通城來細dˊ,這tˊ,dˊ可以認爲江西派;3.(11)'硯,宜,堯,嚴,言,牛'讀鼻音(n̥)者比他區較多;5.(1,2,4—7)冶,咸,陽,通山一部分字作半鼻音,崇一部分字失鼻音;5.(9—16)通城一部分字有l尾(cf.江西都昌);6.(7,8)'杜,助'東部au,西部ɵu,ou;6.(11—24)歸類法近乎第二區,但第二區的ai在本區多讀æ,i在本區多讀ai,ei;6.(26—31)効流界限交錯起來,例如嘉,通山'造'-au≠'照'='奏'-eu,這是江西派的一個特點;陽韵外轉二等韵讀細音時不與四等混,如'眼'ian≠'演'ien;7.(3—6)'貪,感,官'一部或全部讀œ,ɛ等元音,與'談,間,關'等a元音分別(cf.吳語,湘語);10.(13,14,3,5)'十,直,骨'少數地方有-ə,-ɤ讀法(cf.吳語);11.聲調有陽去,有入聲(看綜合特點表11)。

特字:'觸'大半穿;'跑'東並西滂;'鍋'見多影少;'隸'大都定;'繩'開口;'傾'除咸寧外皆合口;'飾'除大冶,陽新外皆入。

詞類:"他"大都'其,伊'系統;"的"'個';"這"中心幾處'個';"了"'了';"不要"'不要'多'莫'少;"站"除嘉魚外皆'企';"什麼"'麼東西,麼事'等;"没有"(未)'冒';"小孩子"大半"細伢"。

這第三區的内部最不一致,幾乎一處自成一派,如通山韵母最特別,崇陽聲母最特別,通城入聲-l尾最特別;大體看起來是贛語系統的方言。

第四區:監　石　公　松　鶴。──

第四區是南邊中間四處跟西南鶴峯一處。這一區方言有點近乎第二區,但更近湖南方言,没有第三區那麼個別。按特點説起來 1.(9,10)'節,結'不分尖團;1.(11,12)'書,虚'除監利外都分;3.(3—6)泥來洪細都混,

‘藍’＝‘南’，‘連’＝‘年’；5.韵尾與第一區同；6.陰韵元音大致同第一區，(14,17,18)‘倍，梅，對，最，歲，累，隨’監，石一部分字仿第二區讀i；7.陽韵外轉元音同第一區，但監(5,6)‘半，短’元音作œ，近似第三區讀法；9.陽韵內轉元音大致同第一區；11.聲調分陰平，陽平，上，陰去，陽去，入六調類，只有松滋不分陰陽去，僅五調。

特字：‘觸’穿；‘跑’監並餘滂；‘特’公定，餘透；‘鍋’見；‘隸’定，‘繩’松合餘開；‘傾’合；‘飾’松入餘去。

詞類：“他”‘他’；“的”‘的’；‘這’不定；“了”‘了’‘達’不定；“不要”‘不要’；“站”監‘企’餘‘站’；“什麼”多半‘什麼’系統；“没有”(未)監‘冒’餘‘没有’；“小孩子”鶴‘小娃，小伢’兩用，餘‘小伢’。

這一區的性質介乎一二區之間，因地域跟方言性質近於湖南，所以別列爲一區。

丙. 湖北方言地圖

我們所畫的方言地圖以調查點爲準。[①] 點與點的分界嚴格説起來我們無從劃分。在一般畫方言地圖的習慣上有人就用政治的分區（例如有的德國方言地圖），有人就索性在每調查點外畫一個方框子以表示對於界不負責任（例如瑞意方言地圖）。我們現在用一種跟方框子用意相同而形狀看上去較醒目的辦法，就是把所有的相近的調查點，大致平分它們的距離而畫成界線；這完全是爲了看起來方便的畫法，並不是説某音確切止於哪條線，某音一定起於哪條線。比方鍾祥以城音爲調查點，1.（4－8）[②]'送，生，沙，身'都讀ʂ（第二地圖），就在鍾祥這範圍（並非縣界）内畫了全讀ʂ的符號，事實上我們知道西北鄉是按內外轉'生'（及'送'）讀s，'沙'（及'聲'）讀ʂ，與南漳棗陽相同；但是我們的地圖的畫法本來是預備有這種可能的，以後調查加詳過後，這些界線有加準的可能（也按着同樣的畫界手續），我們敢説很少根本推翻的機會。

這些平分調查點的界線畫出來之後，每圖都用這些分界線（一直到增加了調查點再修改地圖爲止）。畫某某點地圖時各點的分界就在這些線上描上去。爲看着順眼計，遇有尖角時，略微描禿一點，例如第二圖南漳北角。遇四交岔處就讓它成四個尖角，例如第十六圖鍾棗隨應山四處；但四交岔處如有兩對面一樣而另兩對面不相干的，就把兩對面一致者微畫通了一點，例如第二十九圖咸蒲畫通，嘉崇畫斷。

界線的意義既如上所説，調查點與調查點之間有些什麼地方與界線前

[①] 圖中各縣名的位置一律是調查點的位置。調查點適爲縣城時，縣名自然就在縣城的地位；調查點如不爲縣城時，縣名的地位就不是縣城，如嘉魚以簰洲爲調查點，嘉魚二字的位置是簰洲，並不是嘉魚縣城。參看總説明六關於調查點的説明。

[②] 數字號碼指前面特點表的次第，1.（4－8）是説第 1 表的第（4）至（8）條。以下各圖圖名中的數字號碼意義皆同。

沒有關係，比方秭恩兩處畫的界線就是取秭歸縣屬的金沙鎮跟恩施縣城的中間畫一條線；其實當中有巴東縣的南部跟建始縣一整縣，但是我們本不以縣爲方言標準，所以在秭恩之間不記建始，跟在兩縣之間不記各鄉是一樣的情形。

　　地圖的符號，因爲因子繁多，沒有全體一致的規定，須看各圖例。大概含有消極意義的用空白，例如第十七圖開口用空白，合口用豎線。最普通的月實線，其次小段虛線，較特別的用鎖線，小點虛線之類。一圖中類別較簡亶者有時就用橫線代表較普通的一種，豎線代表較特別的一種，例如第六十二圖'怎麼'系用橫線，'麼樣'系用豎線。第三十九至四十四圖都是調值圖，圖中所用的線大致就是畫調值曲線的形狀。

　　地圖中的同言線就是類別的界線，平常用單線畫，有分別必要時，加畫雙線或虛線等，例如第一圖雙線分類，單線分值。

地圖目錄

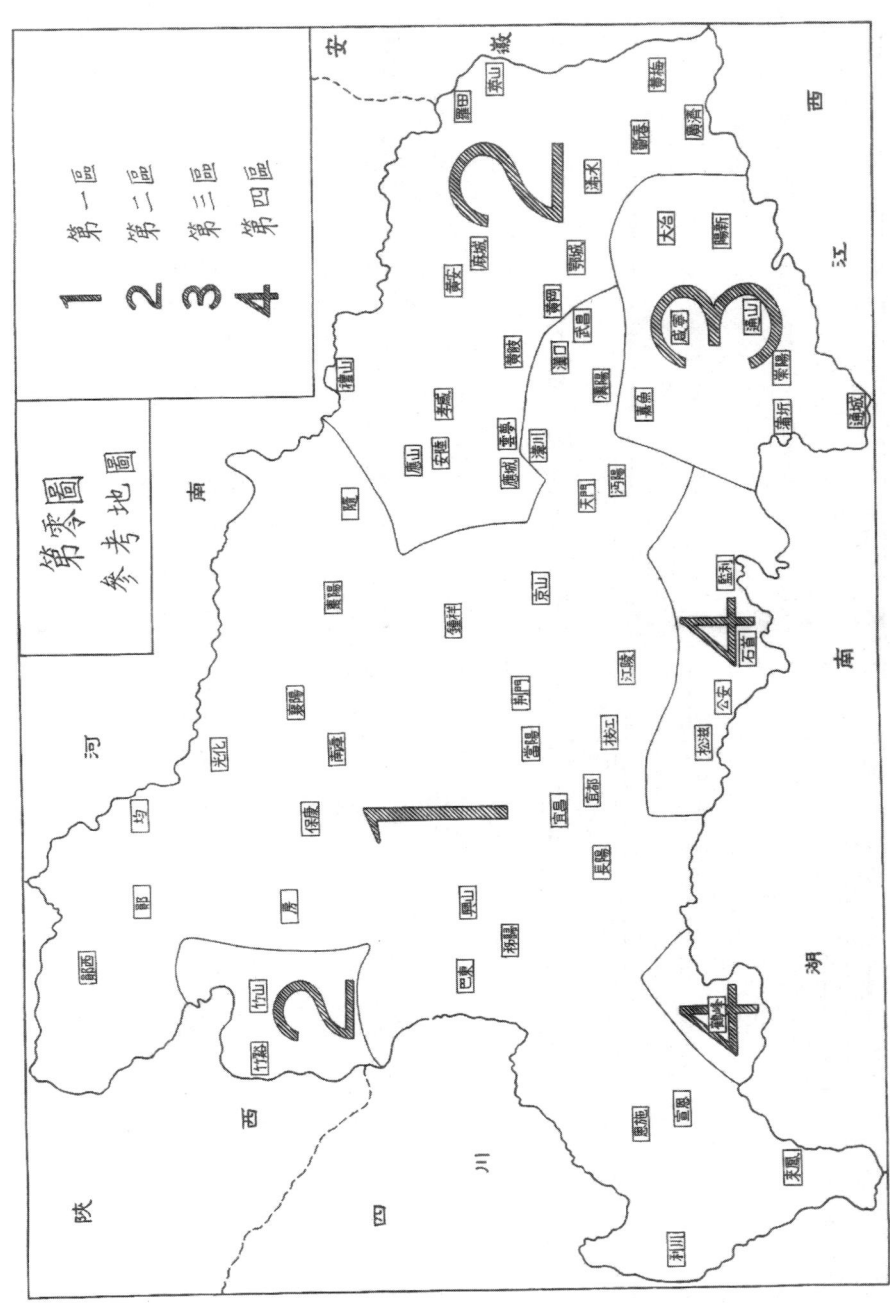

參察圖
參考地圖

1 第一區
2 第二區
3 第三區
4 第四區

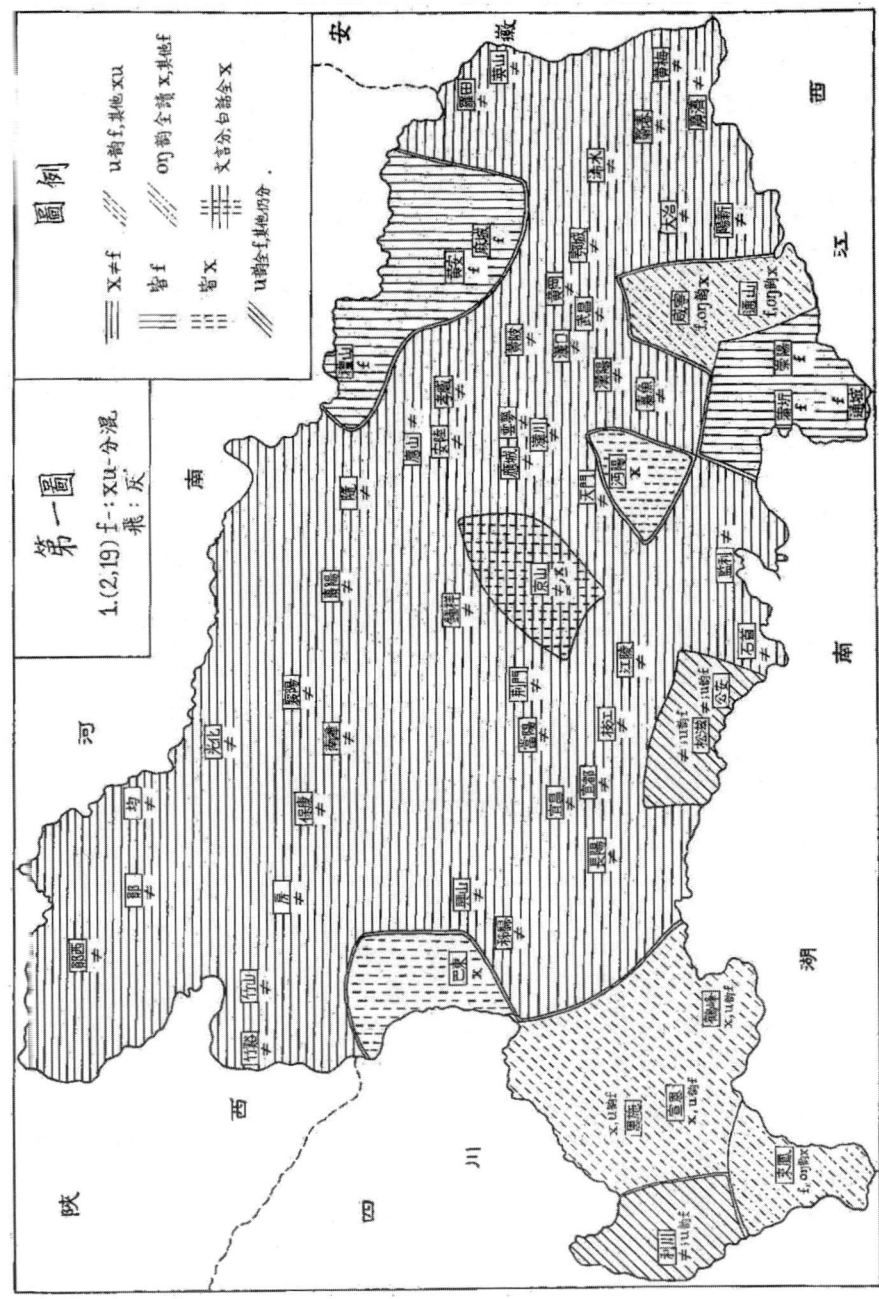

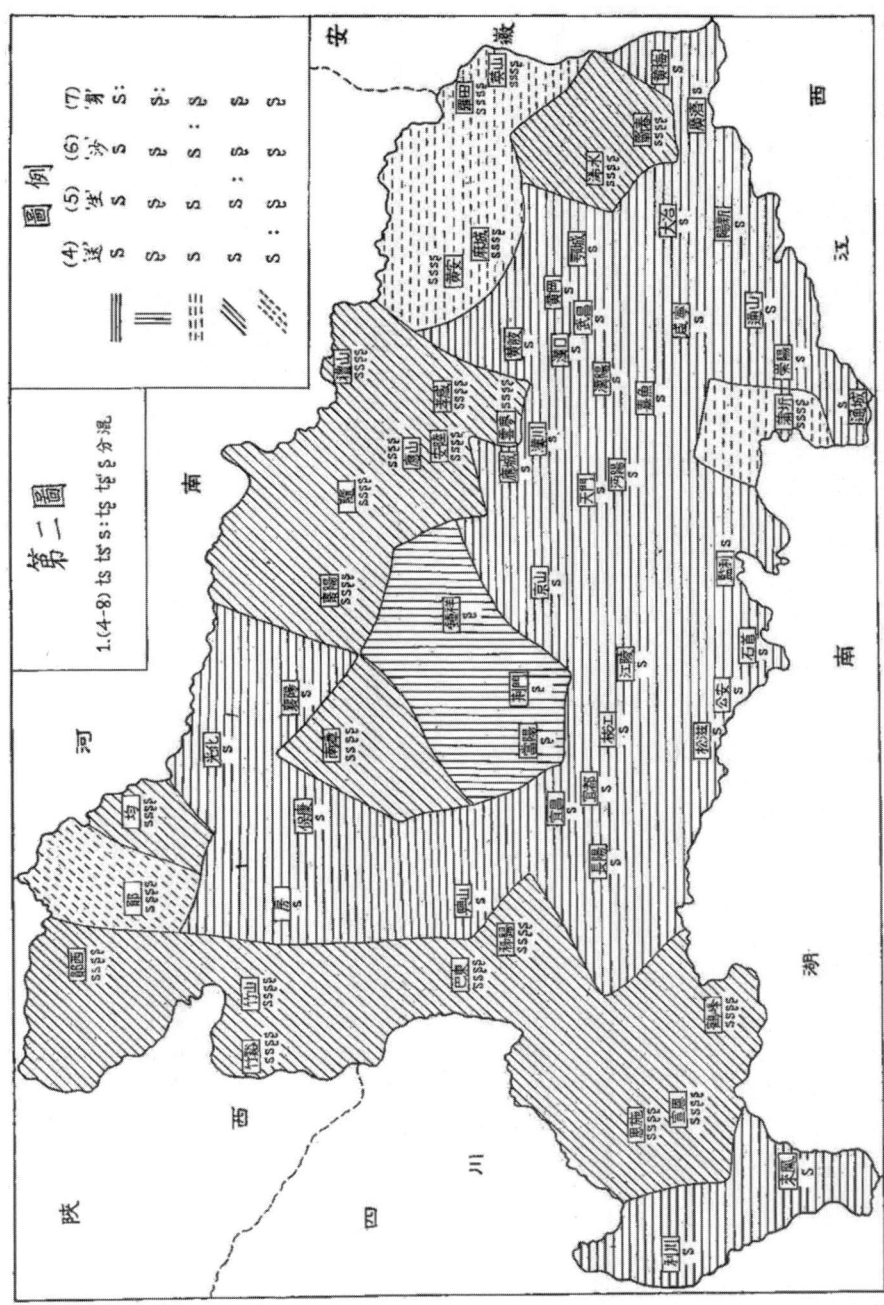

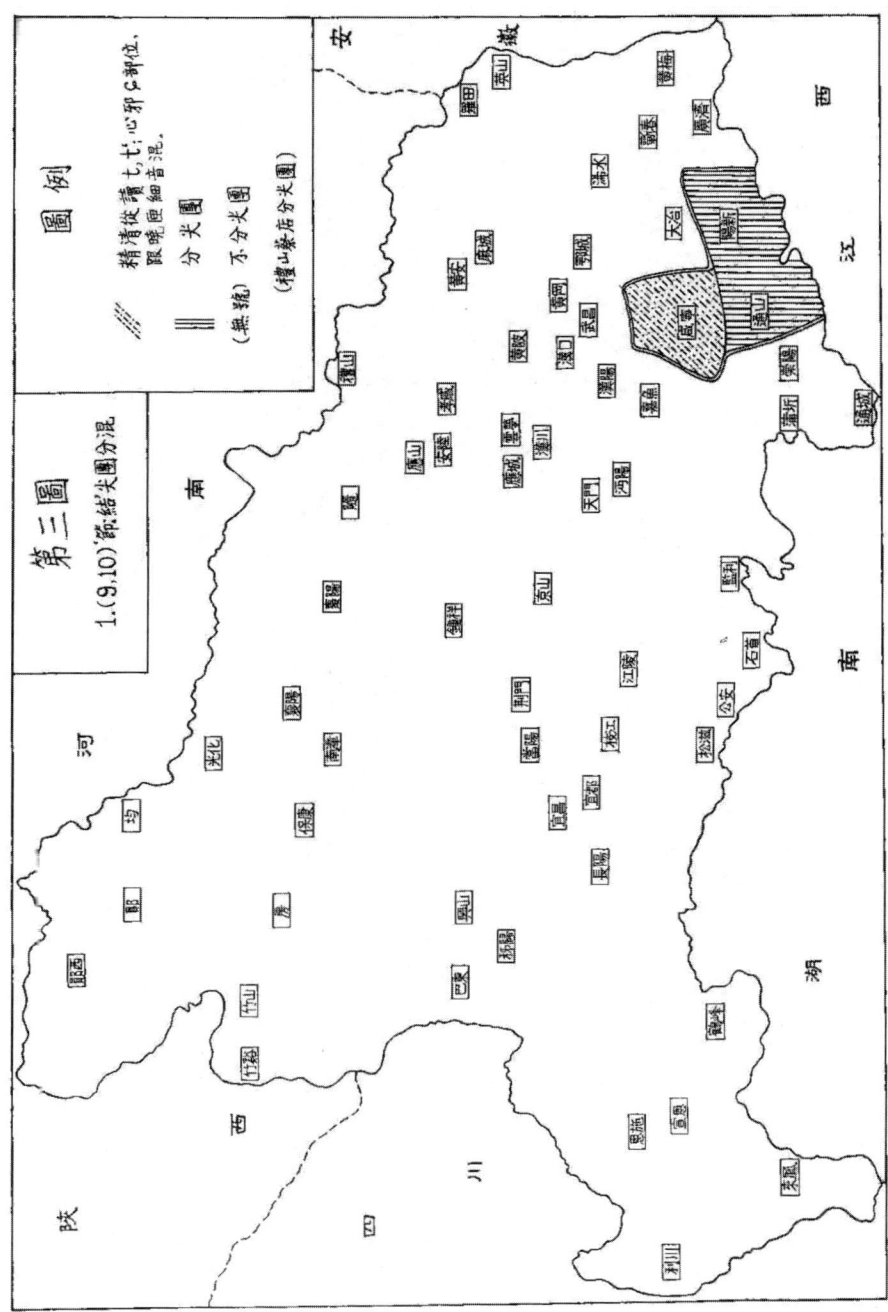

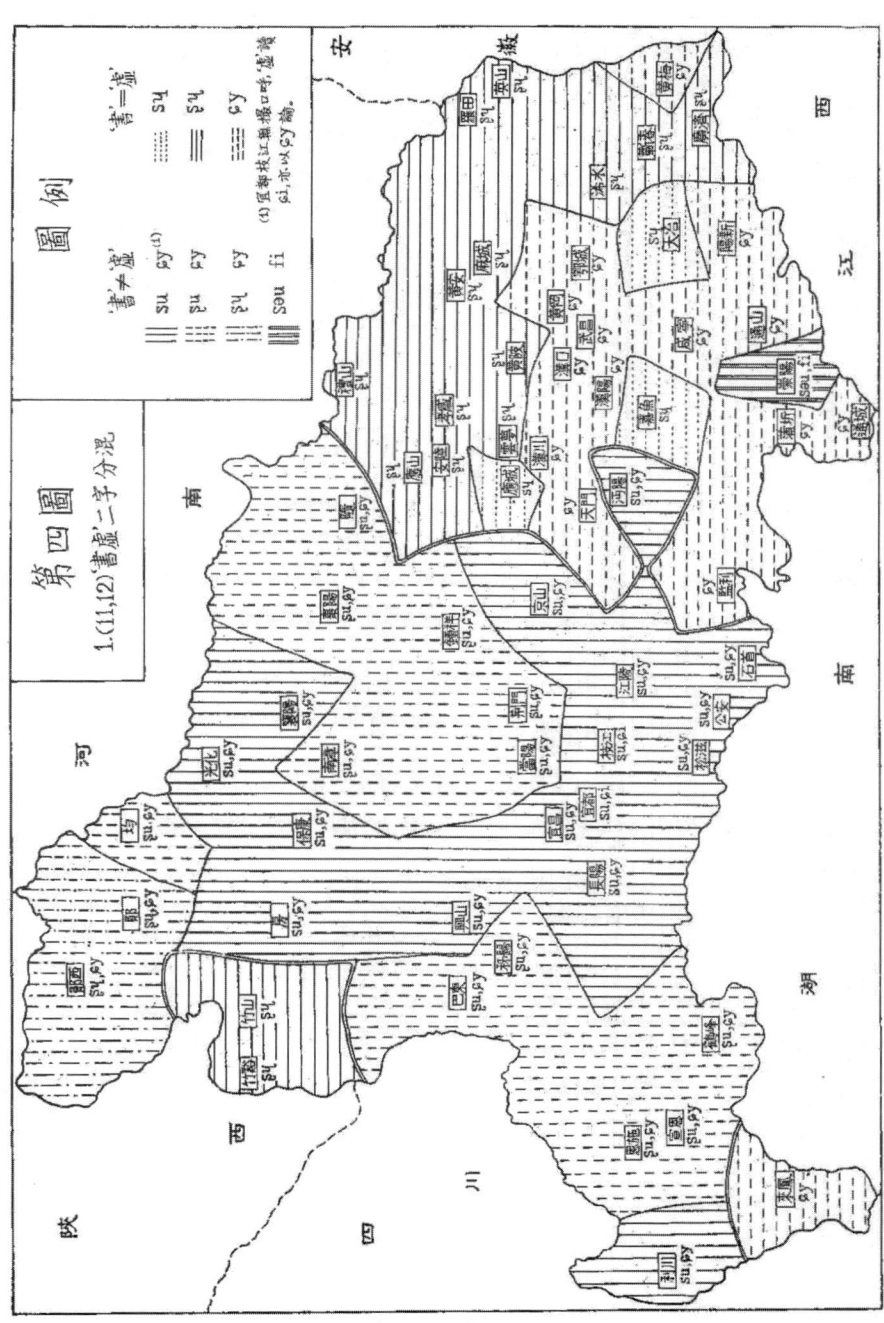

第四圖

1.(11,12)'書虛''字分混

圖例

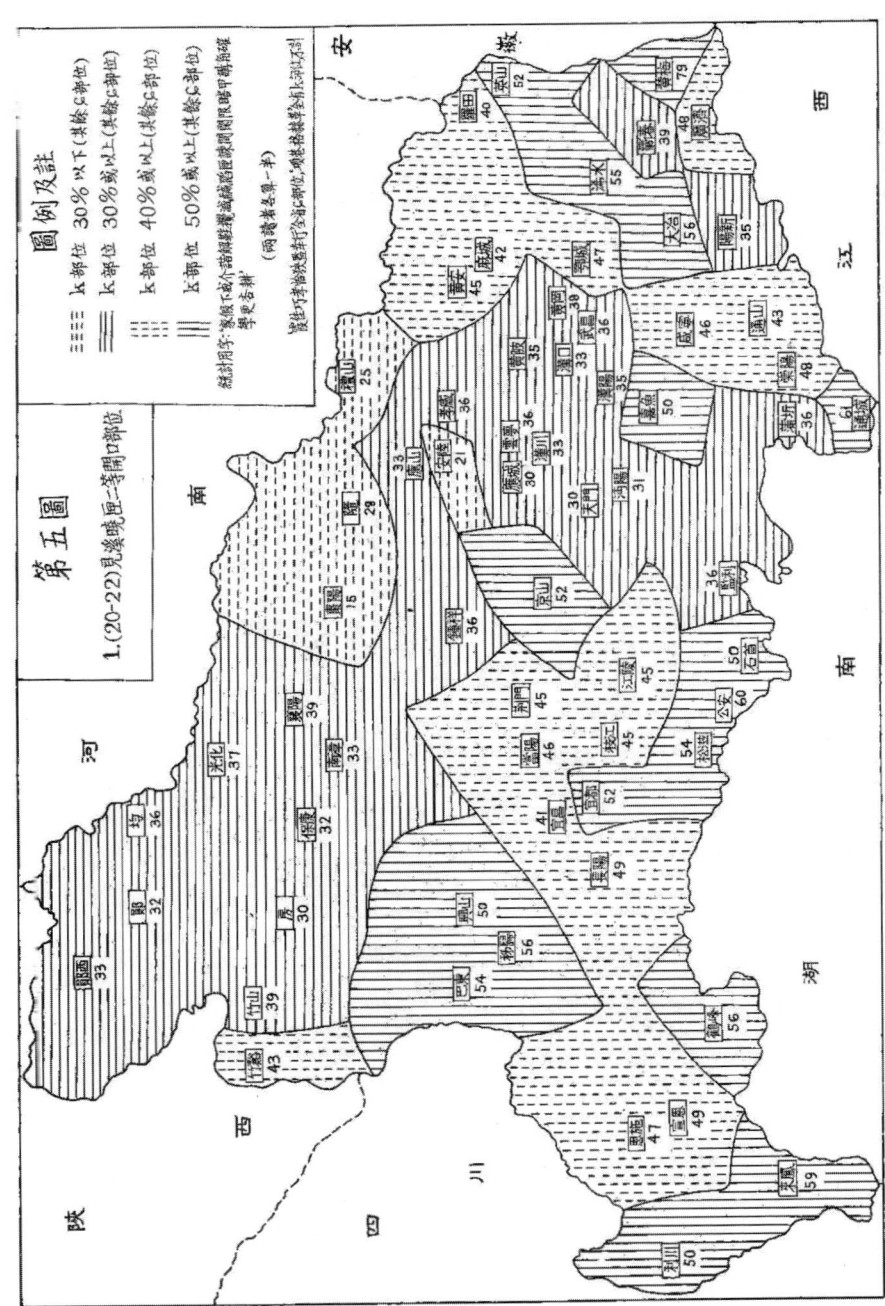

第五圖

1.(20-22)見燊曉匡一等開口部位

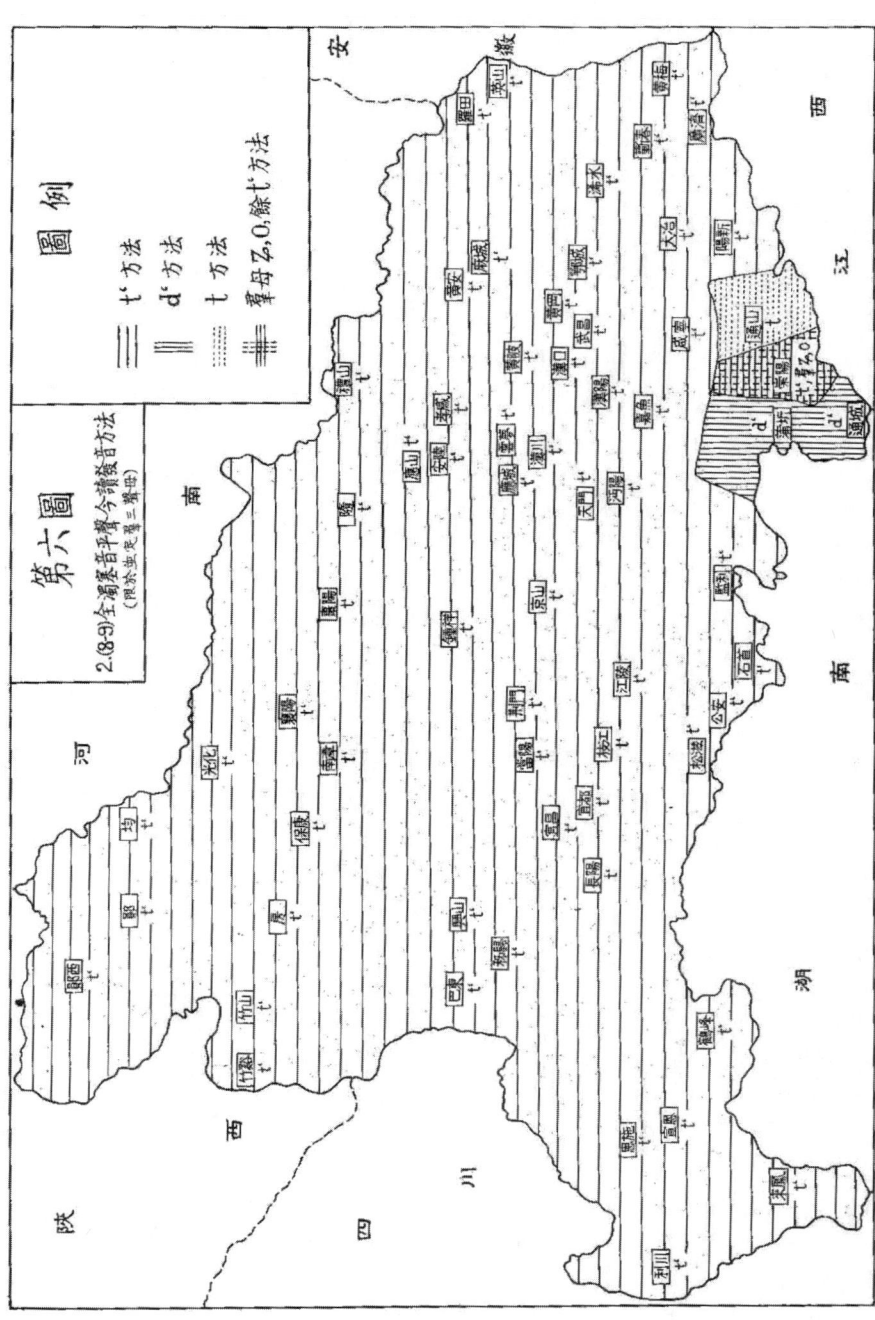

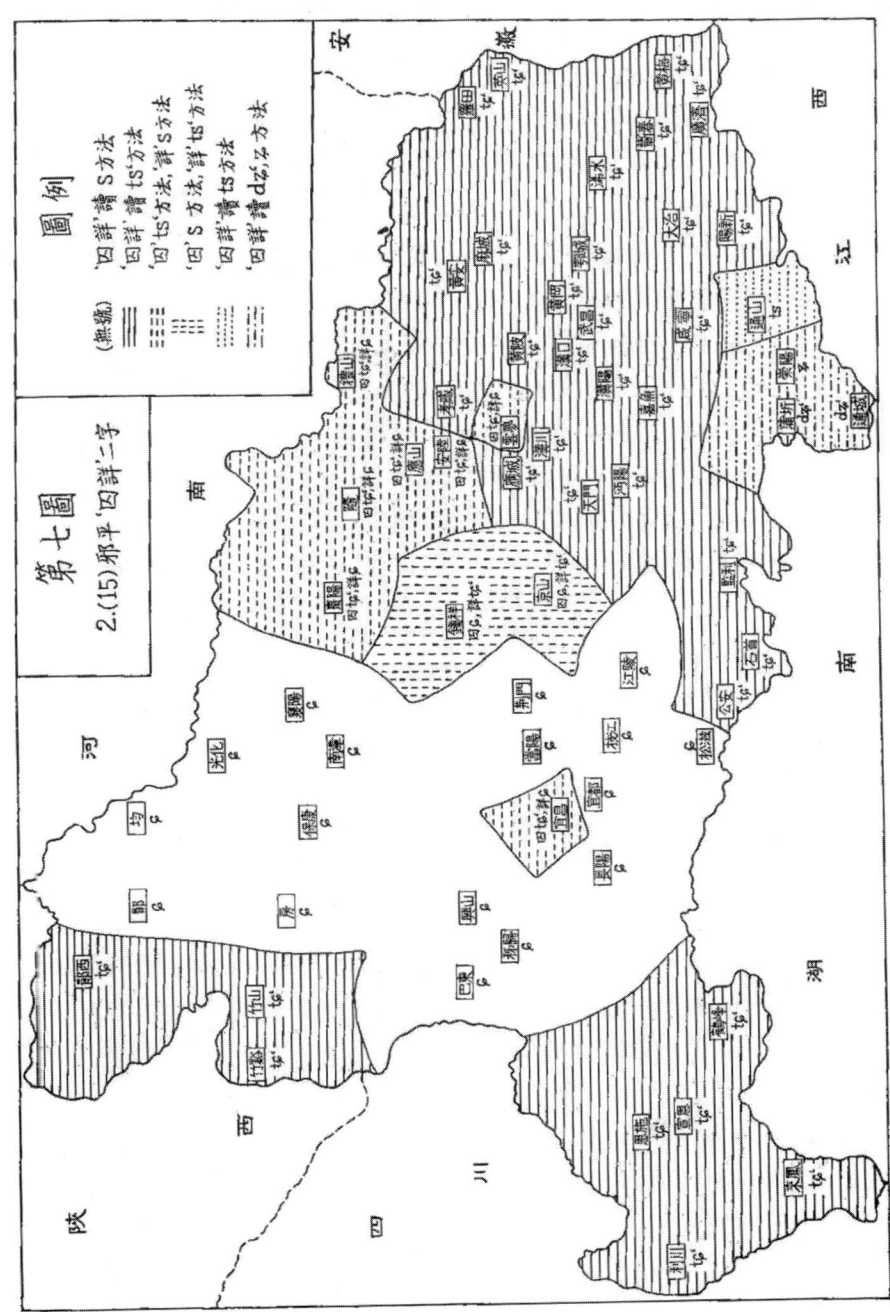

第七圖

2.(15) 邾平「曰詳」二字

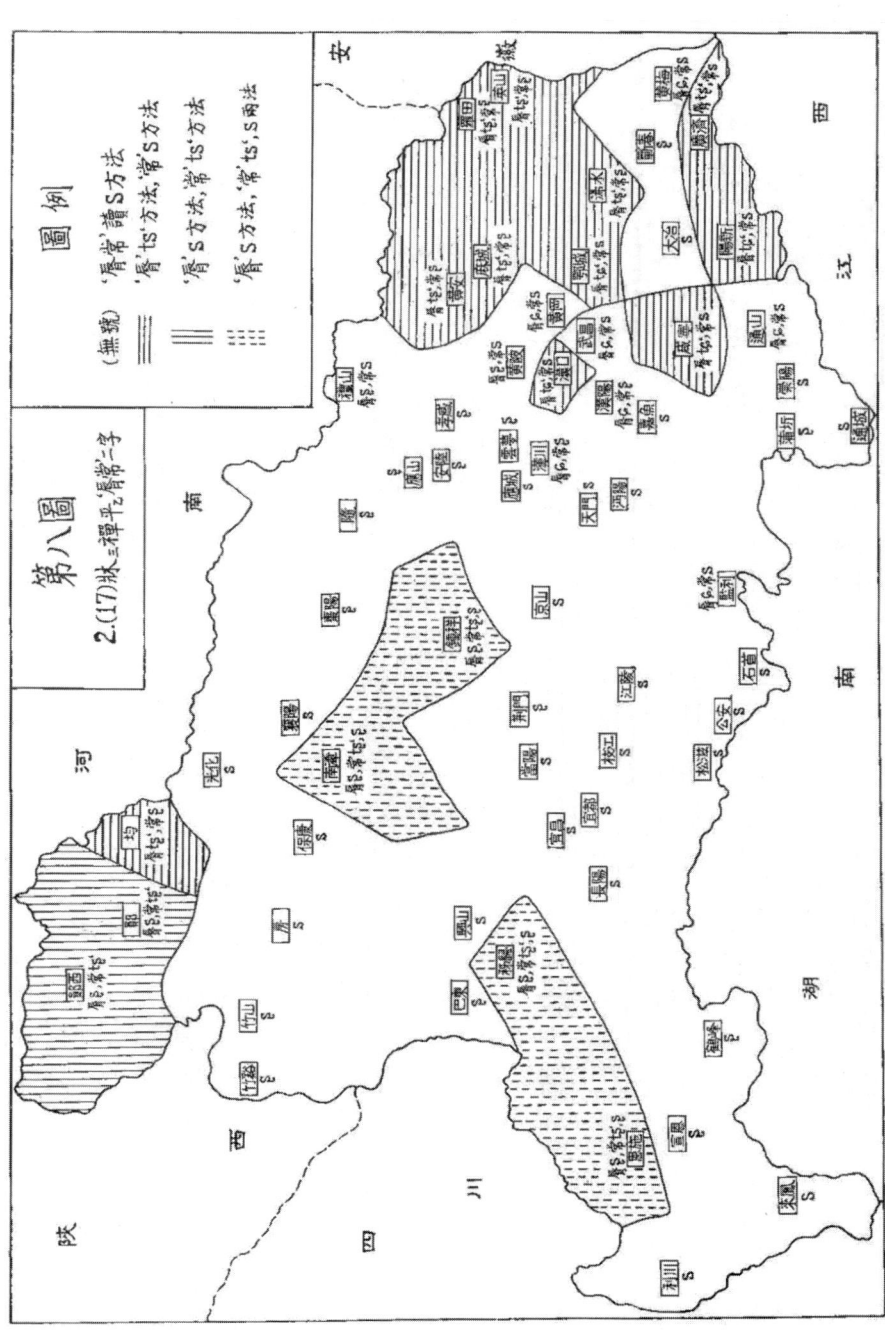

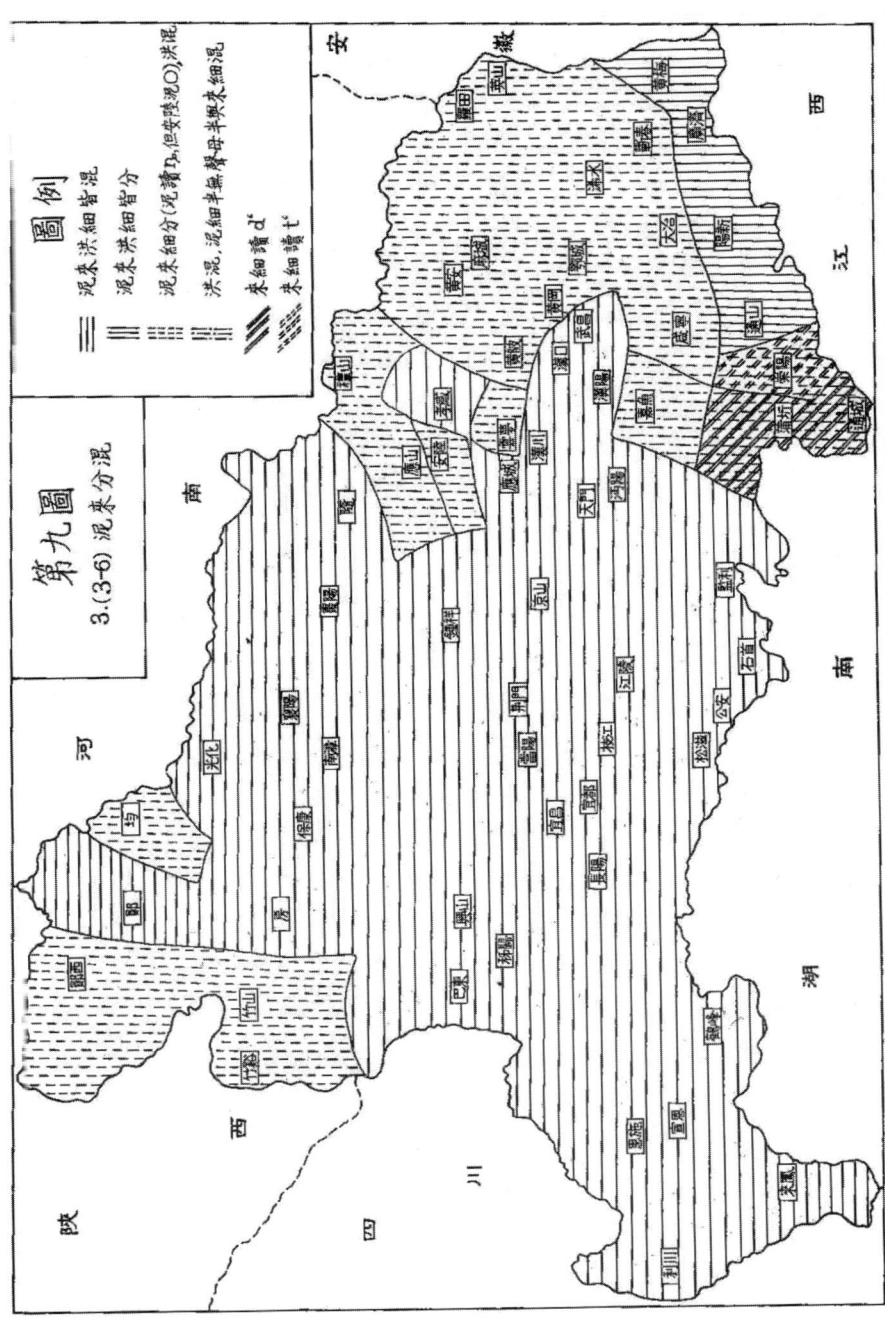

第九圖
3.(3-6) 泥沙分混

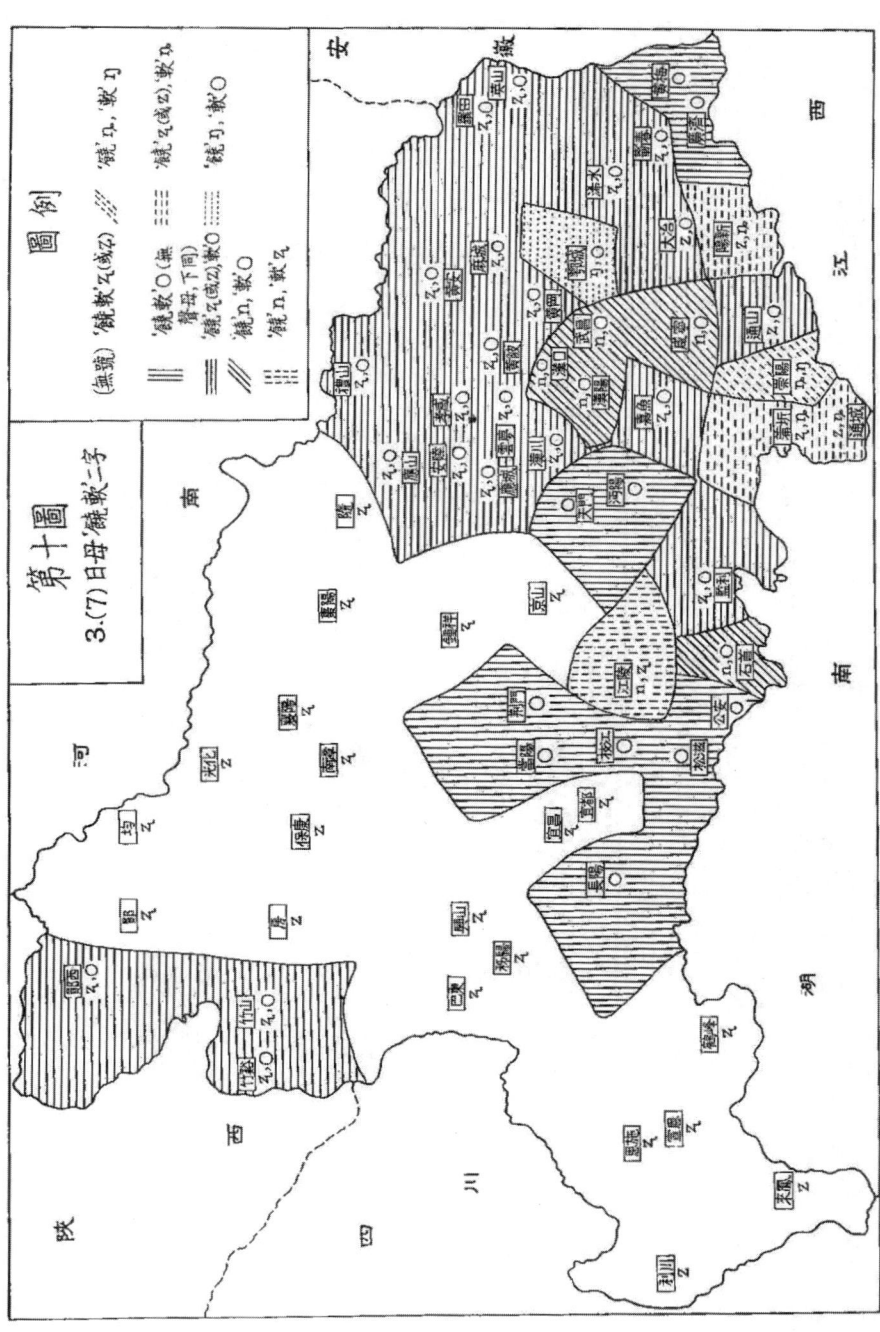

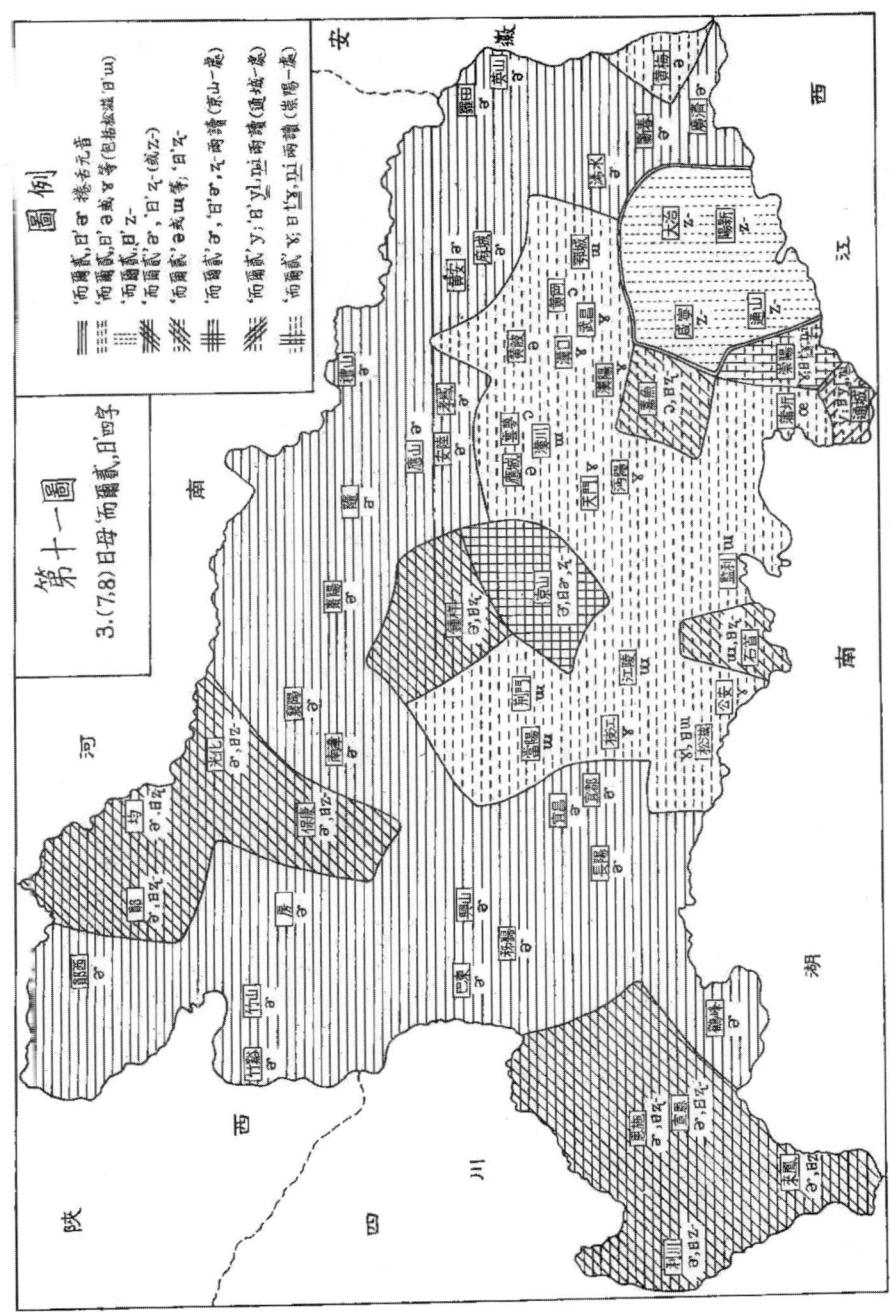

第十一圖
3.(7,8) 日母'而'兩貳,日'四字

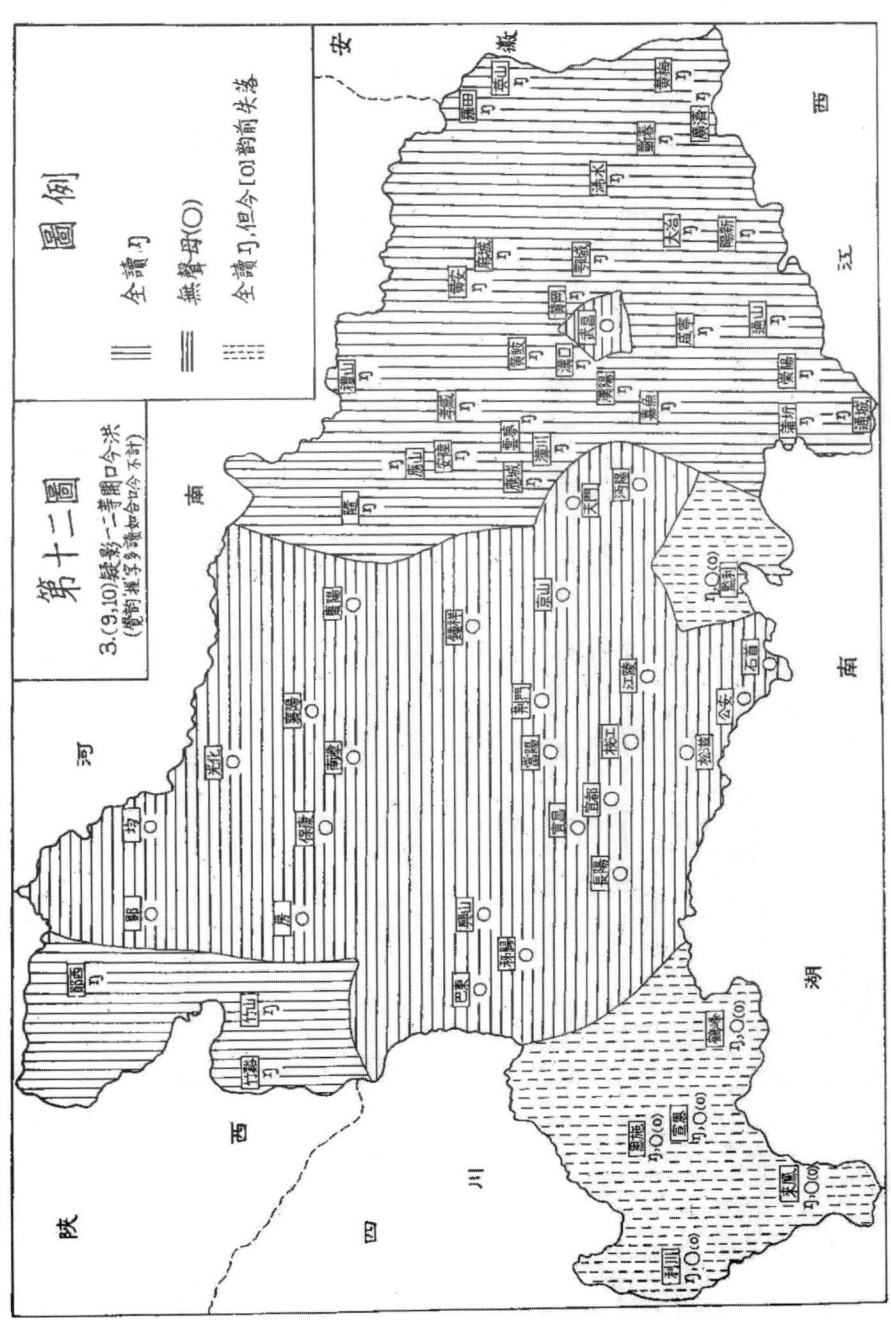

第十二圖

3.(9,10)梗影二等開口今洪
(覺韻權字多讀如合口,今不計)

圖例

━━━ 全讀刀

═══ 無聲母(○)

▤▤▤ 全讀刀,但今[o]韻前失落

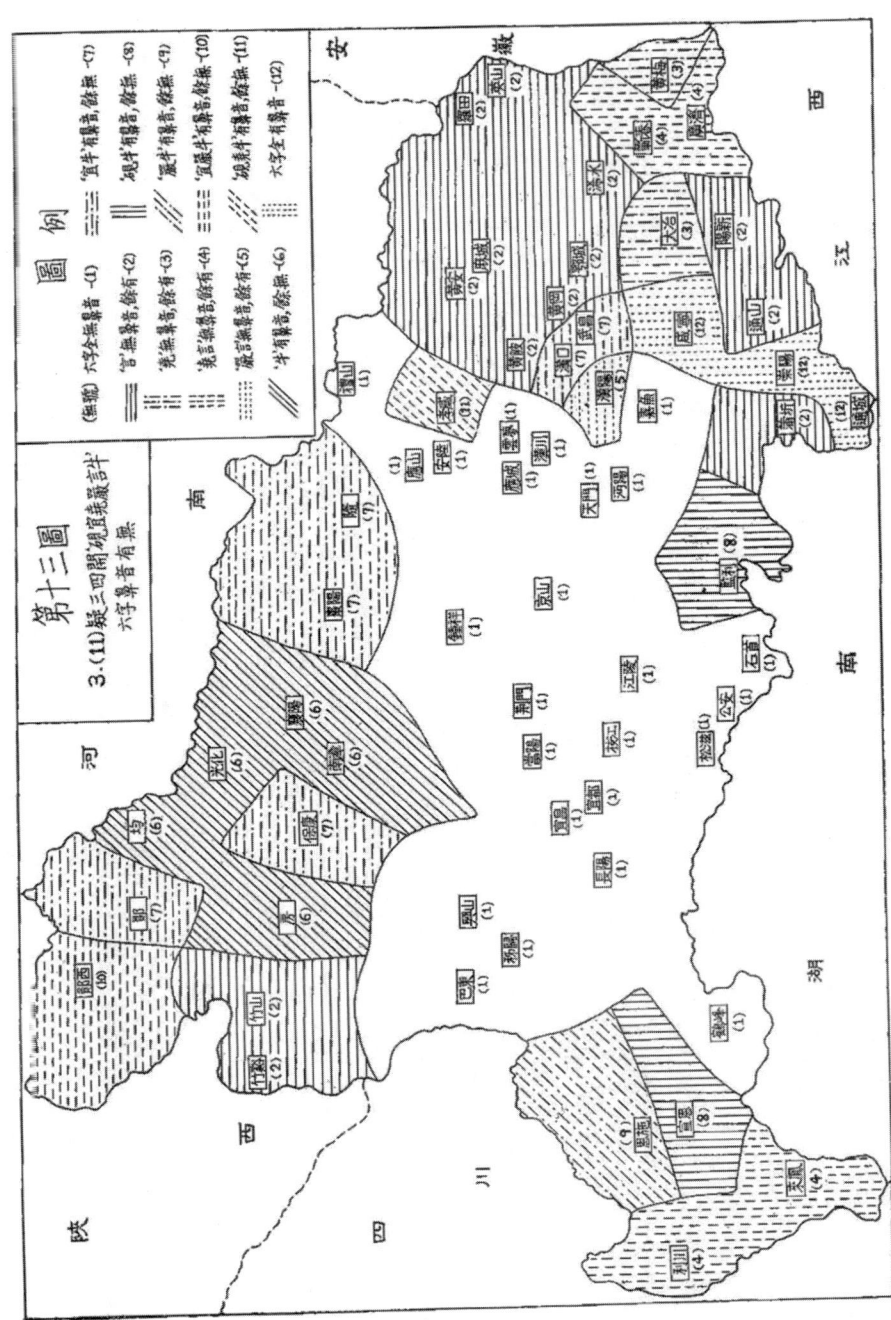

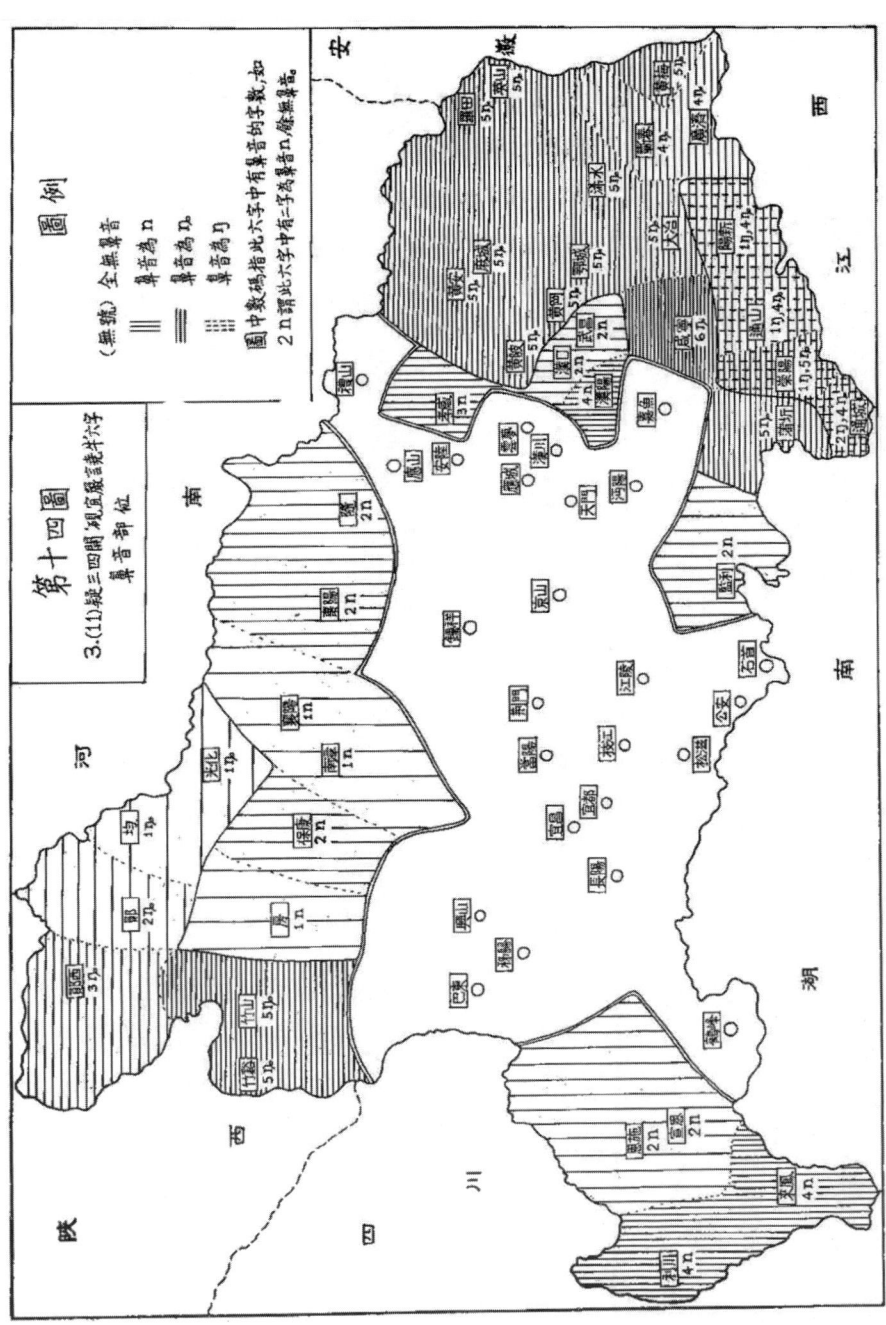

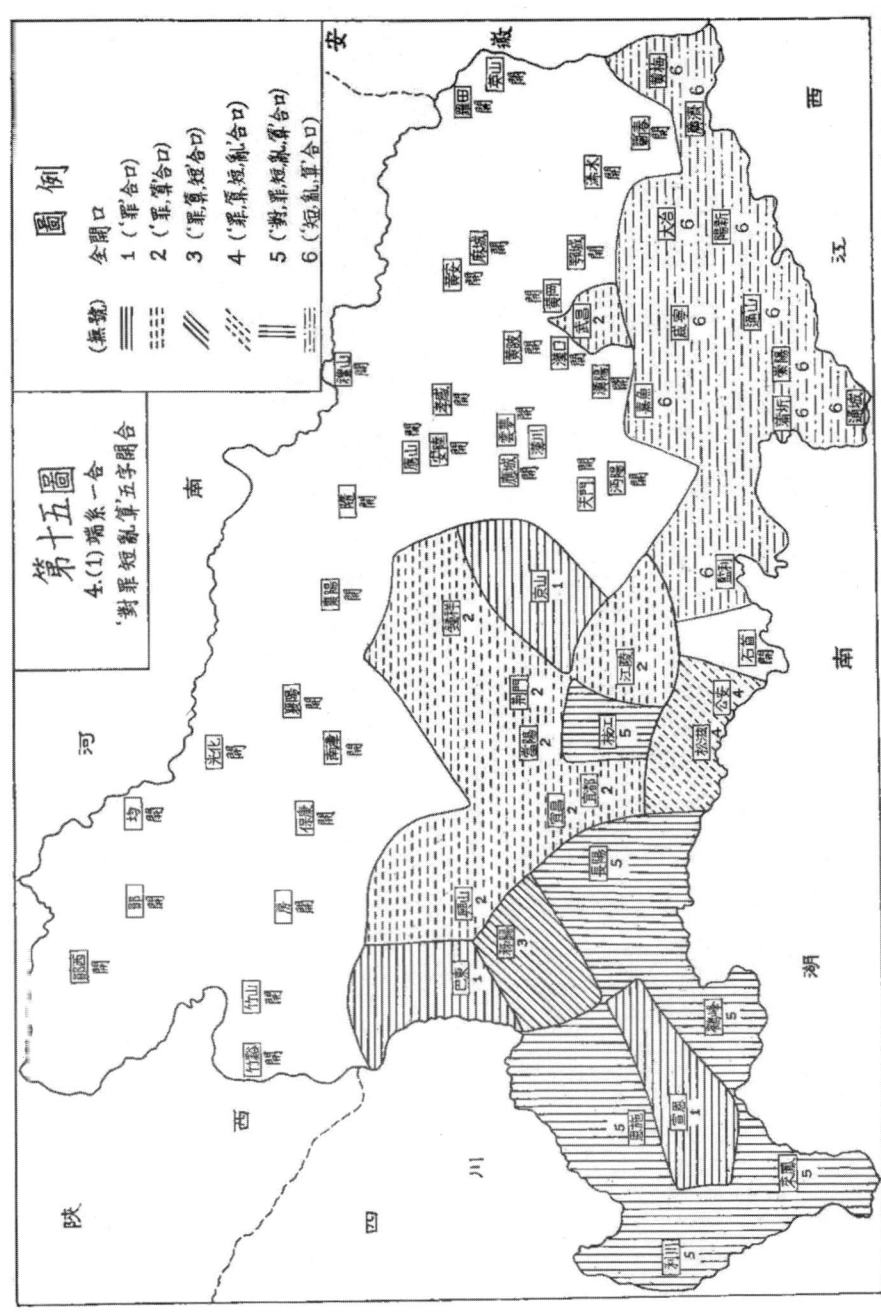

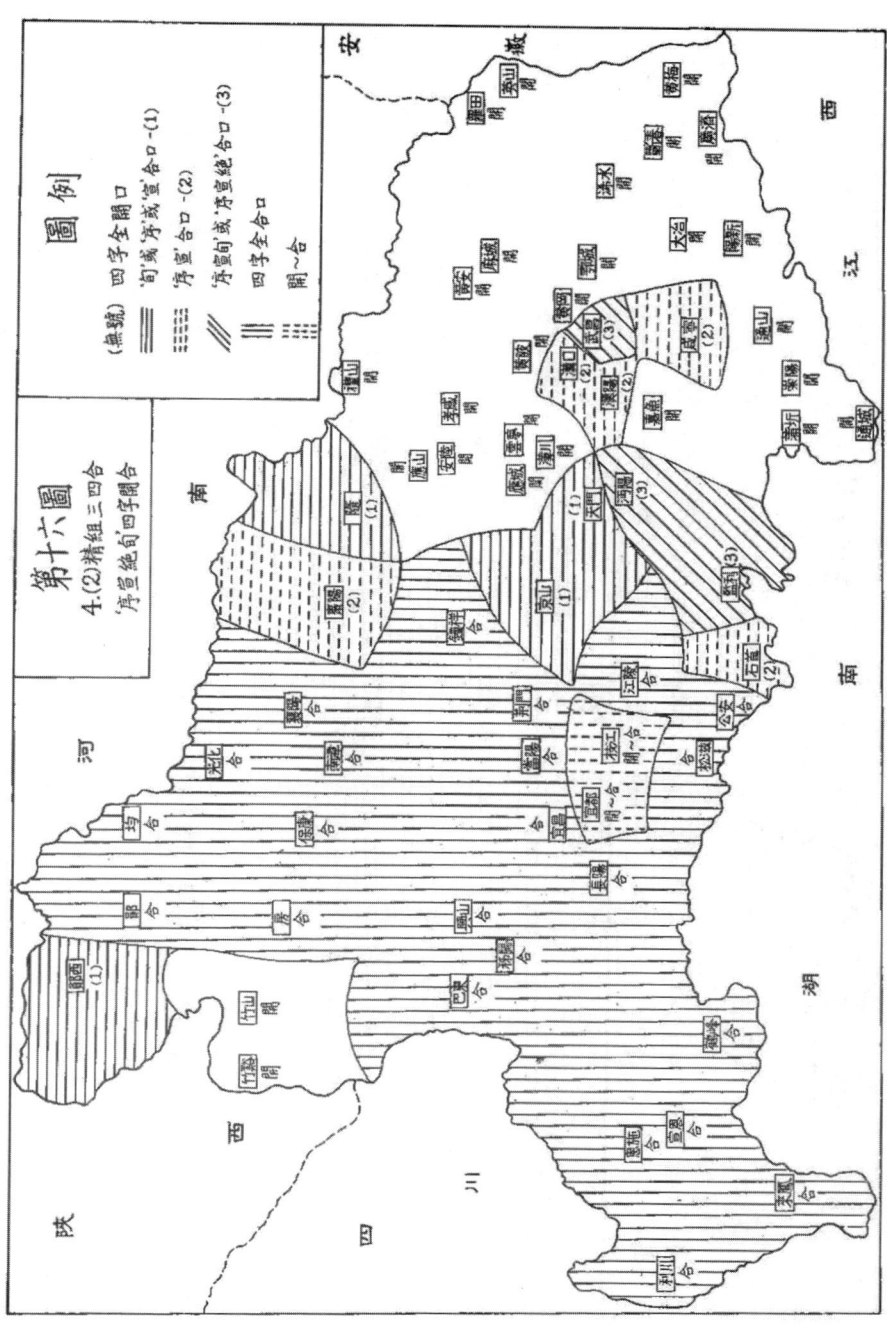

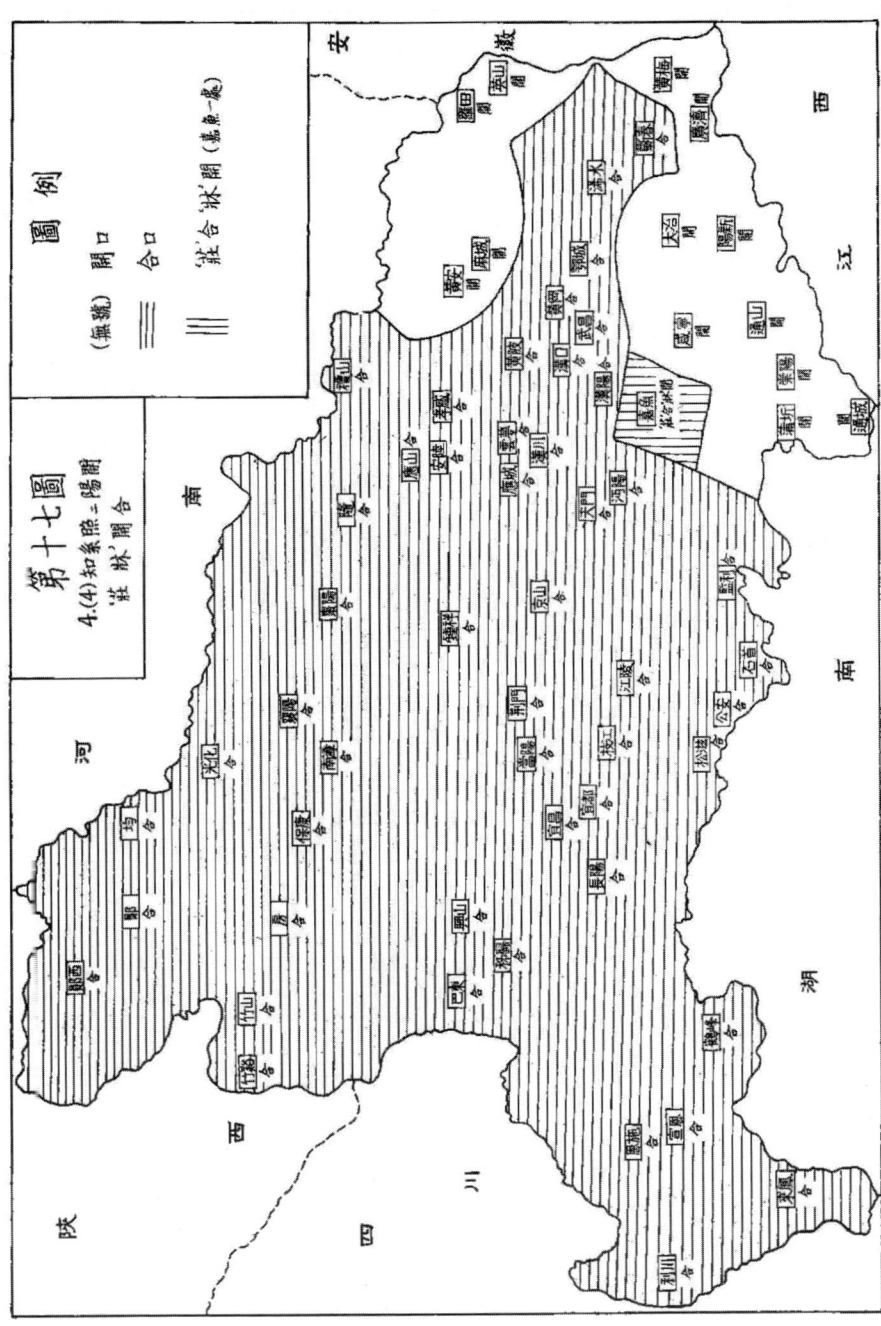

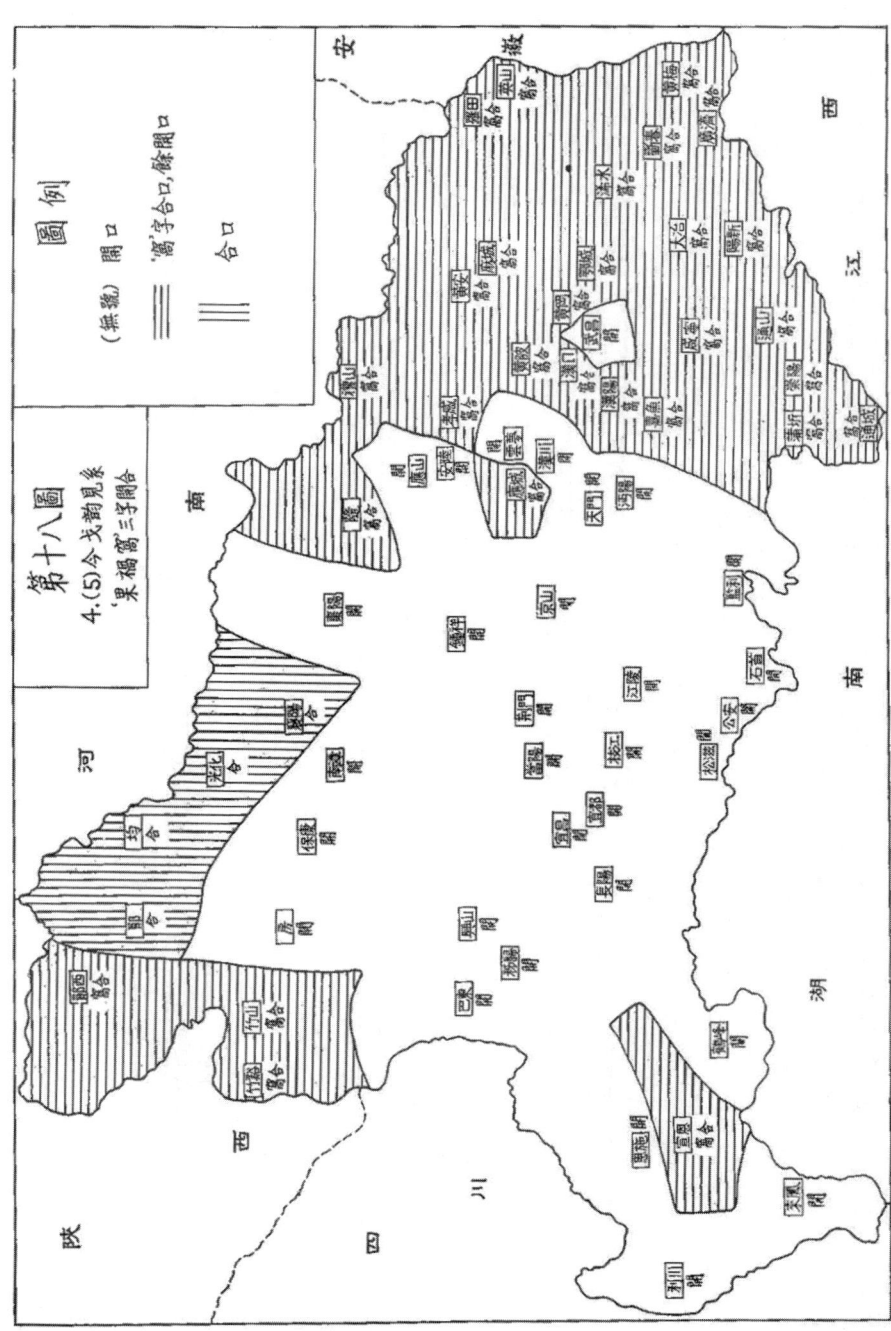

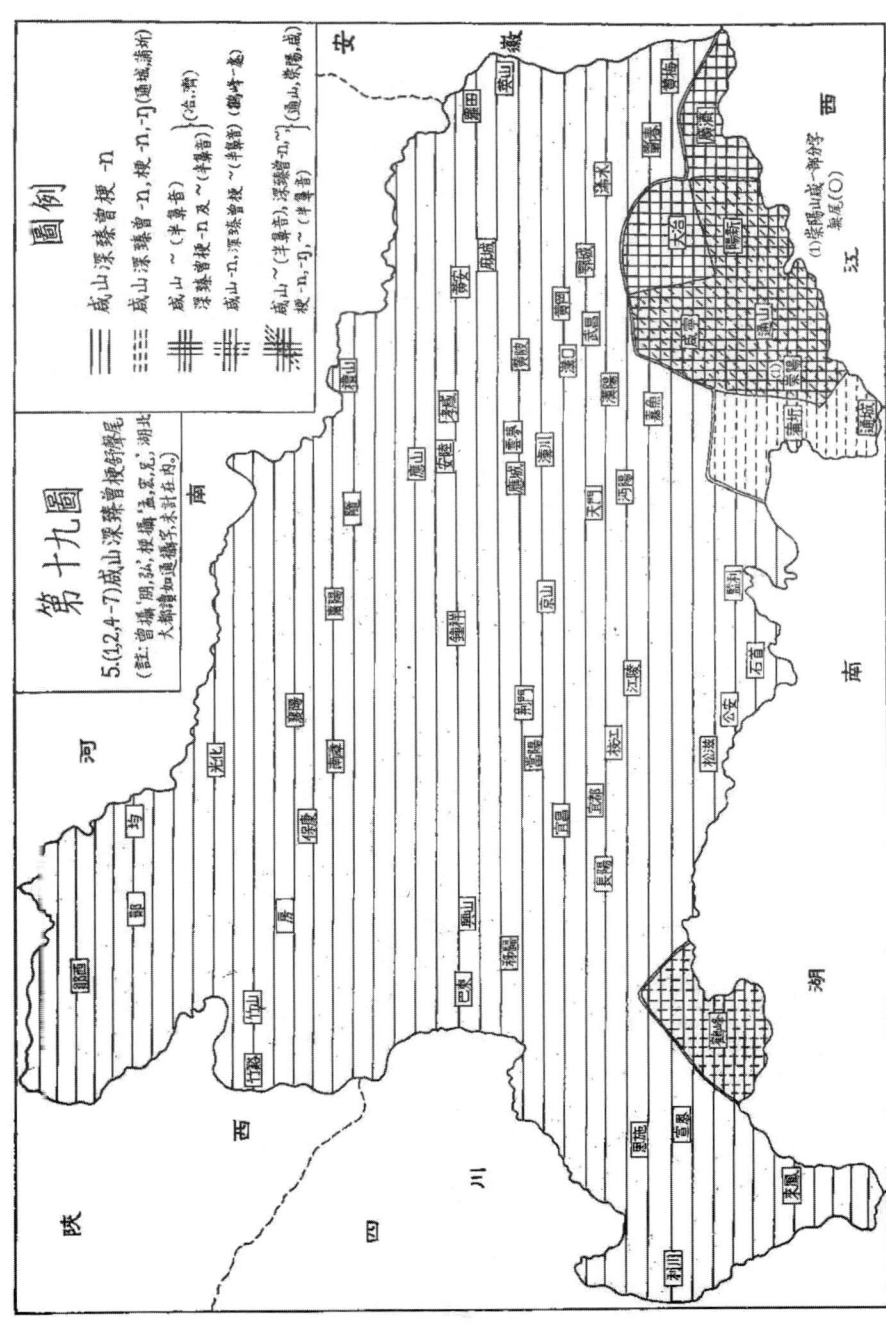

第十九圖

5.(1,2,4–7)威山深臻曾梗舒綜毛

(註:凡嘗據《明,弘,提攝《嘉,`,隆`,湖北大都據如遠攝寫,未計在內。)

圖例

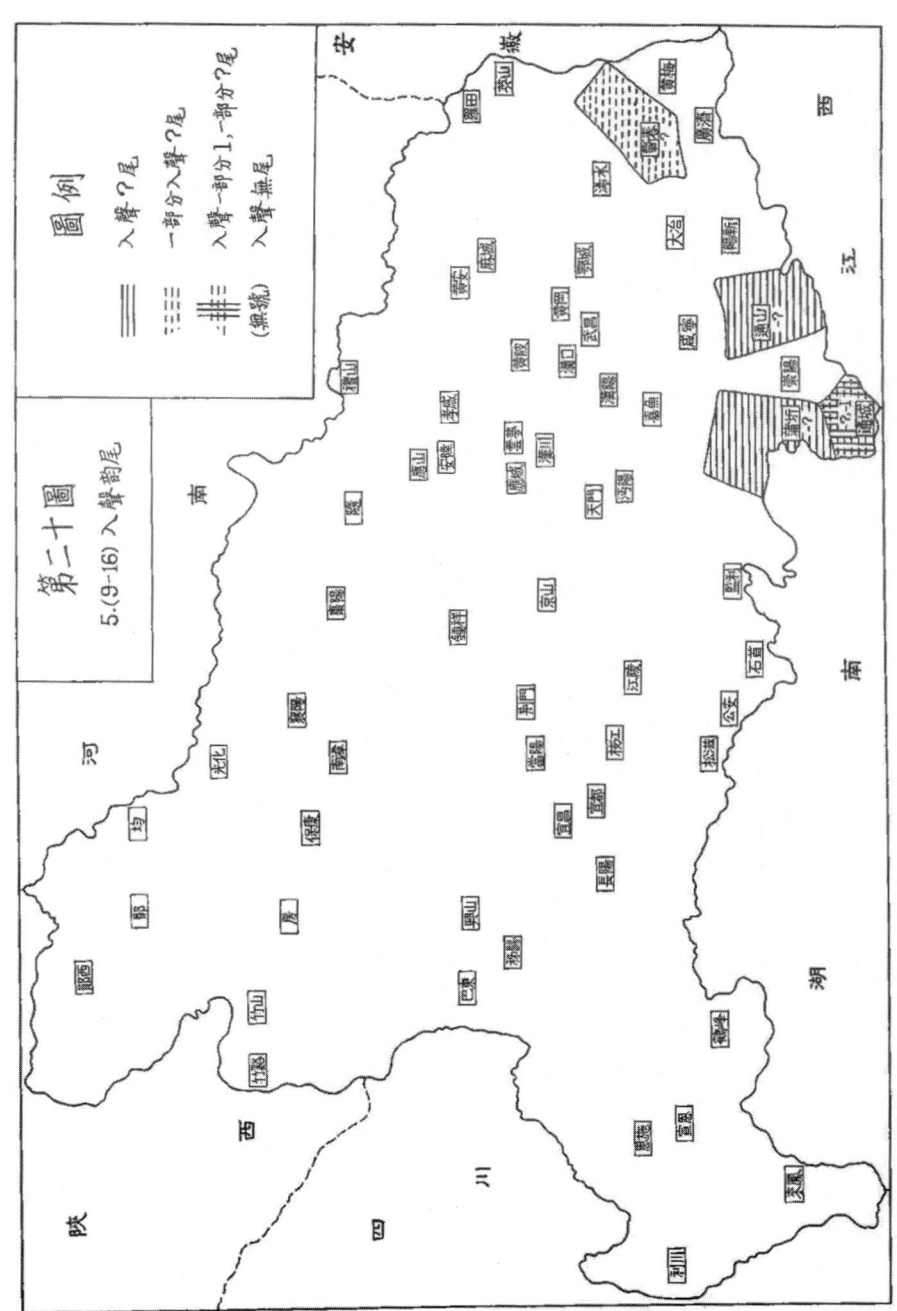

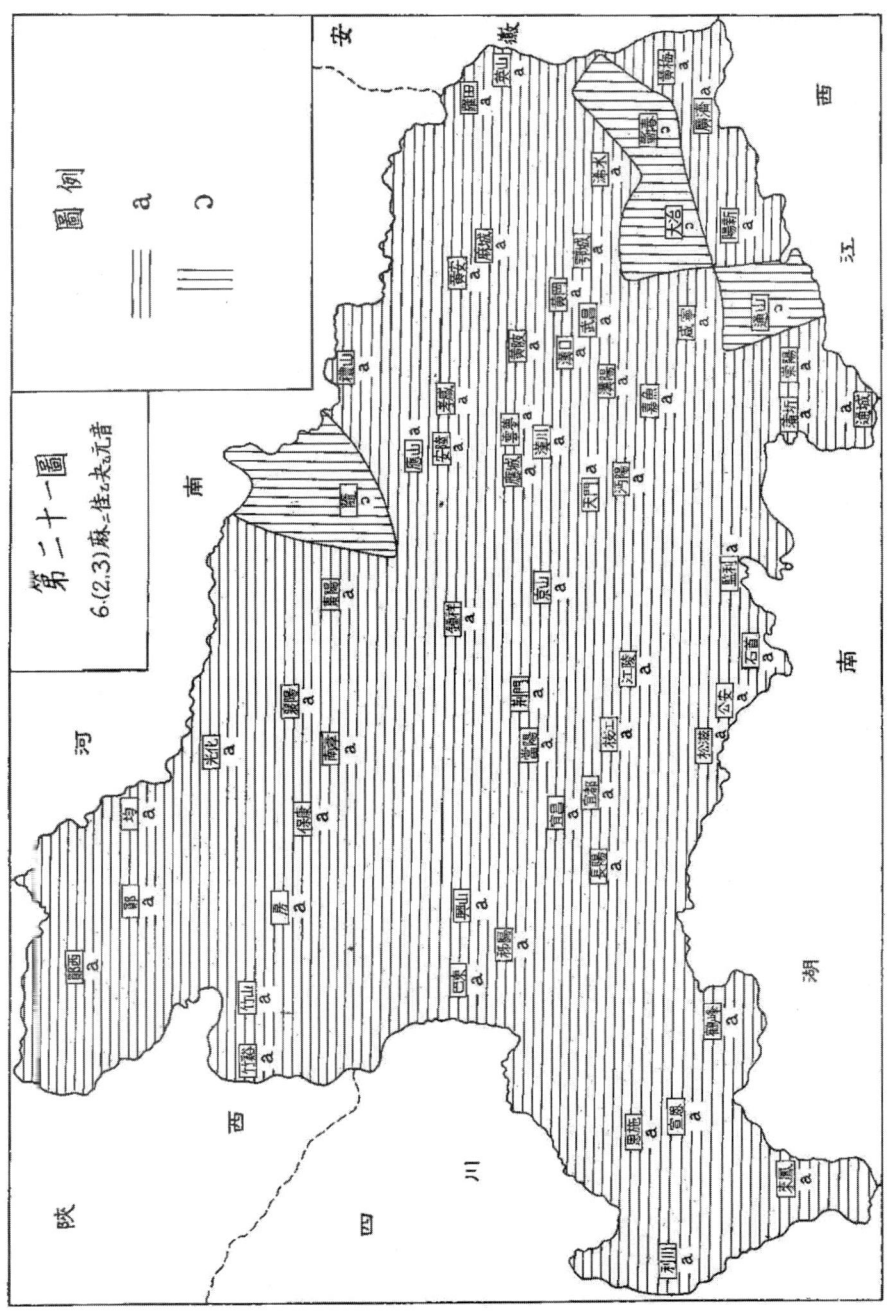

第二十一圖
6.(2,3)麻ニ佳ヒ夫ル元音

圖例

c ━━━
a ━━━

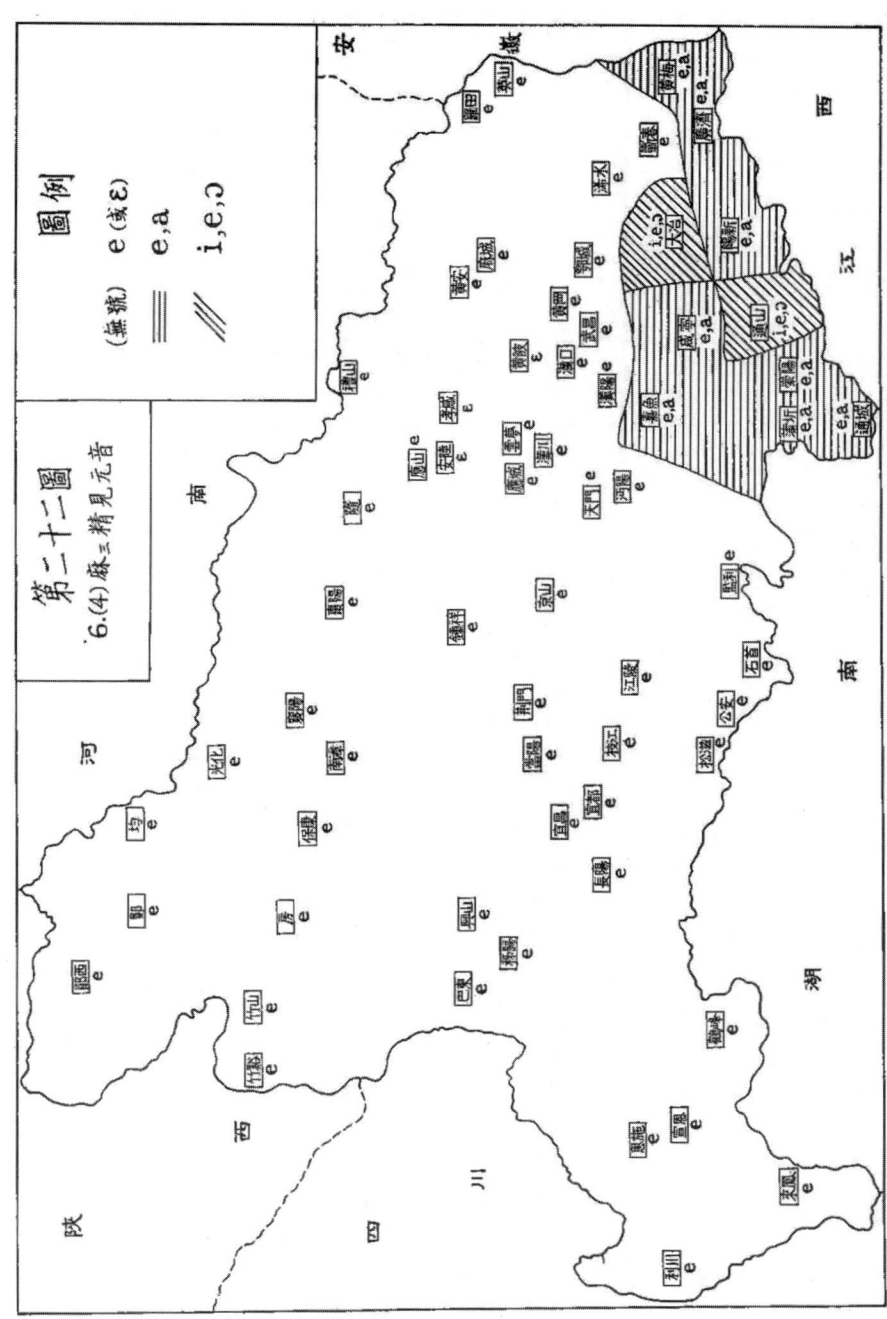

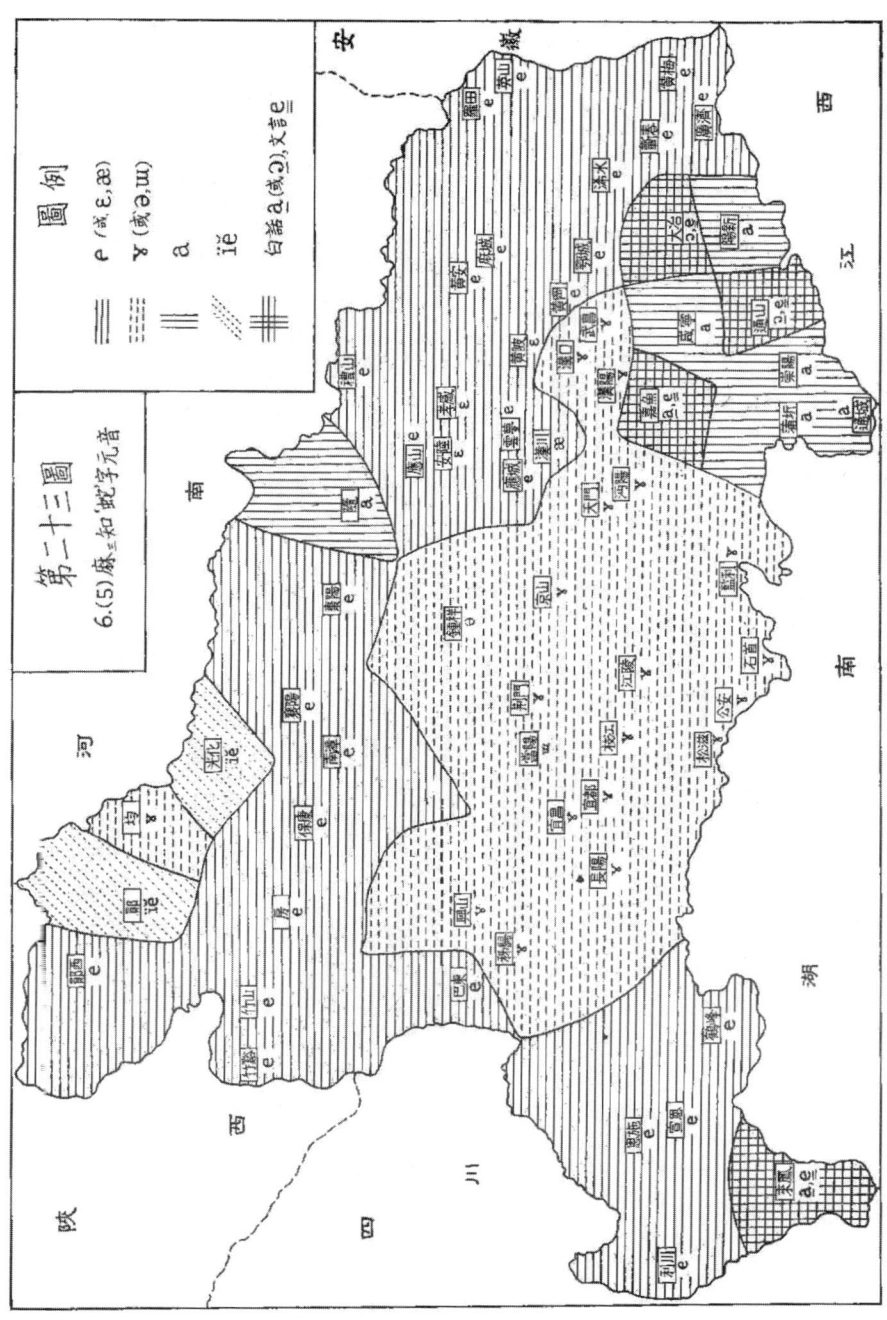

第二十三圖

6.(5) 麻三和 咥字元音

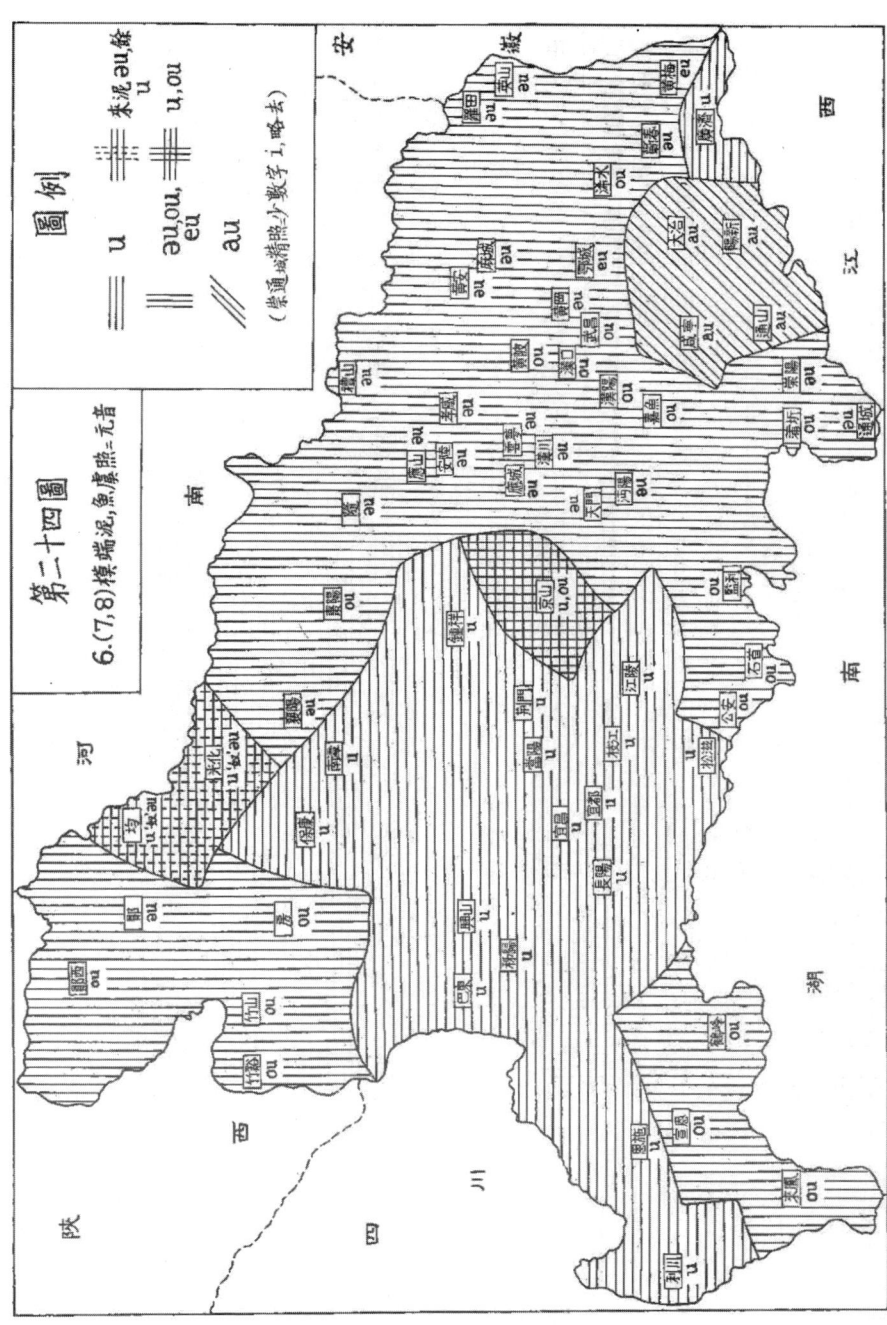

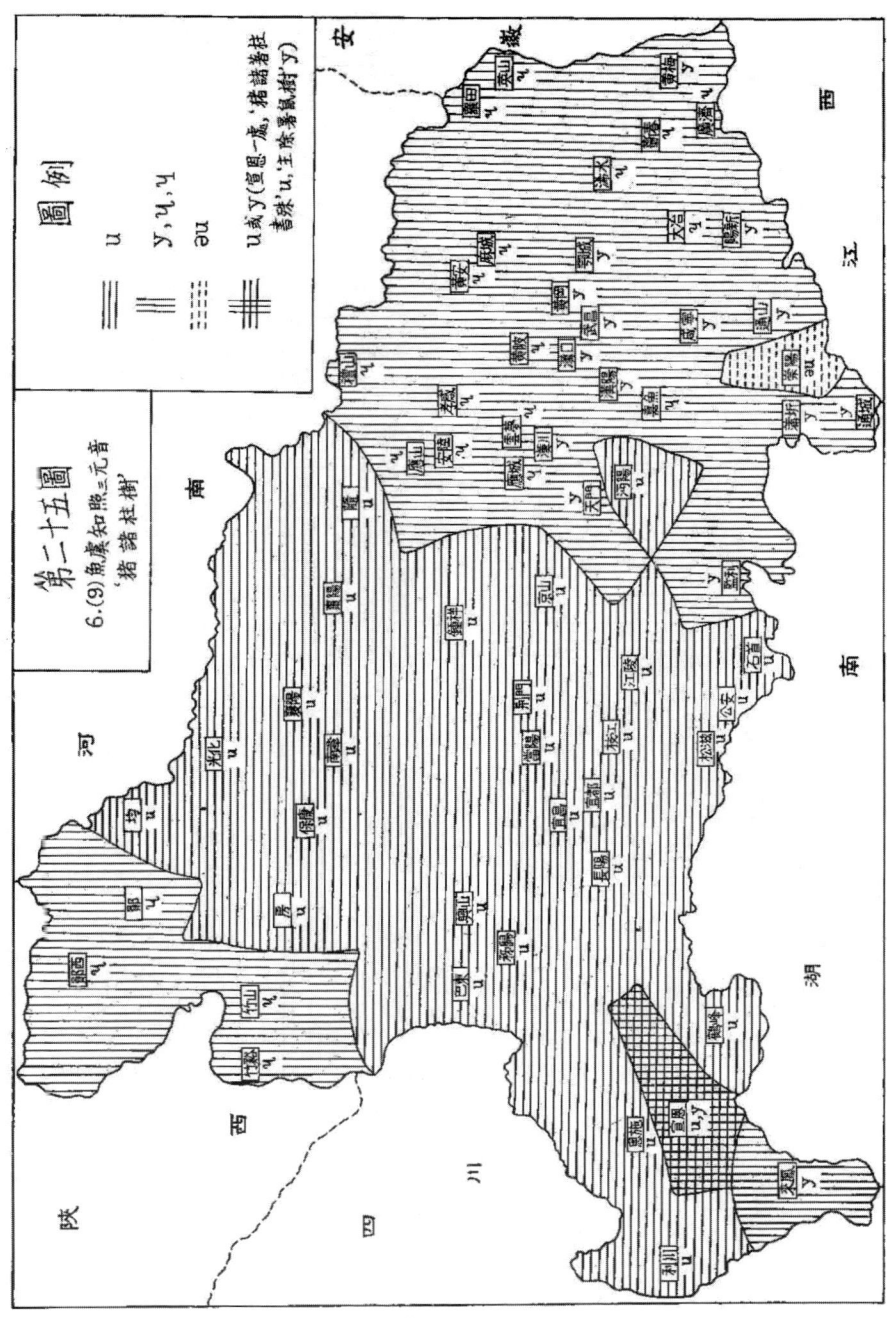

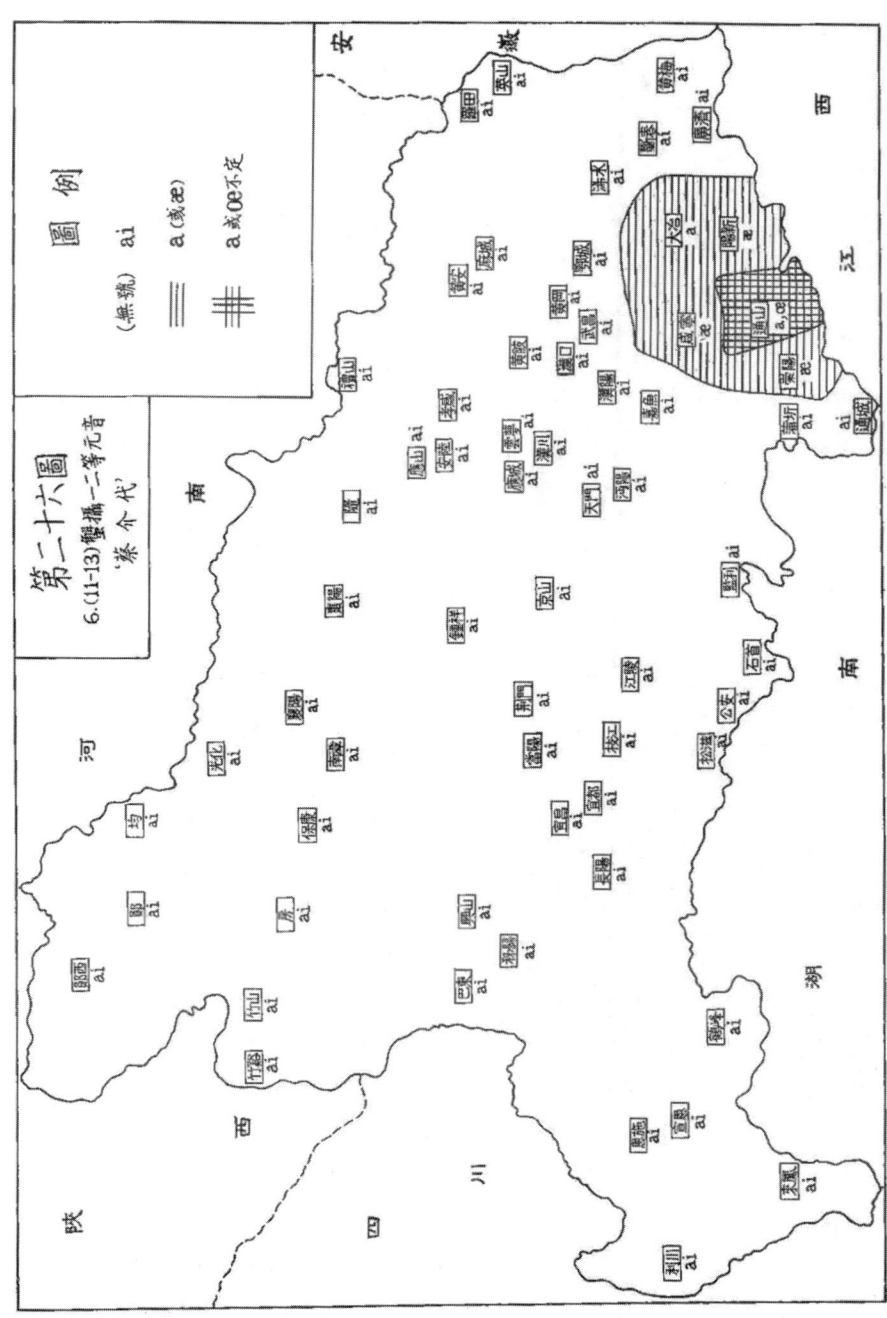

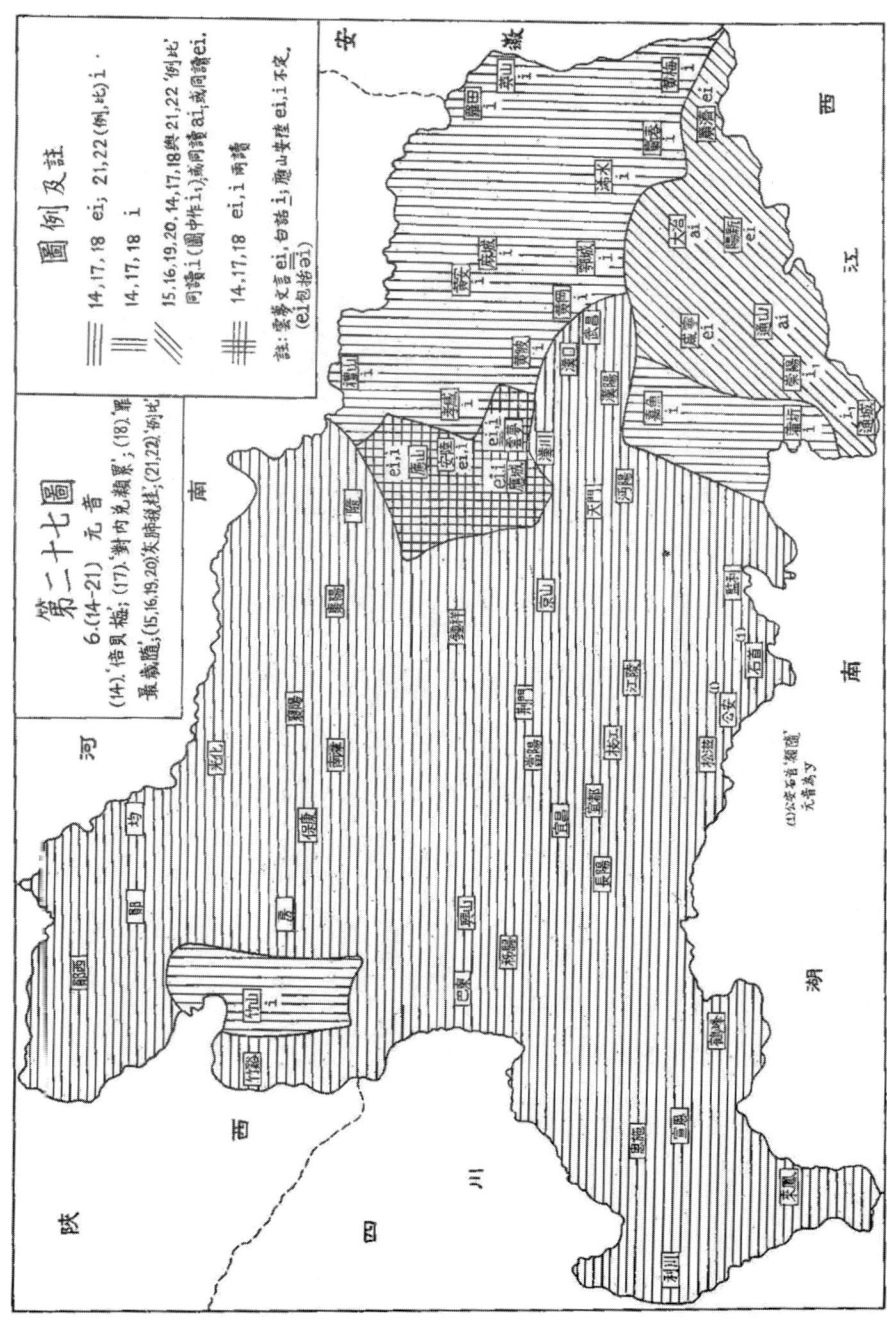

第二十七圖

6.(14-21) 元音

(14)'悟見梅';(17)'對內兒類累';(18)'罪最痕嘴';(15.16.19.20)灰胎緌基;(21.22)'例此'

圖例及註

14,17,18 ei; 21,22 (例)比, i .

14,17,18 i

15.16.19.20,14,17,18與 21,22 '例比' 同讀i (圖中作i),或同讀ai,或同讀ei.

14,17,18 ei, i 兩讀

註:臺蒙文言ei,白話i,應讀i,應山安陸ei,i不定(ei包括ai)

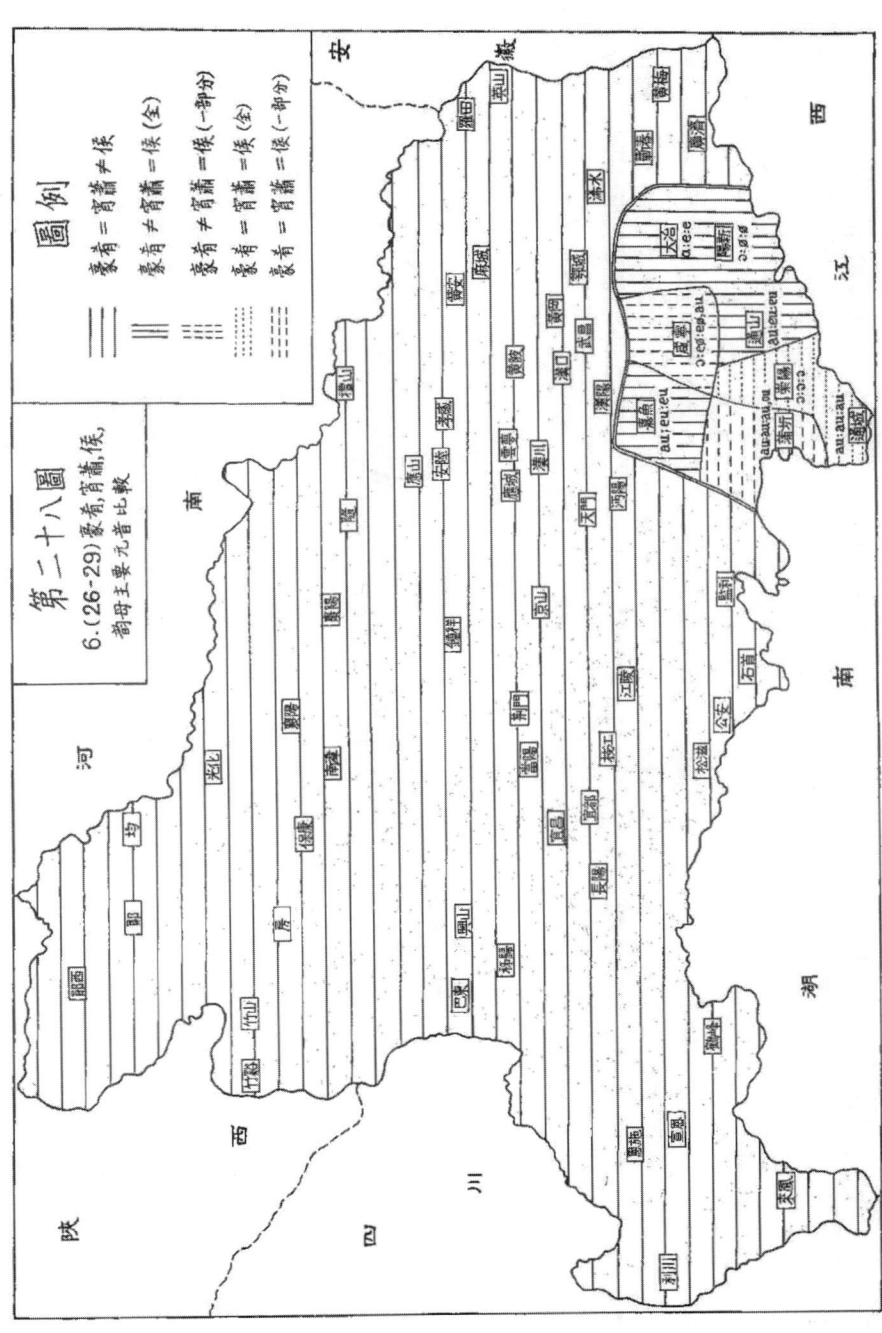

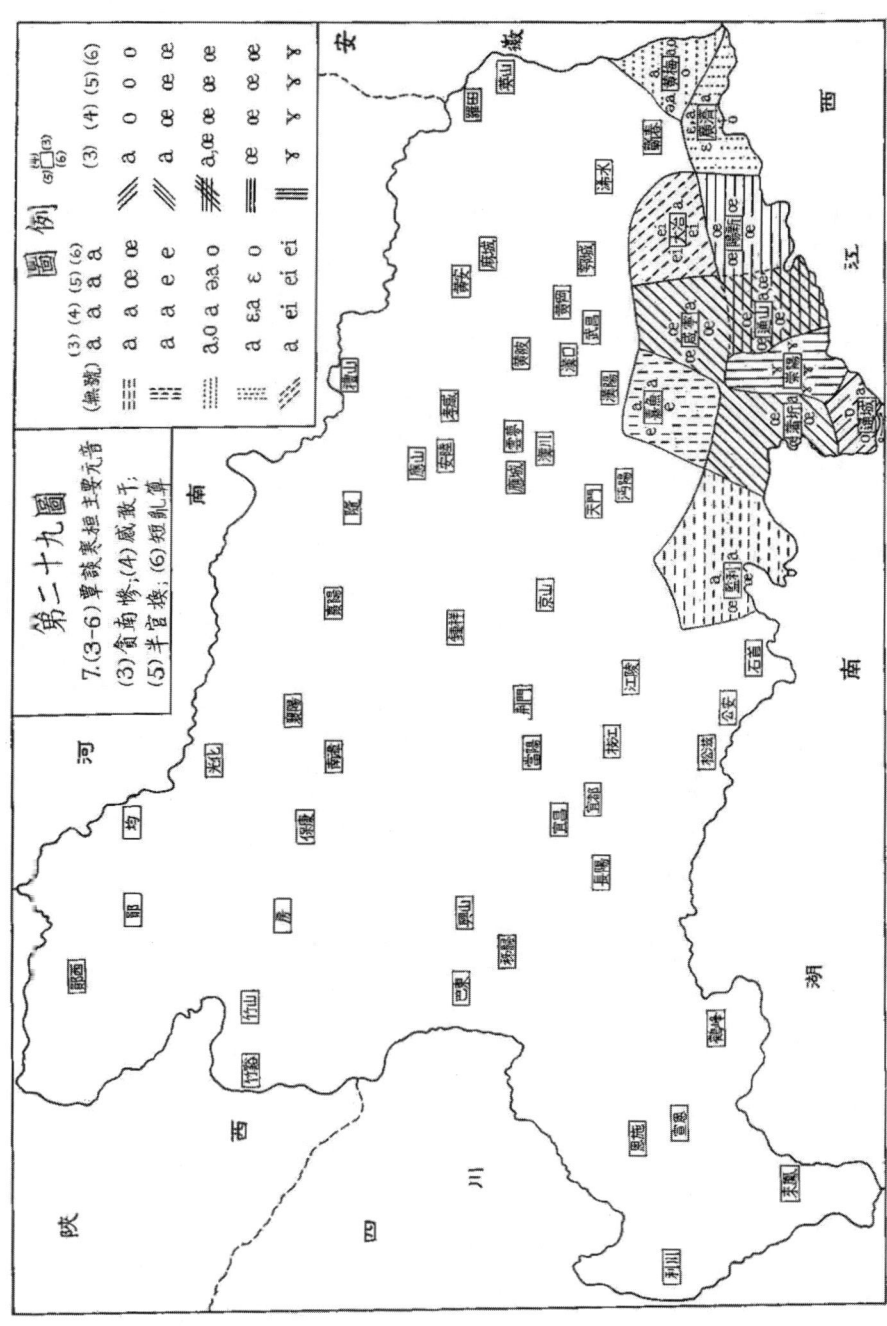

第二十九圖

7.(3-6)單讀裹摑主要元音

(3)貪南唇;(4)感裂干;

(5)半音揀;(6)短乱草

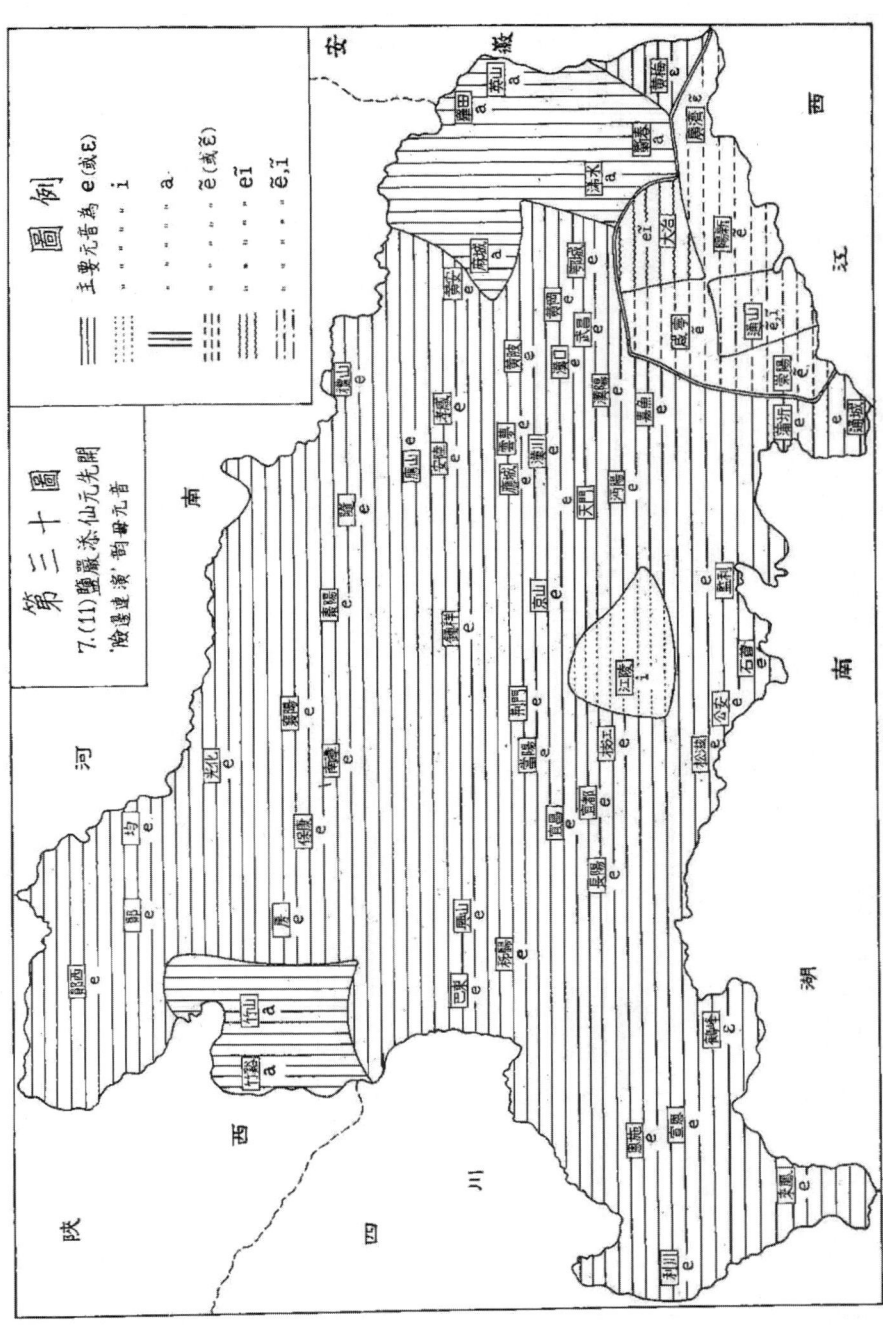

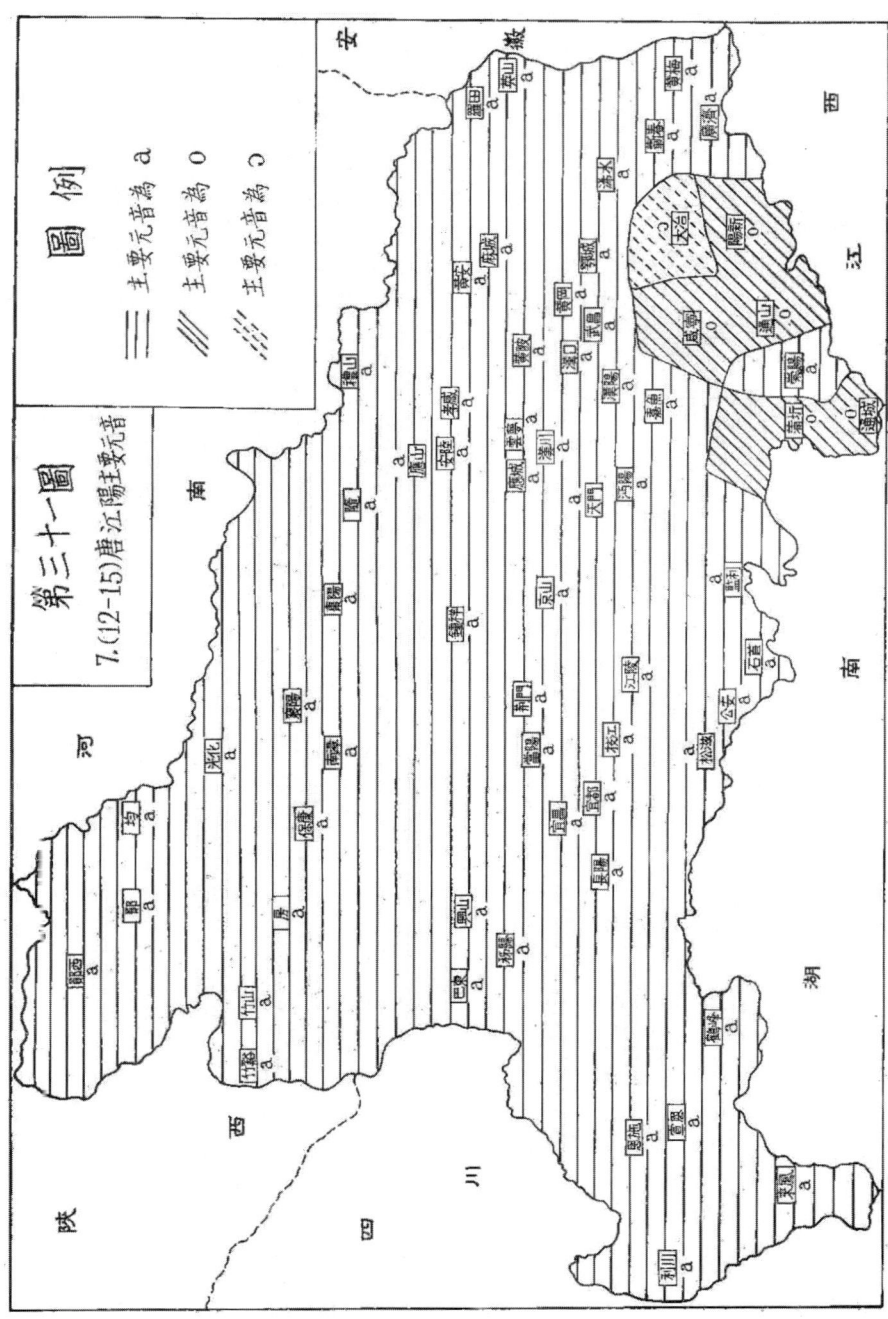

第三十一圖
7.(12−15)唐江陽主要元音

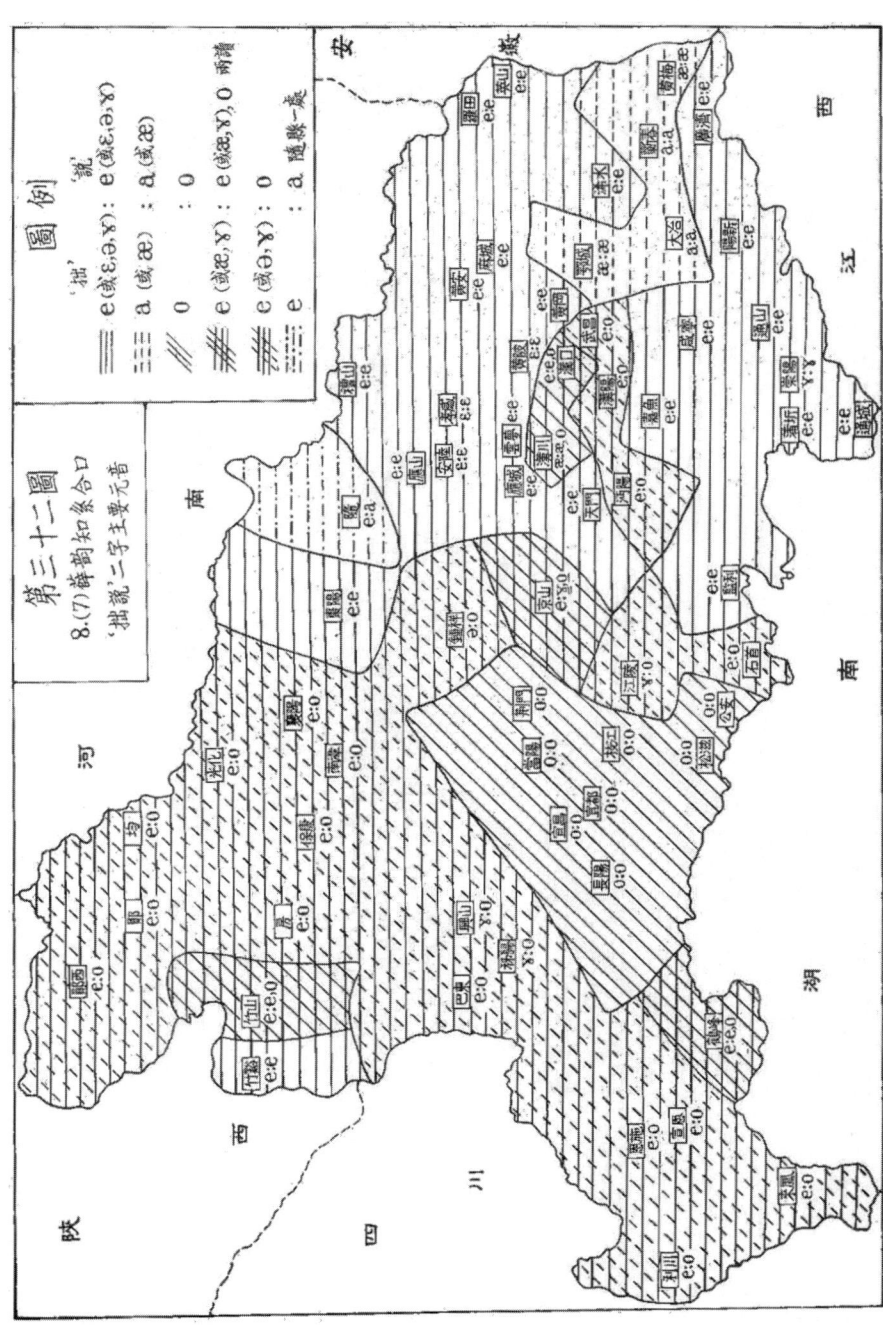

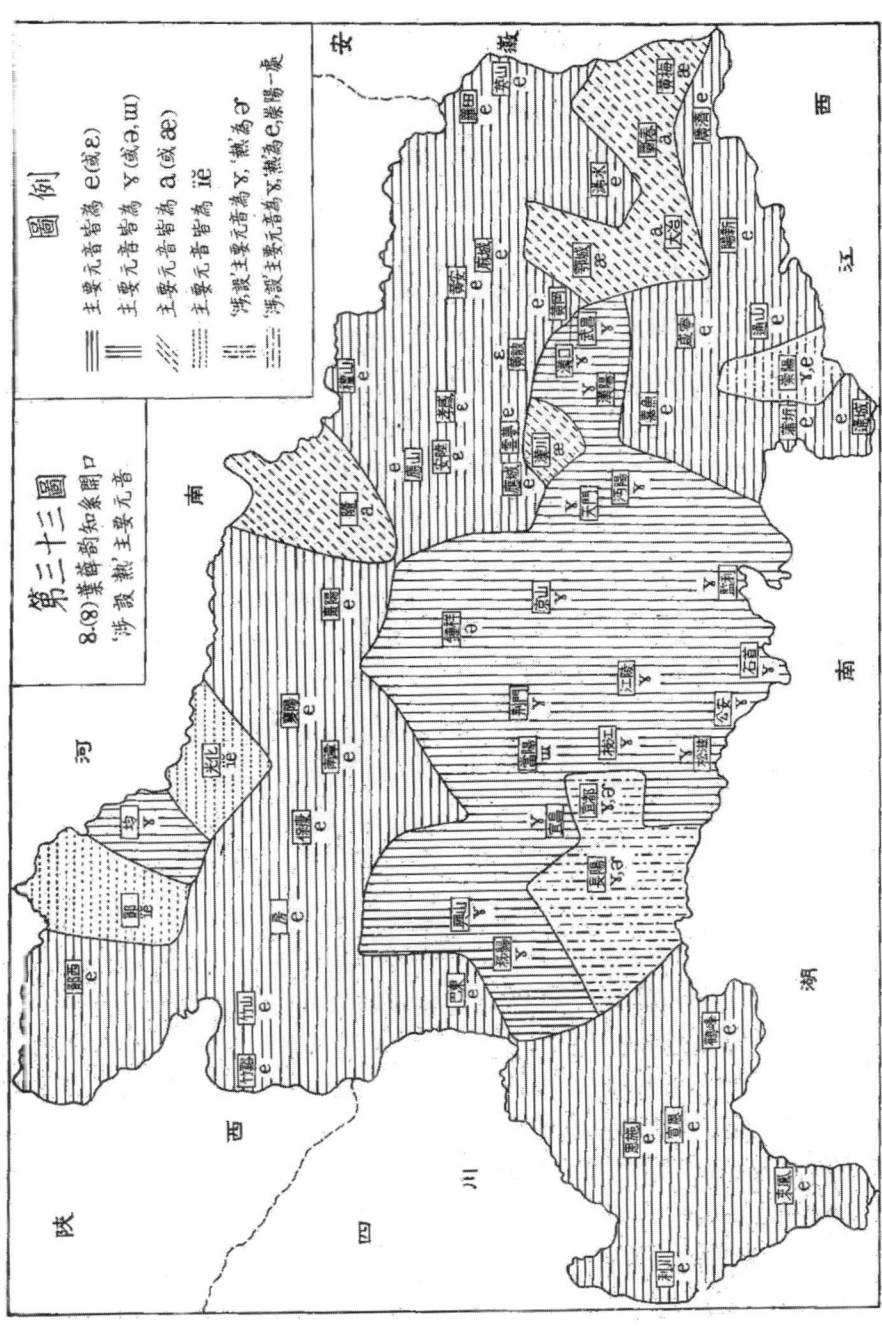

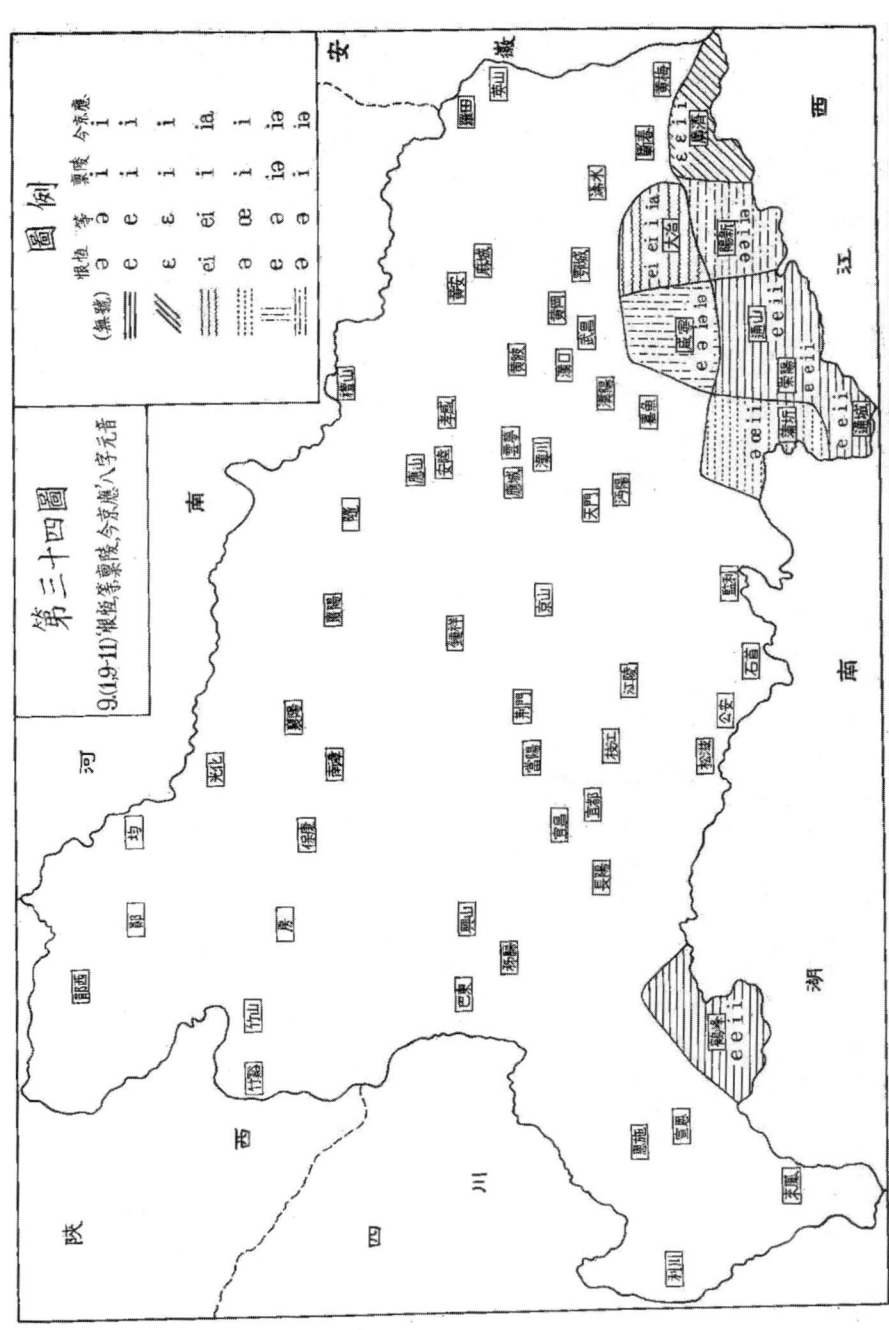

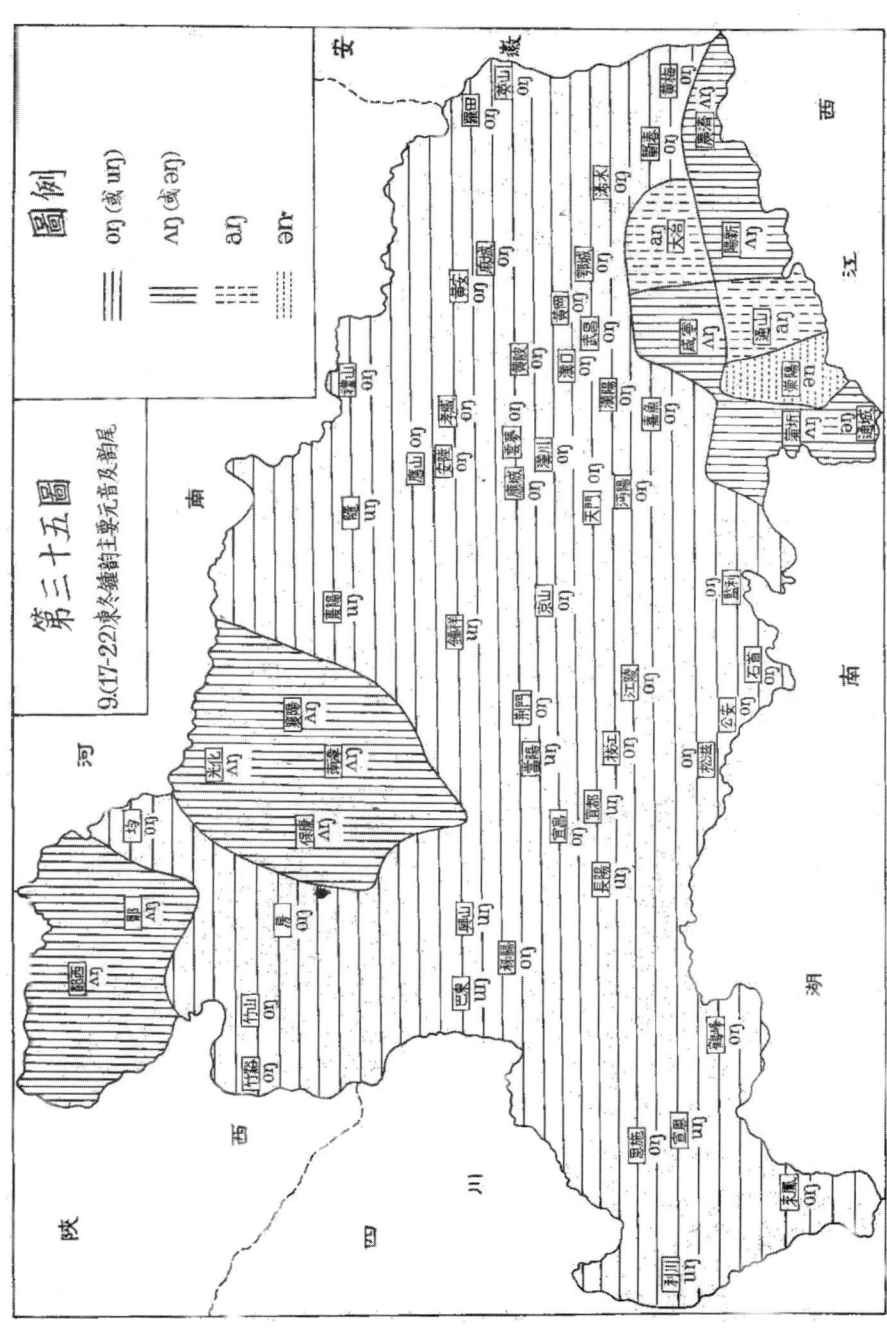

第三十五圖
9.(17-22)東冬鍾韻主要元音及韻尾

圖例

━━━ ɑŋ
━━━ ən
┄┄┄ aŋ
┅┅┅ uŋ(或uŋ)
 │││ oŋ(或uŋ)

地圖 2987

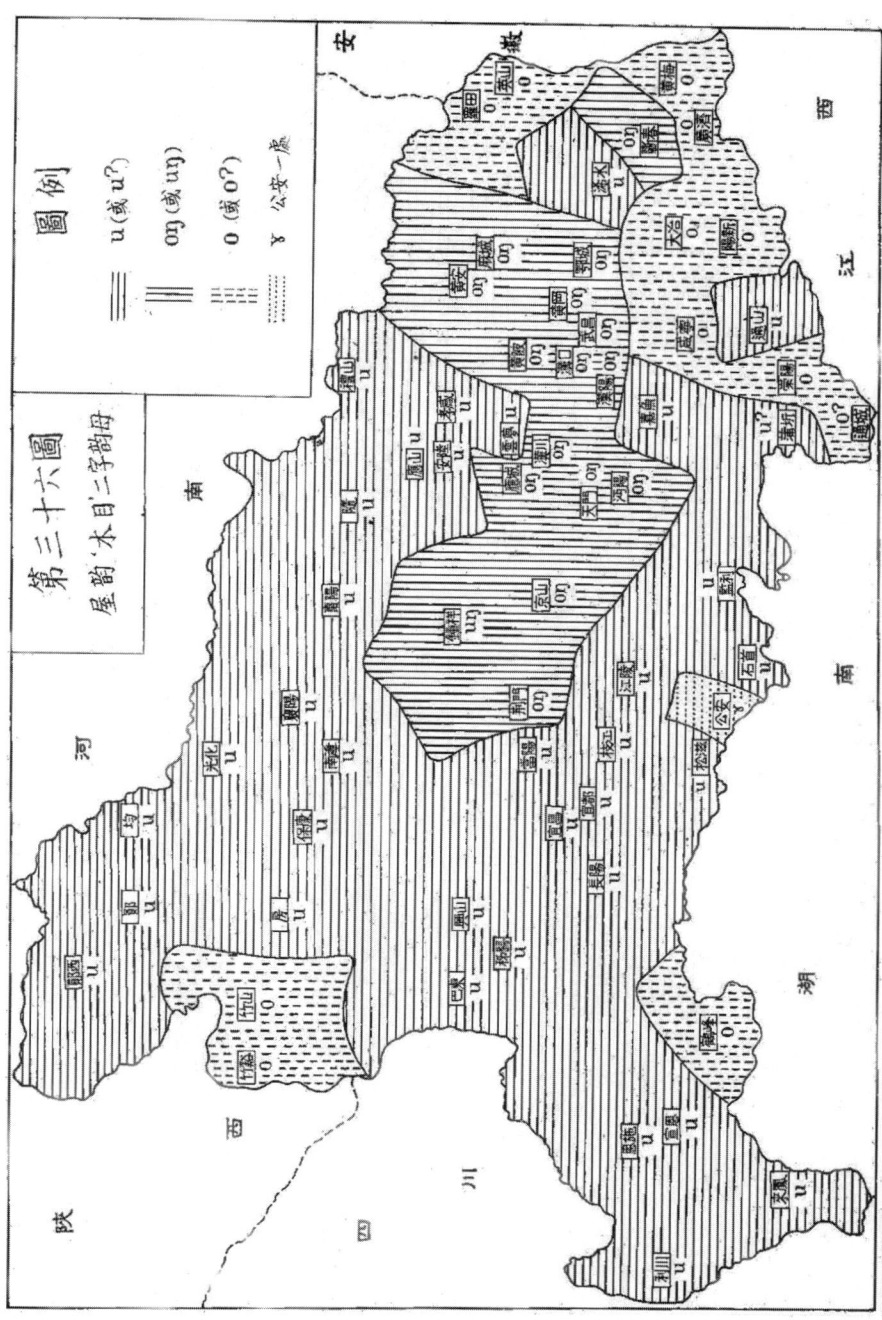

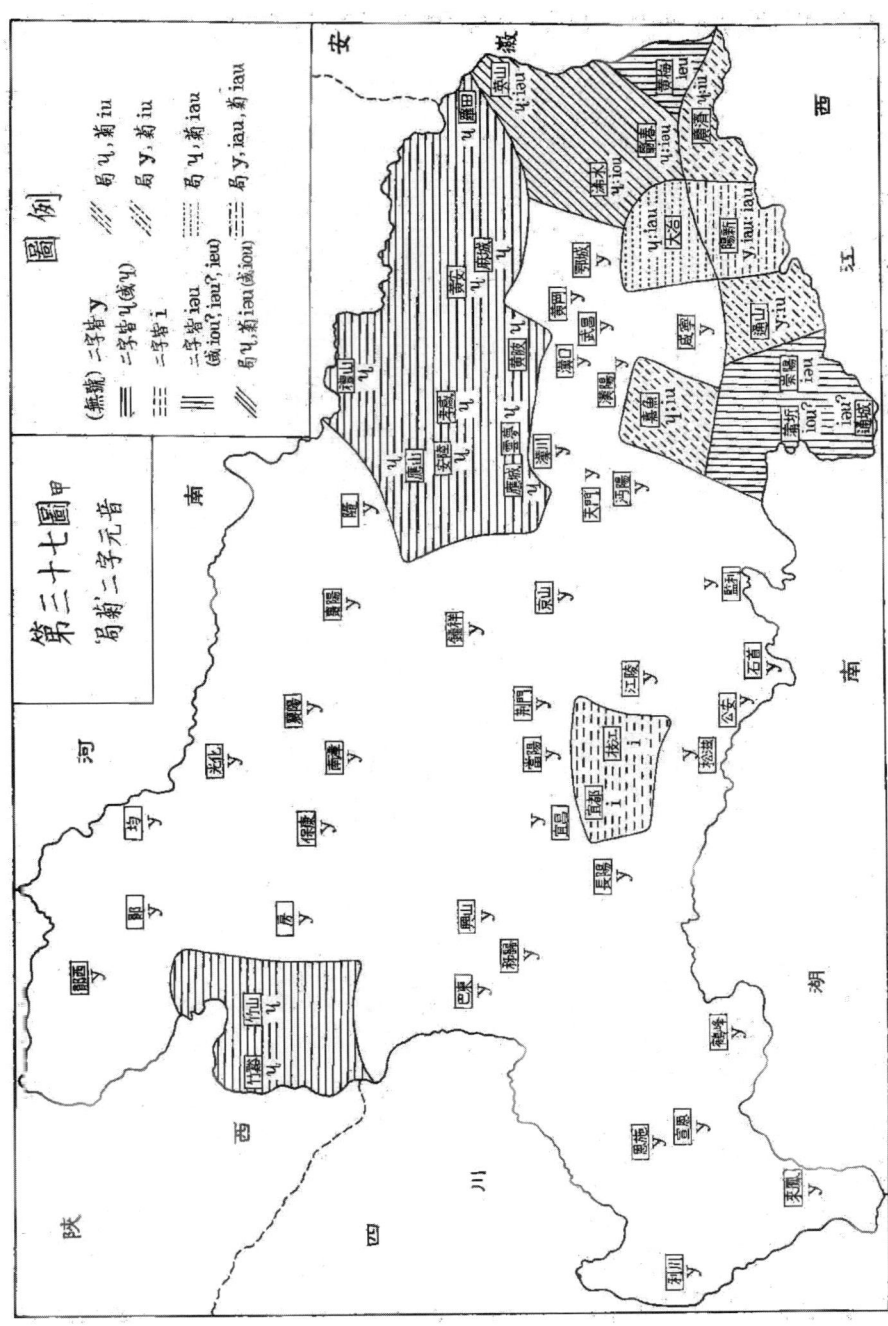

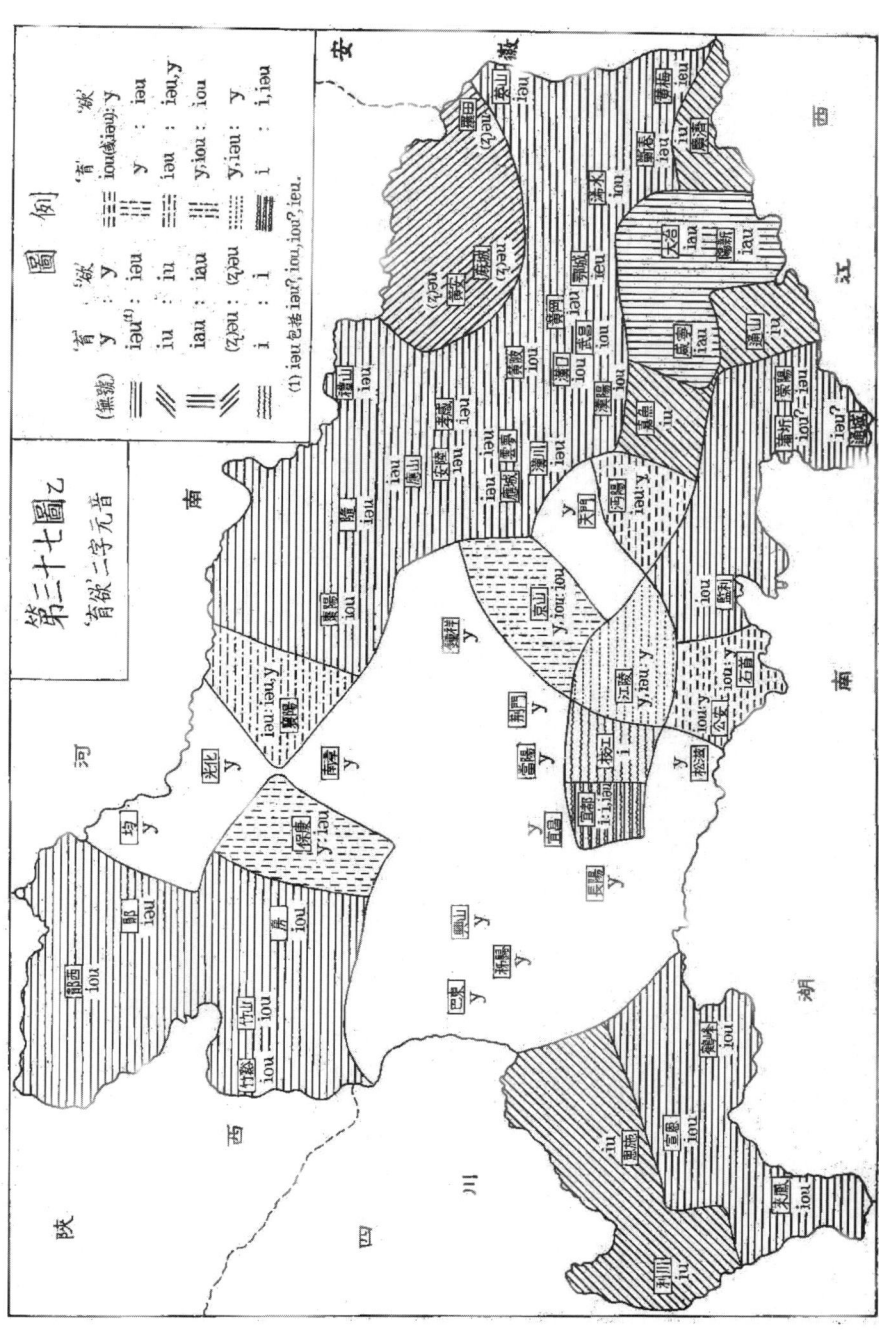

第三十七圖乙

"育欲"二字元音

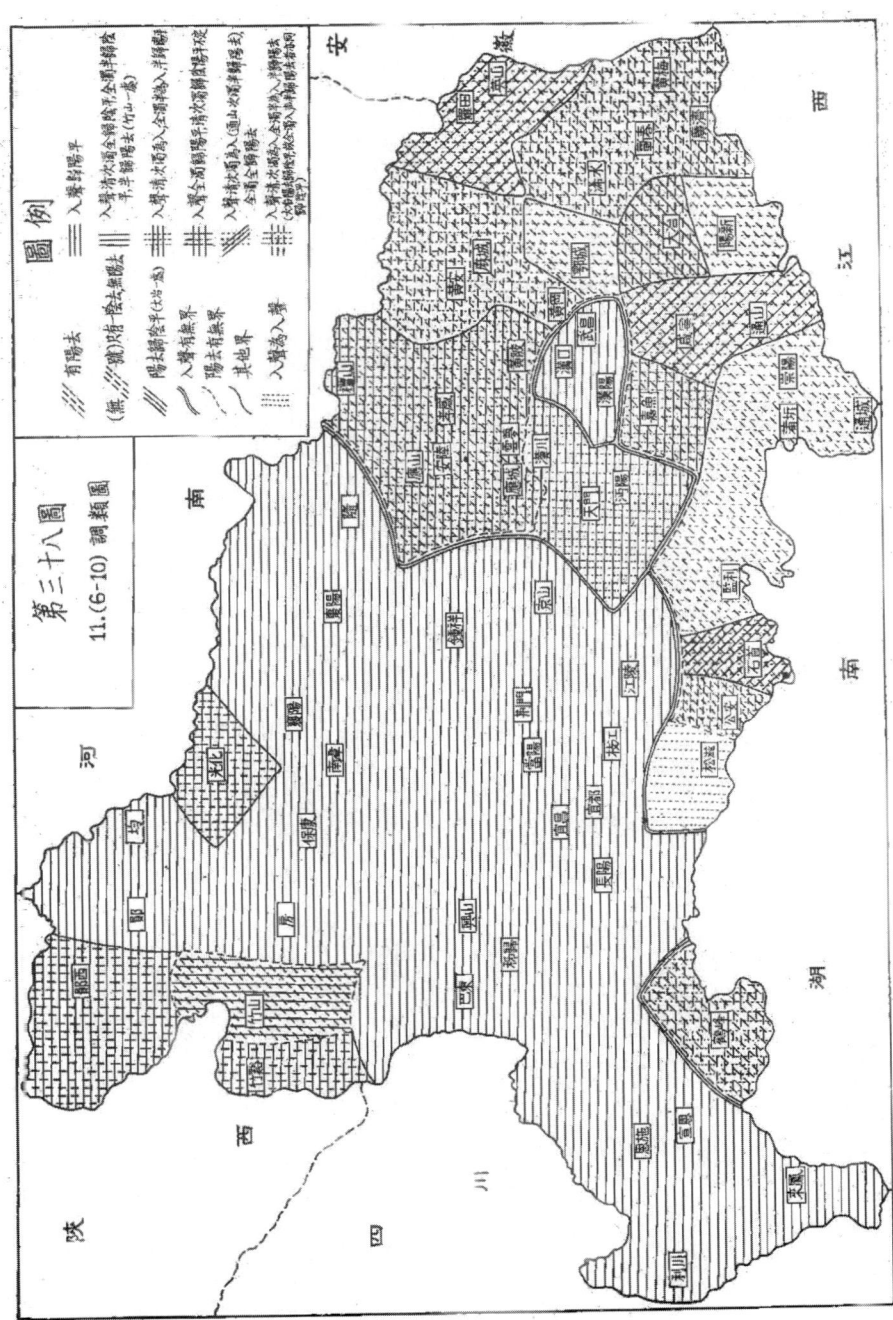

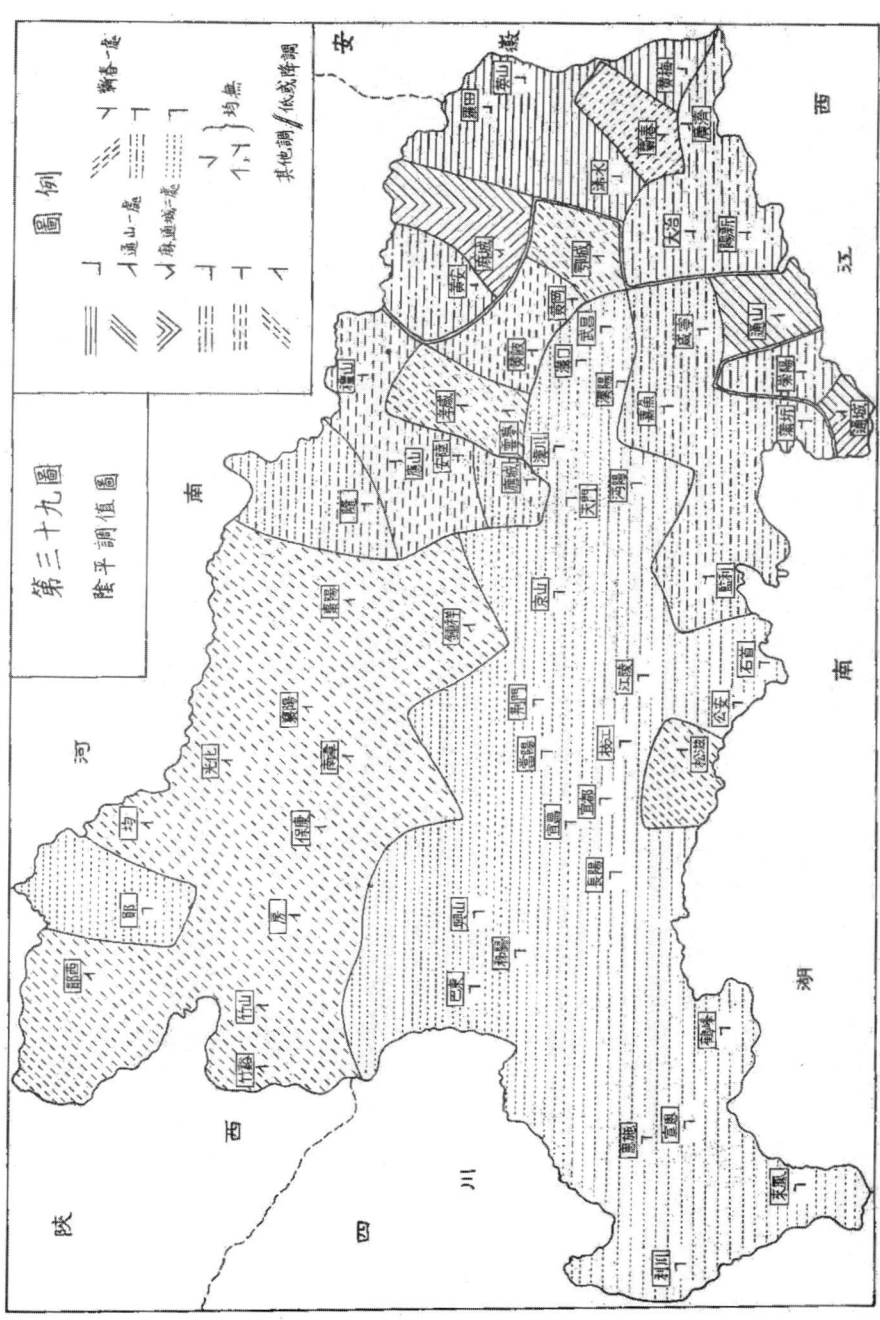

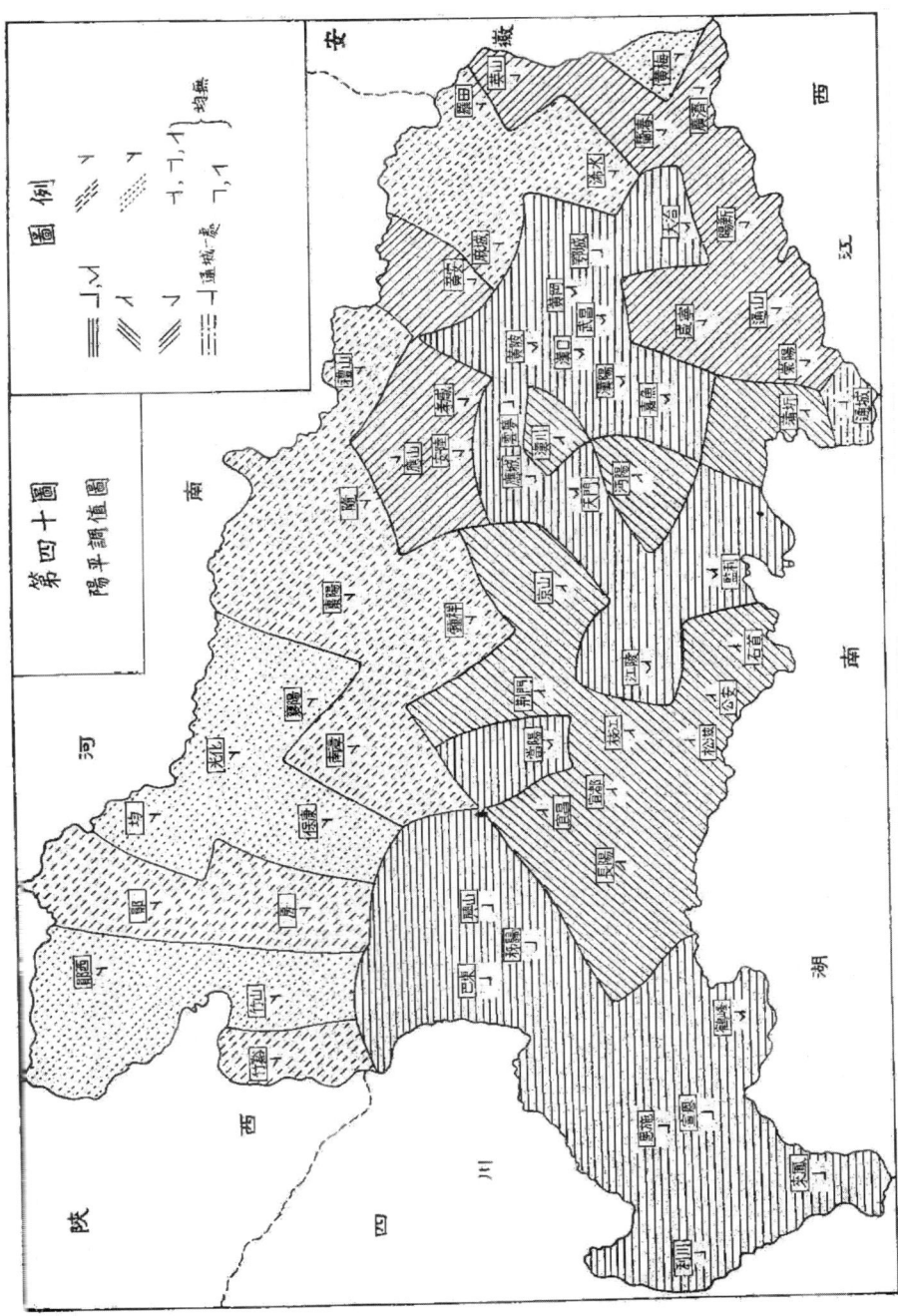

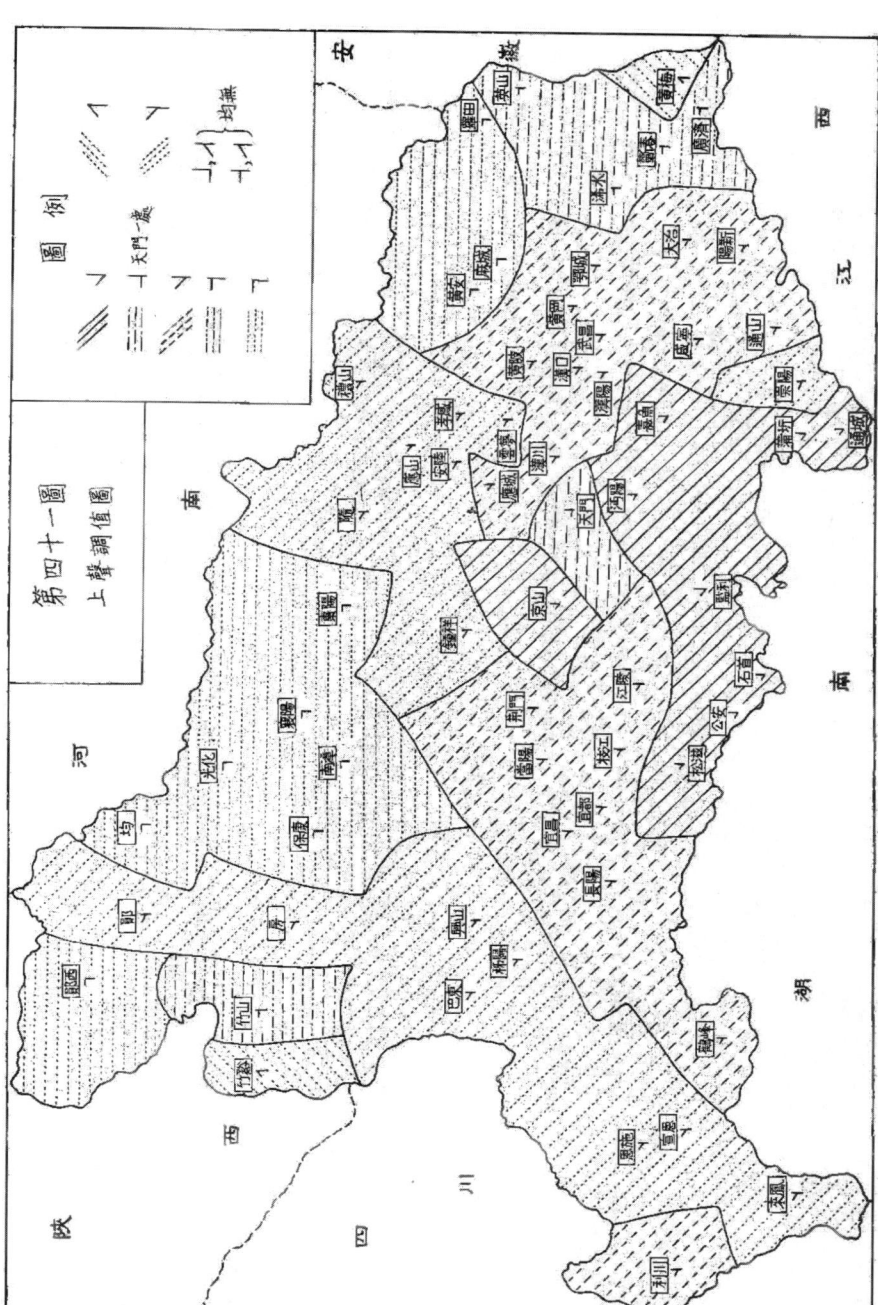

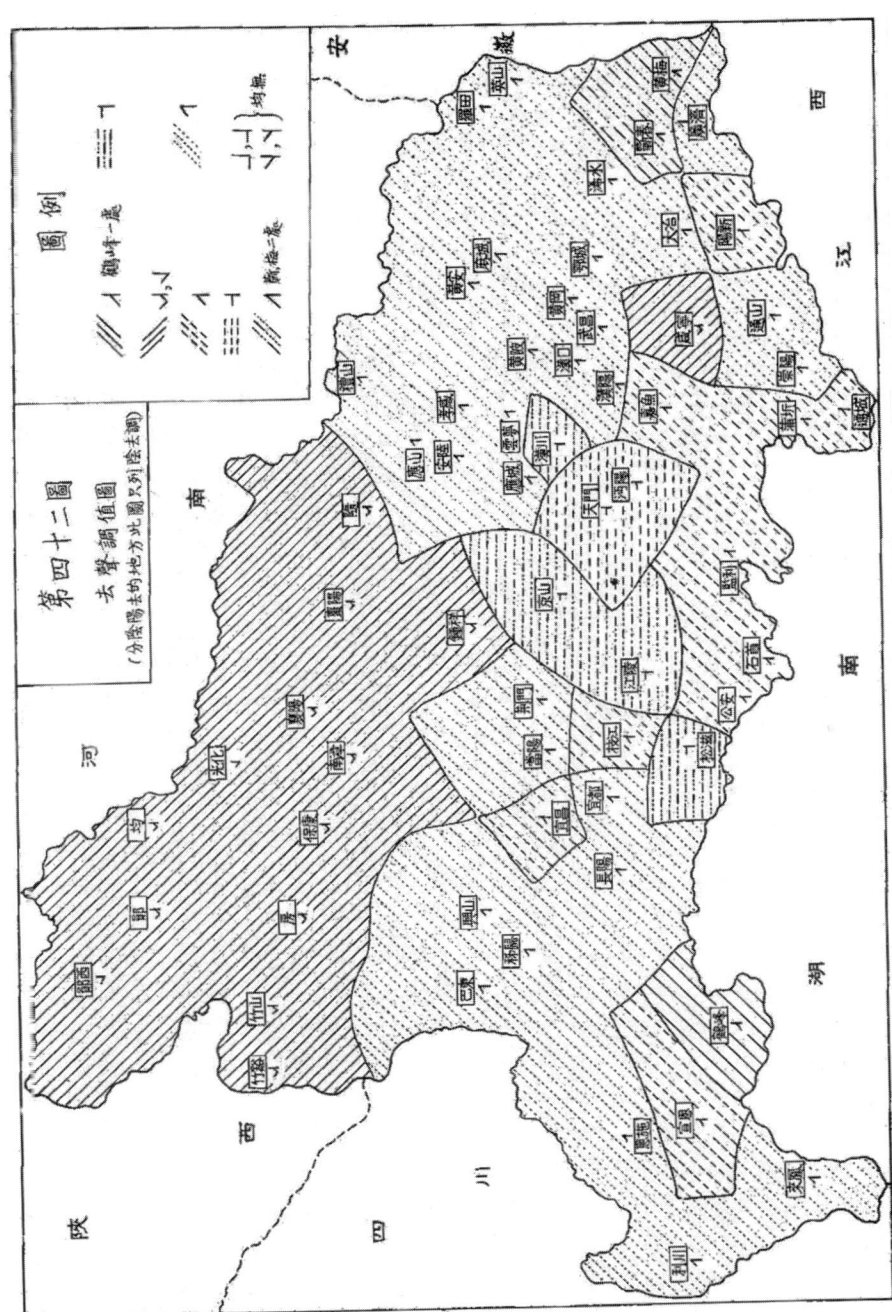

第四十三圖
去聲調值圖
（分陰陽去的地方此圖只列陰去調）

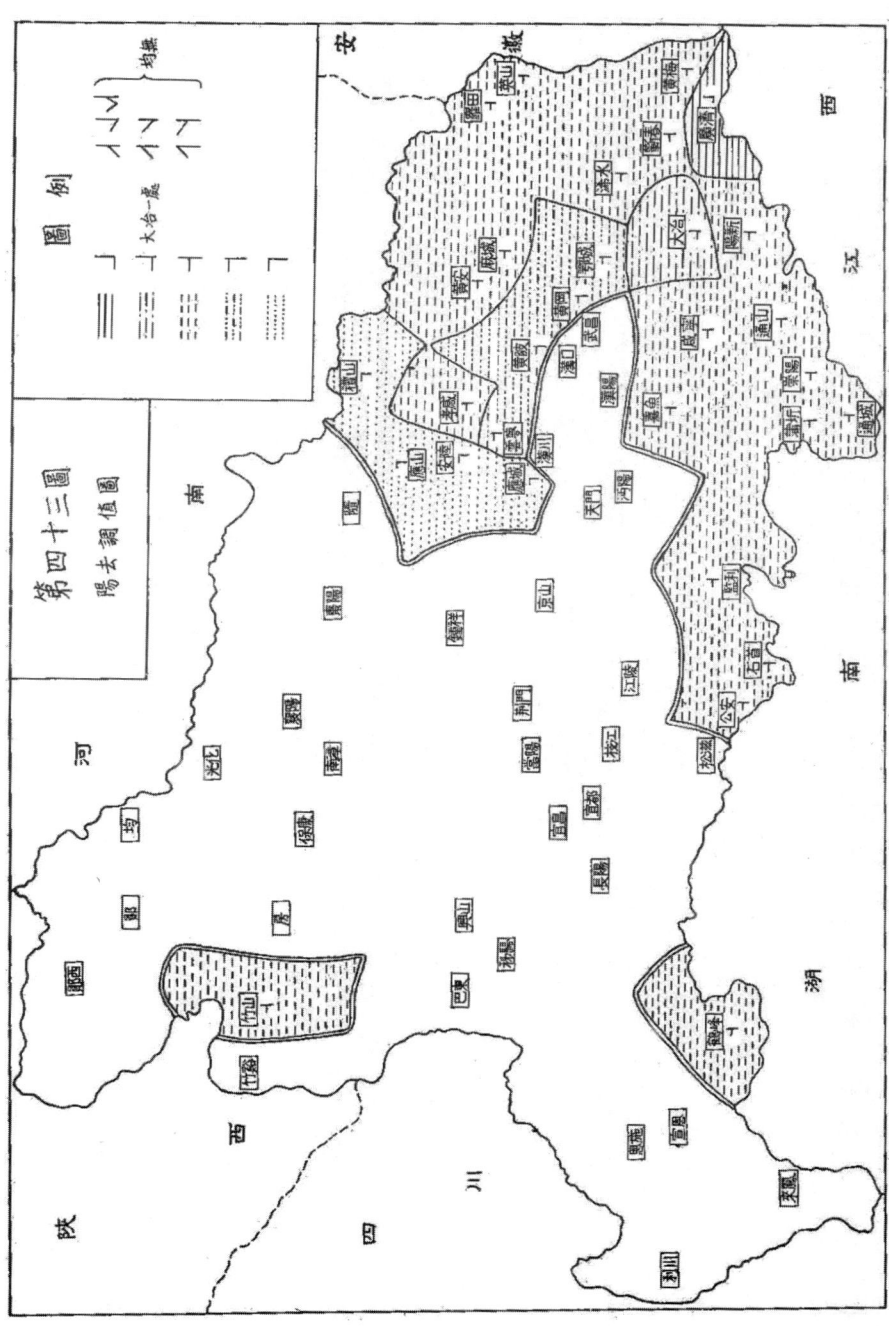

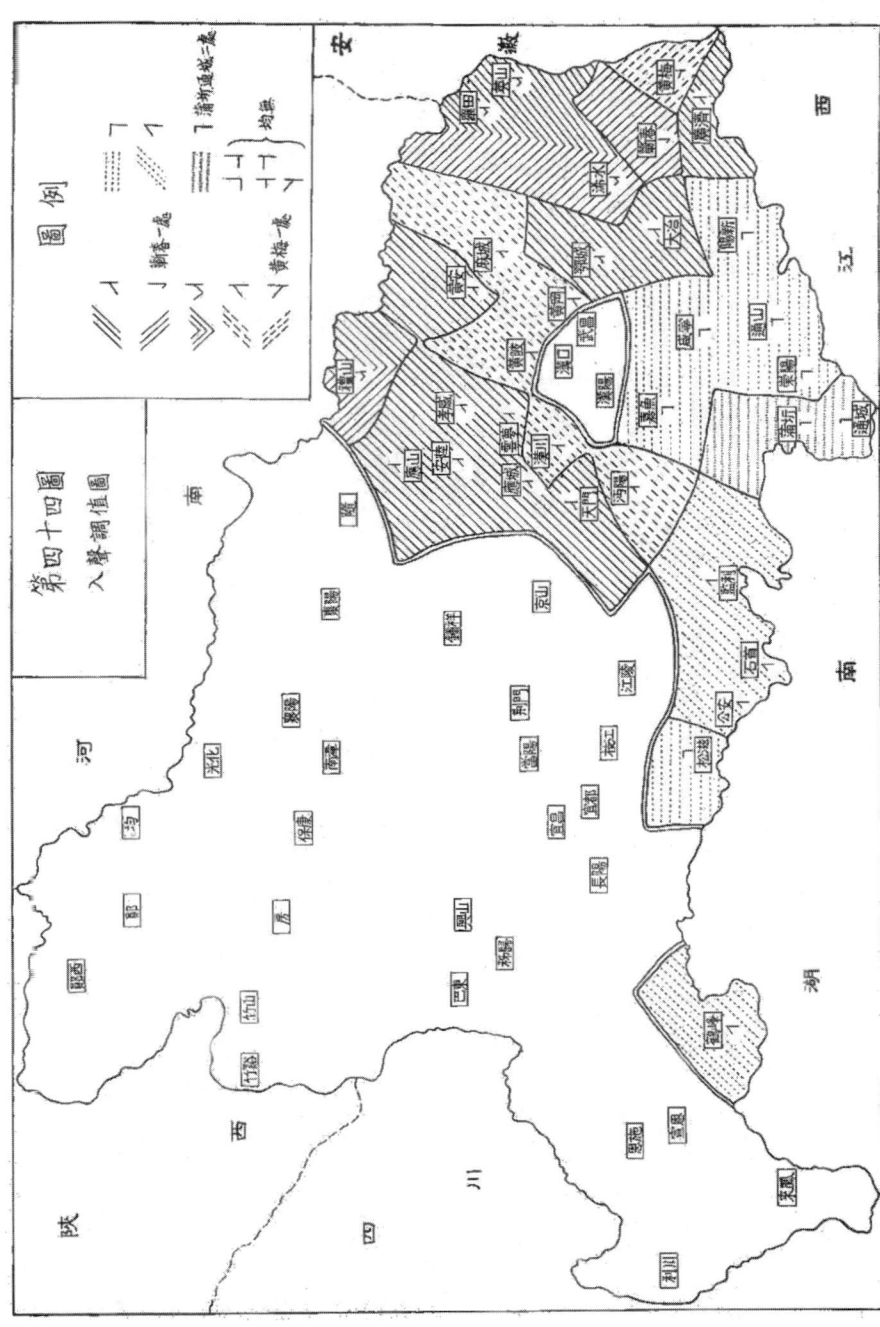

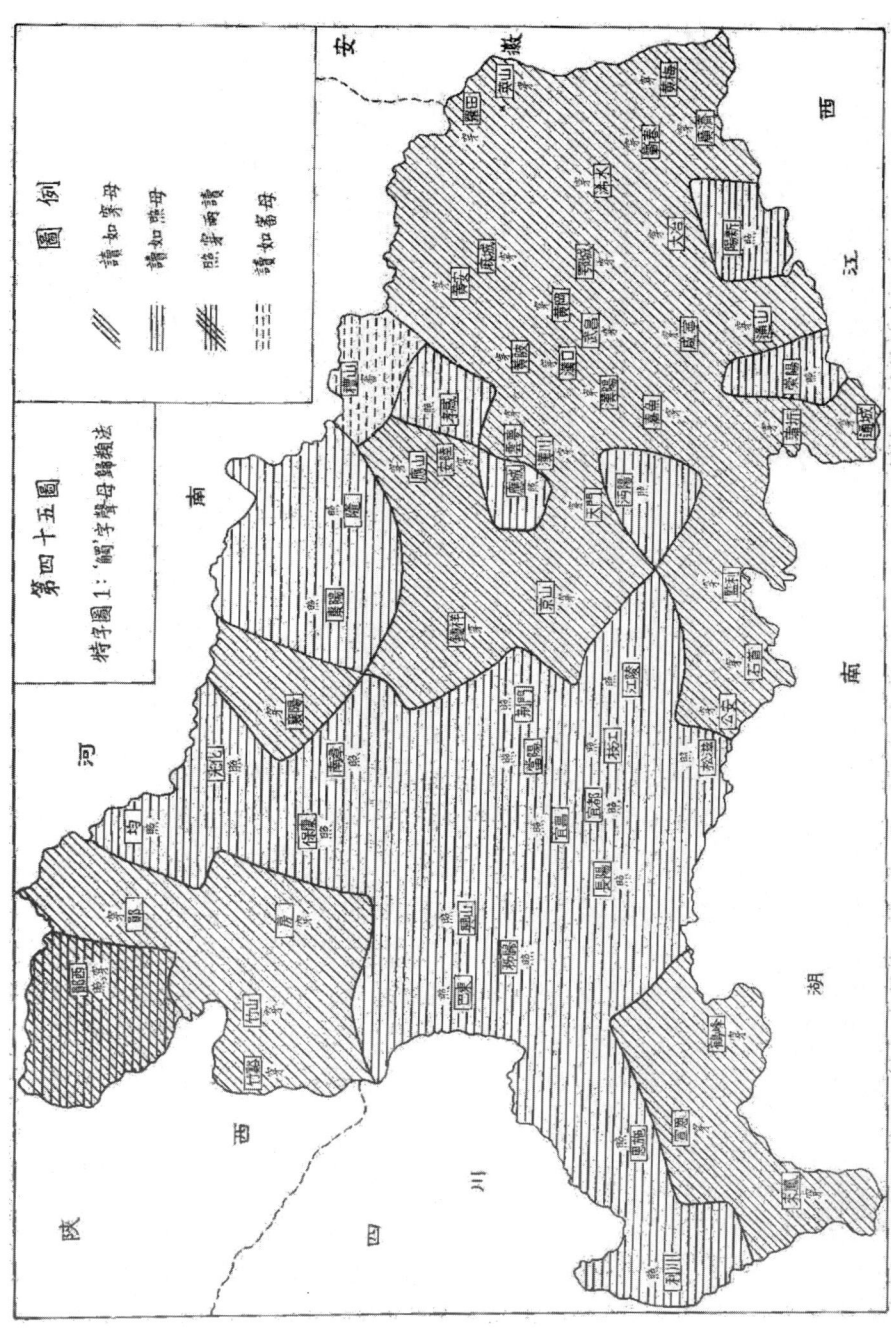

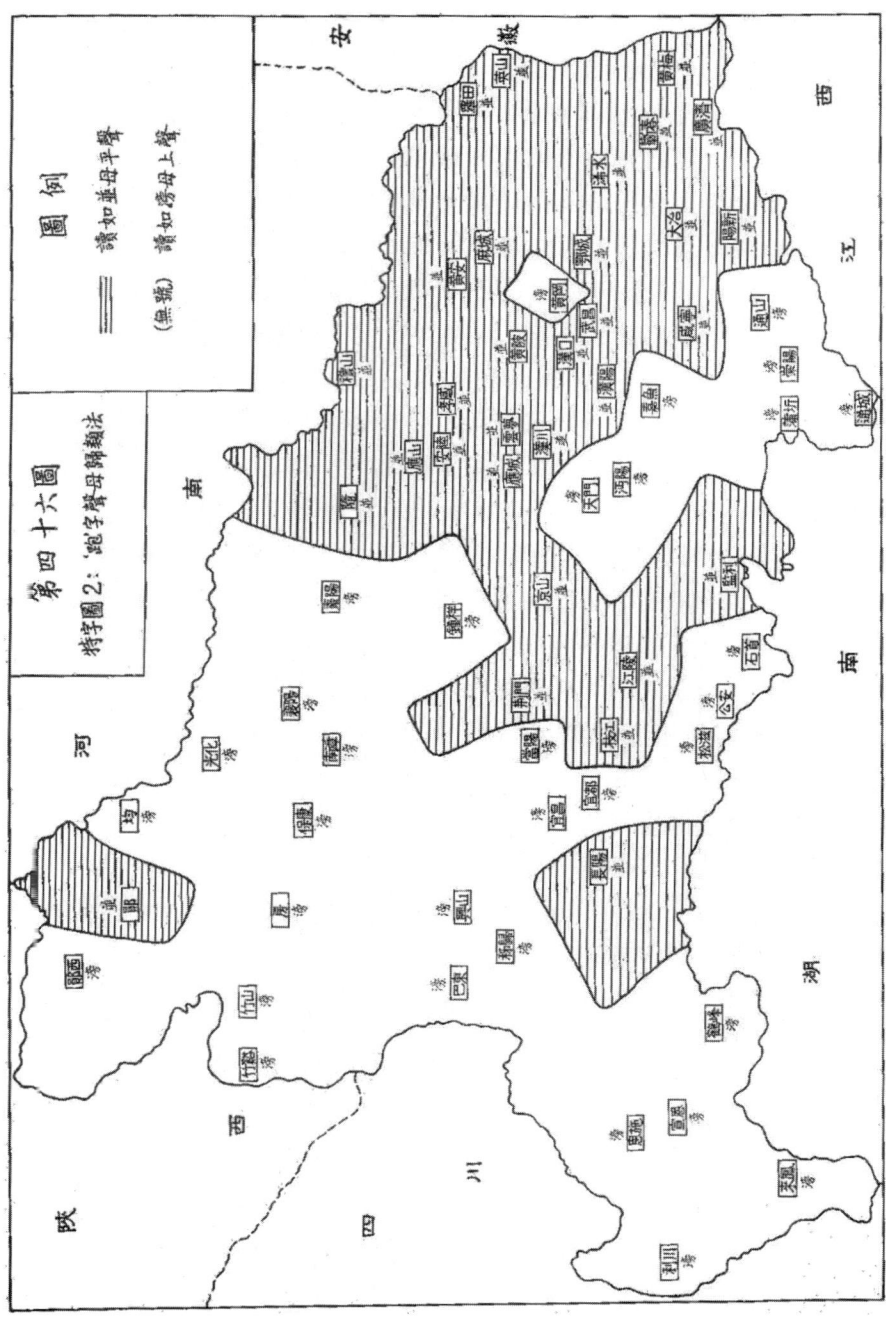

第四十六圖
特字圖2：'跑'字聲母歸類法

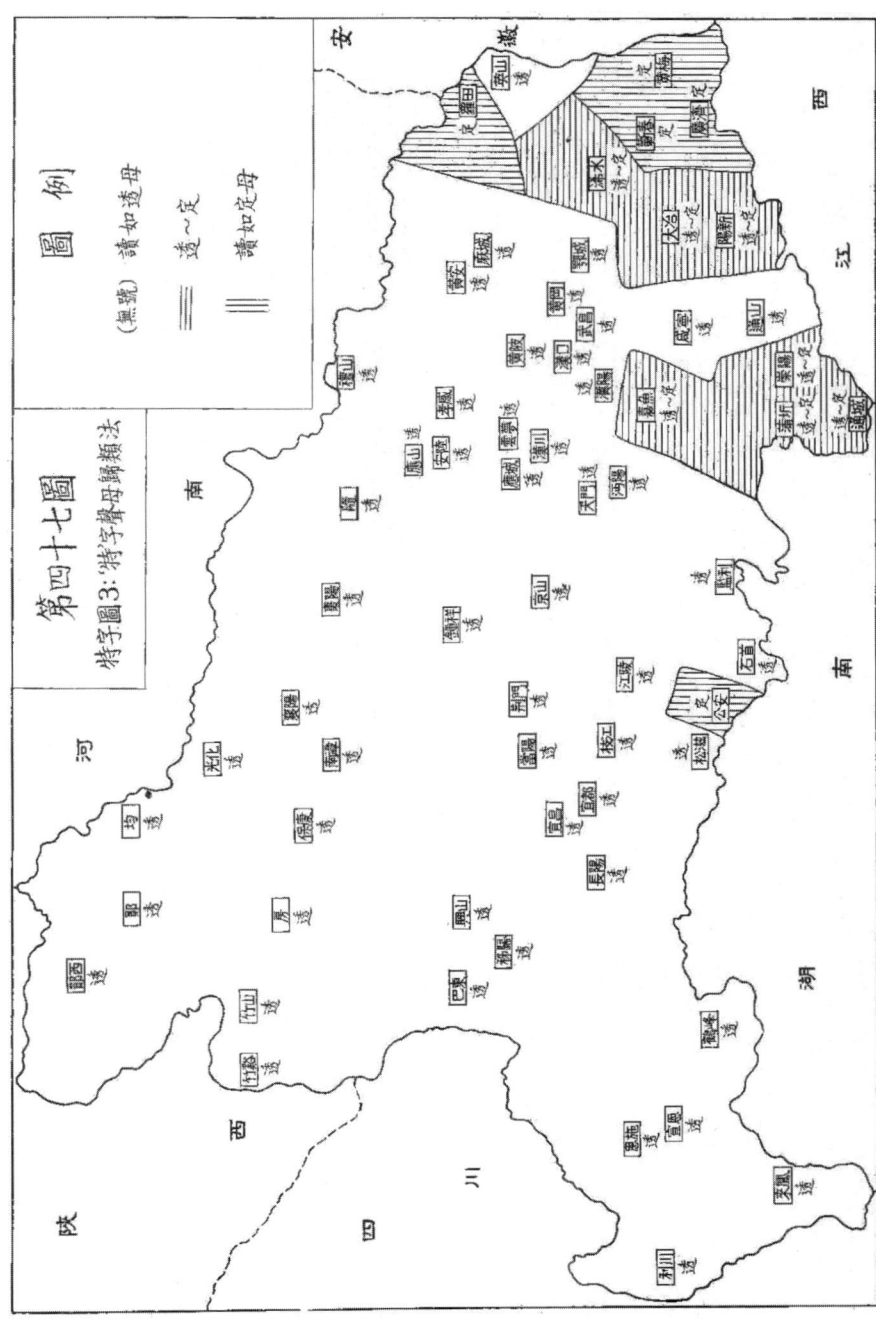

第四十七圖
楷字圖3：楷字聲母歸類法

圖 例

（無點） 讀如透母

＝＝ 透～定

≡≡ 讀如定母

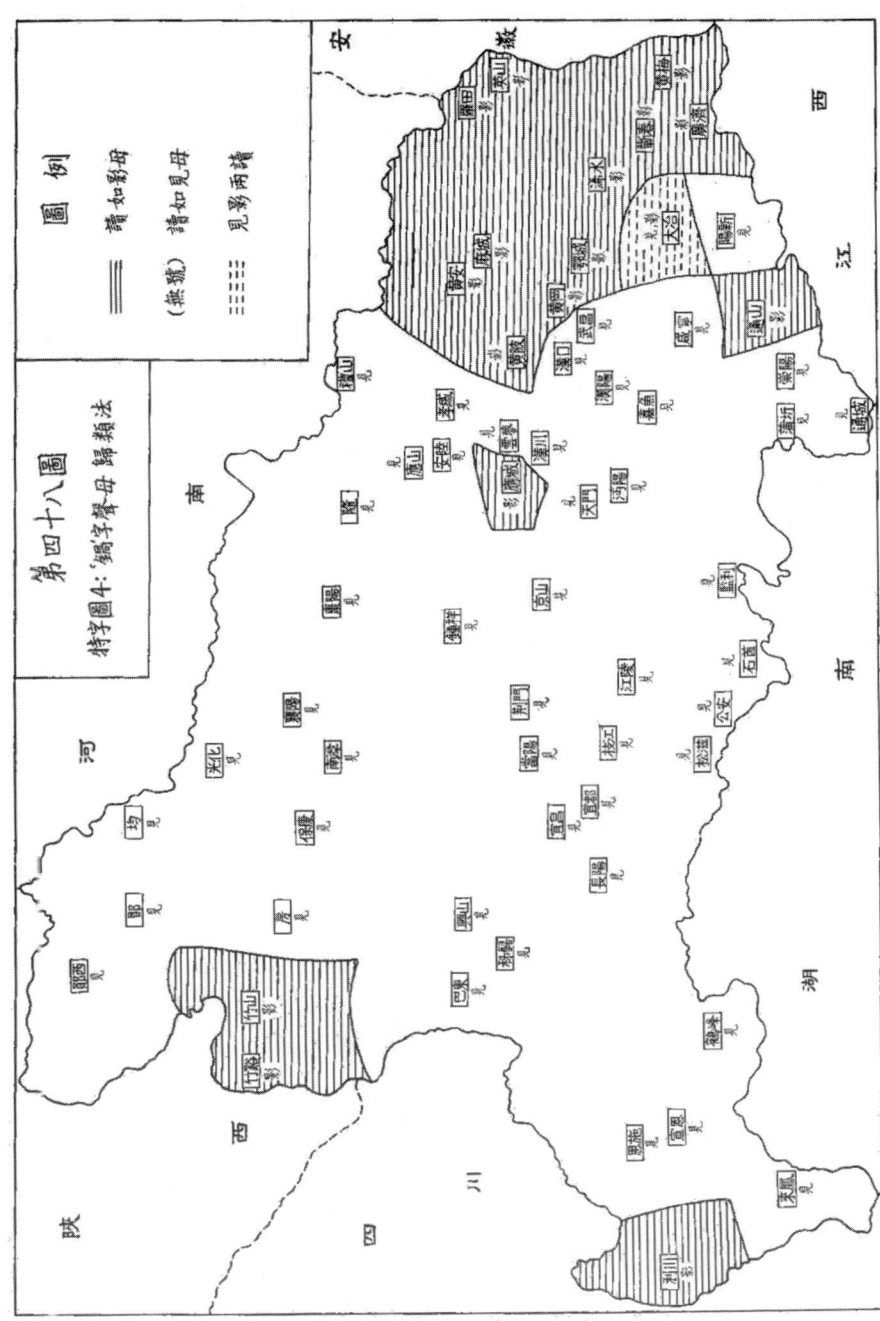

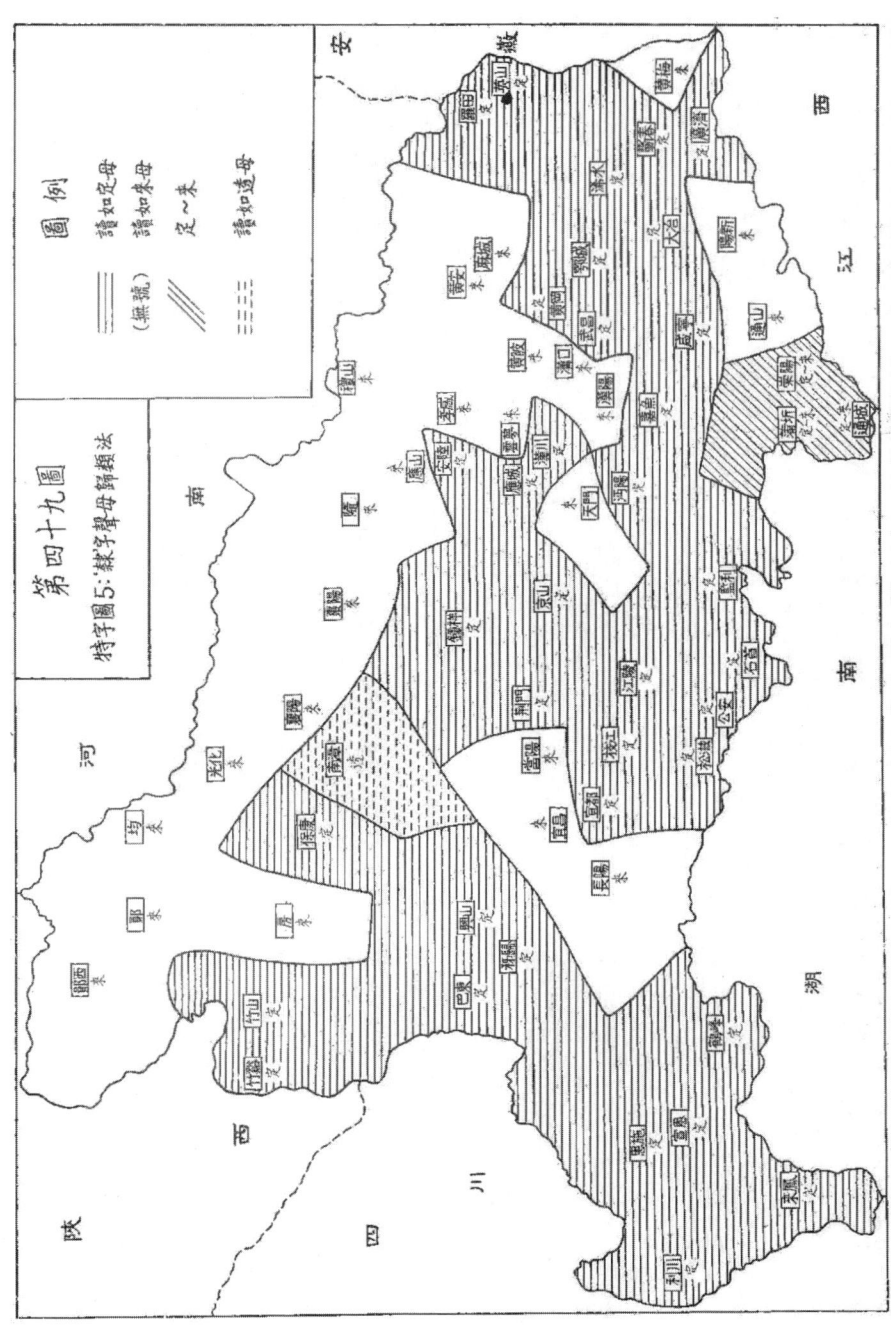

第四十九圖
特字圖5：隸字幫母歸端法

圖例

讀如兄母
讀如幫母
定~來
讀如透母

（亂流）

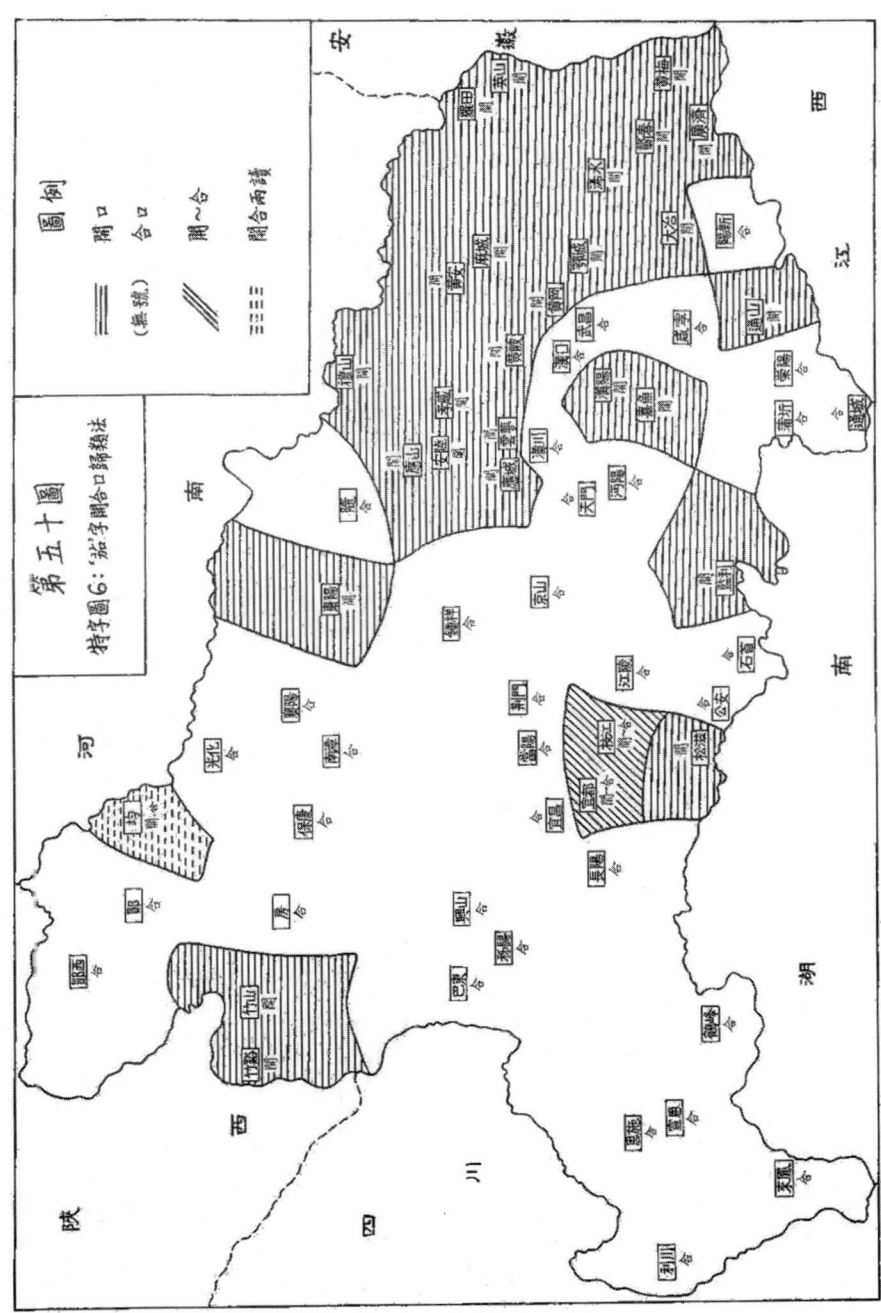

第五十圖

特字圖6：淣字閣合口歸類法

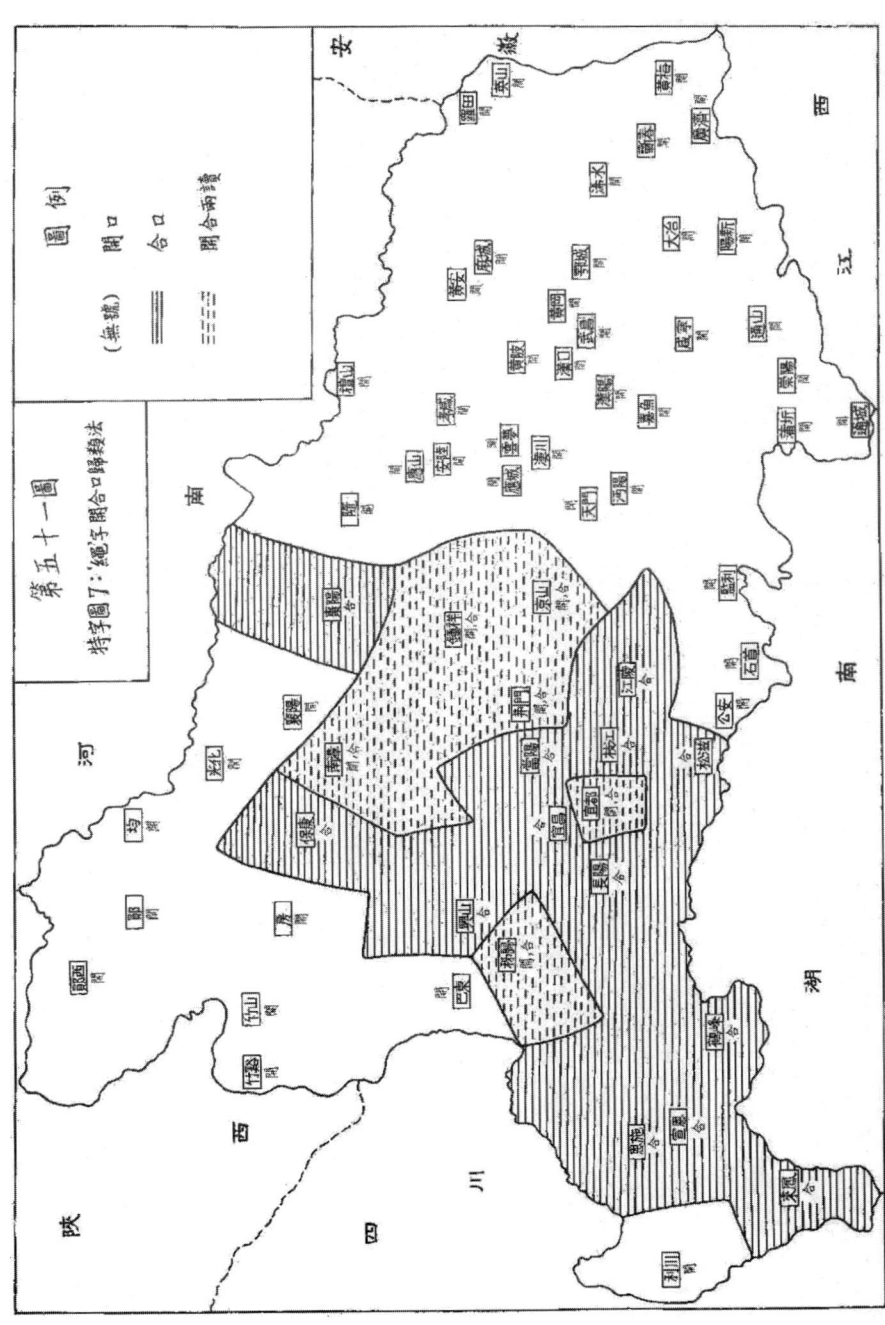

第五十一圖
特字圖⑦：'繩'字開合口歸轄法
圖例
開口 (無線)
合口 ————
開合兩讀 ≡≡≡≡

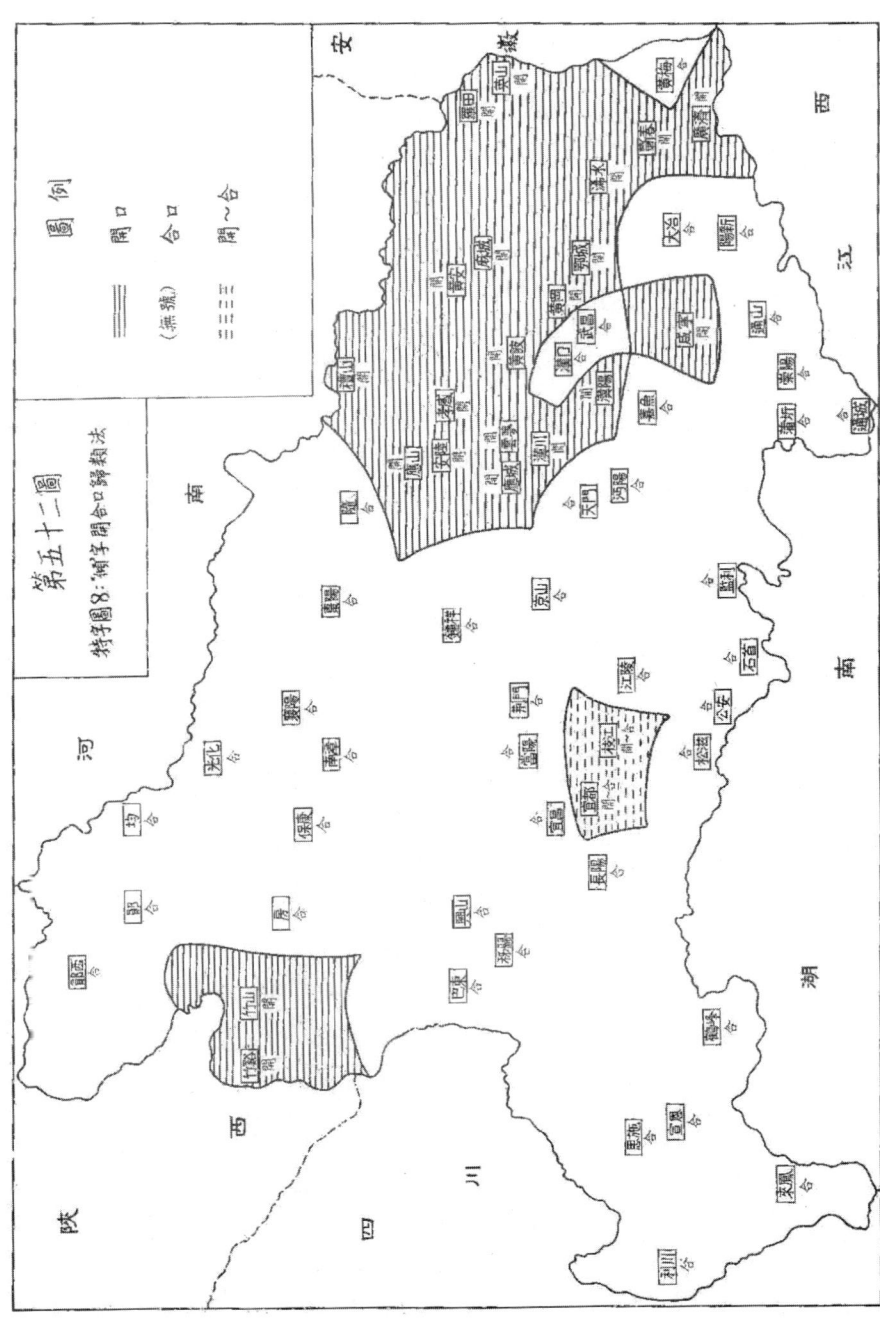

第五十二圖

特字圖8：補字開合口歸類法

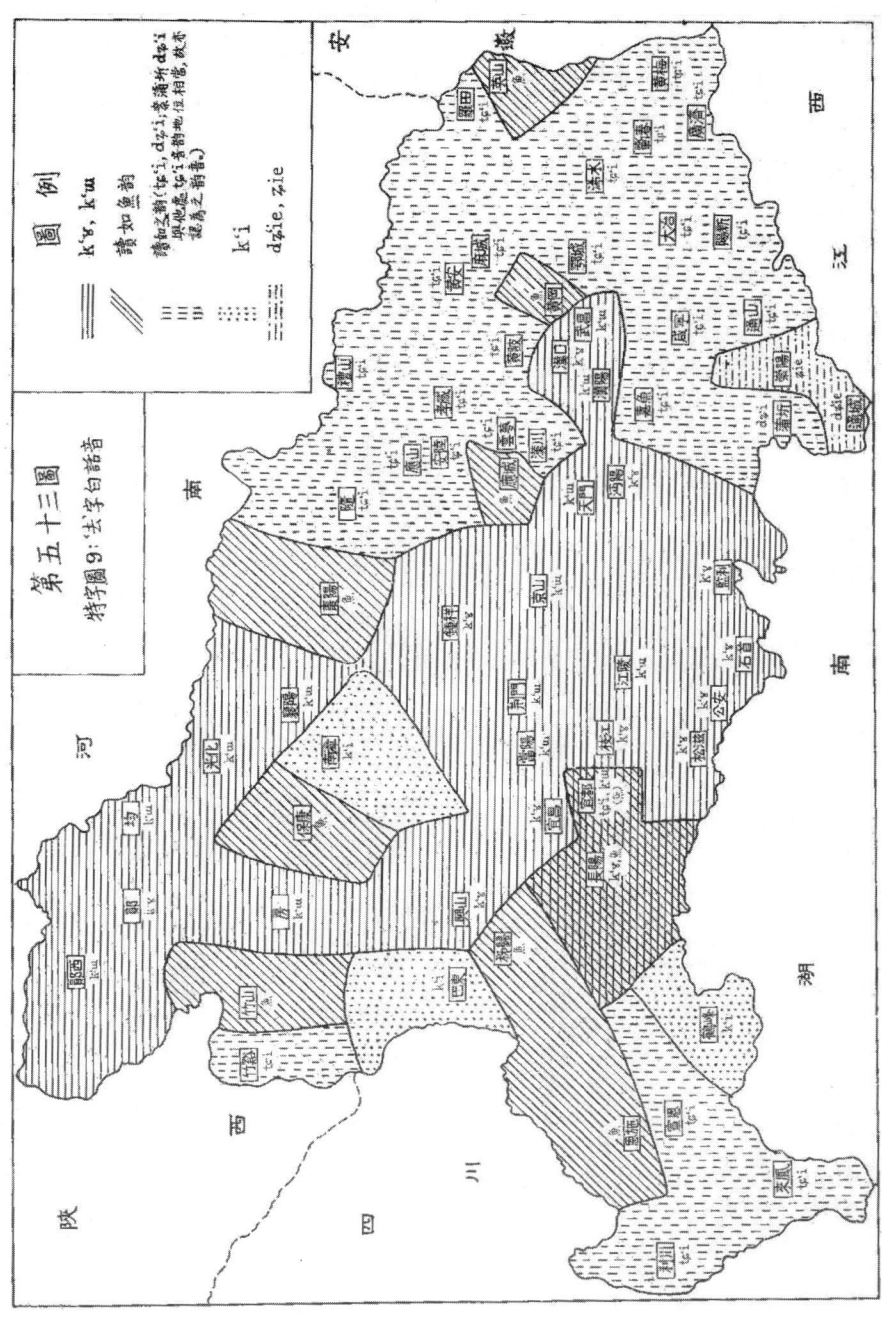

第五十三圖
特字圖 9：去字白語音

圖 例

k'ɐ，k'ua

讀如魚韻

讀如之韻（ts'i，dʑi；參浦所 dʑi
即此處 ts'i 各對地。但相混，故本
混看正語音。）

k'i

dʑie，ʑie

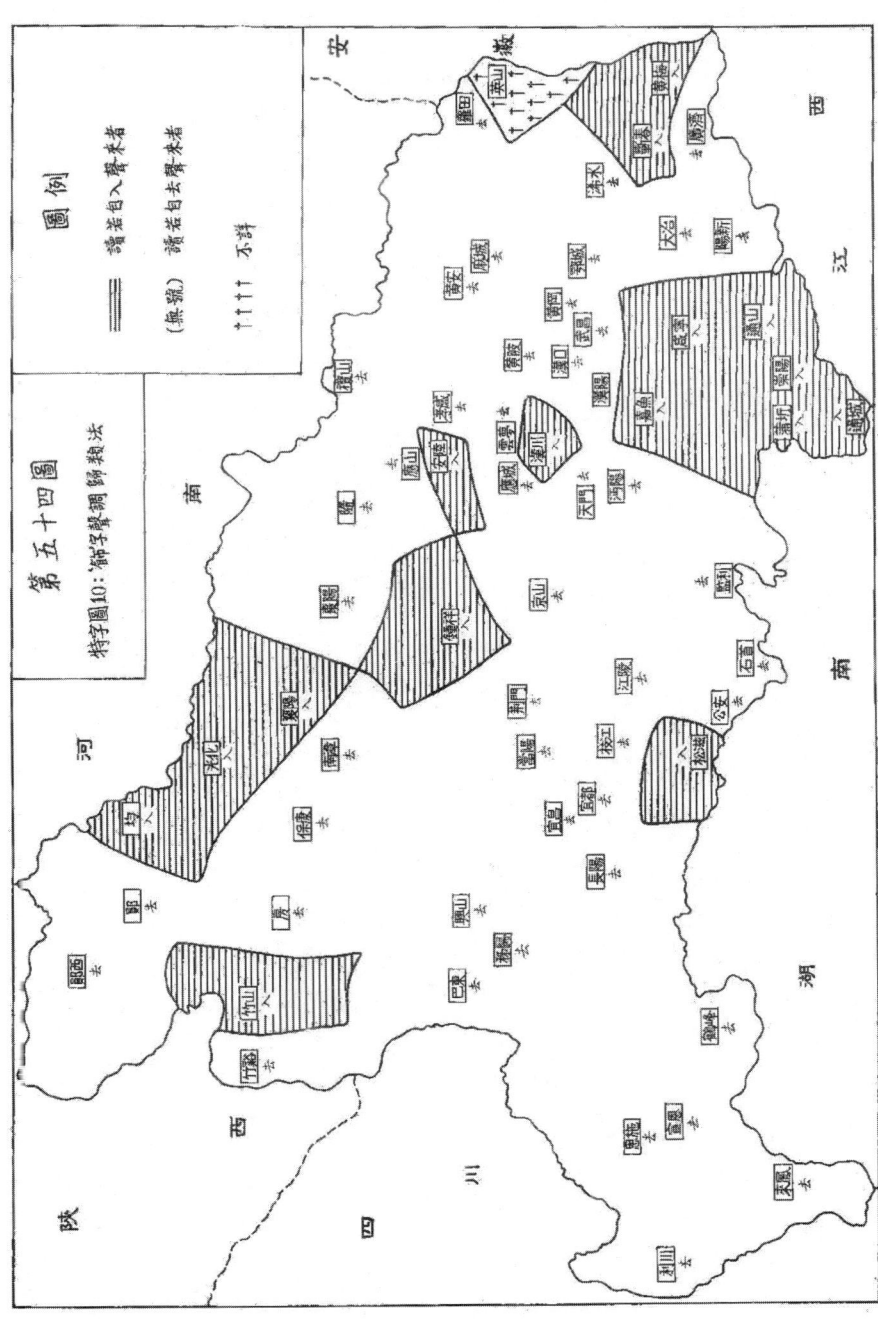

第 五 十 四 圖

特字圖 10：'筆'字舒聲調歸趨法

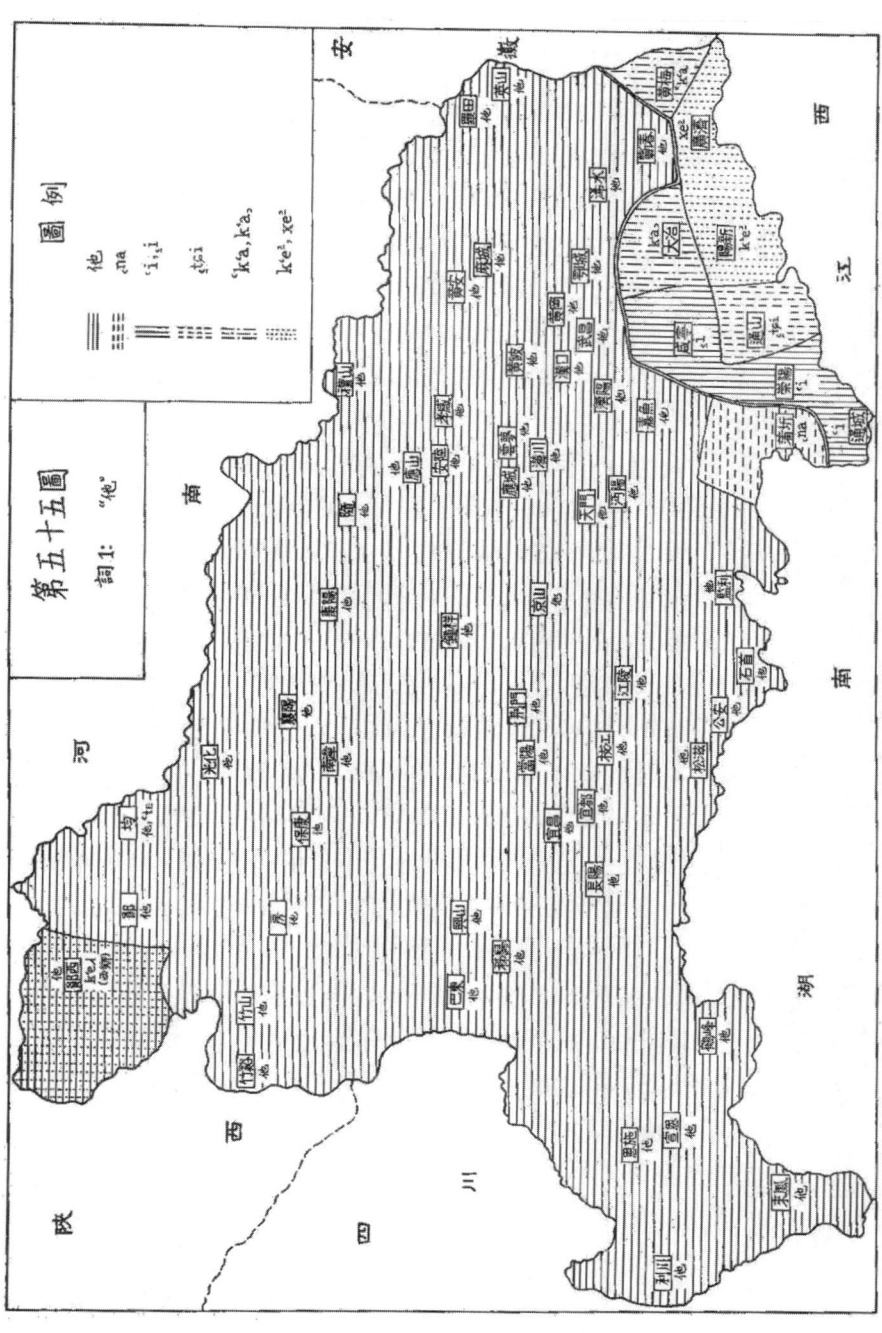

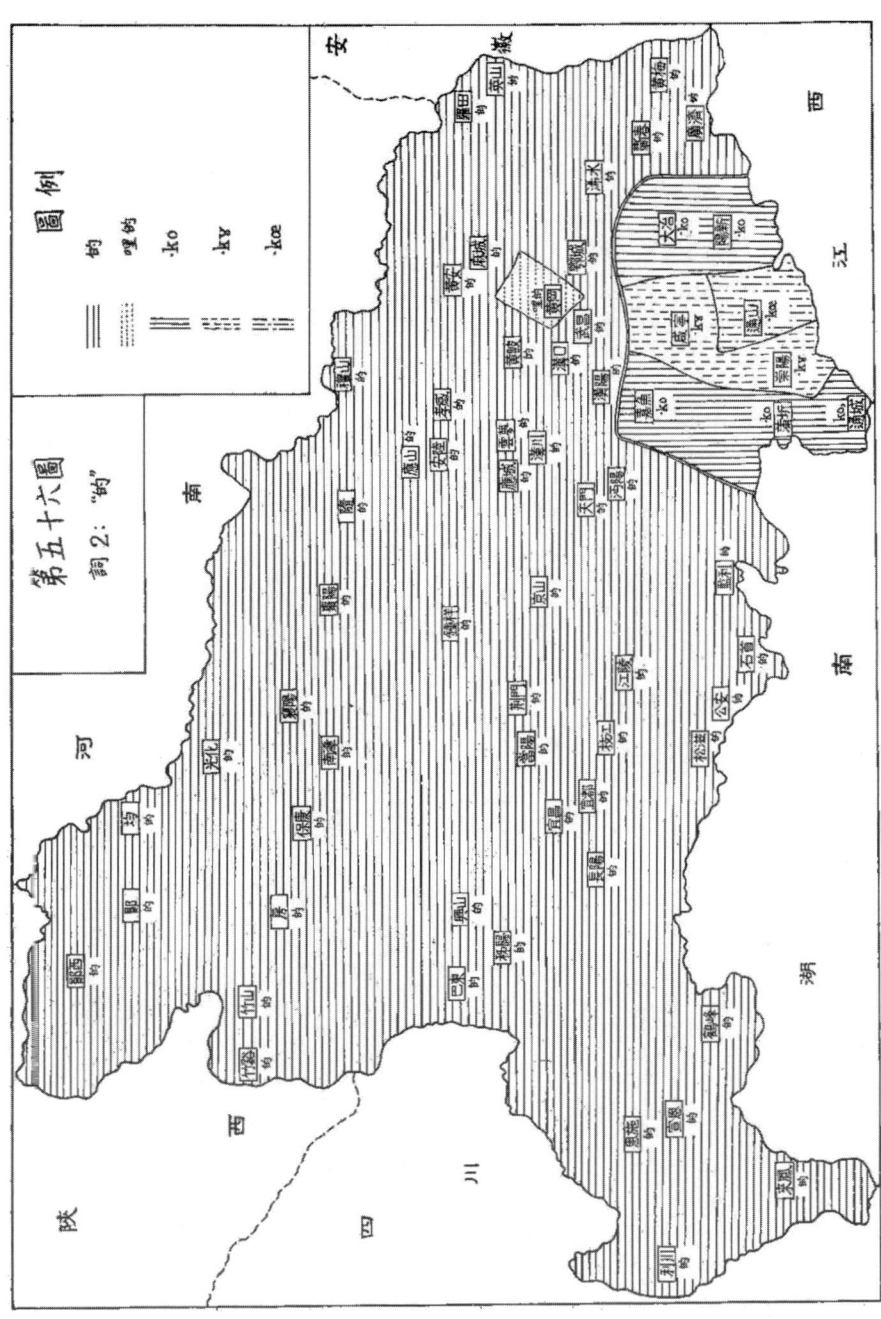

第五十六圖

詞 2: "的"

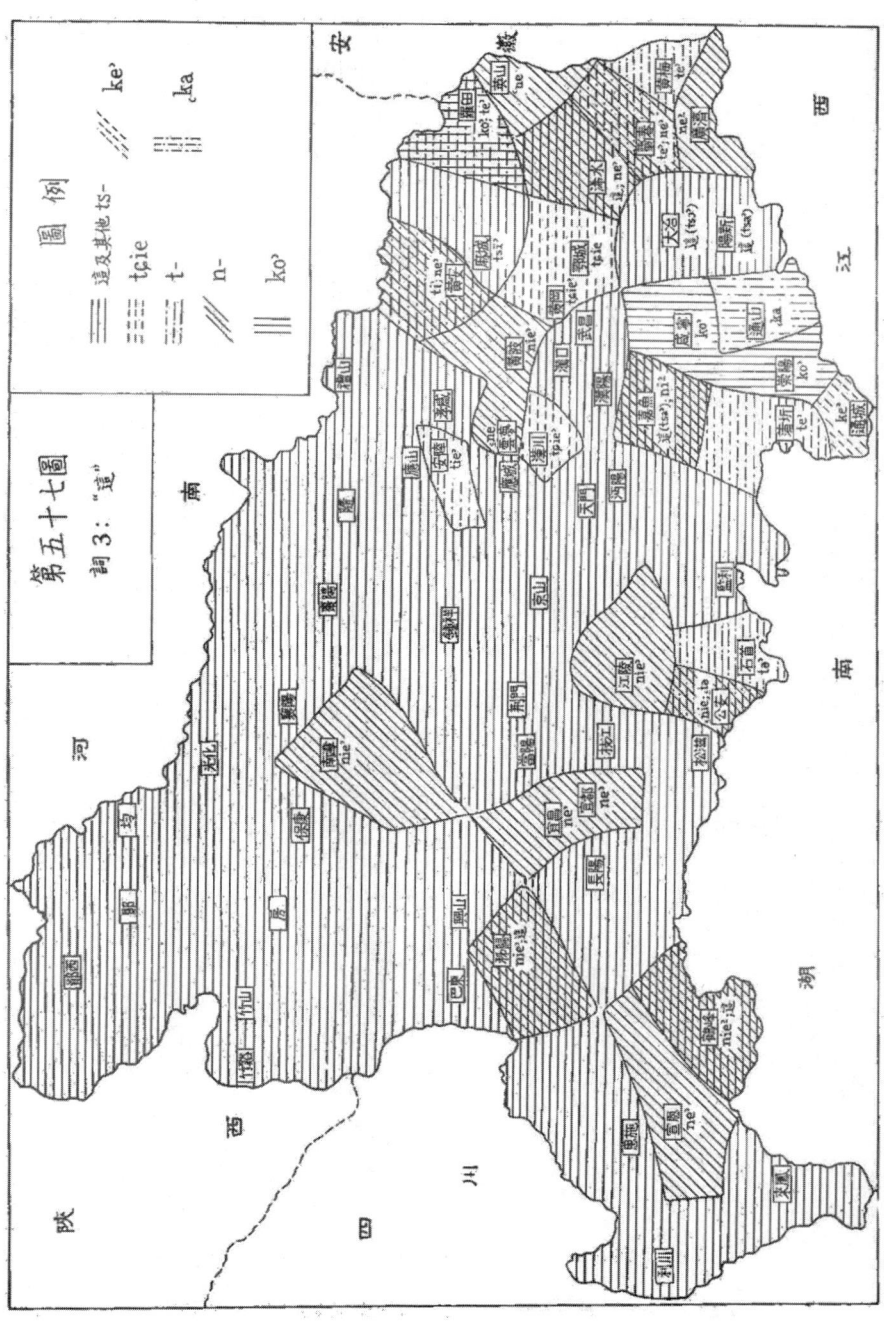

第五十七圖

詞3："遠"

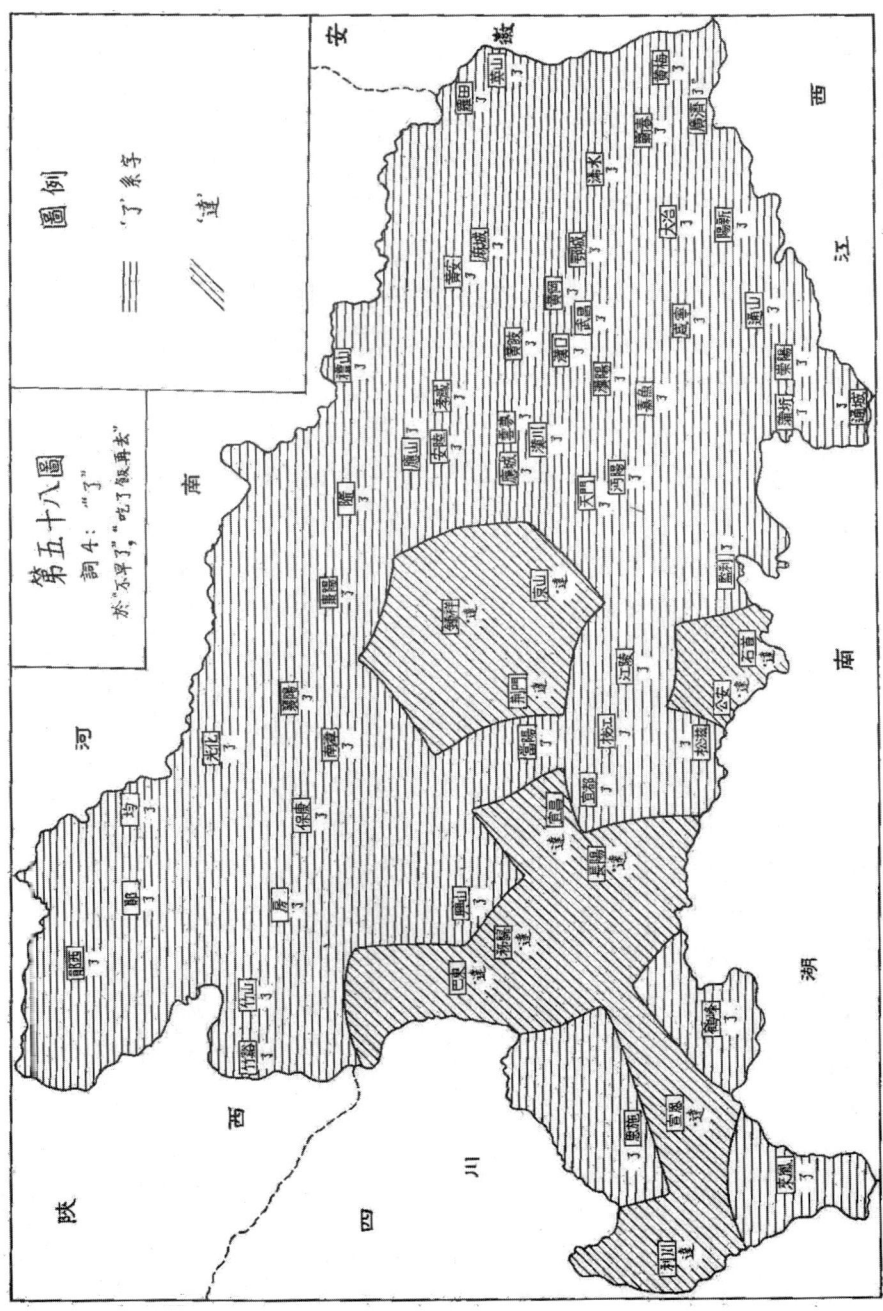

第五十八圖
調4："了"
於"不早了"，"吃了飯再去"

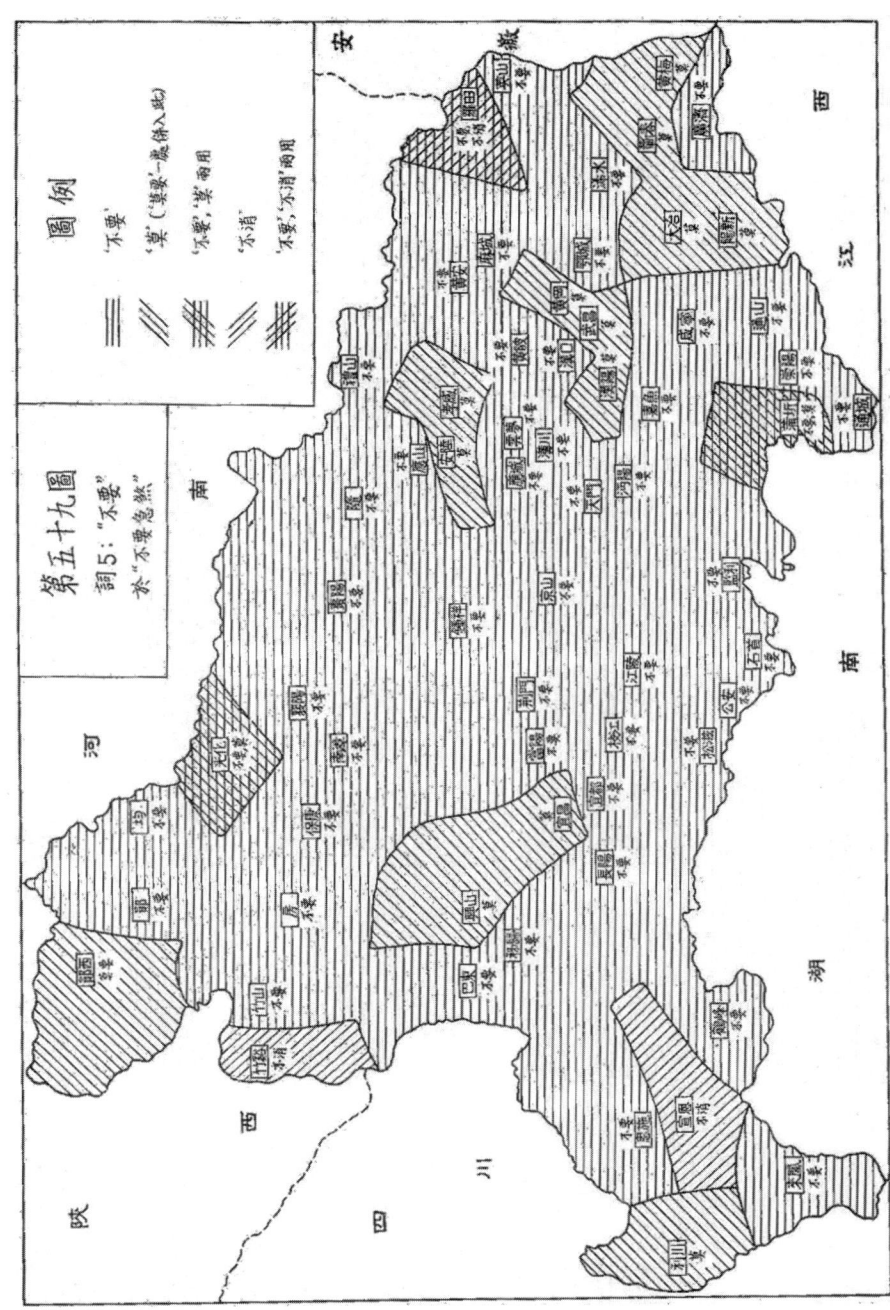

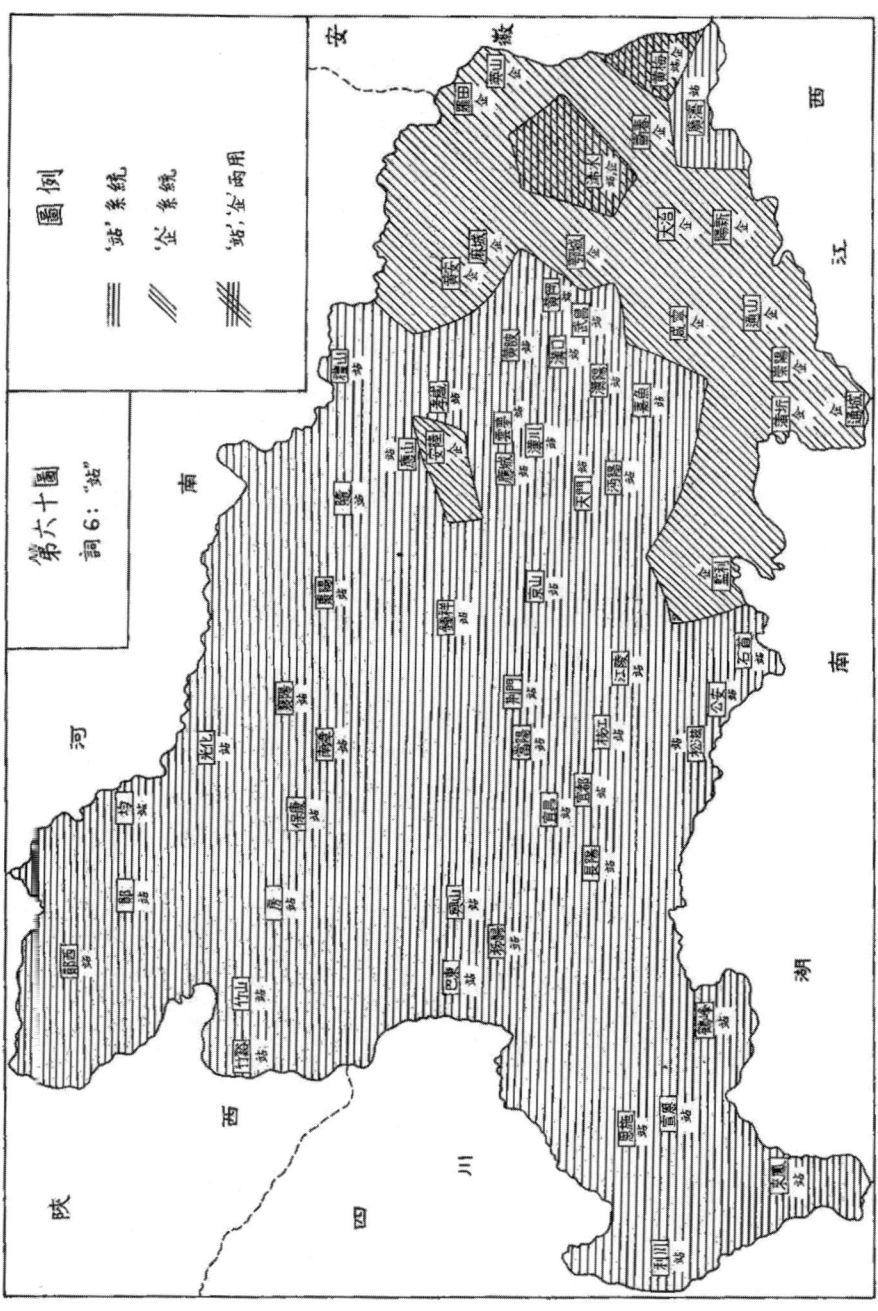

第六十圖

詞 6: "站"

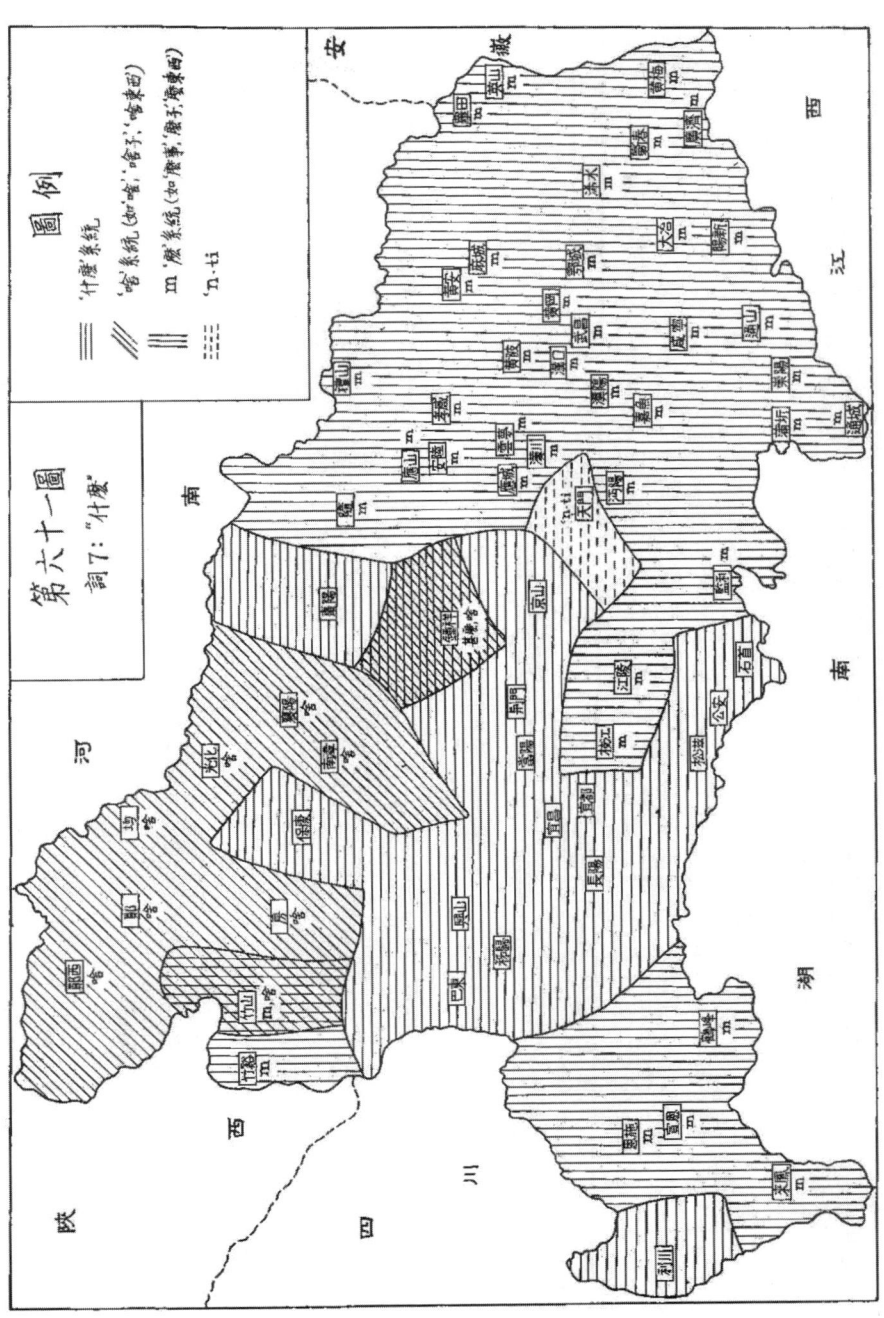

第六十一圖

詞7:"什麼"

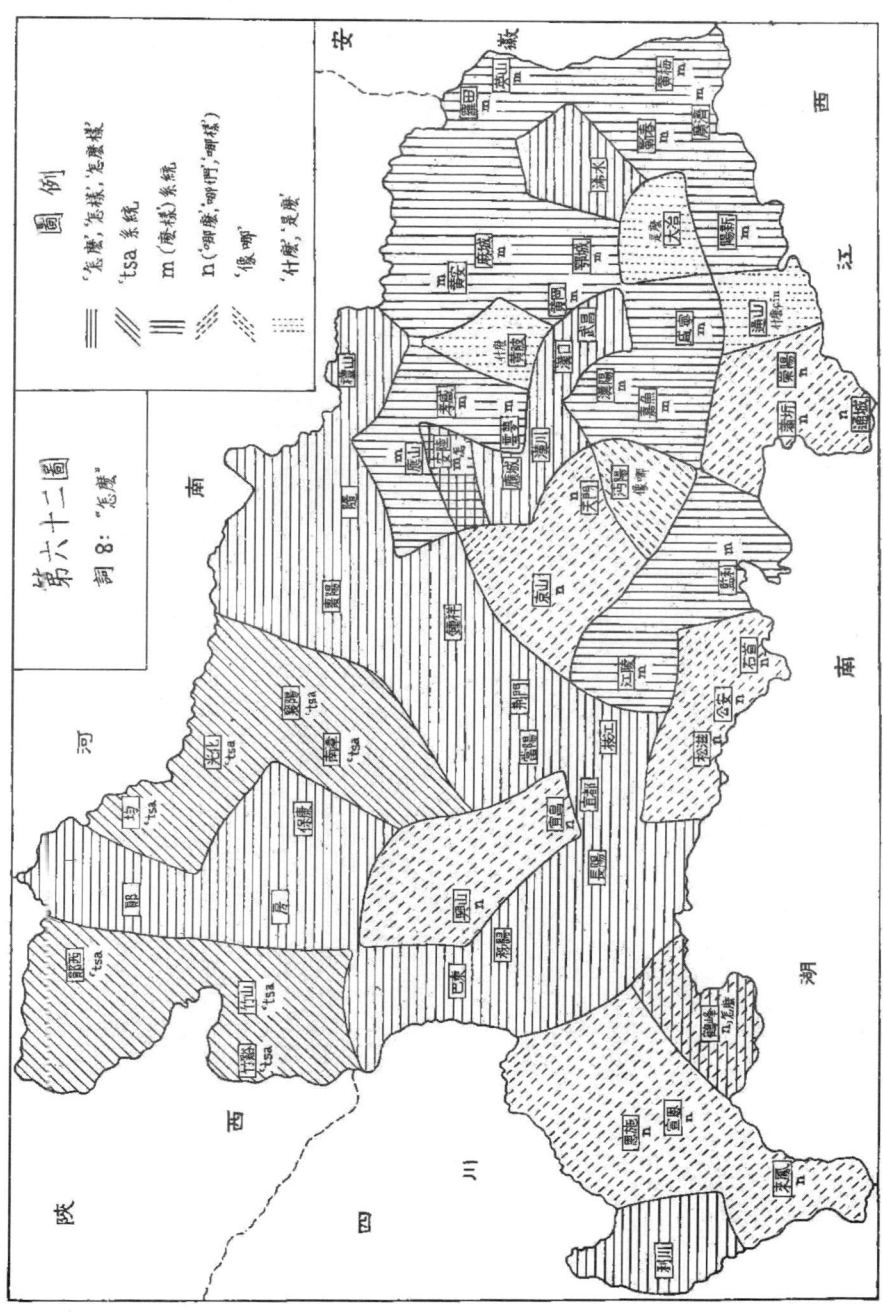

第六十二圖
詞 8: "怎麼"

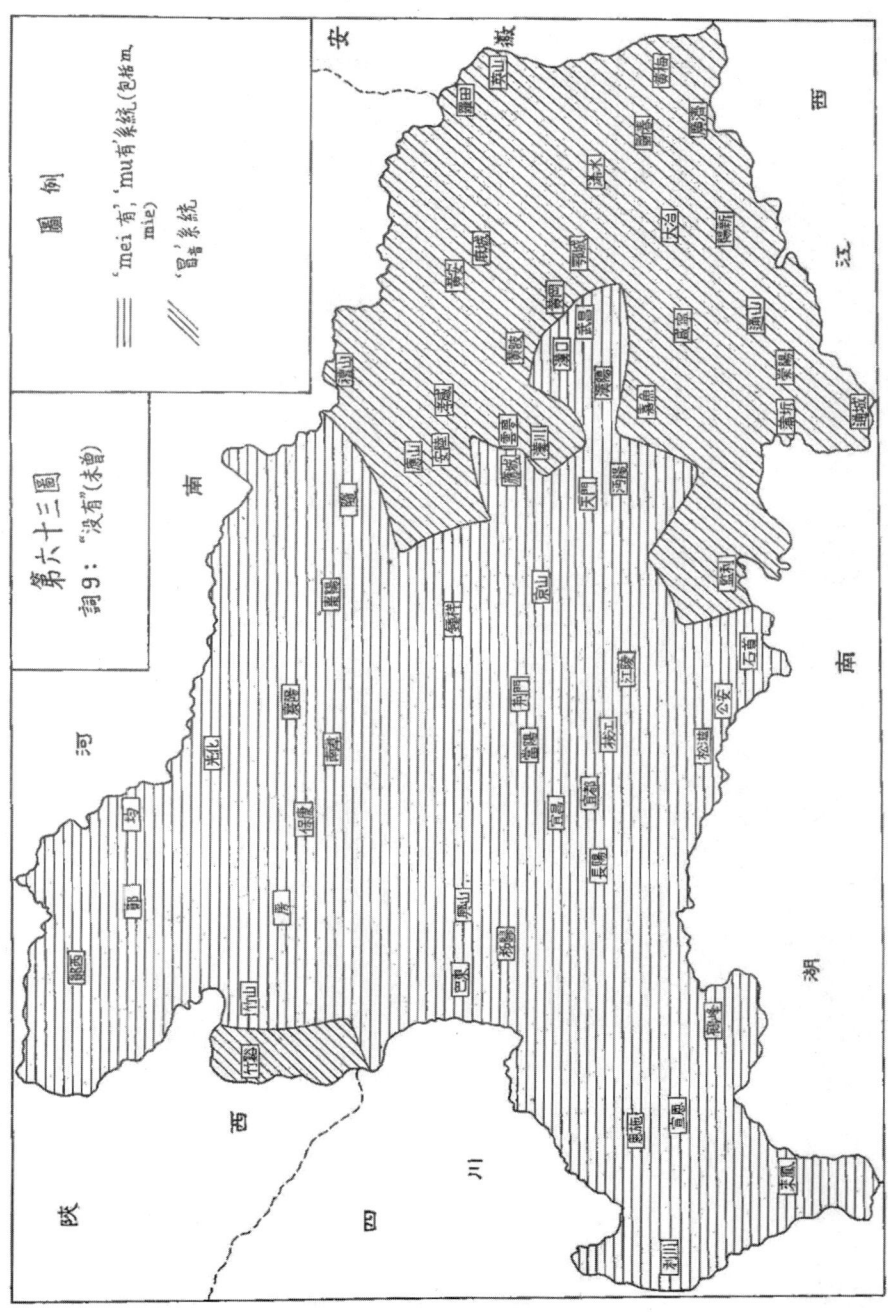

第六十三圖
詞 9：“沒有”(未省)

圖 例

‖‖‖ ‘mei 肴’，‘mu 肴’糸統 (包括 m，mie)

⫽⫽⫽ ‘冒’糸統

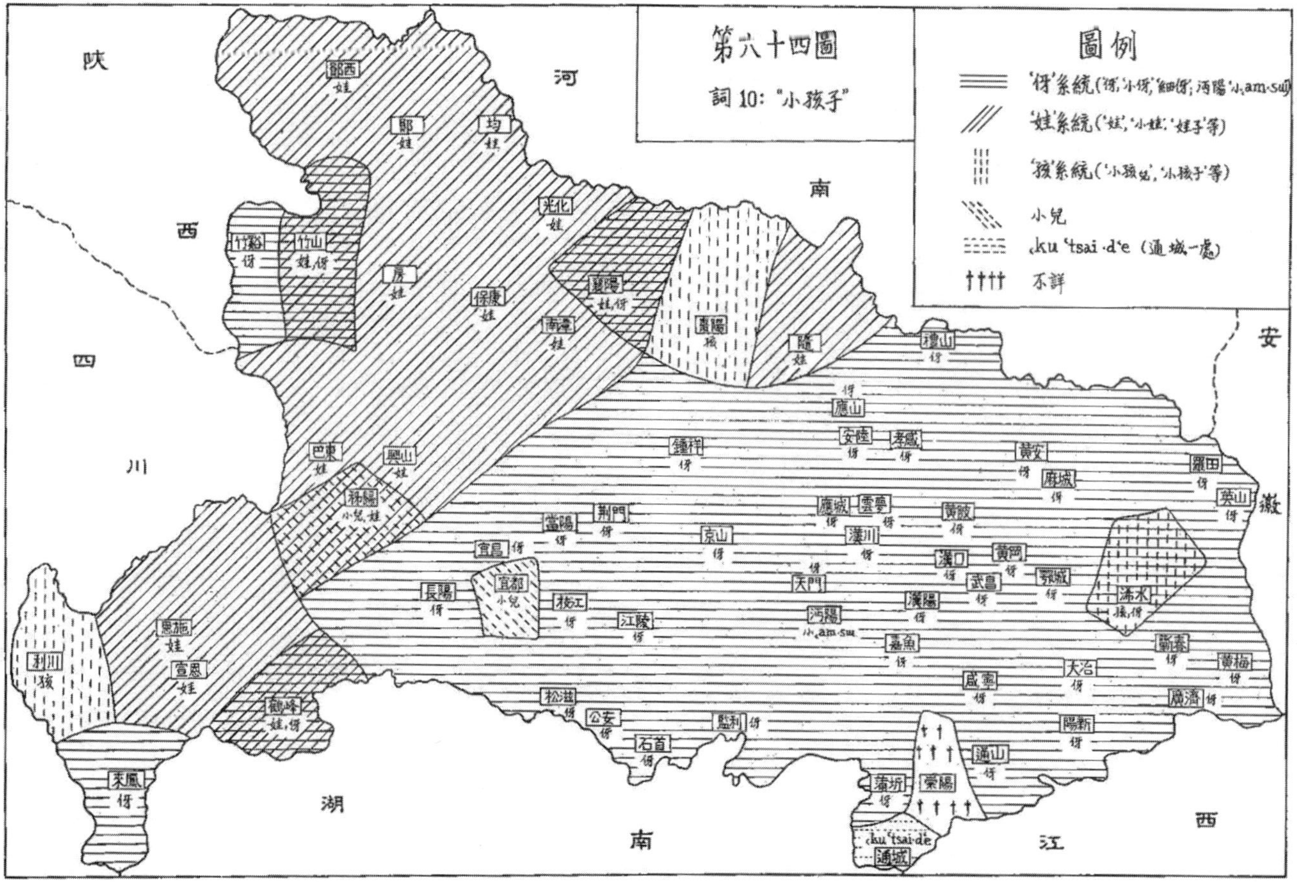
第六十四圖
詞 10: "小孩子"
圖例
'伢'系統('伢','小伢','細伢';沔陽'小am-su')
'娃'系統('娃','小娃','娃子'等)
'孩'系統('小孩兒','小孩子'等)
小兒
ku 'tsai-d'e (通城一處)
不詳
陝
河
南
西
四
川
湖
南
江
西
安
徽
鄖西
鄖
均
光化
竹谿
竹山
房
保康
南漳
襄陽
棗陽
隨
巴東
興山
秭歸
利川
恩施
宣恩
來鳳
鶴峰
應山
鍾祥
安陸
孝感
黃安
麻城
羅田
英山
荊門
當陽
京山
應城
雲夢
漢川
黃陂
漢口
黃岡
宜昌
宜都
長陽
枝江
天門
江陵
沔陽
漢陽
武昌
鄂城
浠水
蘄春
黃梅
嘉魚
大冶
咸寧
廣濟
松滋
公安
石首
監利
陽新
通山
蒲圻
崇陽
通城

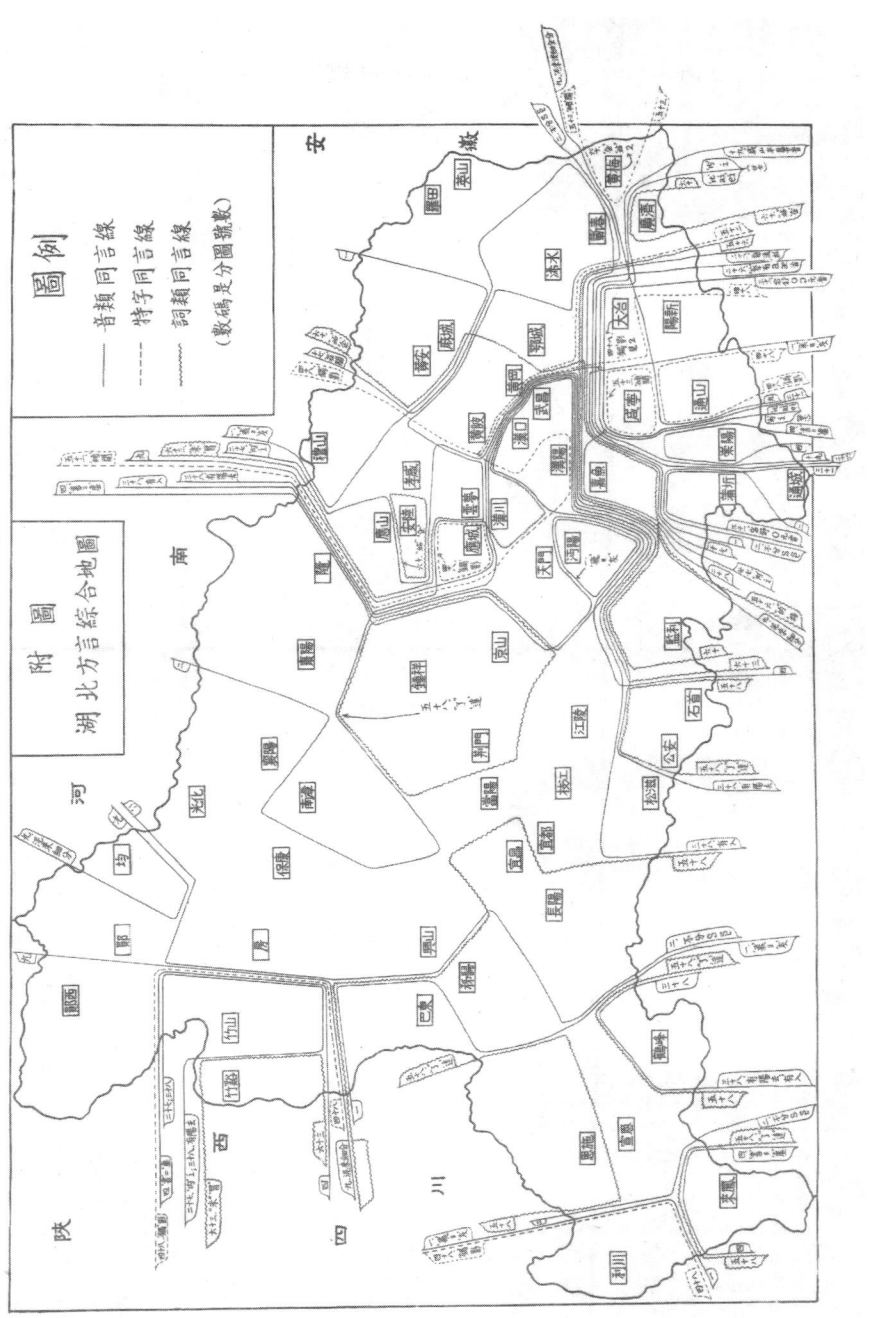